Dr. Franz Halbartschlager · Gerhard Ruß

Alentejo

Portugals Südosten – zwischen Tejo und Algarve

57 ausgewählte Touren

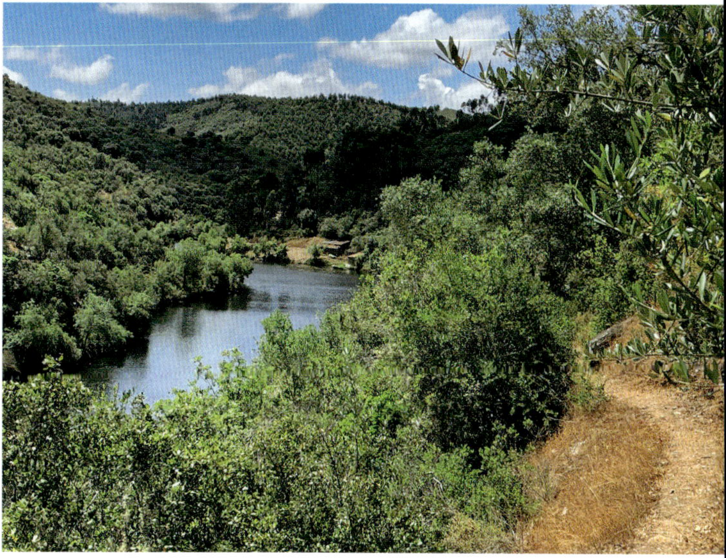

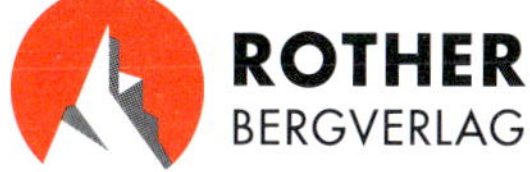

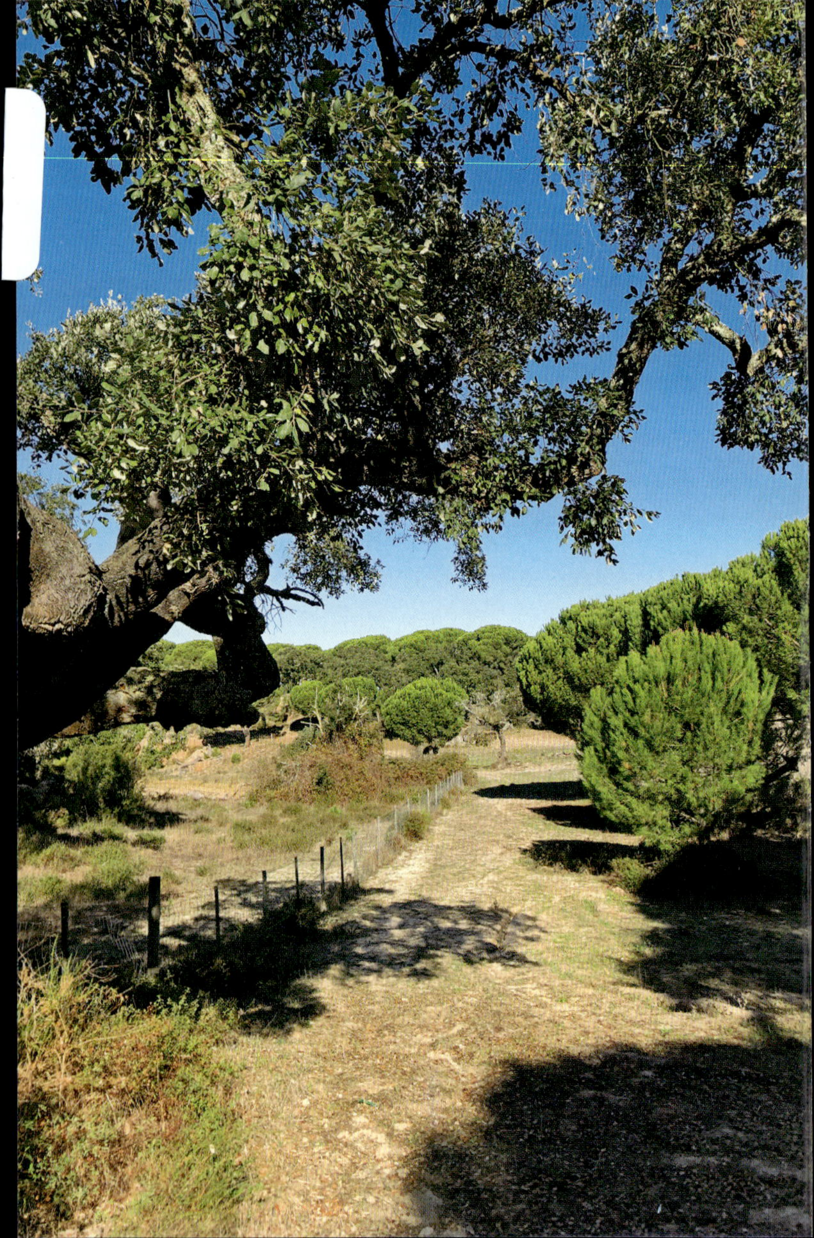

VORWORT

Der Alentejo, das »Land jenseits des Tejo« nennen die Portugiesen ihren »mittleren Süden«. Fast ein Drittel der portugiesischen Festlandsfläche nimmt diese Region ein, die im Norden vom Tejo-Fluss, im Süden von der Algarve, im Osten von Spanien und im Westen vom Atlantik begrenzt wird. Es ist eine hügelige, zum Teil auch gebirgige Landschaft, durchzogen von breiten und schmalen Flusstälern. Wiegende Getreidefelder sowie Wein- und Olivengärten überall dort, wo keine Kork- und Steineichenwälder (genannt »Montado«) mehr zu finden sind. Früher war der Großteil des Alentejo von diesem typischen immergrünen lichten Eichenwald bedeckt, der heute – trotz massiver Veränderungen in der Landwirtschaft – noch 20 Prozent der Landesfläche des Alentejo ausmacht. Das Wandern durch diese Montado-Gebiete ist besonders reizvoll.
Der Alentejo ist ein dünn besiedeltes Land. Lange Zeit galt die Einsamkeit als Makel. Das hat sich heute in der Tourismuswirtschaft ins Gegenteil verkehrt: Wer Ruhe und Abgeschiedenheit sucht, der ist hier genau richtig. Deswegen ist der Südosten Portugals ein Geheimtipp für Individualreisende, die Natur erleben, aber auch die Kultur und Spiritualität dieser Region entdecken wollen. Weiße Dörfer, ummauerte Burgstädte auf Aussichtsbergen, Menhire und Steinkreise aus der Jungsteinzeit, maurische und jüdische Bauten aus dem Mittelalter, zahllose christliche Einsiedeleien, Wallfahrtskapellen und Kirchen bieten ein vielfältiges kulturelles Potpourri.
Für Wanderer hält der Alentejo ein breites Spektrum an Touren bereit: Küstenwanderungen an der portugiesischen Westküste, der »Costa Vicentina« (die im Norden Teil des Alentejo ist) und im Großraum von Lissabon, etwa in der Serra de Arrábida und der Serra de Sintra, beides auch Naturparks. Typisch für den Alentejo sind Flusstalwanderungen: Die großen Ströme Tejo und Guadiana und deren Zuflüsse bieten in der heißen Landschaft besondere Lebensräume für die variantenreiche Pflanzen- und Tierwelt der Region. Aber auch Mittelgebirgswanderungen hält der Osten und Südosten Portugals bereit: Durch die Serra de São Mamede (auch ein Naturpark) verlaufen besonders schöne Touren, die Serra de Ossa, die Serra de Grândola und die Serra de Monfurado locken mit Wanderungen durch ausgedehnte Korkeichenwälder und gerade diese »grünen Kathedralen« werden besonders in Erinnerung bleiben.
Wir wünschen Ihnen aufregende, erholsame und erlebnisreiche Wandertage in Portugal.

Wien, im Frühjahr 2023

Franz Halbartschlager und Gerhard Ruß

Wanderweg durch Weidegebiet und Montado nördlich von Alcácer do Sal (Tour 16).

INHALTSVERZEICHNIS

Zentraler Alentejo: Serra d'Ossa, Alqueva, Serra Morena

Südöstlicher Alentejo: Naturpark Guadiana

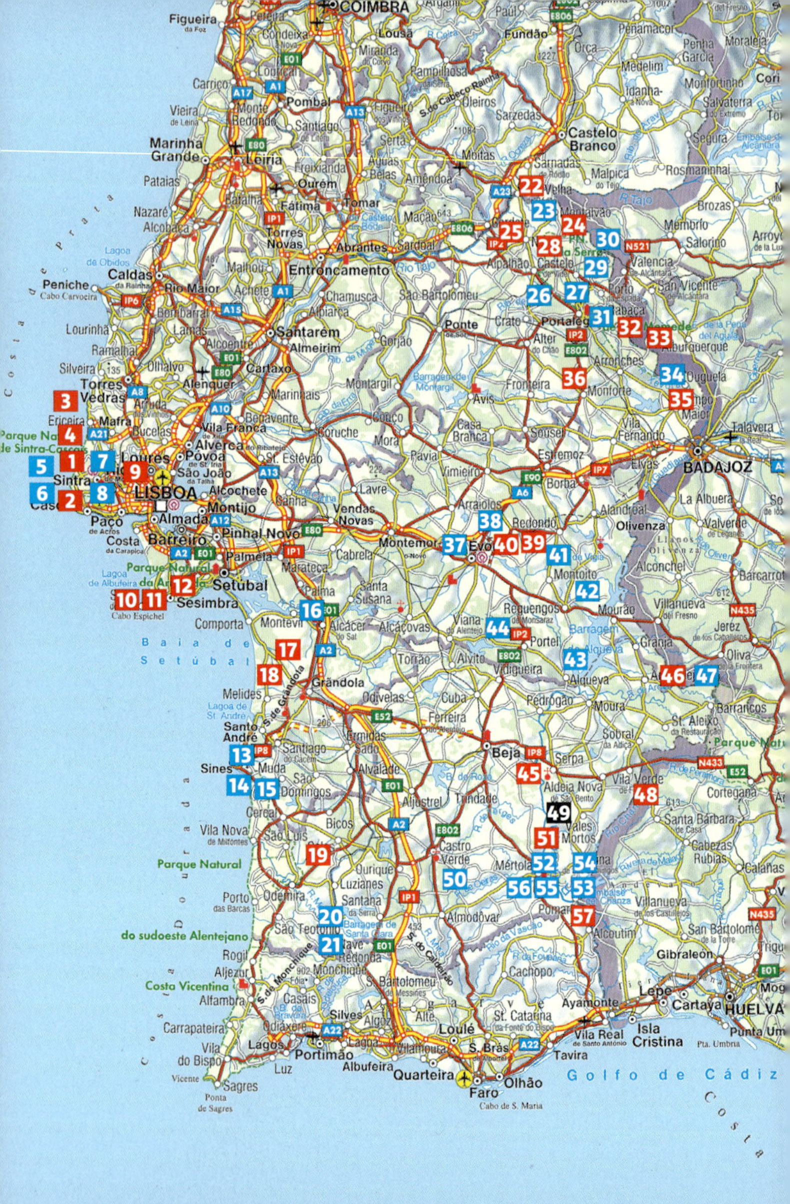

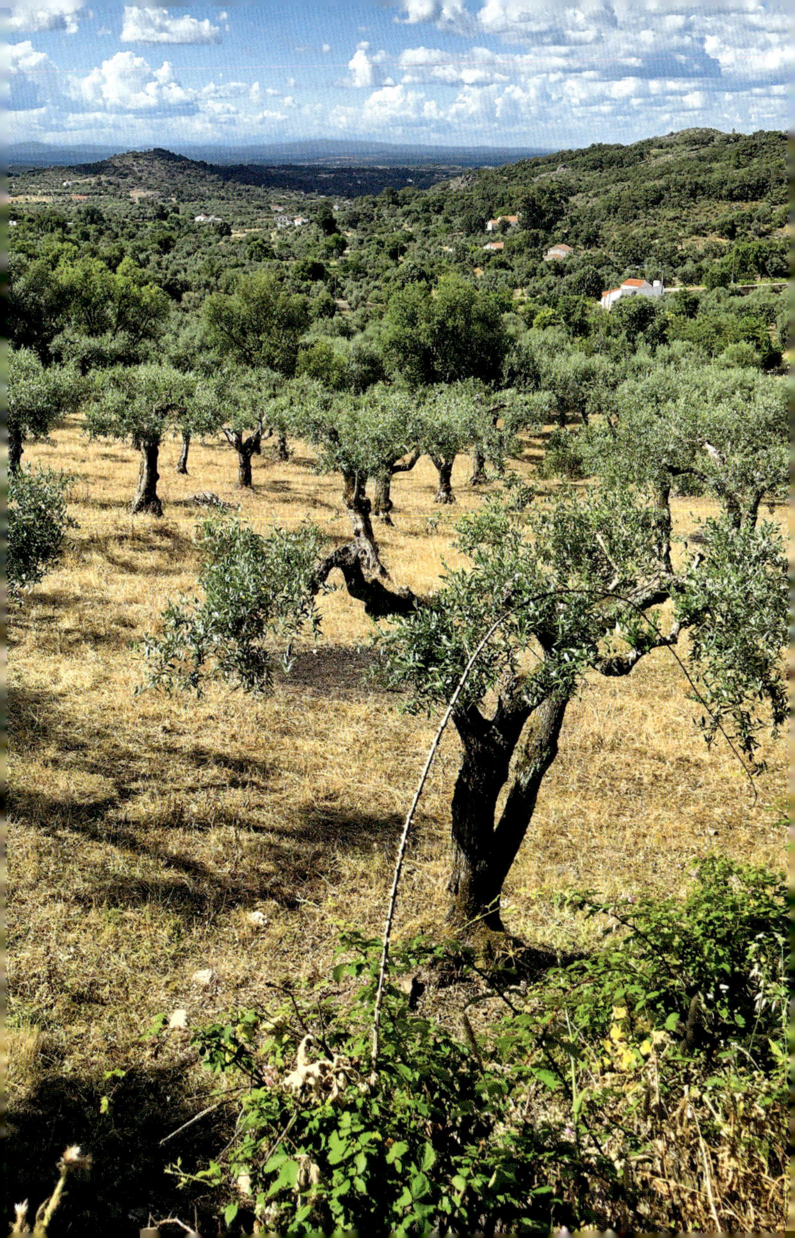

TOP-TOUREN

Der Alentejo bietet sehr unterschiedliche Wanderoptionen hinsichtlich Länge und Charakter der Wege. Wir haben in jeder Region jeweils zwei Touren ausgewählt, die unserer Meinung nach die schönsten Wanderungen des Alentejo sind.

Küstenweg beim Cabo da Roca
Eine spektakuläre Steilküste an einem europäischen Sehnsuchtsort *(Tour 1, 4.45 h).*

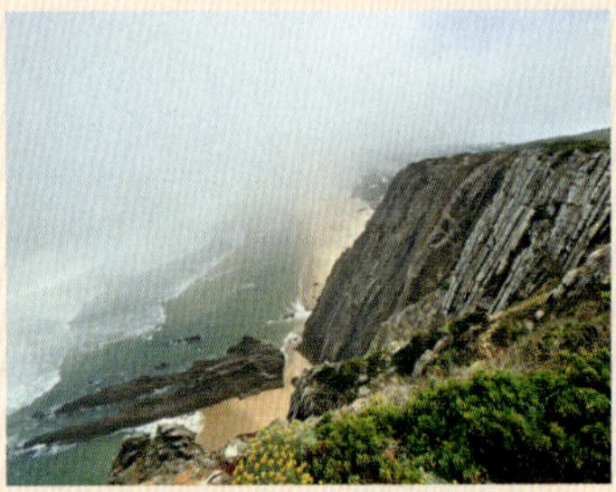

Von Peninha zum Hügelgrab Adrenunes
Eindrucksvolle Kulturdenkmäler in einem Nebelwald mit wunderbarer Aussicht *(Tour 7, 1.45 h).*

Von Troviscais zum Rio Mira
Eine schöne Symbiose zwischen dörflichem Leben und einer facettenreichen Wanderung zum Ufer des Rio Tejo *(Tour 15, 3.30 h).*

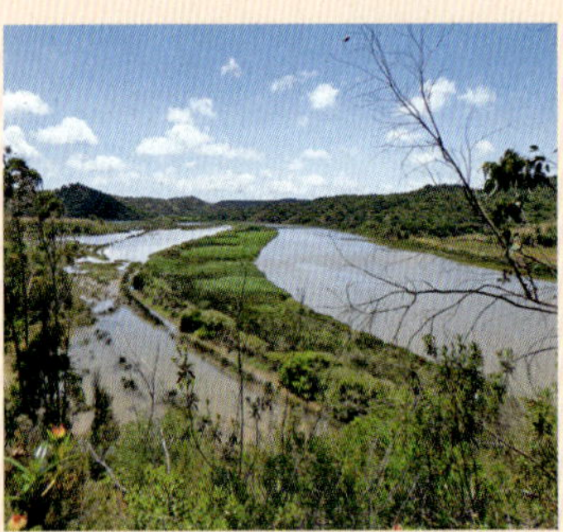

In der Serra da Grândola
Eine Wanderung durch eine weitgehend unberührte Montado-Landschaft *(Tour 17, 6.00 h).*

Naturmonument Portas de Ródão
Tejo-Durchbruch mit unvergesslichen Panoramablicken *(Tour 22, 4.30 h).*

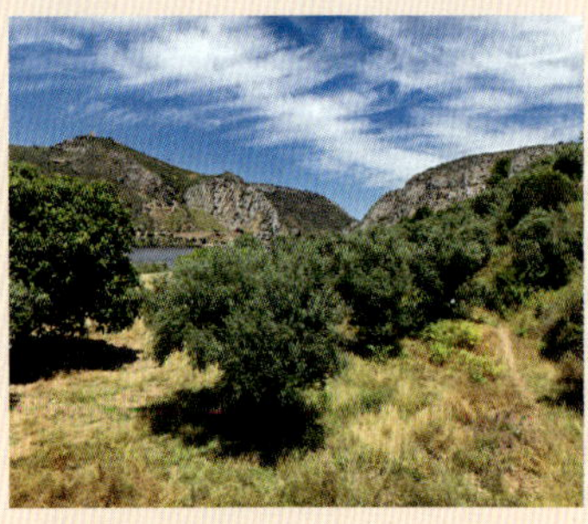

Große Rundwanderung zwischen Castelo de Vide und Marvão
Im schönsten Teil des Parque Natural da Serra de São Mamede *(Tour 28, 2 Tage).*

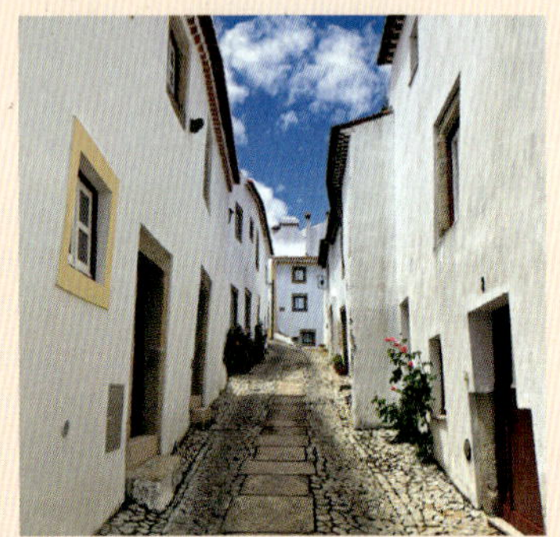

Der Megalithenweg um Monsaraz
Zeugnisse aus der Jungsteinzeit mit schönen Ausblicken auf eine der berühmtesten Burgstädte des Alentejo *(Tour 42, 3.30 h).*

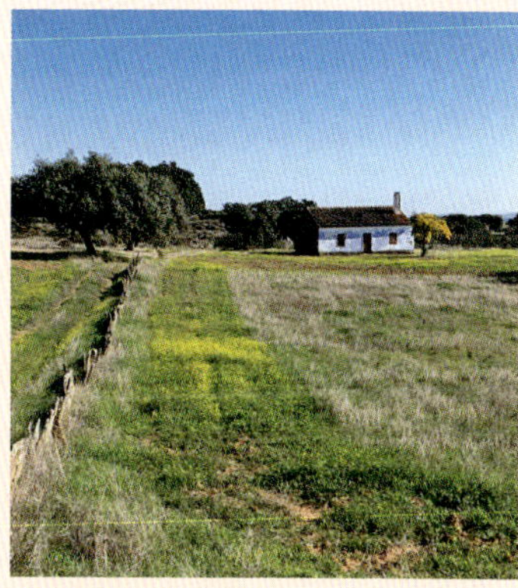

Das »Ende der Welt« beim Castelo de Noudar
Eine Wanderung wie aus einem Bilderbuch in einem der unberührtesten Gebiete Portugals *(Tour 46, 2.00 h).*

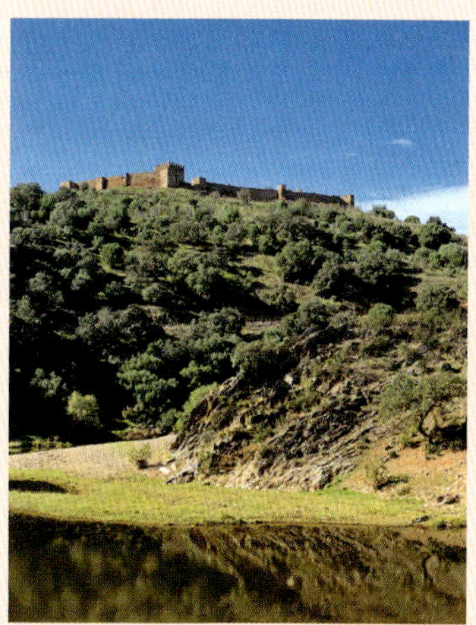

Zum Pulo do Lobo am Rio Guadiana
Der spektakulärste Wasserfall des Alentejo *(Tour 51, 2.30 h).*

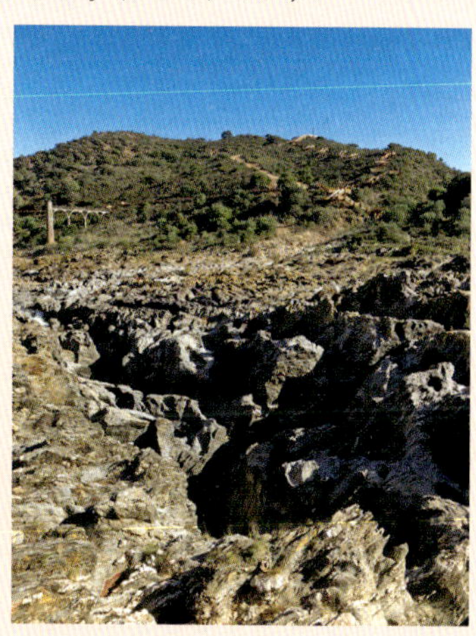

Am Rio Guadiana zwischen Mesquita und Alcoutim
Eine ausgedehnte Wanderung mit unvergesslichen Eindrücken am Grenzfluss zwischen Portugal und Spanien *(Tour 57, 6.15 h).*

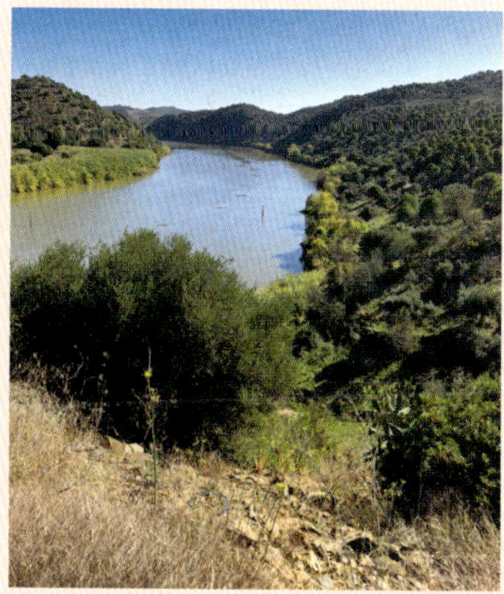

WICHTIGE HINWEISE FÜR UNTERWEGS

Anforderungen

Die meisten Wanderungen verlaufen auf deutlich erkennbaren und zumeist auch markierten Wegen. Dennoch erfordern einige Touren Orientierungssinn, gute Kondition, Trittsicherheit und fallweise auch Schwindelfreiheit; zudem müssen an einigen Stellen Bäche und Flüsse ohne Brücken gequert werden.
Beachtet werden sollte, dass sich bei ungünstigen Wetterverhältnissen die Anforderungen erheblich erhöhen können und trockengefallene Bachläufe sich plötzlich in reißende Bäche verwandeln können. Bei guter Vorbereitung (z. B. Informationen hinsichtlich der zu erwartenden Wetterverhältnisse einholen), realistischer Selbsteinschätzung (wie etwa hinsichtlich der eigenen körperlichen Verfassung und Kondition) und hinreichender Ausrüstung (ausreichend Wasser und Verpflegung) ist jeder der genannten Wege in jedem Fall und mit großer Befriedigung zu bewältigen.
Für die Einschätzung der Gesamtschwierigkeit jeder Tour leistet die dreistufige Schwierigkeitsbewertung eine bewährte Hilfe. Die Farben erklären sich wie im Kasten rechts erklärt.

An der Steilküste nördlich des Cabo da Roca (Tour 1).

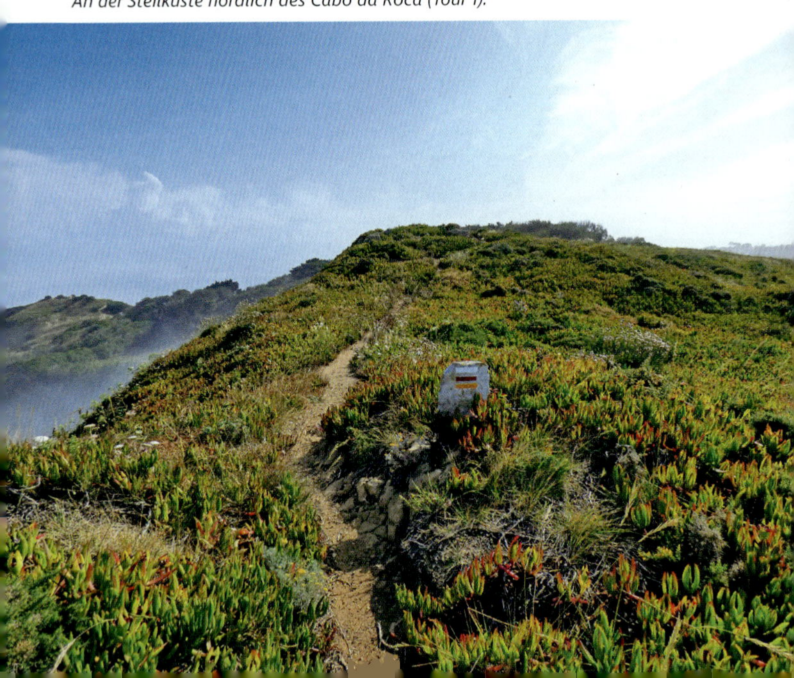

SCHWIERIGKEITSKATEGORIEN

■ = Leicht

Leichte Touren auf zumeist breiten und einfachen Wegen, die vorwiegend eben oder mit nur leichten An- und Abstiegen verlaufen. Diese Wanderwege sind nicht allzu lang (meist unter oder knapp über 10 km) und in der Regel auch bei schlechterem Wetter gefahrlos zu begehen. Auch Kinder und ältere Menschen können diese Touren problemlos bewältigen.

■ = Mittel

Mittelschwere Wanderungen auf breiten Wegen oder schmalen Pfaden. Sie können zum Teil steile An- und Abstiege enthalten und an manchen Stellen Trittsicherheit (im Sinne von rutschigen Passagen) erfordern. In der Regel können diese Touren jedoch auch von wenig geübten Wanderern begangen werden.

■ = Schwierig

Anspruchsvolle Wanderungen, die aufgrund ihrer steilen An- und Abstiege, wegen besonderer Anforderungen (Flussquerungen, schwierige Wegpassagen mit kurzen Kraxelabschnitten, teilweise unmarkiert) und wegen ihrer Länge ausschließlich erfahrenen und konditionsstarken Wanderern zu empfehlen sind.

Gehzeiten

Die Gehzeiten jeder Tour sind eigenhändig bemessen und entsprechen einem gemütlichen Wandertempo von (je nach Wegbeschaffenheit) 2–4 km/h. Sie verstehen sich jedoch als reine Gehzeit, ohne Fotopausen, Rastzeiten und Stopps zur Orientierung. Sie können je nach individueller Leistung nach oben oder unten abweichen.

Beste Reisezeit

Grundsätzlich ist der Alentejo ein ganzjähriges Reiseziel. Dennoch ist es ratsam, die Touren im nördlichen, zentralen und südöstlichen Alentejo nicht im Hochsommer (Juli und August) zu unternehmen, wo Temperaturen von über 40 Grad Celsius keine Seltenheit sind. Ferner sollte man bedenken, dass es im portugiesischen Winter nasse und regnerische Wetterperioden gibt und Bach- und Flussquerungen – wie schon erwähnt – beschwerlich und teilweise sogar gefährlich sein können. Allerdings schwanken Wetterphasen auch: So kann es im Hochsommer in den Bergen im Osten Portugals an manchen Tagen angenehm kühl sein und im Dezember und Januar können milde und sonnige 15 bis 20 Grad Celsius im Alentejo herrschen.
Die beste Jahreszeit für Wanderungen im Alentejo ist der Frühling. Ab März erblühen weite Teile der Landschaft und alles erscheint saftig und grün. Besonders eindrucksvoll ist die Zeit der Zistrosenblüte im April und Mai.

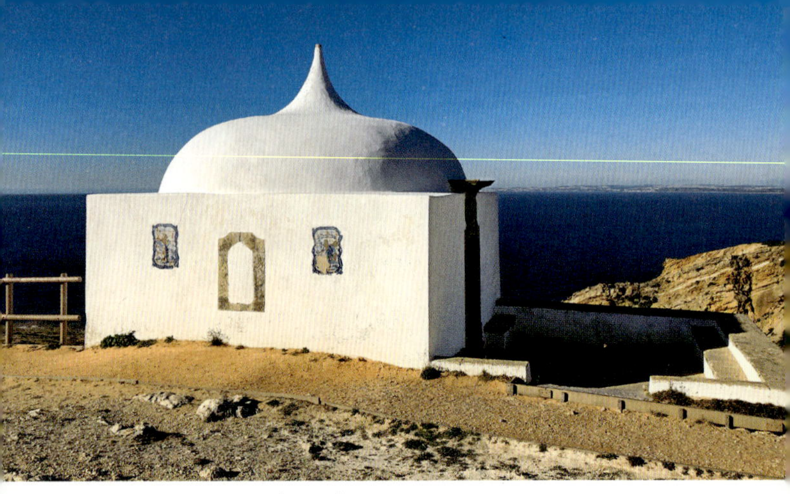

Kapelle am Cabo Espichel (Tour 10).

Im Sommer sollte man die Touren im Osten Portugals eher meiden. Speziell im Juli und August werden oft Temperaturen von um die 40 Grad Celsius erreicht. In Küstennähe bleibt es hingegen auch im Hochsommer angenehm kühl. In der Serra de Sintra oder um das Cabo da Roca ziehen im Juli und August häufig Küstennebel auf und sorgen für angenehmere Temperaturen. Diese immergrüne Hügelkette ist damit auch im Hochsommer eine zu empfehlende Wanderregion.

Der Herbst taucht den Alentejo in ein neues Licht und in bunte Farben (besonders das Weinlaub). Auch wenn der Sommer an vielen Stellen eine ausgedörrte Landschaft zurückgelassen hat, so sind doch Wanderungen in den immergrünen Kork- und Steineichenwäldern im Herbst ein besonderes Erlebnis. Erste Frühnebel bringen schon im Oktober ersehnte Feuchtigkeit und beleben die Pflanzendecke mit neuem Grün. Die Wanderbedingungen können im Spätherbst – falls es trocken bleibt – geradezu ideal sein.

Der Winter im Alentejo ist in der Regel frostfrei, sieht man von einigen möglichen und dann sensationellen Extremereignissen wie etwa Schneefall ab. Die Temperaturen bleiben für unser mitteleuropäisches Empfinden angenehm mild: Nicht selten werden von Dezember bis Februar Tageshöchstwerte von 15 bis 20 Grad Celsius gemessen. Somit können viele der hier beschriebenen Touren auch problemlos im Winter begangen werden. Ab Mitte November bis etwa Ende Februar oder Anfang März ist Regensaison in Portugal. Dann kann es auch tage- oder wochenlang regnen oder eine hartnäckige Nebeldecke breitet sich über dem Land aus.

Ein Kriterium für eine gute Reisezeit sind auch geöffnete Hotels, Restaurants und Geschäfte. Nahezu alle Kreisstädte des Alentejo verfügen über

SYMBOLE

	Symbole im Tourenkopf		Kirche, Kapelle
	mit Bahn/Bus erreichbar		Burg, Schloss, Ruine
	Einkehrmöglichkeit unterwegs		archäologische Stätte
	für Kinder geeignet		Aussichtsplatz
	Symbole im Höhenprofil		Picknickplatz
	Ort mit Einkehrmöglichkeit		Wasserfall
	Einkehrmöglichkeit		Quelle
	Campingplatz		Strand, Badestelle
P	Parkplatz		Brücke
	Bahnhof		Windmühle
†	Gipfel		Wassermühle

ein gutes Angebot an Hotels und Pensionen, an Lebensmittelgeschäften und größeren Supermärkten, die ganzjährig geöffnet sind. Auch ein Café gibt es fast in jedem Dorf. Da diese Lokale vor allem von der lokalen Bevölkerung aufgesucht werden, sind die meisten fast immer geöffnet. Nicht so Restaurants; auch wenn es eine hohe Dichte an Gaststätten gibt, so sind diese in der Nebensaison (November bis Februar) nur fallweise offen. In den kleineren Kreisstädten gibt es Absprachen, dass zumindest jeden Tag ein Restaurant mit Speiseangebot zur Verfügung steht.
Zusammengefasst: Mit guter Planung und einer gewissen Flexibilität kann man den Alentejo getrost das ganze Jahr über bereisen und auch eine Wanderreise in den Südosten Portugals zu Zeiten unternehmen, die sonst weniger von Touristen nachgefragt werden.

Ausrüstung

Auf allen beschriebenen Wegen sind gut eingetragene Wanderschuhe mit rutschfester Profilsohle zu empfehlen. Eine Kletterausrüstung ist bei keiner der Touren notwendig. Wanderstöcke bringen vor allem bei längeren Wanderungen mit steilen An- und Abstiegen eine spürbare Entlastung der Beine bzw. der Ge-

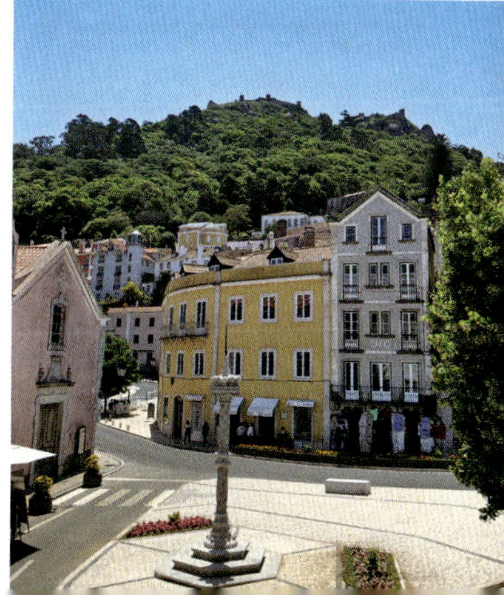

Stadtplatz von Sintra (Tour 9).

Der Umwelt zuliebe ...

Auch beim Wandern hinterlassen wir einen ökologischen Fußabdruck, aber im Einklang mit der Natur unterwegs zu sein, ist gar nicht so schwer!

VORBEREITUNG UND ANFAHRT

- Sich vorab informieren, worauf in Bezug auf Natur und Umwelt in der jeweiligen Wanderregion besonders zu achten ist.
- Soweit möglich mit Bahn und Bus anreisen, Wander- und Rufbusse nutzen.
- Ist eine Anfahrt mit dem Auto nötig, Fahrgemeinschaften bilden.
- Bei weiten Anfahrten Mehrtagestouren planen oder von einem Quartier vor Ort aus mehrere Touren absolvieren.
- Flugreisen möglichst reduzieren und durch Beiträge zu Klimaschutzprojekten kompensieren.

KLEIDUNG UND AUSRÜSTUNG

- Beim Kauf von Outdoor-Kleidung auf umweltfreundliche und faire Herstellung achten und Kleidungsstücke möglichst viele Jahre nutzen.
- Ausrüstung kann man eventuell auch gebraucht kaufen oder ausleihen.
- Reparieren statt neu kaufen.

VERPFLEGUNG

- Beim Einkauf Bio-Ware, regionale und saisonale Erzeugnisse bevorzugen.
- Hütten und Gasthäuser auswählen, die regionale Produkte verwenden.
- Auf Einwegflaschen und Plastikverpackungen verzichten, stattdessen wiederverwendbare Trinkflaschen und Brotzeitboxen benutzen.

ÜBERNACHTUNG

- Bei lokalen Anbietern buchen, damit Menschen vor Ort profitieren.
- Auf Hütten und in anderen Unterkünften Strom und Wasser sparen.

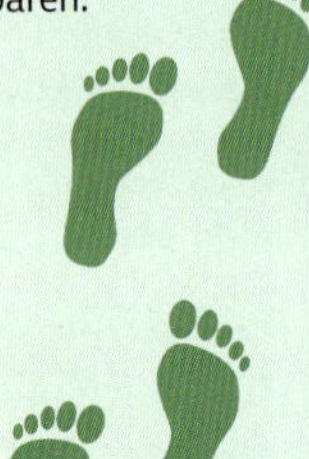

UNTERWEGS

- Wege benutzen und Abkürzer vermeiden.
- Sperrungen von Wegen und Schutzgebieten respektieren.
- Keine Blumen pflücken und keine Pflanzen entnehmen.
- Waldbrandgefahr beachten.
- Müll wieder mit nach Hause nehmen und dort entsorgen.
- Toilettengänge in freier Natur möglichst vermeiden.
- Lärm vermeiden.
- Hunde an die Leine nehmen.

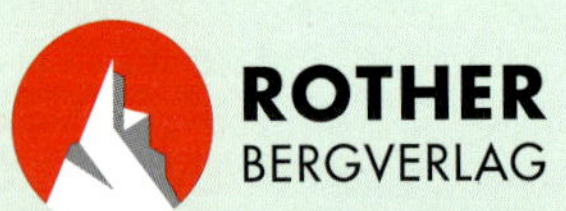

lenke und können die Standfestigkeit erhöhen. Auch bei der Überquerung von Bächen und Flüssen können sie gute Dienste leisten.

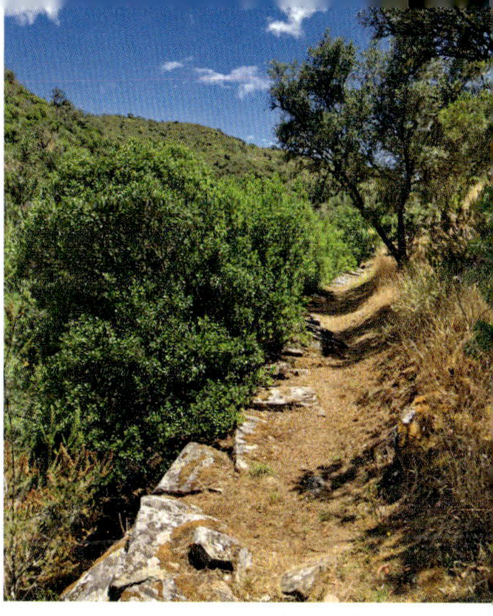

Terrassenweg am Rio Sever (Tour 24).

Portugal ist zumeist ein sehr wettersicheres Land. Dennoch sollten in der kühlen Jahreszeit Regen-, Wind- und Kälteschutz im Tagesrucksack nicht fehlen. Zu empfehlen sind zudem leichte und strapazierfähige Wanderhosen. Die meisten Touren können von Frühling bis Herbst mit kurzen Hosen gewandert werden. Zu bedenken ist aber, dass bei manchen Touren auf schmalen Pfaden Gras- und Buschland (manchmal mit Stechginster) zu durchqueren sind, wo lange Hosenbeine vor Kratzspuren schützen können. Ideal sind daher Wanderhosen mit je nach Situation abnehmbaren Hosenbeinen. In der heißen Jahreszeit sollten sich Wanderer im Alentejo unbedingt vor der Sonne schützen. Neben Sonnencreme mit hohem Schutzfaktor ist auch eine Kopfbedeckung ratsam. Mückenschutz ist vor allem im Winter empfehlenswert. Was Zecken betrifft, so gilt Portugal nicht als FSME-Risikogebiet; eine Impfempfehlung in diesem Zusammenhang wird vom Auswärtigen Amt nicht gegeben.

Die meisten Touren in diesem Wanderführer starten in kleinen Städten und Dörfern und verlaufen danach durch oftmals einsame Landschaften, wo es

GPS-TRACKS UND KOORDINATEN DER AUSGANGSPUNKTE

Auf **gps.rother.de** stehen zu diesem Wanderführer GPS-Tracks und die Koordinaten der Ausgangspunkte zum kostenlosen Download bereit. Dieser QR-Code führt direkt zum Download. 1. Auflage, Passwort: **461001dvc**

Die GPS-Tracks können in die **Rother App** importiert werden. In der App kann man unterwegs stets sehen, wo man gerade ist und wo es langgeht. **Anleitungen dazu: rother.de/gps**

Trotz sorgfältiger Prüfung können wir Fehler und zwischenzeitliche Veränderungen nicht ausschließen. Verlassen Sie sich für die Orientierung niemals einzig und allein auf die GPS-Daten, sondern beurteilen Sie die Verhältnisse vor Ort.

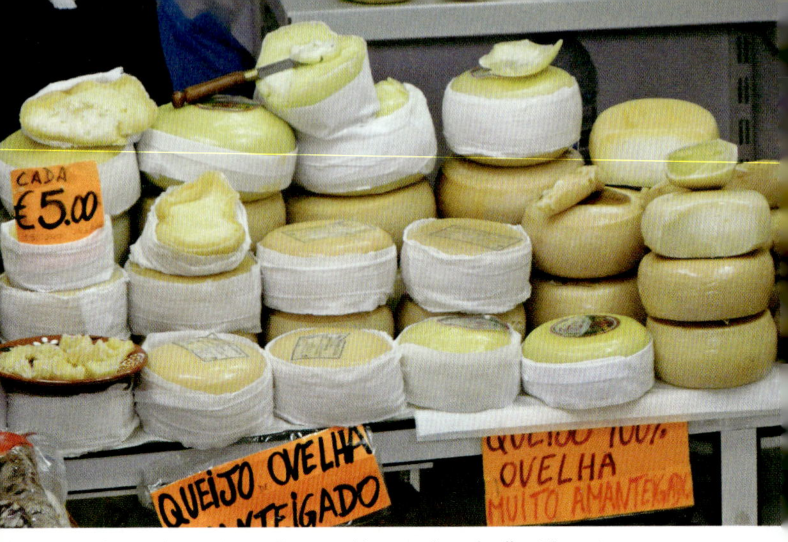

Der Alentejo bietet eine große Auswahl an geschmackvollen Käsesorten.

keine/kaum Einkehrmöglichkeiten gibt. Viele Dörfer verfügen zwar über ein Café, wo man Getränke und Kleinigkeiten zum Essen bekommt, aber oft gibt es keine Lebensmittelgeschäfte. Diese, wie auch größere Supermärkte, finden sich in den Kreisstädten. Bevor man eine Tour in einem Dorf startet, sollte man daher ausreichend Verpflegung und Wasser für unterwegs einkaufen.

Anfahrt zu den Ausgangspunkten

Bei jeder Wanderung werden Angaben zur Anfahrt gemacht. Gibt es eine Möglichkeit, mit öffentlichen Verkehrsmitteln einfach und unkompliziert zum Ausgangspunkt zu gelangen, dann weist ein Bussymbol neben der Überschrift darauf hin. Teilweise werden auch Informationen zu Bus- oder Bahnverbindungen gegeben.
Generell ist zu sagen, dass nahezu jedes Dorf in Portugal in irgendeiner Form öffentlich erreichbar ist, dies aber nur fallweise (1–2 Mal pro Tag, manchmal auch nur 1–23Mal pro Woche). Wanderungen danach zu planen ist sehr schwierig. Die betroffenen Touren sind daher als nicht mit ÖPNV erreichbar eingestuft.
Die Anfahrt mit dem Pkw ist jeweils von der nächstgelegenen Kreishauptstadt aus beschrieben. Um die Orientierung zu erleichtern, werden die Straßennummern (z. B. N396) mit angegeben. Eine aktuelle Straßenkarte oder ein Navigationsgerät sind als Orientierungshilfen zusätzlich zu empfehlen.

Kreisstädte (port. capital do concelho) sind in der Regel sehr gut an das öffentliche Verkehrsnetz (Straßen, Bus, Bahn) angebunden. Startet eine Wanderung im Zentrum einer Kreisstadt, so werden keine Angaben zur Anfahrt gemacht.

Die meisten Wanderwege in Portugal beginnen und enden auf zentralen Dorfplätzen, z. B. bei der Kirche, bei einem Brunnen, am Volkshaus (port. Casa do Povo, eine Art Gemeindehaus für Veranstaltungen) oder bei Tourismusinformationsstellen. Am Startpunkt der Wege befinden sich oft Informationstafeln oder Wegpfeile, die Angaben zu Wegverlauf, Dauer und Sehenswürdigkeiten unterwegs enthalten.

Wegenetz und Markierungen

Wandern ist in Portugal bisher noch kein Volkssport, auch wenn die Zahl der Wanderbegeisterten langsam ansteigt, wie man aus der wachsenden Anzahl an Wanderblogs, Wandervereinen und der Nutzung von Apps ablesen kann.

Vorweg: Wandern auf gänzlich unmarkierten Wegen ist in Portugal schwierig und mithin unmöglich. Es gibt kein unbegrenztes Wegerecht und viele anfangs einladend wirkende Erdwege über schöne Landschaften sind alsbald durch Weidezäune versperrt. Zudem ist ein Querfeldeinwandern in scheinbar unbewirtschafteten Gebieten durch die dort häufig anzutreffende Macchienlandschaft gänzlich unmöglich. Auch fehlt es noch immer an gutem und übersichtlichem Kartenmaterial zu potenziellen Wanderge-

Durch eine Montado-Landschaft in Richtung Senhora das Neves (Tour 19).

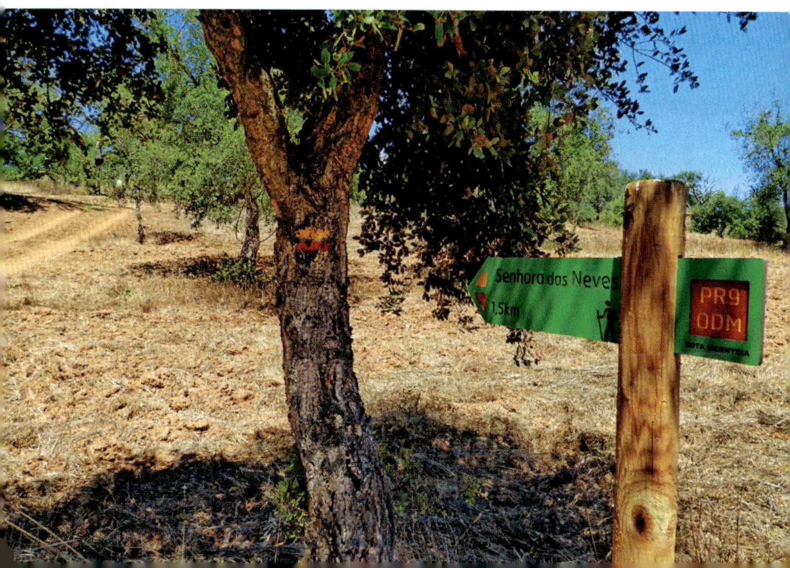

bieten. Aus diesen und weiteren Gründen sind Wandernde in Portugal auf erschlossene, markierte und gepflegte Wege angewiesen.

Das Markieren von Wanderwegen obliegt den Kommunen/Gemeinden (port. freguesia) und den Kreisen (port. concelho oder municipio), den beiden kleinsten Verwaltungseinheiten in Portugal. Jeder Kreis ist bemüht, zumindest einige Wanderwege anzulegen. Dabei wird immer eine ähnliche Strategie verfolgt: Die Wanderwege starten zumeist in kleinen und oft abgelegenen Dörfern und führen dann in schöne Landschaften (z. B. in Flusstäler, auf Aussichtsberge oder durch einen Korkeichenwald) in der Umgebung. Gleichzeitig wird darauf geachtet, auch touristisch-kulturelle Attraktionen in die Wanderroute zu integrieren (z. B. Kapellen, Dolmen, Wassermühlen). Wanderwege werden in diesem Sinne als Besucherattraktion und Magnet verstanden und sind in der Regel Projekte der lokalen Tourismusbehörde. Leider gibt es dann aber für die wanderinteressierten Besucher wenige Möglichkeiten, auch Ausgaben vor Ort zu tätigen, weil es kaum Geschäfte gibt, bestenfalls ein Café.

Das Markierungssystem ist in Portugal bezüglich Farben und Symbolen sehr einheitlich. Es wird zwischen zwei Typen an Wegen unterschieden: Eine »Pequena Rota« (PR) ist eine »kurze Route« und wird immer gelb-rot markiert. Es sind dies halb- oder eintägige Touren, meist Rundwanderwege von 10 bis 20 km Länge. Nachdem immer in den gleichen Farben markiert wird, gibt es kaum vernetzte Wanderwege, sprich mehrere PR-Wege in einem Dorf oder einem Gebiet, um Verwechslungen vorzubeugen.

Blick auf den Tejo-Durchbruch bei Portas de Ródão (Tour 22).

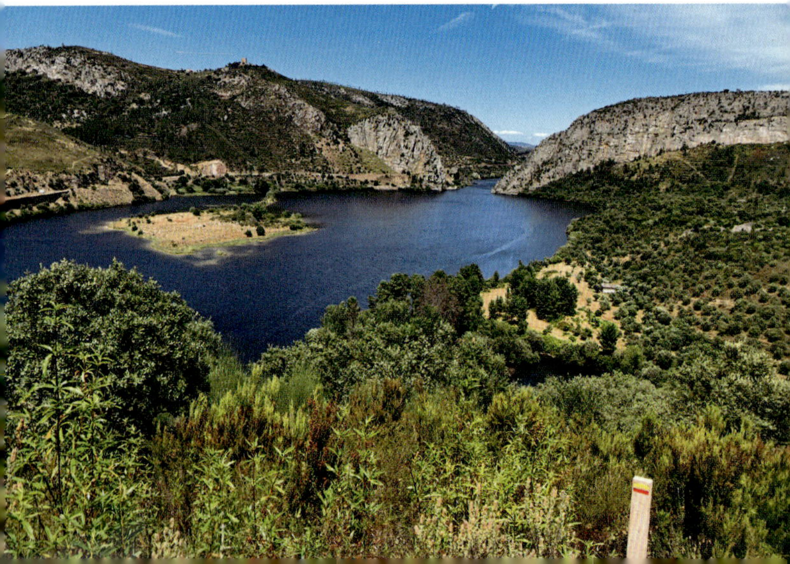

Die »Grande Rota« (GR) oder »große Route« ist der zweite markierte Wegtyp. Diese Weitwanderwege sind immer weiß-rot markiert. In den letzten Jahren setzte ein regelrechter Boom ein, attraktive Routen als Weitwanderwege zu markieren, insbesondere verschiedene Varianten von Jakobswegen. Diese werden in Portugal mit gelben Pfeilen und dem Symbol der Jakobsmuschel markiert und verlaufen zudem oft auf schon vorhandenen Weitwanderwegen, weswegen hier verschiedene Markierungssysteme parallel verlaufen (weiß-rot, gelbe Pfeile, Jakobsmuschel).

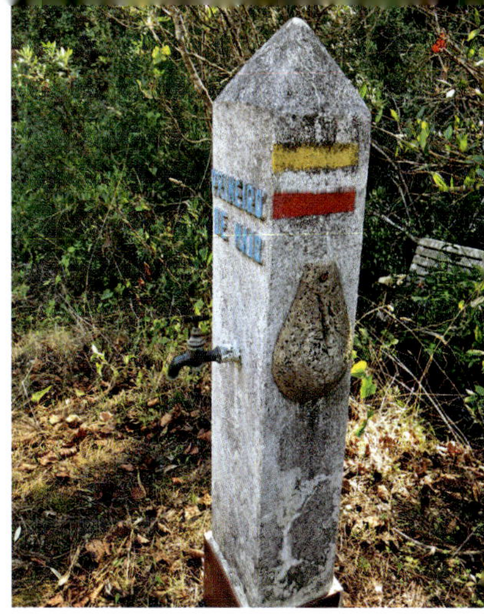

Wegmarkierung mit Korktrinkschale bei Melides (Tour 18).

Weitwanderwege im Alentejo

Der Alentejo wird gleich von mehreren Weitwanderwegen berührt und durchzogen. An der Küste (zumeist direkt an der Steilküste) verläuft der »Trilho dos Pescadores« (Fischerpfad) von der Hafenstadt Sines bis an das Cabo de São Vicente (Sankt-Vinzenz-Kap) in der Algarve und von dort weiter bis nach Lagos; dieser Weitwanderweg ist noch im Aufbau und daher noch nicht durchgehend markiert. Im Küstenhinterland, parallel zum Fischerpfad, verläuft der »Caminho Histórico« (Historische Weg) von Santiago do Cacém bis an die Südwestspitze Portugals. Beide Weitwanderwege zusammen bilden die »Rota Vicentina« (Vgl. Rother Wanderführer Rota Vicentina), die ein sehr empfehlenswertes Wandergebiet mit rund 400 km markierten Wegen im Südwesten Portugals erschließt.
Der Historische Weg ist Teil des europäischen Weitwanderweges E9/GR11 (in Portugal »Caminho do Atlântico«) und von Santiago do Cacém aus auch in Nordrichtung markiert (mit Unterbrechungen). Besonders beeindruckend sind dessen Abschnitte an der Atlantikküste westlich und nördlich von Lissabon.
Teilweise auf der Route des E9/GR11 verläuft auch der »Caminho Central« des portugiesischen Jakobswegs, der mit den Verbindungsrouten (Tejo und Atlântico) über 400 km durch unsere Wanderregion führt. Überdies gibt es verschiedene Zweige des Jakobswegs: Der »Caminho Nascente« durchquert den Alentejo von Mesquita bis Nisa im mittleren Osten in Nord-Süd-Richtung und ist ebenso fast 400 km lang und gut markiert. Der »Caminho da Raia« verläuft nahe der spanischen Grenze von Mértola bis Alpalhão (etwas mehr als 300 km); er ist aber nur digital vorhanden und unmarkiert.

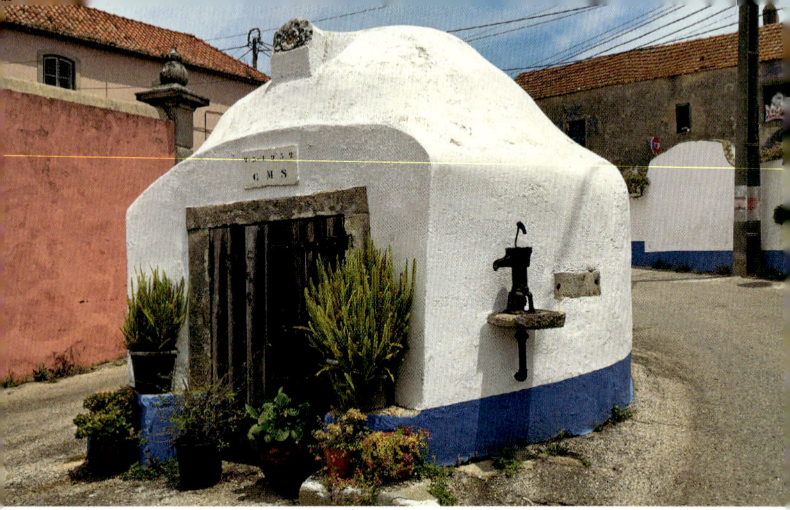

Brunnenhaus in Almoçageme (Tour 1).

Ein vielversprechendes neues Projekt ist die »Grande Rota de Guadiana« (Guadiana-Weitwanderweg, GR15). Diesen gibt es in der Algarve schon länger, 2019 wurde er in Richtung Alentejo (in das Gebiet des Parque Natural do Vale do Guadiana/Naturpark Guadiana-Tal) erweitert, sodass heute über 150 km als markierter Weitwanderweg, zumeist entlang oder in der Nähe des Flusses, angelegt sind.
Zwei Weitwanderwege, die ausschließlich auf dem Gebiet des Alentejo liegen, sind die drei- bis viertägige Rundwanderung um die Stadt Castelo de Vide (GR41, 61 km) sowie die zweitägige Rundwanderung um Monforte (GR42, 31 km).
Diese hier genannten Weitwanderwege werden in diesem Wanderführer an verschiedenen Stellen berührt und Abschnitte davon auch begangen. So folgt Tour 14 dem Fischerpfad ein kurzes Stück auf einem besonders schönen Küstenabschnitt; der Atlantikweg wird bei den Touren 1 bis 4 berührt sowie der Caminho Nascente und der Guadiana-Weitwanderweg bei den Touren 53 bis 56. Die Tour 36 entspricht dem Weitwanderweg GR42.

Karten und Reiseführer

Die den einzelnen Wanderungen beigefügten Kärtchen mit Routeneintrag und das Höhenprofil sind in der Regel ausreichend, um sich unterwegs – in Verbindung mit den Wegmarkierungen – optimal orientieren zu können.
Faltblätter: Zu den meisten Wanderungen gibt es auch Faltblätter, die von den lokalen Tourismusinformationsbüros ausgegeben werden. Diese sind oft – neben Portugiesisch – auch auf Spanisch und Englisch erhältlich.

Jedoch ist es in vielen Fällen schwierig, sich danach zu orientieren, weil die abgebildeten Kärtchen oft nur schematisch sind. Eine Hilfestellung, um den Startpunkt der Wanderung zu finden, bieten jedoch GPS-Koordinaten, die fast immer auf den Faltblättern angegeben sind.

Folgende Karten und Wanderführer sind nützlich:

- Der Verlag Adventure Maps hat eine Wanderkarte für den Parque Natural de Sintra-Cascais im Maßstab 1:25.000 (ISBN: 978-9892-064031) publiziert.
- Für den Naturpark Arrábida hat die Stadtgemeinde Setúbal einen Wanderführer mit 6 Touren und Tourenkärtchen herausgegeben; er ist gratis bei der lokalen Tourismusinformation erhältlich.
- Für die Region Costa Vicentina gibt es zwei detaillierte Wanderkarten im Handel, eine von Freitag & Berndt (Titel: Costa Vicentina) im Maßstab 1:50.000 (ISBN: 978-3-7079-1843-4) und eine vom Verein Rota Vicentina (Titel: Rota Vicentina/SW Portugal) im Maßstab 1:55.000 (ISBN: 978-989-54060-4-3).
- Zudem gibt es den Rother Wanderführer »Rota Vicentina« (ISBN: 978-3-7633-4548-9).
- Für den Alto Alentejo (dt. Oberer bzw. nördlicher Alentejo) gibt es einen Natur- und Wanderführer unter dem Titel »Alentejo Feel Nature« (in fünf Sprachen, darunter auch Deutsch); dieser enthält zudem eine Überblickskarte mit 33 Wanderwegen in der Region.
- Unter dem Titel »Transalentejo« hat die überregionale Tourismusbehörde eine Übersichtskarte mit Wanderwegen publiziert (pro Landkreis eine ausgewählte Tour) und begleitend dazu auch drei Wanderbroschüren

Wegverlauf am Rio Salavessa (Tour 23).

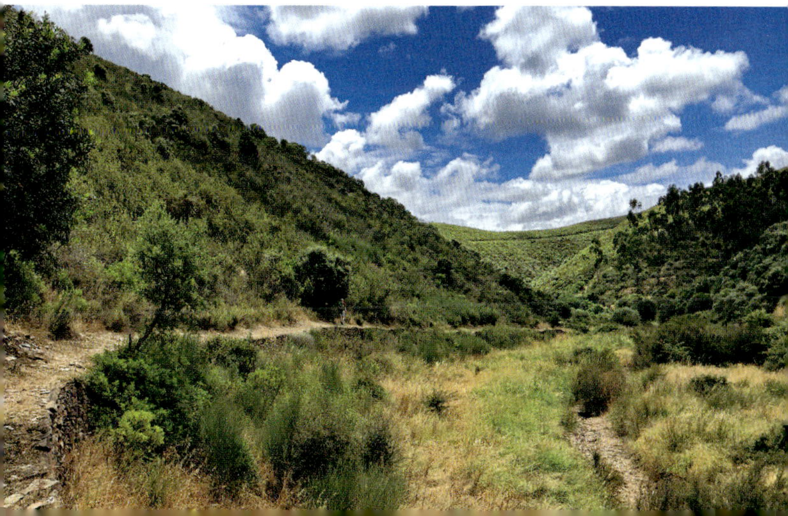

erstellt, die nur online (visitalentejo.pt) erhältlich sind, jedoch auch auf Deutsch übersetzt wurden.

Der Großteil der genannten Publikationen sind Produkte regionaler oder überregionaler Tourismusbehörden. Wanderkarten und Wanderführer für ein größeres internationales Publikum gibt es für den Alentejo bisher noch nicht.

Reiseführer: Zu Portugal gibt es eine große Anzahl qualitativ hochwertiger Reiseführer und Kunstreiseführer, die immer auch ein Kapitel zum Alentejo enthalten. Erwähnenswert in diesem Zusammenhang sind die Publikationen von DuMont, Michael Müller, Baedeker und Reise Know-How. Ausschließlich zum Alentejo gibt es nur einen Reiseführer vom Verlag Guias Essenciais mit dem Titel »Évora e o Alentejo Central«, auf Portugiesisch und Englisch (ISBN: 978-8461-538928).

Verhalten unterwegs

Ein Grundprinzip sollte sein: Verhalten Sie sich Ihren Mitwandernden und der Umwelt gegenüber respektvoll. Wandern ist kein Hochleistungs-, sondern ein Genusssport. Wer in Gruppen wandert, sollte sich am schwächsten Wegbegleiter orientieren. Langsames, rhythmisches und gleichmäßiges Gehen ist in der Regel energiesparender als schnelles Wandern mit häufigem Anhalten. Pausen und häufiges Trinken sind ebenfalls anzuraten.

Idealerweise hinterlassen Sie auf den Wanderungen nur Ihre Fußabdrücke. Wenn Sie mit dem eigenen Auto unterwegs sind, dann parken Sie so, dass niemand behindert wird. Hinterlassen Sie keine Abfälle und pflücken Sie

Picknick einer portugiesischen Familie.

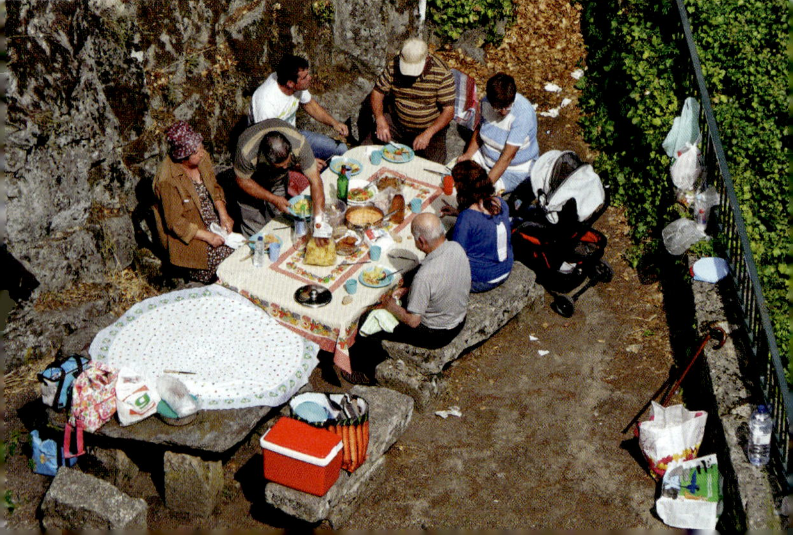

keine geschützten Pflanzen. Wenn Sie auf Tore und Gatter treffen, dann hinterlassen Sie diese in dem gleichen Zustand, wie Sie sie angetroffen haben.

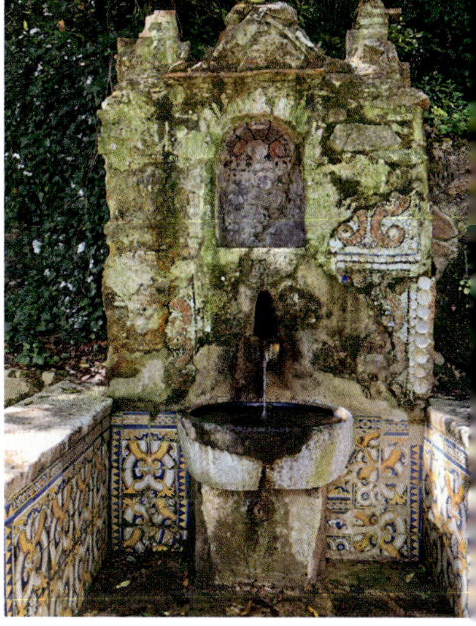

Brunnen in Sintra (Tour 9).

Wald- und Buschbrände sind ein großes Problem im sommerlichen Südportugal. Deswegen ist ein sehr vorsichtiger Umgang mit Feuer ausgesprochen wichtig. Das Anfachen selbst von kleinen Lagerfeuern kann extreme Folgen haben und wird mit hohen Strafen geahndet. Seien Sie als Raucherin oder Raucher besonders vorsichtig, wenn Sie Ihre Zigaretten oder Streichhölzer ausmachen.

Die langen Wege, die hohen Temperaturen (im Sommer) und die wenigen Versorgungsstellen unterwegs erfordern es, dass ausreichend Trinkwasser mitgeführt werden muss. Leider ist das Leitungswasser in Portugal oft aufbereitet, nicht immer geschmackvoll, aber dennoch in der Regel trinkbar. Ungeachtet dessen kaufen viele Wanderer Wasser in Plastikflaschen. Auf diese Weise tragen sie leider oft dazu bei, dass viel Plastik zum Einsatz kommt und im schlechtesten Fall auch in der Natur verbleibt. Dies kann vermieden werden. Viele Beherbergungsbetriebe informieren ihre Gäste über die Qualität des Wassers und bieten auch erstklassiges Leitungswasser zum Abfüllen in Trinkflaschen an. So können Wanderer helfen, die Plastikflut einzudämmen.

Gefahren

Die Wanderwege an sich bergen – bei entsprechender Ausrüstung und Selbsteinschätzung – keine Gefahren. Klettersteige und ausgesetzte Passagen sind in dieser Region kaum anzutreffen. Bei einigen Touren müssen Bäche und Flussläufe auf Trittsteinen überquert oder manchmal auch gefurtet werden. Hier kann es jahreszeitlich bedingt Hochwasser geben. In den frühen Frühlingsmonaten empfiehlt es sich, bei der lokalen Bevölkerung oder bei Tourismusinformationsstellen diesbezüglich nachzufragen.

Das Wetter ist in Portugal in der Regel sehr stabil. Plötzlich einfallende Unwetter mit heftigen Niederschlägen sind in dieser Klimaregion praktisch ausgeschlossen oder ausgesprochen selten. Dennoch ist es ratsam, bei längeren Touren und unsicheren Wetteraussichten Erkundigungen zum Wetterverlauf einzuholen.

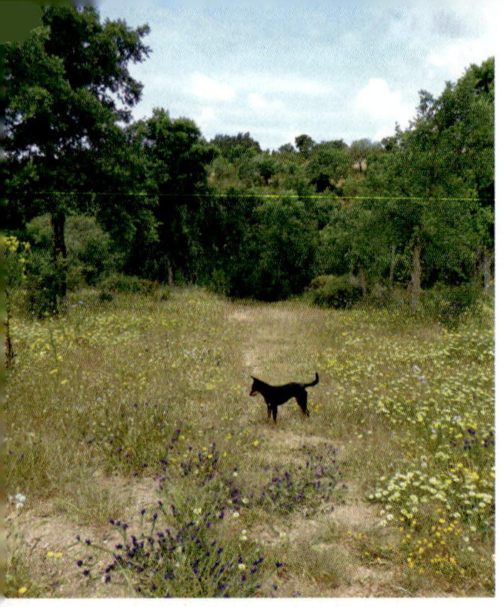

Ein Dorfhund als Wegbegleiter (Tour 15).

Gefahren, die von Wildtieren ausgehen, sind kaum bekannt. Zwar gibt es in Portugal einige Giftschlangen (Ottern und Vipern), jedoch sind diese ausgesprochen selten. Auch Zecken soll es geben, jedoch gilt das Land nicht als FSME-Risikogebiet.
Eine ernstzunehmende Gefahrenquelle stellen andere Kleintiere dar, nämlich die Raupen des Prozessionsspinners (eines Falters); diese leben in den Kiefern und spinnen riesige Netze. Im Frühjahr (April bis Juni) begeben sich die Raupen auf Wanderschaft und bilden regelrechte »Prozessionen« von bis zu 50 Metern Länge. Die Härchen der Tiere können bei Berührung starken Juckreiz verursachen. Speziell mit Kindern sollten Sie sehr vorsichtig sein und jeglichen Kontakt vermeiden. Für andere Tiere (z. B. Hunde) können Verätzungen im Maul- und Rachenbereich auch tödlich enden. Informationstafeln weisen an einigen Wanderwegen auf diese Gefahr bereits hin.
Während man Wildtiere – abgesehen von Vögeln – selten zu Gesicht bekommt, begegnet man domestizierten Tieren (Kühen, Pferden, Eseln, Schweinen, Schafen, Ziegen) regelmäßig auf den Wanderwegen. Manche Wege kreuzen offene Tierweiden. Es wird empfohlen, den Tieren ihren Freiraum zu lassen, Herden weiträumig zu umgehen und Berührungen zu vermeiden. Von den genannten Tieren geht die größte Gefahr von Kühen in Muttertierhaltung aus. Wenn Sie selbst mit Hund wandern, dann seien Sie besonders achtsam und nehmen Sie Ihren Hund in solchen Situationen an die Leine, um Panik und Attacken von Tieren zu vermeiden.
Plagegeister und durchaus gefährlich können Hofhunde oder streunende Hunde sein. Leider ist es in Portugal noch immer weit verbreitet, vor Häusern oder Gartenhäuschen Wachhunde anzuketten. Viele von ihnen gebärden sich verständlicherweise aggressiv. Auch frei herumlaufende Hunde können Wanderern durch lautes und bedrohliches Gebell Schrecken einjagen. Auch hier ist es ratsam, einen weiten Bogen um die Tiere zu machen, deren Grenzen zu respektieren und keine Gewalt anzuwenden.
Womit Wanderer auch in Berührung kommen können, sind Bienenvölker. Auch hier wird angeraten, um die in der Regel deutlich sichtbaren Bienenhäuser einen großen Bogen zu machen.
Es wurde oben bereits auf die Waldbrandgefahr hingewiesen. Diese besteht vor allem in den Sommermonaten und ist zumeist ein lokales Problem.

Falls ein Waldbrand in der unmittelbaren Wanderregion ausbricht, sollte die Wanderung nicht durchgeführt werden. Gerät man unerwartet in ein Waldbrandgebiet, muss man die internationale Notrufnummer 112 wählen.

Wandern mit Kindern

Die für Kinder geeigneten Wanderungen sind durch ein entsprechendes Symbol in der Titelzeile gekennzeichnet. Dies bedeutet jedoch nicht, dass viele andere Touren nicht auch für Kinder interessant wären. Das hängt nicht zuletzt vom Alter, Spaß am Gehen und auch etwas von der Übung ab.

Auskunft

Portugal unterhält in allen europäischen Ländern Botschaften und Konsulate; Tourismusinformationsbüros werden aus Kostengründen jedoch nicht mehr betrieben. Alle Informationen zu Destinationen und Tourismusangeboten werden inzwischen außerhalb Portugals nur noch online zur Verfügung gestellt. Broschüren, Karten und Handbücher in verschiedenen Sprachen bekommt man direkt im Land oder bei größeren Tourismusveranstaltungen (z. B. auch auf Reisemessen).
Vor Ort gibt es in allen Kreishauptstädten und auch in manchen kleineren Gemeinden Tourismusinformationsbüros, die Auskünfte über den jeweiligen Ort und seine Region wie auch über öffentliche Verkehrsmittel geben. Diese können auch bei der Hotelsuche behilflich sein.

Blick auf die Stadt Marvão von der Festung aus (Tour 28).

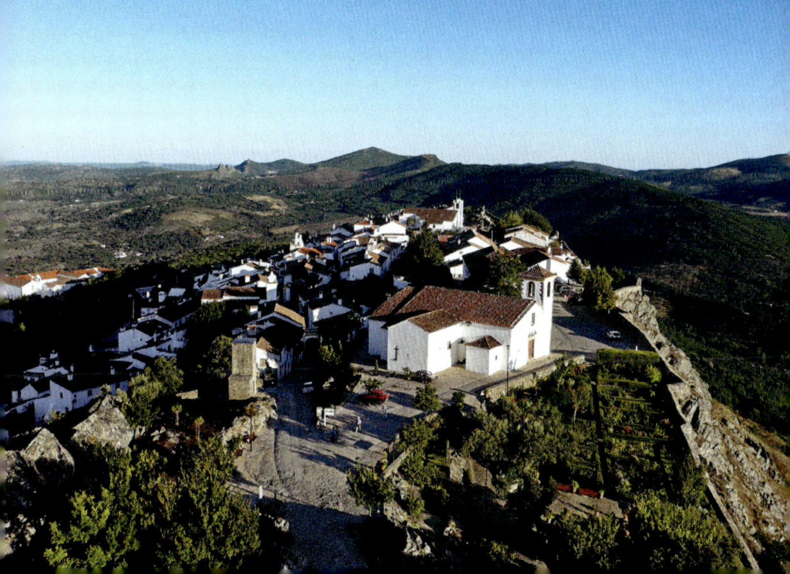

Nützliche Internetseiten

- Website des portugiesischen Fremdenverkehrsamtes (auch in Deutsch): visitportugal.com
- Website der Tourismusregion Alentejo (auch in Deutsch): visitalentejo.pt
- Website der staatlichen Naturschutzbehörde (Instituto da Conservação da Natureza e das Florestas); enthält interessante Informationen zu allen Naturschutzgebieten in Portugal: icnf.pt sowie natural.pt

Telefonvorwahl

Vorwahl von Portugal nach Deutschland: 0049 / +49; nach Österreich: 0043 / +43; in die Schweiz: 0041 / +41.
Vorwahl aus dem Ausland nach Portugal: 00351 / +351

Notruf

Internationale, zentrale Notrufnummer (Polizei, Ambulanz, Feuerwehr): Tel. 112 (gebührenfrei, Betreuung auch auf Englisch).
Pannennotdienst (Automóvel Club de Portugal, acp.pt): Tel. 707 509 510 (24 Stunden Service).

Anreise

Für die Anreise von Mitteleuropa nach Portugal und weiter in den Alentejo werden die meisten Reisenden auf den Flugverkehr zurückgreifen. Die zum Wandergebiet nächstgelegenen Flughäfen sind in Lissabon und in Faro.

Am Rio Salavessa (Tour 23).

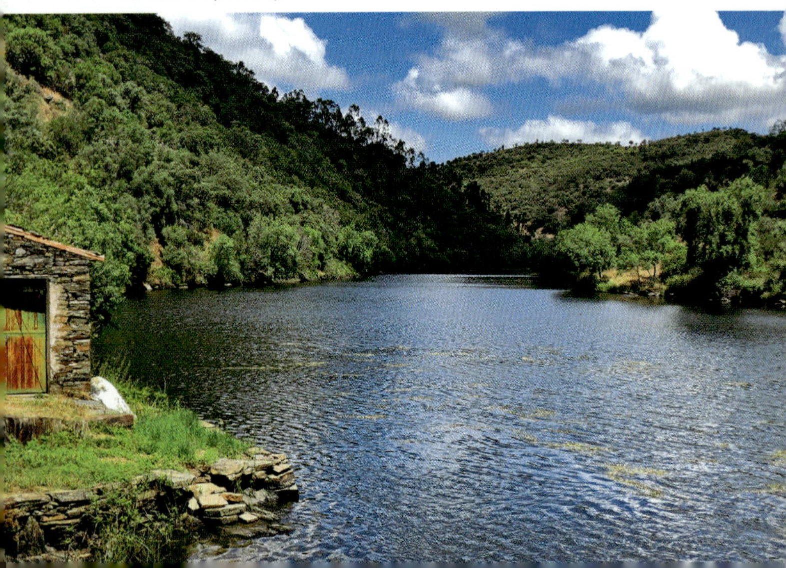

Lissabon wird mit Linienflügen der TAP (Transportes Aéreos Portugueses), Lufthansa und Swiss sowie durch mehrere Charterfluggesellschaften von fast allen größeren Flughäfen Deutschlands, der Schweiz und Österreichs aus angeflogen.
Der Flughafen in Faro ist der internationale Flughafen der Algarve. Er liegt etwas westlich der Stadt und wird mit Linienflügen der TAP, Lufthansa und Swiss sowie durch mehrere Charterfluggesellschaften von fast allen größeren Flughäfen Deutschlands, der Schweiz und Österreichs aus angeflogen.

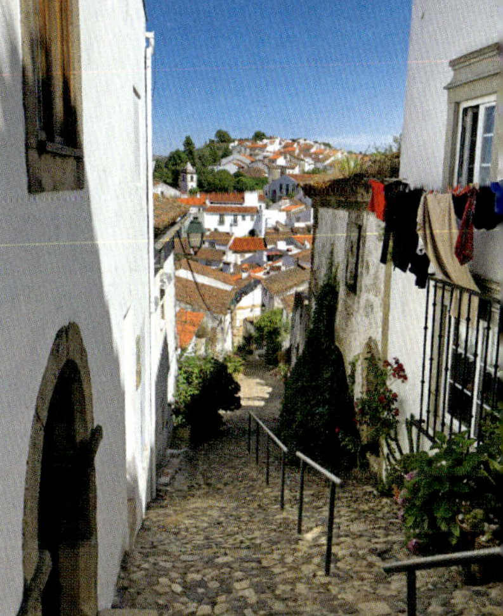

Blick auf Castelo de Vide von der Festungsstadt aus (Tour 28).

Unterkünfte

In den meisten Kreisstädten verfügt der Alentejo über ein gutes Angebot an Unterkünften, oft in mehreren Kategorien. In den Dörfern sind Unterkünfte aber rar. Dort bieten sogenannte Turismo Rural gemütliche Zimmer mit Familienanschluss und mit Frühstück an. Häufig sprechen die Besitzer allerdings nur Portugiesisch. Leider gibt es bisher keine Website, die das volle Angebot abbildet. Eine gute Auswahl findet man auf: center.pt.
Wer traditionellen Komfort, reichhaltiges und authentisches Essen sowie Übernachtungen in gediegenen historischen Bauwerken schätzt, sollte sich bei den Pousadas umsehen. Die ehemals staatlichen Hotels (3- oder 4-Sterne-Kategorie) sind meist in historischen Gebäuden untergebracht und gehören heute zur Pestana-Hotelgruppe. Das Preisniveau liegt ca. 25 % über den landesüblichen Preisen. Information auf: pousadas.pt.
Größer wird derzeit das Angebot an Apartments und Ferienhäusern. In der Umgebung der größeren Naturschutz- und Wandergebiete gibt es auch ein breites Angebot an Campingplätzen (port. Parque de Campismo). Eine gute Übersicht bietet: camping.info.

Feiertage

Portugal hat eine recht große Anzahl an Feiertagen im Jahresablauf.
Kirchliche Feiertage: Karfreitag, Fronleichnam, Mariä Himmelfahrt (15. August), Allerheiligen, Mariä Empfängnis (8. Dezember) und der Weihnachtstag (25. Dezember).
Staatliche Feiertage: 1. Januar, 25. April (Tag der Nelkenrevolution), 1. Mai, 10. Juni (portugiesischer Nationalfeiertag, Todestag von Luís de Camões),

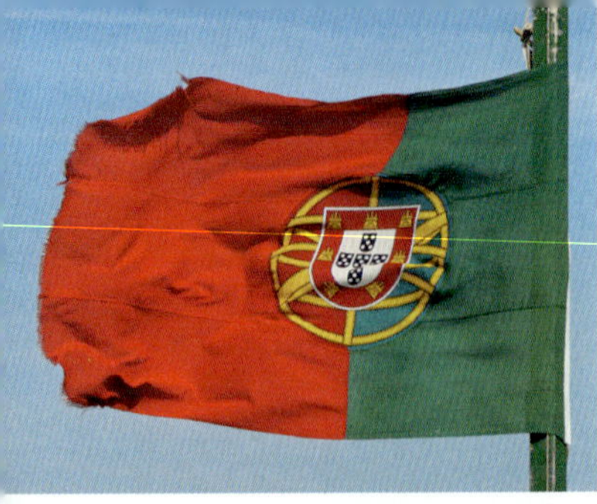
Portugiesische Nationalflagge.

5. Oktober (Tag der Ausrufung der Ersten Republik), 1. Dezember (Tag der Restauration).

Verkehrsmittel

Pkw: Mietautos kann man recht unkompliziert an den Flughäfen in Lissabon und Faro reservieren und abholen. Darüber hinaus bieten die größeren Autoverleiher auch Abhol- und Rückgabestellen in den größeren Städten Portugals an.
Das Straßennetz ist in Portugal sehr gut ausgebaut. Auf Autobahnen wird eine kilometerabhängige Maut (Roadpricing) erhoben. Zurzeit gibt es nur noch wenige Autobahnen, auf denen diese Gebühr in bar oder mit Kreditkarte bezahlt werden kann. Bei den meisten Autobahnen erfolgt die Gebührenerhebung automatisch durch ein Abnahmegerät im Auto. Die Autovermieter berechnen für das automatische Abbuchgerät zusätzlich Verleihgebühren.
Ausländische Touristen, die mit dem eigenen Fahrzeug auf portugiesischen Autobahnen unterwegs sind, müssen für die Dauer des Portugalaufenthaltes ein elektronisches Ablesegerät anmieten. Dieses ist erhältlich an Zahlstellen direkt nach der Grenze, an Autobahntankstellen oder in Postämtern. Dort müssen ein entsprechender Mietvertrag abgeschlossen und eine Kaution hinterlegt werden. Das Gerät wird im Anschluss mit einem Guthaben (pro Woche) aufgeladen.

Denkmal für den Cante Alentejano in Monsaraz.

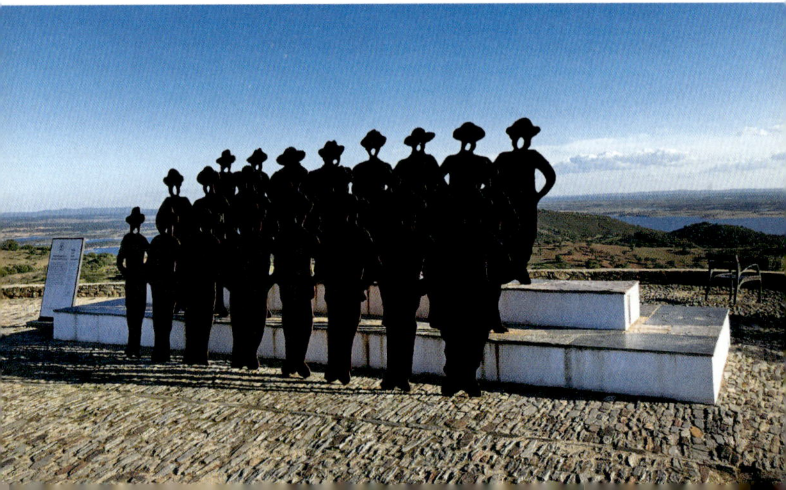

Die Straßennummerierung in Portugal ist manchmal etwas unübersichtlich und verwirrend. Es wird empfohlen, eine gute Straßenkarte oder ein Navigationsgerät zur Zielfindung zu verwenden.

Taxi: Taxifahrten sind in Portugal sehr kostengünstig und können daher auch für die Anfahrt zu Wanderungen in Erwägung gezogen werden.

Bus und Bahn: Der öffentliche Verkehr ist in Portugal – entgegen von Informationen in vielen Reiseführern – sehr gut ausgebaut. Es ist grundsätzlich möglich, viele der beschriebenen Wanderungen auch mit öffentlichen Verkehrsmitteln zu erreichen. Wer dies macht, sollte jedoch bedenken, dass dafür oft viel Zeit und Mühe notwendig sowie eine gute Auskunft und Vorbereitung unerlässlich sind.

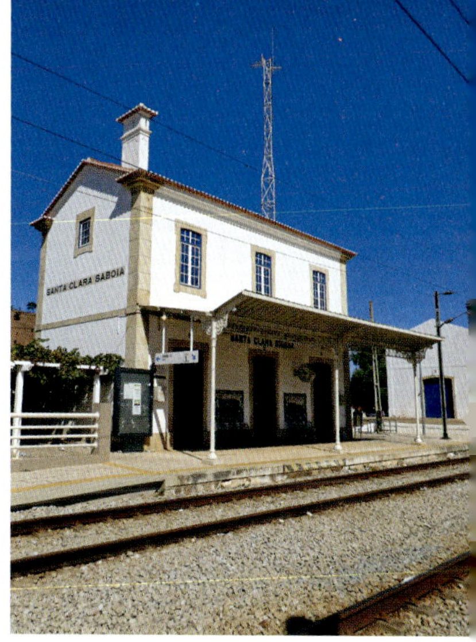

Der Bahnhof von Santa Clara – Sabóia.

Gesundheitswesen und Verhalten bei Verletzungen

Leider können beim Wandern gelegentlich kleinere Unfälle passieren und man ist auf medizinische Versorgung vor Ort angewiesen. Das Gesundheitswesen in Portugal ist gut ausgebaut. Der World Health Report reihte es zuletzt sogar auf Platz 12 des Ranking der WHO ein. Neben dem staatlichen Gesundheitsdienst mit einem Netz an zumeist modern ausgestatteten Krankenhäusern gibt es auch eine wachsende Anzahl von privaten Arztpraxen, diese aber vor allem in den größeren Städten. Auf dem Land sind in der Regel die sogenannten Centros da Saúde, Gesundheitszentren, die erste Anlaufstelle für medizinische Notfälle wie z. B. Knochenbrüche, Verbrennungen und sonstige Verletzungen. Gesundheitszentren gibt es in allen Kreisstädten. Falls ein Krankenhausaufenthalt notwendig wird, gibt es in vielen größeren portugiesischen Hospitälern inzwischen einen speziellen Service für ausländische Patienten: Anamnese und Diagnosegespräche erfolgen auf Englisch.

Nicht rezeptpflichtige Medikamente und Salben sowie Verbände bekommt man in Apotheken und teilweise auch in Supermärkten. Das Netz an Apotheken (port. farmácia) ist gut ausgebaut. Jede Kreisstadt verfügt zumeist über mehrere Apotheken.

Schwierig ist die medizinische Erstversorgung in den kleinen Dörfern. Hier hilft im Notfall oftmals nur der internationale Notruf 112.

ZUR REGION ALENTEJO: LAND UND LEUTE

Dieser Wanderführer umfasst die Region Lissabon mit den beiden Gebirgszügen Serra de Sintra und Serra da Arrábida und vor allem den Alentejo, den »mittleren Süden« von Portugal. Sieht man einmal von der Serra de Sintra ab, dann liegen alle Wanderungen südlich des Tejo, des längsten Flusses der Iberischen Halbinsel. Das »Land jenseits des Tejo« (= Alentejo) nennen die Portugiesen diese Region, die im Norden vom Rio Tejo, im Süden von der Algarve, im Osten von Spanien und im Westen vom Atlantik (120 km Küste) begrenzt wird. Eine dünn besiedelte Gegend, die knapp ein Drittel der portugiesischen Festlandsfläche umfasst (27.000 km^2), aber nur von etwas mehr als 5% der Bevölkerung (500.000 Menschen) bewohnt wird (alle Zahlen ohne Großraum Lissabon).

Verwaltungstechnisch gibt es keine Region bzw. kein Bundesland Alentejo; der Begriff wird nur historisch oder topografisch verwendet und spielt in der Tourismusvermarktung eine gewisse Rolle. Zudem gibt es regionale Bezeichnungen: Alto Alentejo (Oberer Alentejo / Nordosten), Lezíria do Tejo (Flussniederung des Tejo / Nordwesten), Alentejo Central (Zentaler Alentejo), Alentejo Litoral (Küstenalentejo / Westen), Baixo Alentejo (Untere Alentejo / Südosten).

Diese Bezeichnungen sind weitgehend (aber nicht gänzlich) deckungsgleich mit den Distrikten in Portugal, die eine wichtige Verwaltungseinheit darstellen. Es sind dies: Portalegre (ist identisch mit Alto Alentejo), Santarém (der südliche Teil des Distrikts ist die Lezíria do Tejo), Évora (entspricht

Schweineweide im Montado von Freixo (Tour 40).

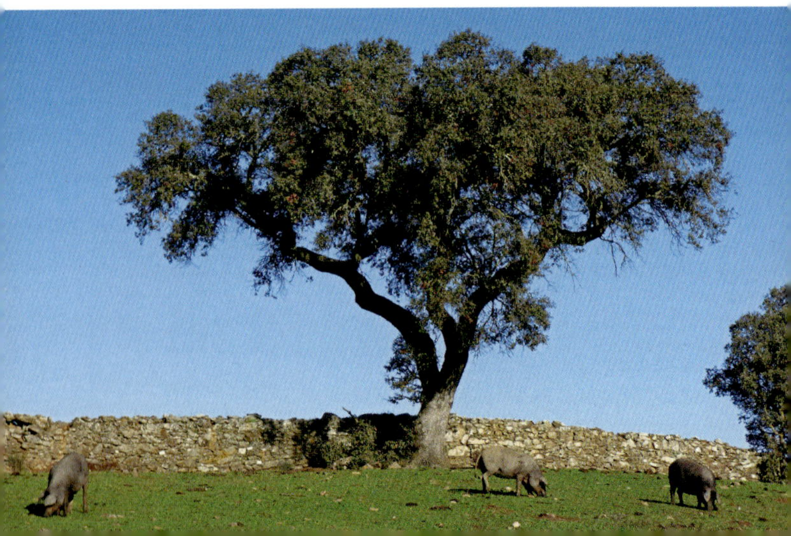

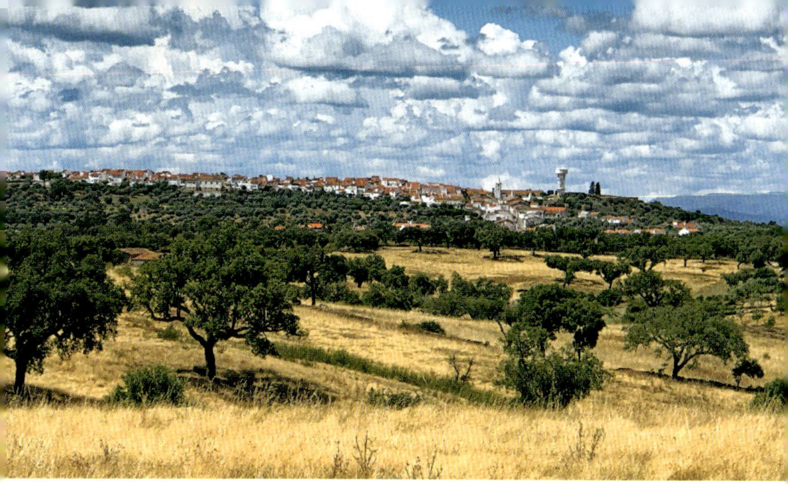

Blick auf Montalvão (Tour 24).

dem Alentejo Central), Setúbal (das Gebiet der Serra da Arrábida und der nördliche Teil des Alentejo Litoral) sowie Beja (ist identisch mit Baixo Alentejo). Diese Aufzählung zeigt, dass es sehr verschiedene Möglichkeiten der Abgrenzung gibt und natürliche sowie historische Grenzen mit aktuellen Verwaltungsgrenzen nicht immer übereinstimmen.

Großlandschaften und Geologie

Geologisch gesehen, gehört der Alentejo fast zur Gänze zur Iberischen Meseta. Dieses prämesozoische, hochmetamorphe Grundgebirge wird wiederum in die Ossa-Morena- und in die Südportugiesische Zone gegliedert. Die Südportugiesische Zone baut sich aus sedimentären und vulkano-sedimentären Gesteinen auf, wobei geschieferte Ton- und Syltsteine sowie Quarzite dominieren. Zudem wird die Region von einem Pyritgürtel durchzogen, der vor allem Kupfer-, Zinn- und Zinkvorkommen aufweist. Die Ossa-Morena-Zone ist geologisch komplexer und erlebte mehrere Deformationsphasen und metamorphe Überprägungen. In Schichtlücken haben sich Sonderformen herausbildet, wobei die mesozoischen Sedimente aus Kalziumkarbonat von besonderer Bedeutung sind. Sie sind dafür verantwortlich, dass in der Region Estremoz und Vila Viçosa die größten Marmorsteinbrüche Europas mit interessanten Varianten (von Weiß- über Rosa- bis zu Brauntönen) zu finden sind.

Auf diesen geologischen Grundlagen hat sich eine Oberflächenform gebildet, die relativ homogen und gleichmäßig ist. Der Alentejo ist demnach eine weite Ebene mit zahllosen lang gezogenen Hügeln. Lediglich ganz im Norden ist mit der Serra de São Mamede eine nennenswerte Erhebung

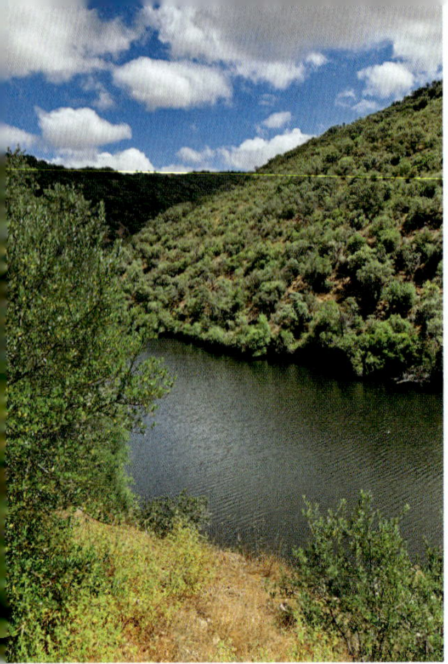

Blick auf den Rio Sever (Tour 24).

(Gipfel: 1025 m) zu finden, zugleich der höchste Gebirgszug Portugals südlich des Tejo.
Der Alentejo wird von einigen großen Flusssystemen durchzogen. Der Tejo ganz im Norden hat im mittleren Süden Portugals ein vergleichsweise kleines Einzugsgebiet. Der überwiegende Teil von Alentejo Central und Alentejo Litoral wird hingegen vom Sado-Fluss entwässert, der in den Golf von Setúbal einmündet. Für den Osten der Region ist der Guadiana-Fluss landschaftsprägend, der zeitweise auch die Grenze zwischen Portugal und Spanien bildet. Sehr typisch für den Alentejo sind die zahllosen Stauseen. Diese wurden in dem wasserarmen Gebiet seit den 1940er-Jahren angelegt; sie dienen als Süßwasserreservoirs, in der Landwirtschaft für die Bewässerung von Feldern und zur Wasserversorgung von Tieren und nicht zuletzt zur Stromerzeugung.
Einer der größten Stauseen Europas, der grenzübergreifende Alqueva-Stausee, liegt zum überwiegenden Teil auf dem Gebiet des Alentejo. Im Idealfall füllen sich die Stauseen in den regenreichen Wintermonaten mit Wasser, das dann acht Monate lang zur Verfügung steht. Allerdings geht die Niederschlagshäufigkeit inzwischen merklich zurück, was den Alentejo langfristig zu einer steppenartigen Landschaft formen könnte.

Klima

Das Klima des Alentejo ist nicht einheitlich ozeanisch, mediterran oder kontinental geprägt, sondern bildet vielmehr eine Mischung aus allen dreien: je weiter im Westen, desto mehr ozeanisch, je weiter im Osten und Südosten, desto mehr mediterran, je weiter im Nordosten, desto mehr kontinental.

KLIMATABELLE ÉVORA

		Jan	Feb	Mrz	Apr	Mai	Jun	Jul	Aug	Sep	Okt	Nov	Dez
Maximal-Temperatur	**°C**	14	14	17	20	24	30	33	34	30	24	17	14
Niederschlag	**mm**	23	29	38	31	17	6	2	3	14	37	40	27

KLIMATABELLE ALCÁCER DO SAL

		Jan	Feb	Mrz	Apr	Mai	Jun	Jul	Aug	Sep	Okt	Nov	Dez
Maximal-Temperatur	**°C**	15	15	17	19	22	25	27	29	27	23	18	16
Niederschlag	**mm**	31	32	36	33	20	7	1	2	15	40	55	40

Niederschläge fallen vor allem von November bis Februar in Form von Regen, sind aber – aufgrund der Nähe zum Atlantik – das ganze Jahr über möglich. Schneefall ist ein spektakuläres Ausnahmeereignis im Alentejo, ebenso Temperaturen unter dem Gefrierpunkt. Ab Februar/März werden die Temperaturen frühlingshaft mild und die Landschaft erblüht. Ab April/ Mai kann das Thermometer schon über 30 Grad Celsius klettern. Die Sommer sind heiß und trocken. Die Landschaft und die drauf wachsenden Gräser »verglühen« in der sommerlichen Hitze, bis die spätherbstlichen Regen wieder Abkühlung bringen. Im Küstenbereich ist die Feuchtigkeit höher. Nebelbänke, entstanden in der Zone zwischen kaltem Atlantik und heißem Land, ziehen im Sommer über den Küstensaum. Besonders die Nebelwälder in der Serra de Sintra profitieren von diesem Phänomen.

Pflanzenwelt

Die Pflanzenwelt Portugals ist stark geprägt von der Lage am Rand Europas, von der Nähe zum afrikanischen Kontinent und der engen Nachbarschaft zum Atlantik. Im Norden des Landes finden sich mehr Pflanzengemeinschaften, die auch in West- und Mitteleuropa heimisch sind, während im Süden mediterrane Arten vorherrschend sind und auch der Zuzug von Pflanzen mit afrikanischem Ursprung zu erkennen ist.

Eine Opuntienblüte.

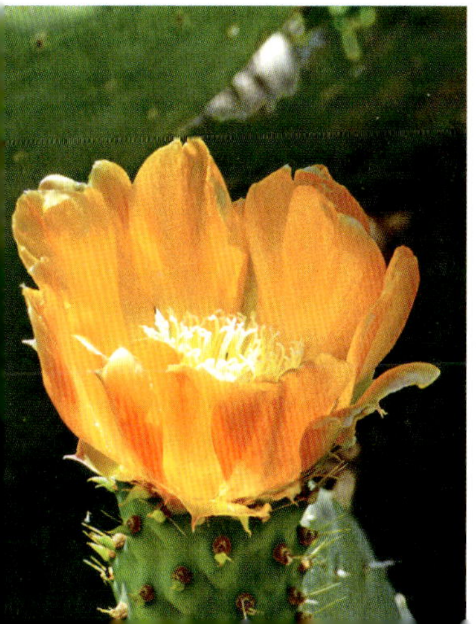

Olivenhain bei Monsaraz (Tour 42).

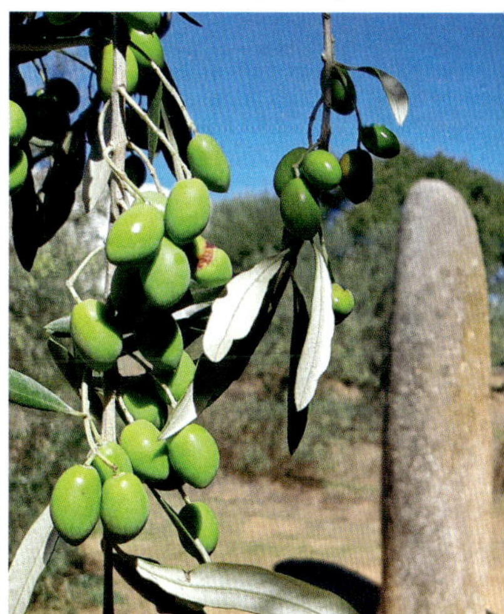

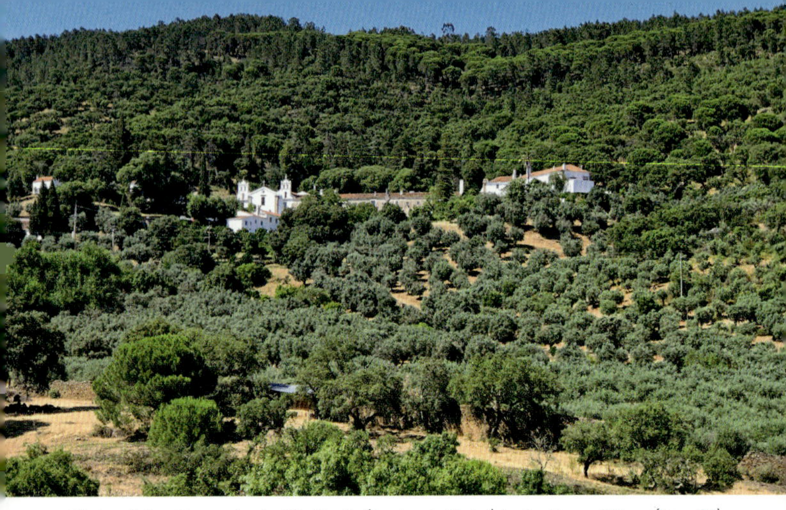

Blick auf den Convento de São Paulo (heute ein Hotel) in der Serra d'Ossa (Tour 39).

40 % der Landesfläche Portugals sind von Wäldern bedeckt. Schon seit den 1940er-Jahren wurden in Portugal viele Hügel mit Eukalyptuswäldern bepflanzt, die schnell wachsend sind und so billigen Rohstoff für die große Zellstoff- und Papierindustrie des Landes liefern. Auch im Alentejo sind diese Wälder zu finden, aber weniger häufig als in anderen Teilen des Landes. Das hängt mit den Bodenbedingungen zusammen (oft sandiger Untergrund), auch mit dem Relief (weite Teile des Alentejo sind gut geeignet für großflächigen Wein- und Ackerbau) und mit der hohen sommerlichen Trockenheit.

Als Kulturpflanze massiv auf dem Vormarsch ist inzwischen im Alentejo der Olivenbaum. Weite Teile des Landes (besonders der Osten) sind von riesigen Olivenhainen bepflanzt. War früher der Wassermangel ein großes Problem, so brachte der Bau von zahllosen Stauseen eine erhebliche Intensivierung der Landwirtschaft mit sich, wobei in vielen Teilen des Alentejo ein Ausbau der profitablen Olivenölproduktion um sich griff, daneben sieht man inzwischen auch mehr Obstbäume (vor allem Mandel) und riesige Ackerflächen mit Bewässerungssystemen. Neben Eichen und Eukalyptus finden sich im Alentejo auch Pinien- und Seekiefernwälder. Beide gedeihen gut auf den sandigen Trockenstandorten im Alentejo Litoral. Südlich von Lissabon lässt der Staat – auch als einen Beitrag zur Bekämpfung des Klimawandels – derzeit große Flächen mit Pinienwäldern neu pflanzen, ein sehr langfristiges Projekt.

Wie das Beispiel der Bäume und Wälder deutlich macht, ist ein Großteil der Pflanzenwelt des Alentejo in Veränderung begriffen. Eine von Menschen

unbeeinflusste Vegetationsdecke ist nicht mehr vorhanden, in den Naturparks – die sich oft in Flusstälern oder Küstengebieten befinden – gibt es aber zumindest noch eine recht naturnahe. Abgesehen von diesen Regionen ist für Wanderer der ausgedehnte Montado des Alentejo die reizvollste Landschaft.
Portugal besitzt – Schätzungen zufolge – rund 20.000 verschiedene natürlich vorkommende Pflanzenarten, wobei die Küstenflora in Südwestportugal besonders artenreich ist. Man kann also – in der richtigen Jahreszeit – ein diverses Blütenmeer entdecken, auch mit äußerst seltenen Spezies.
Besonders auffällig sind aber dominante Arten, die oftmals invasiv sind und weite Landschaften mit Blüten überziehen: Lack-Zistrose im April/Mai, Ginster (u. a. Stech- und Kugelginster) das ganze Jahr über, Lavendel in diversen Farben im Frühjahr und Sommer, Mittagsblumen (im Küstenbereich) im Frühjahr und Sommer oder langblättrige Akazien (im Küstenbereich) im Frühjahr.

Ein einzigartiges Ökosystem: der Montado

Im Alentejo ist in weiten Teilen noch ein ursprünglicher Montado (in Spanien bezeichnet man diesen Naturraum als Dehesa) vorhanden. Der Montado ist ein besonderes Ökosystem, das zwar vom Menschen als Weidegebiet für Rinder und Schafe geschaffen wurde, aber ideal an Klima und Relief angepasst ist. Die Leitpflanze des portugiesischen Montado ist die Eiche (Kork- und Steineichen), die als »lichter Wald« die sanften Hügel des Alentejo überzieht. Die Bezeichnung »Wald« ist in diesem Zusammenhang nicht ganz korrekt. Kork- und Steineichen brauchen viel Abstand, um sich ideal entfalten zu können. So ist der typische Montado eine Mischung aus Bäumen und Wiesen (zumeist Weiden). Die immergrünen Kork- und Steineichen umhüllen gewissermaßen mit ihren weit ausladenden Ästen die Landschaft und geben Gras, Büschen und Tieren Schatten und Unterschlupf. So sieht der Montado, von oben betrachtet, auch in den heißen Sommermonaten wie eine riesige Grünfläche aus.

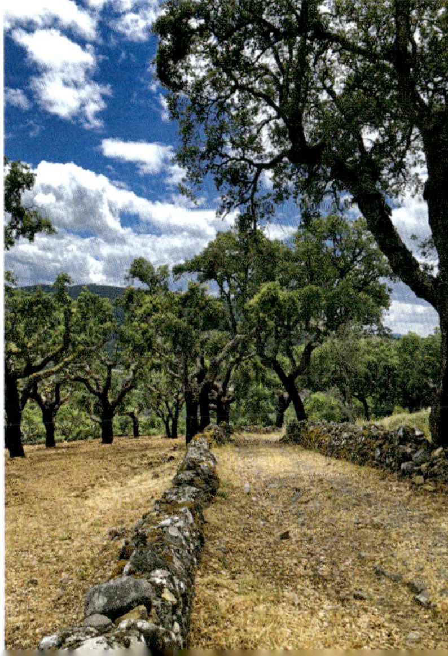

Aufstieg durch Montado nach Marvão (Tour 28).

Geht man zwischen eng gepflanzten Korkeichen, so wandert man unter einem grünen Dach, weswegen manche poetisch veranlagten Autoren auch von »grünen Kathedralen« sprechen. Die Korkernte ist eine willkommene »Nebeneinkunft« des Montado.
Portugal ist das Land mit der weltweit größten Ausdehnung an mediterran-iberischen Korkeichenwäldern, die sich überwiegend im Alentejo finden. Auch wenn der Montado gesetzlich geschützt und seine Abholzung verboten ist, so geht doch der Anteil der Kork- und Steineichenwälder in Portugal kontinuierlich zurück. Das hat viele Gründe: den Strukturwandel in der Landwirtschaft, den Bedeutungsverlust von Kork als Produkt am Weltmarkt und auch den spürbaren Klimawandel, der bisher nicht gekannte Krankheiten und Schädlinge in den Montado getragen hat. Absterbende Bäume werden nur selten ersetzt, junge Korkeichenwälder sind nirgends zu sehen, weil viele Landbesitzer heute nicht mehr langfristig oder in Generationen denken.

Tierwelt

Die Tierwelt orientiert sich wesentlich an der Pflanzenwelt. Auf den Wanderungen trifft man zumeist auf Weidetiere: Rinder, Ziegen, Schafe, Schweine und Esel. Die engste Begegnung gibt es oft mit Hunden, die entweder Bauernhöfe bewachen oder streunen (vgl. auch Kapitel »Gefahren«, S. 23). Der Alentejo ist bekannt für eine eigene Hunderasse: Rafeiro do Alentejo, ein mächtiger Hirten- und Wachhund, der bis zu 50 kg Gewicht erreichen kann. Für wild lebende Landsäugetiere sind die Voraussetzungen im Alentejo

Eine Schweineweide im Korkeichenwald (Tour 30).

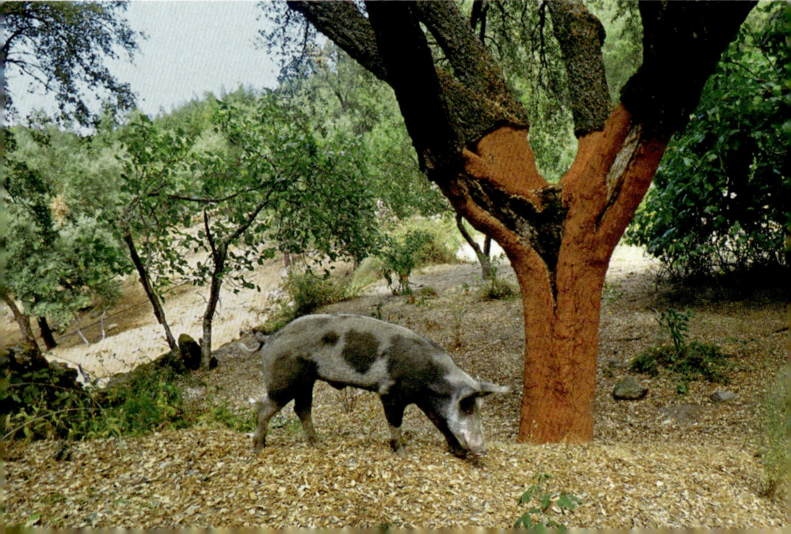

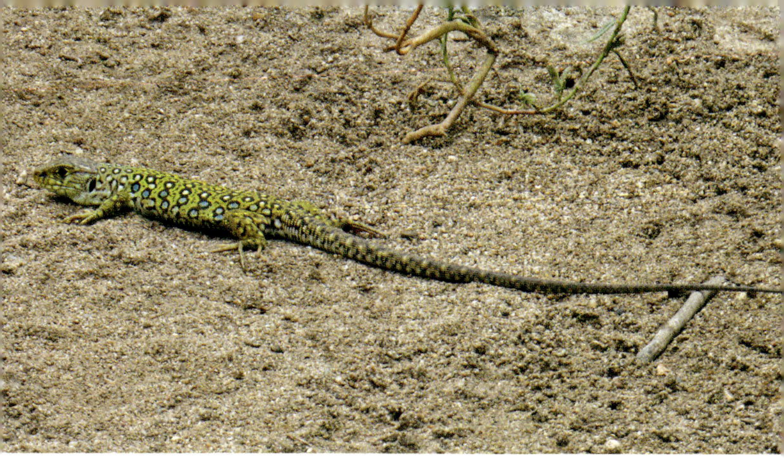

Eine Smaragdeidechse am Wegesrand.

nicht ideal. Die offene Landschaft (Ebenen mit sanften Hügeln), viele Weidezäune und wenige »dichte Wälder« lassen kaum Raum. Die Flusstäler (port. Ribeiras) in den Naturparks mit üppigem Uferbewuchs sind oft das einzige sichere Refugium. Dort finden sich Tiere wie Wildschweine, Rotwild, Hasen (Iberischer Hase), Wiesel, Wildkatze, Marder, Otter, Dachs und Fuchs. Das seltenste Säugetier der Region ist der Pardelluchs oder Iberischer Luchs, dessen Lebensraum der mediterrane Buschwald ist und für den eigene Schutzprogramme aufgesetzt wurden. Über seinen Bestand gibt es nur Spekulationen, man schätzt heute 40 bis 50 Tiere auf dem Gebiet von Portugal.

Eine bemerkenswerte Vielfalt bietet der Alentejo an Amphibien (12 Arten) und Reptilien (22 Arten). Bei Wanderungen häufig anzutreffen sind verschiedene Eidechsenarten, sehr oft die vielfältig schimmernde Perleidechse. Geckos dagegen verstecken sich tagsüber in Mauerritzen oder unter Steinen. Im Süden der Region kann man – mit Glück – auch die streng geschützten Chamäleons entdecken. Sie leben auf Bäumen und Sträuchern, bewegen sich sehr langsam und fangen mit ihrer langen Zunge Insekten. Auch Schlangen gibt es; meist ungiftige Nattern, allerdings auch zwei giftige Schlangen: die europäische Eidechsennatter sowie die Stülpnasenotter, die durch ein kleines Horn am Kopf zu erkennen ist.

Über 300 Vogelarten sind das ganze Jahr über in Südportugal beheimatet. Störche sind hier besonders weit verbreitet und nisten auf Türmen, Strommasten und sogar auf Felsen in Meeresnähe. Die Flussläufe und die vielen Stauseen bieten ihnen gute Lebensbedingungen. Die meisten Tiere kommen im Januar/Februar aus Westafrika zurück und bleiben bis Anfang Juni. Es gibt aber auch Störche, die das ganze Jahr über in Portugal leben. Eine

Besonderheit sind die an der Südwestküste nistenden Störche. Es ist dies angeblich der einzige Platz der Welt, wo die Tiere direkt an der Steilküste ihre Nester bauen. Im Winter und Frühjahr kann man in den Lagunen im Sado-Becken auch Flamingos beobachten, ebenso diverse Watvögel wie Stelzenläufer, Rallenreiher, Seidenreiher, Kuhreiher, Löffler oder auch das bläuliche Purpurhuhn. Stark zugenommen haben in den letzten Jahren Ibisarten wie der Sichler.

Der Alentejo verfügt aber auch über eine bemerkenswerte Vielfalt an Singvögeln, die das ganze Jahr über im Land bleiben. Besonders auffällig sind der grünlich-gelbe Girlitz, der bunte Bienenfresser, die Haubenlerche sowie der kleine und durch seinen Balzflug auffällige Zistensänger. Der Montado und der dichte Bewuchs der Flusstäler bieten ein ideales Habitat für diese Tiere.

Naturschutzgebiete

Portugal unterscheidet im Bereich Naturschutz fünf Kategorien: Parque Nacional/Nationalpark (1), Parque Natural/Naturpark (10), Reserva Natural/Naturreservat (9), Monumento Natural/Naturdenkmal (7) und Paisagem Protegida/geschützte Landschaft (3). Die Zahlen beziehen sich nur auf das Gebiet von Festlandportugal, die autonomen Regionen Madeira und Azoren haben eigene Schutzsysteme.

In der Wanderregion Alentejo und Großraum Lissabon liegen zehn Naturschutzgebiete, darunter fünf Naturparks: »Parque Natural Sintra-Cascais« (nordwestlich von Lissabon), »Parque Natural Serra da Arrábida« (südlich von Lissabon), »Parque Natural da Serra de São Mamede« (nordöstlicher Alentejo), »Parque Natural do Sudoeste Alentejano e Costa Vicentina« (südwestlicher Alentejo) sowie »Parque Natural do Vale do Guadiana« (südöstlicher Alentejo); drei Naturreservate: »Reserva Natural do Estuário do Tejo« (östlich von Lissabon) »Reserva Natural do Estuário do Sado« (südlich von Lissabon) und »Reserva Natural das Lagoas de Santo André e da Sancha«; zwei Naturdenkmäler: »Monumento Natural da Pedra da Mua, Lagosteiros e Pedreira do Avelino« (südlich von Lissabon) und »Monumento Natural das Portas de Ródão« (nordöstlicher Alentejo) sowie eine geschützte Landschaft: »Paisagem Protegida da Arriba Fóssil da Costa da Caparica«.

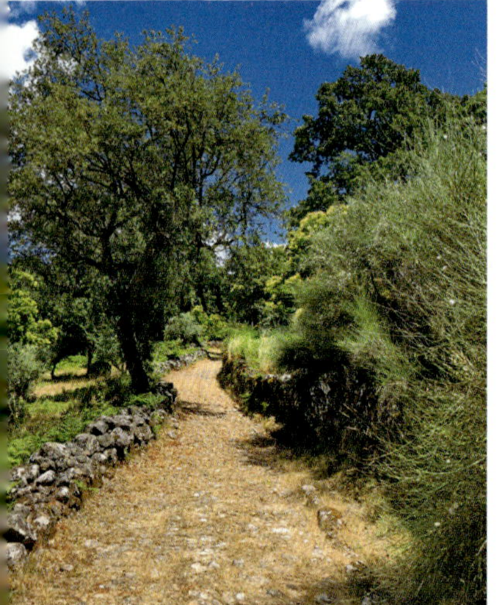

Wanderweg zwischen Marvão und Castelo de Vide (Tour 28).

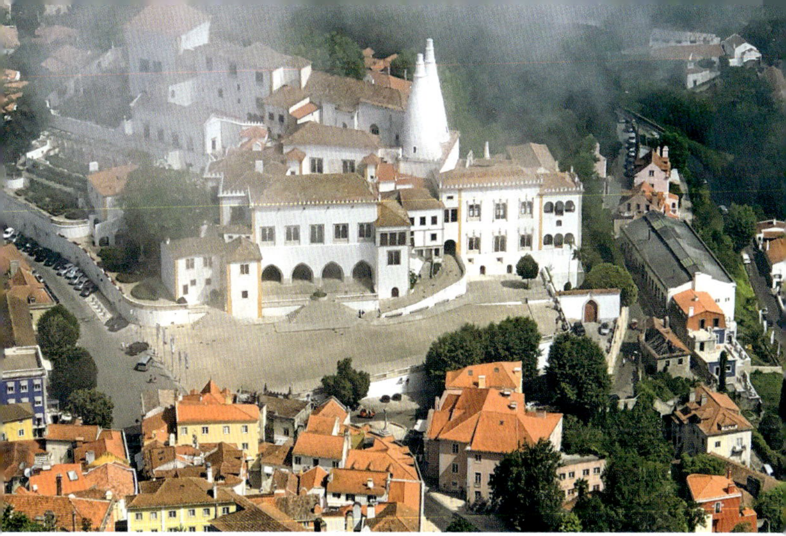

Blick auf den Palácio Nacional de Sintra im Nebel (Tour 9).

Viele der in diesem Wanderführer beschriebenen Touren liegen in oder am Rand dieser Naturschutzgebiete.

Geschichte

Portugal ist in seinen heute bestehenden Grenzen eines der ältesten Länder Europas. 1139 entstand das Königreich Portugal, das sich aus der zwischen den Flüssen Minho und Douro gelegenen Grafschaft Portucale entwickelt hat. Im Laufe des Mittelalters dehnte sich das kleine Königreich stetig in Richtung Süden aus, indem es nach und nach die muslimischen Fürstentümer, die seit dem 8. Jh. auf dem Gebiet des heutigen Portugals existierten, zurückdrängte. Mit der Eroberung der Algarve Mitte des 13. Jh. bekam das Staatsgebiet von Portugal weitgehend seine heutige Form. In einem Vertrag mit Kastilien wurde 1267 der Grenzverlauf endgültig festgelegt, der – mit ganz wenigen Verschiebungen im 18. Jh. – bis heute existiert.

Im 15. Jh. begann die Expansion nach Übersee, die das kleine südwesteuropäische Königreich zu einem bedeutenden Kolonialreich machte. Die Erfolge dieser Politik bescherten der portugiesischen Krone besonders in den ersten Jahrzehnten des 16. Jh. große Einnahmen und internationales Ansehen. Bis heute spricht man vom »século do ouro«, vom »goldenen Jahrhundert« Portugals.

Der große Zusammenbruch kam 1580: Aufgrund einer dynastischen Krise wurde das Königreich Portugal von Spanien erobert, in der Folge bestand 60 Jahre lang eine Personalunion der beiden Königreiche unter spanischer

Dominanz. Ab 1640 begannen die Portugiesen einen Unabhängigkeitskrieg, der mit der Restauration der portugiesischen Monarchie endete. Mitte des 18. Jh. wurde die vergleichsweise rückständige Monarchie durch die Reformen des Marquês de Pombal modernisiert. Während der Napoleonischen Kriege flohen die königliche Familie und der gesamte Hofstaat nach Brasilien. Portugal wurde für ein Jahrzehnt zum Kriegsschauplatz und geriet zunehmend in Abhängigkeit von Großbritannien.
1910 wurde in Portugal der letzte Bragança-König gestürzt und die Republik ausgerufen. 1926 beendete ein Militärputsch die Erste Portugiesische Republik, in der Folgezeit entstand der »Estado Novo« genannte faschistische Ständestaat. Dieser war mit der Person António de Oliveira Salazar verbunden, zunächst Finanzminister und später Ministerpräsident Portugals. Der »Estado Novo« endete mit der sogenannten Nelkenrevolution vom 25. April 1974, dem wichtigsten Ereignis der jüngeren portugiesischen Geschichte.
Seither ist Portugal wieder eine Republik. 1986 trat das Land der Europäischen Gemeinschaft (heute EU) bei. 2011 erreichte die Wirtschaftskrise in Portugal ihren Höhepunkt und das Land erhielt aus dem ESM (Europäischer Stabilitätsmechanismus) einen Kredit über 78 Milliarden Euro. Erst 2014 hat sich die wirtschaftliche Lage im Land verbessert. Durch das Sparprogramm der konservativen Regierung ist allerdings die soziale Lage im Land (hohe Arbeitslosigkeit, wenig Absicherung) sehr angespannt. Seit Ende 2015 hat Portugal wieder einen sozialistischen Regierungschef, der einige unpopuläre Sparmaßnahmen der Vorgängerregierung rückgängig gemacht hat. Bei den Wahlen von 2019 und 2022 wurde diese Regierung im Amt bestätigt.

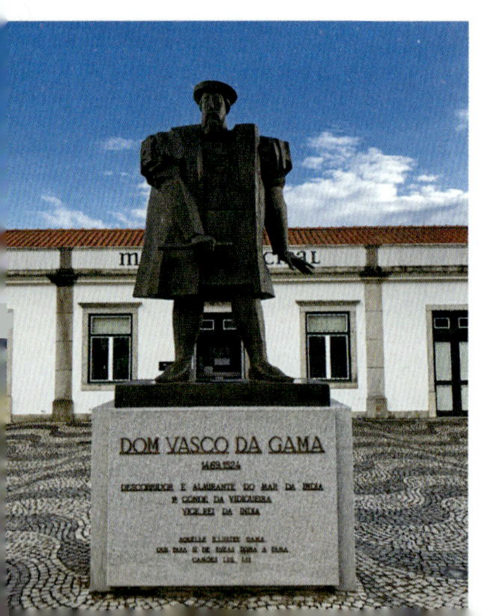

Kultur und Tradition

Portugal ist ein bedeutendes und altes Kulturland, das viele kunsthistorische Schätze zu bieten hat. Allein 17 Baudenkmäler, Städte und Kulturräume sind derzeit von der UNESCO als Weltkulturerbe ausgewiesen, darunter vier in der hier beschriebenen Wanderregion. Neben den manuelinischen Baudenkmälern in Belém (Lissabon) zählen dazu die Kulturlandschaft von Sintra, das historische Zentrum von Évora und die Grenz- und Garnisonsstadt El-

Statue von Vasco da Gama am Hauptplatz seiner Geburtsstadt Vidigueira.

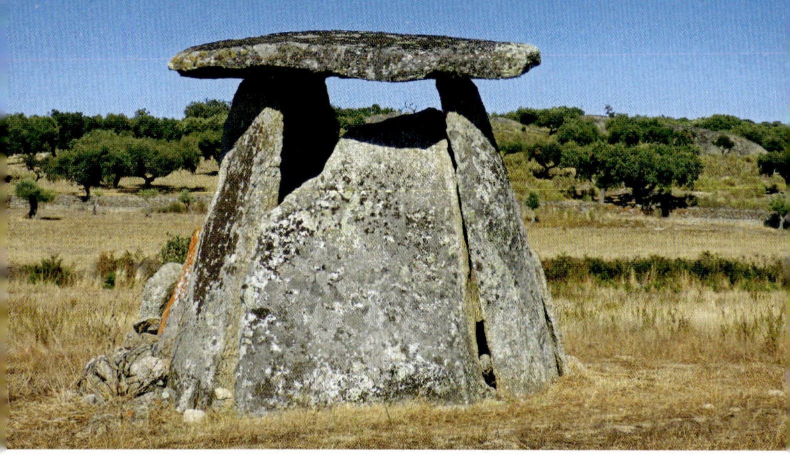

Der Anta de Melriça in der Nähe von Castelo de Vide.

vas. Diese Sehenswürdigkeiten bilden jedoch nur die Avantgarde. Besucher der Region können in vielen Kleinstädten Reste von ehemals mächtigen Burgen, zahllose Kirchen, Klöster und Kapellen sowie hübsche Dorfarchitektur sehen. Nicht versäumen sollte man den Besuch von zwei besonders stimmungsvollen Burgstädten: Marvão und Monsaraz, die beide in eindrucksvoller Lage auf hohen Hügeln thronen.

Für Interessenten von neolithischen Kulturdenkmälern hat der Alentejo besonders viele Bauwerke zu bieten. Neben zahllosen und gut erhaltenen Dolmen (port. Anta) sind der größte Steinkreis der Iberischen Halbinsel (Cromoleque dos Almendres, westlich von Évora) und der höchste Menhir (Menhir da Meada, nördlich von Castelo de Vide) in dieser Region Portugals zu finden. Am Rande oder als Zwischenziel vieler Wanderungen tauchen solche frühesten Bauwerke der Menschheitsgeschichte im Alentejo immer wieder auf.

Auch aus römischer Zeit gibt es beachtlich viele Überreste. Das besterhaltene Denkmal ist der römische Tempel im Zentrum von Évora. Daneben gibt es aber bedeutsame Ausgrabungen von römischen Villen, die auf ein System von Latifundien (große Landgüter) hinweisen, die sich hier bis in die Spätantike erhalten haben. Ein Anzeichen dafür, dass Lusitanien am Rand des Imperiums und des politischen Geschehens lag und Umbrüche sich hier erst spät vollzogen.

Auch aus der Zeit der muslimischen Herrschaft gibt es einige Überreste. Die Stadt Mértola wirbt mit dem Image, in der Geschichte und im Stadtbild stärkere Bezüge zu dieser Epoche zu haben als jede andere Stadt Portugals. Tatsächlich ist die Kirche von Mértola eine ehemalige Moschee, was man dem Gebäude bis heute ansieht und nur sie wird als Igreja-Mesquita bezeichnet. Zur Erinnerung an diese Zeit (oder aus touristischer Erwägung) feiert

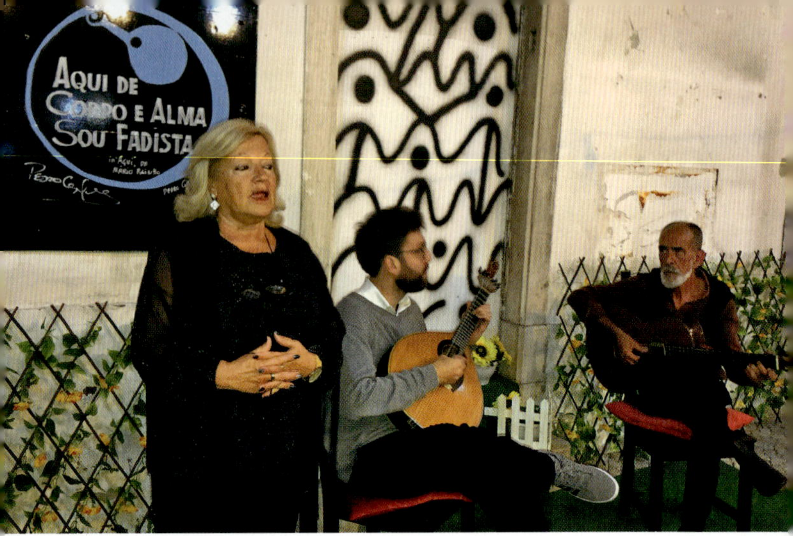

Eine Fado-Vorstellung in der Alfama von Lissabon.

man jährlich in der Stadt am Guadiana ein »Festival Islâmico de Mértola«.
Das portugiesische Mittelalter ist mit zahllosen Festungsbauten vertreten (wie oben schon erwähnt). Viele dieser an Flüssen, auf Hügeln oder Felsüberhängen erbauten Burgen waren in Richtung Landgrenze im Osten angelegt und sollten vor dem einzigen Nachbarn des Königreiches schützen: bemerkenswerte Denkmäler einer langen und konfliktbeladenen Geschichte zwischen Portugal und Spanien.

Mit der portugiesischen Überseeexpansion (ab dem 15. Jh.) setzte eine zunehmende Verschiebung von Interessen, Bevölkerung und Wirtschaftsleistung vom Binnenland in Richtung Küste ein, die zum Teil bis heute anhält. War Évora noch im 16. Jh. eine bedeutende Residenzstadt der portugiesischen Monarchie, so ist es heute ein verschlafenes Landstädtchen, der Alentejo insgesamt eine sehr dünn besiedelte und ländlich geprägte Region.

Zum touristischen Image des Alentejo gehören heute – neben Montado, Wein, weiten Ebenen und Einsamkeit – auch kulturelle Traditionen in Verbindung mit regionaler Identität und Volksfrömmigkeit. Gleich vier Kulturtraditionen der Region sind auf der Liste des immateriellen Weltkulturerbes der UNESCO gelandet: die Kuhglocken aus Alcáçovas, die sogenannten Chocalhos, der Cante Alentejano, ein mehrstimmiger Chorgesang, der immer von Amateuren ohne instrumentale Begleitung und fast immer in Tracht vorgetragen wird, das Tonfiguren-Handwerk aus dem Städtchen Estremoz und die Falknerei von Salvaterra de Magos (im Ribatejo). Dabei könnte auch die Küche der Region Erwähnung finden.

Küche und Kulinarik

Generell ist die portugiesische Cuisine variantenreich und kulinarisch sehr ansprechend und die Portugiesen sind zu Recht stolz auf ihre gastronomische Tradition. Manche meinen, die »Seele der portugiesischen Gastronomie liegt im Alentejo«, weil hier die besten Zutaten zu finden seien: Olivenöl, Käse, Bauernbrot, Fleisch »glücklicher« Schweine usw. Beispielhaft dafür steht »Migas«, ein traditionelles Hirten- und Bauerngericht, zubereitet aus altem Weißbrot, Olivenöl, Fleischbrühe und Knoblauch als Basis und unzähligen und variantenreichen Verfeinerungen durch frische Kräuter, Gemüse, Chouriço (mit Paprika und Knoblauch gewürzte Rohwurst vom Schwein) oder Bacalhau (gesalzener und getrockneter Kabeljau). Heute findet sich Migas als Beilage zu unzähligen Gerichten.

Die Essenszeiten in Portugal sind in der Regel: Frühstück (port. pequeno-almoço): ab 8 Uhr, Mittagessen (port. almoço): zwischen 12 und 14 Uhr, Abendessen: (port. jantar): zwischen 19 und 22 Uhr.

In den Städten hat man in der Regel eine gute Auswahl an Restaurants. Anders ist es in den Dörfern, wo es meist ein »Café«, nicht immer aber Restaurants gibt, sieht man einmal von touristisch gut erschlossenen Regionen ab. Die Cafés sind eine Art Institution. Dort trifft man sich zum Reden und Kaffeetrinken; zum Mittag werden oft auch Mittagsgerichte angeboten.

Supermärkte für den Einkauf von Tagesverpflegung und von Getränken findet man in allen Kreisstädten. In den kleinen Dörfern sind kleine Gemischtwarengeschäfte oft mit Cafés kombiniert. Es lohnt sich nachzufragen, denn manchmal sind diese Geschäfte für Ortsfremde nicht sofort erkennbar.

Portugiesische Sprache

Wie alle romanischen Sprachen hat das Portugiesische seinen Ursprung im Vulgärlatein, das von römischen Soldaten und Siedlern gesprochen wurde. Nach dem Zusammenbruch des Römischen Reiches entwickelte sich in Westiberien mit der Sprachfamilie Galicisch-Portugiesisch eine eigene Ausprägung einer romanischen Sprache, die sich zunächst sehr isoliert entfaltete. Erst im Laufe des 14. Jh., auch beeinflusst durch isolierte politische Entwicklungen, bildeten sich Portugiesisch und Galicisch als selbstständige Sprachen heraus.

Portugiesisch ist zwar eng verwandt mit dem Spanischen, weist aber vor allem in der Aussprache viele Unterschiede auf. Portugiesen haben in der Regel kaum Schwierigkeiten, Spanischsprachige zu verstehen. Umgekehrt gilt das nur bedingt. Die Aussprache des Portugiesischen ist relativ kompliziert und kann häufig nicht aus dem Schriftbild erschlossen werden. Nasale Laute sowie viele sch-Laute (z. B. sehr häufig für »c«, »g«, »j«, »s«, »x«) dominieren die Sprache. Die Artikel lauten »o« (männlich) und »a« (weiblich). Beherrscht man als Reisender etwas Portugiesisch, wird das sehr wohlwollend aufgenommen.

DIE WANDERREGIONEN IM ALENTEJO

Der Wanderführer Alentejo gliedert sich in fünf Regionen, die unterschiedliche Landschaften und Spezifika aufweisen. Die Einteilung erfolgte jedoch nach rein geografischen Kriterien.

Region Lissabon: Serra de Sintra und Serra da Arrábida
Die erste Wanderregion liegt an der portugiesischen Atlantikküste und im Großraum Lissabon. Der Küstensaum westlich und südlich der Hauptstadt zählt zu den schönsten Steilküsten Europas. Mit dem Cabo da Roca liegt hier der topografisch westlichste Punkt des europäischen Festlandes, der auch für Nicht-Portugalkenner zumindest ein Begriff ist.
Dieses Wandergebiet wird im Wesentlichen von zwei Gebirgszügen geprägt: Die Serra de Sintra ist das westlichste Gebirge von Festlandportugal. Es liegt etwas nördlich von Lissabon und verläuft Ost-West gerichtet über eine Länge von etwa 10 km und eine Breite von etwa 5 km. Im Westen endet diese Hügelkette gewissermaßen am Cabo da Roca an der Steilküste. Es ist ein Eruptivgebirge und besteht geologisch vor allem aus Graniten im Osten und aus Metamorphiten (v. a. Quarzite) im Westen. Seine höchste Erhebung (Cruz Alta, 529 m) liegt nahe der Kleinstadt Sintra.
Eine Besonderheit stellen die Nebelwälder dar, die aus einer Kombination von Relief und Lage entstehen. Die häufigen Küstennebel treiben Wasserpartikel über die Hänge des Gebirges und bewirken einen besonders grü-

Blick auf das Cabo de Espichel (Tour 10).

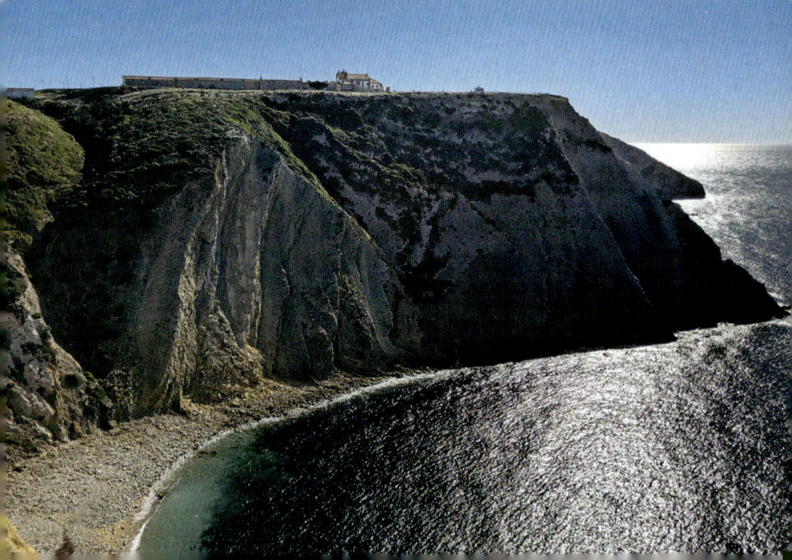

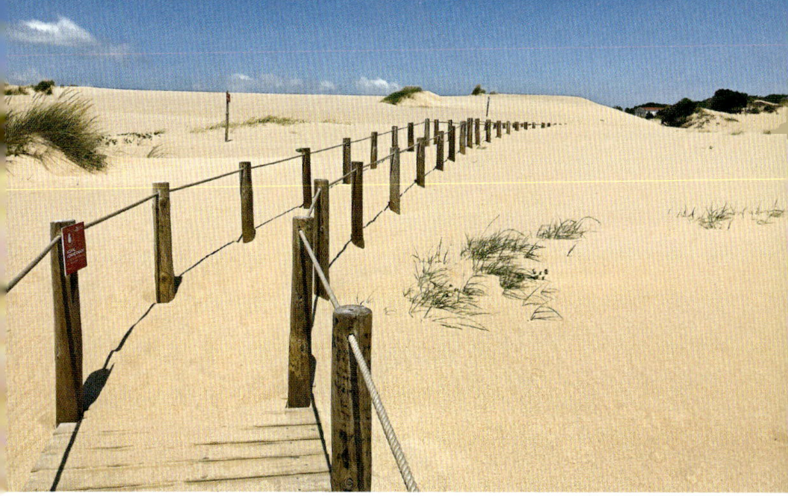

Die Dünen von Cresmina (Tour 6).

nen und dichten Wald, der ein beliebtes Naherholungsgebiet für die Bewohner der Großstadt ist.

Die Serra da Arrábida liegt südlich von Lissabon. Sie ist Nordwest-Südost gerichtet und erstreckt sich über eine Länge von 35 km und eine Breite von 6 km. Der Alto do Formosinho (501 m) ist die höchste Erhebung, das Cabo Espicel gewissermaßen der Westausläufer. Dieses Gebirge ist geologisch hauptsächlich aus Sedimenten aufgebaut (Kalk und Dolomit) und ist eine Folge der Plattentektonik (Afrikanische – Eurasische Platte). Die Vegetation folgt der Geologie und ist sehr mediterran geprägt. Die Costa Azul (am Südabhang) ist bekannt für ihre prägnante »Wasserfärbung«, ein optischer Eindruck, der durch den cremefarbigen geologischen Untergrund bedingt ist.

Ein Gutteil der 12 Touren des Rother Wanderführers in dieser Region verläuft an der imposanten Steilküste (Touren 1, 2, 3, 6, 10 und 11); daneben sind die Nebelwälder ein weiterer Anziehungspunkt (Touren 5, 7, 8).

Beide Gebirge sind Naturschutzgebiete, während jedoch die Serra de Sintra von einem gut ausgebauten Netz an markierten Wanderwegen durchzogen ist, ist die Infrastruktur der Serra da Arrábida für Wanderer derzeit noch sehr dürftig.

Atlantikküste und Hinterland

Die zweite Wanderregion umfasst die Atlantikküste des Alentejo südlich des Lissaboner Großraumes, zwischen Sado-Mündung und Seixe-Fluss (Grenzfluss zwischen Alentejo und Algarve). Der lange Küstensaum des

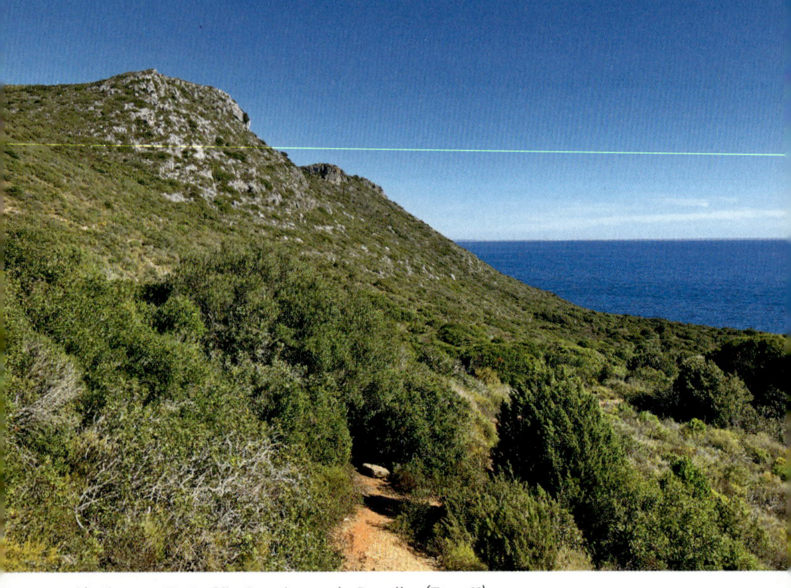

Abstieg zur Forte São Domingos da Baralha (Tour 11).

Alentejo Litoral gliedert sich in zwei Abschnitte: Nördlich der Hafen- und Industriestadt Sines erstreckt sich eine flache Dünen- und Lagunenlandschaft, die heute zum Teil Naturschutzgebiet ist. Südlich davon befindet sich die sogenannte Costa Vicentina, eine Mischung von Steilküste und Sandbuchten, deren schönster Teil im »Parque Natural do Sudoeste Alentejano e Costa Vicentina« als Schutzgebiet ausgewiesen ist.

Das Hinterland ist eine hügelige Hochfläche, die von Flusstälern durchschnitten wird, die heute nicht selten aufgestaut sind. Der geologische Untergrund besteht aus Sedimenten im Norden (hauptsächlich Sandstein, Mergel) und aus Metamorphiten im Süden (hauptsächlich Schieferarten). Die Bodenqualität ist dürftig und in Kombination mit geringen Niederschlägen gibt es wenig Potenzial für eine gewinnbringende Landwirtschaft. Weite Teile des Alentejo Litoral sind daher mit Wäldern bedeckt: Pinien und Korkeichen im sandigen Norden, Eukalypten in den Schiefergebieten des Südens. Aus diesem Grund ist dieser Teil des Alentejo besonders dünn besiedelt.

In diesem Gebiet verlaufen die Weitwanderwege der Rota Vicentina (»Caminho Histórico« im Hinterland und »Trilho dos Pescadores« an der Küste), für die es einen eigenen Rother Wanderführer gibt. Die in diesem Wanderführer beschriebenen Touren sind ein Potpourri der Landschaften des Küsten-Alentejo und enthalten Angebote für alle Wandertypen.

Nördlicher Alentejo

In der dritten Wanderregion liegen drei landschaftsprägende Besonderheiten auf einem geografisch relativ kleinen Raum. Das breite und tiefe Tejo-Tal, das den Alentejo vom Beira Baixa abgrenzt und das enge Sever-Tal, das über 50 km die Grenze zwischen Portugal und Spanien bildet, durchschneiden eine reizvolle Gebirgslandschaft: das São-Mamede-Gebirge, das sich von Nordwesten nach Südosten über etwa 40 km erstreckt und mit dem São Mamede (1025 m) den einzigen »Tausender-Gipfel« südlich des Alentejo hervorbringt. Der Gebirgszug beginnt eigentlich nördlich des Tejo und »überschreitet« diesen in Portas de Ródão. Seine Ausläufer reichen auch bis in den Westen der spanischen Extremadura.

Der geologische Untergrund dieser Region ist sehr komplex. Der Hauptkamm besteht aus Graniten, man findet in den Randbereichen aber auch Schiefer und sogar Sedimentgesteine. Die umgebende Landschaft besteht aus einer ausgedehnten Rumpffläche, die hier und da von höheren Hügeln durchsetzt ist, welche aufgrund einiger resistenter Granit- und/oder Schieferstellen mehr oder weniger faltig sind.

Geologie und Relief haben hier eine diverse Kulturlandschaft entstehen lassen, die zudem durch die Grenzlage zu Spanien eine zusätzliche Dimension (Gürtel an Grenzfestungen) bekam. Ausgedehnte Wälder (Kork- und Steineichen, Kastanien) und Weiden, aber auch Obst- und Gemüseanbau (eher in den geschützten Lagen) spielen eine wirtschaftliche Rolle. Diese Region ist übrigens der einzige Teil des Alentejo, wo es im Winter in einer gewissen Regelmäßigkeit auch Schneefall geben kann.

Landschaft bei Montalvão (Tour 24).

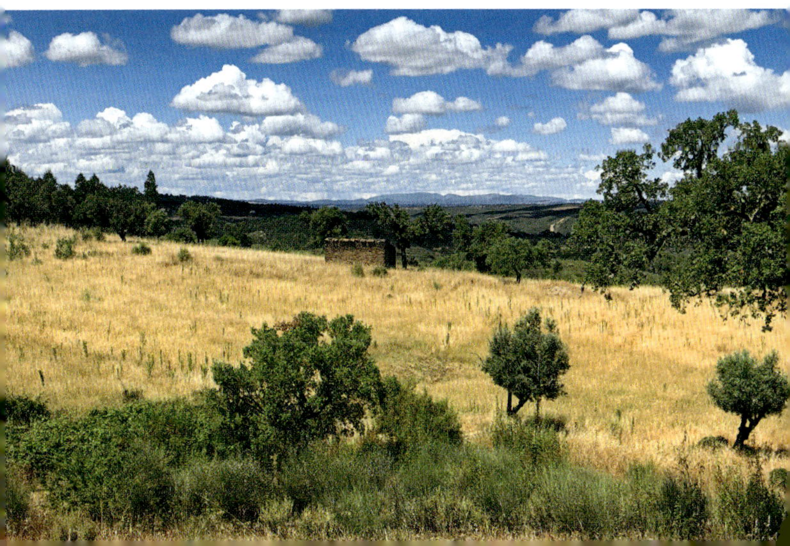

Ein Großteil der Wanderungen in diesem Gebiet verläuft entlang von Flüssen (sogenannten Ribeiras), die nicht nur bizarre Landschaften aus dem zumeist harten Gestein herausgeschnitten haben, sondern die auch in ihren Tälern eine vielfältige Pflanzenwelt mit Wasser versorgen (Touren 22–25, 29, 32, 33 und 35). Daneben spielen Aufstiege zu historischen Monumenten (Kapellen, Burgen) und die Rundblicke von dort in eine facettenreiche Landschaft eine große Rolle.

Zentraler Alentejo: Serra d'Ossa, Alqueva-Stausee und Westausläufer der Sierra Morena

Die vierte Wanderregion umfasst das große Gebiet des zentralen und südlichen Alentejo. Sie ist eine Fortsetzung der oben erwähnten weiten Rumpflandschaft mit Hügelketten, die an geologisch härteren Stellen der Erosion trotzen. Markanter sind nur die Berge der Serra de Monfurado (424 m) und der Serra d'Ossa (653 m). Im äußersten Osten ragen die westlichsten Ausläufer der Sierra Morena bis über die Grenze zu Portugal hinaus und prägen die Landschaft im Kreis Barrancos.

Der Großteil des Landes ruht hier auf einem alten Granit- und Basaltuntergrund (Iberische Meseta), der im Laufe der Erdgeschichte verformt wurde (v. a. Schiefer). Dieser Teil gehörte aufgrund des flachen Reliefs schon immer zu den landwirtschaftlich intensiver genutzten Regionen Portugals. Die großen Stauseen, die hier in den letzten beiden Generationen angelegt wurden,

In der Ribeira de Murtega (Tour 47).

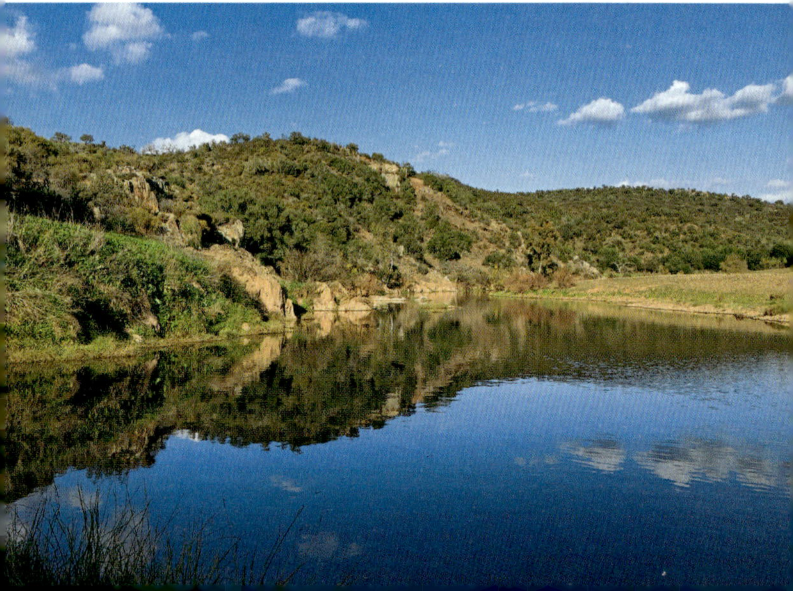

haben jedoch das wirtschaftliche Potenzial noch einmal deutlich erhöht und den zentralen und südlichen Alentejo in riesige Monokulturen mit Bewässerungsfeldbau transformiert. Die Wanderungen in dieser Region führen zu ausgewählten landschaftlichen und kulturellen Höhepunkten. Einige Touren liegen in der Serra d'Ossa, die aufgrund ihrer Ausdehnung und ihrer geschlossenen Walddecke von besonderem Interesse ist (Touren 38–40). Ein reizvolles Gebiet ist auch der äußerste Osten, wo die Ausläufer der Sierra Morena landschaftsprägend sind (Touren 46 und 47). Ein guter Teil der Wanderungen verläuft auch hier wieder in üppig bewachsenen Flusstälern, wo früher Wassermühlen liefen, die heute jedoch allesamt Ruinen sind (Touren 45–49).

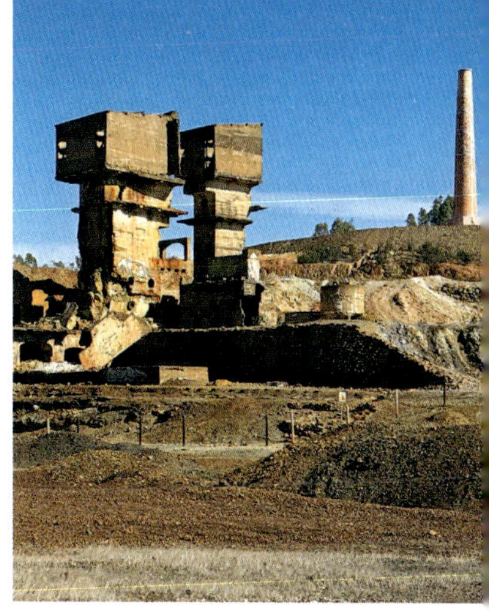

Die Industrieruine Achado do Gamo am Minenweg von Mina de São Domingos (Tour 53).

Südöstlicher Alentejo: Guadiana-Tal

Im Südosten des Alentejo liegt die fünfte Wanderregion, mehr oder weniger auf dem Gebiet des »Parque Natural do Vale do Guadiana«.

Dieser Teil des Alentejo wird wesentlich vom Flusstal des Guadiana geprägt, der südlich von Madrid (viele Zuflüsse kommen aus dem Süden und entwässern den Nordhang der Sierra Morena) entspringt und in einem großen Linksbogen in Richtung Süden fließt. In zwei Abschnitten bildet er die Grenze zu Spanien; zudem ist er der wasserreichste Zufluss zum Alqueva-Stausee, dem größten Stausee Westeuropas, der zu drei Vierteln auf dem Gebiet von Portugal liegt.

Im Unterlauf durchschneidet der Guadiana eine Rumpflandschaft aus Schiefer, in die er ein tiefes Tal eingegraben hat. Hier, um die kleine Burgstadt Mértola herum, liegt das Herzstück des Naturparks. Auf den letzten 80 km seines Laufes bildet der Guadiana ein zweites Mal die Staatsgrenze zwischen Portugal und Spanien, zwischen den Regionen Algarve und Andalusien.

Die Wanderungen in dieser Region verlaufen zum überwiegenden Teil im Guadiana-Tal (Touren 51, 52, 56 und 57) oder in Nebentälern. Eine Besonderheit stellt der sogenannte Minenweg von Mina de São Domingos dar (Tour 53), der auf die lange und lang nachwirkende Geschichte des Bergbaus (Pyritgürtel) in diesem Teil des Landes hinweist.

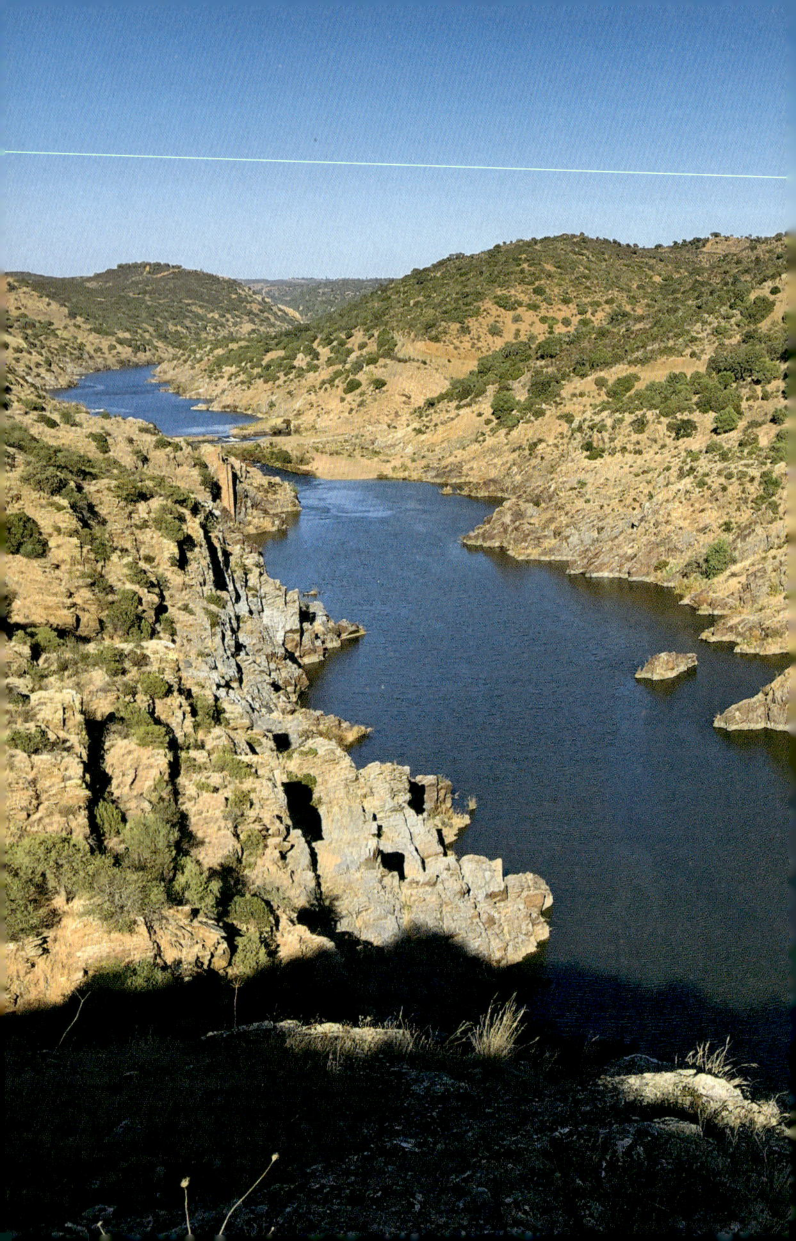

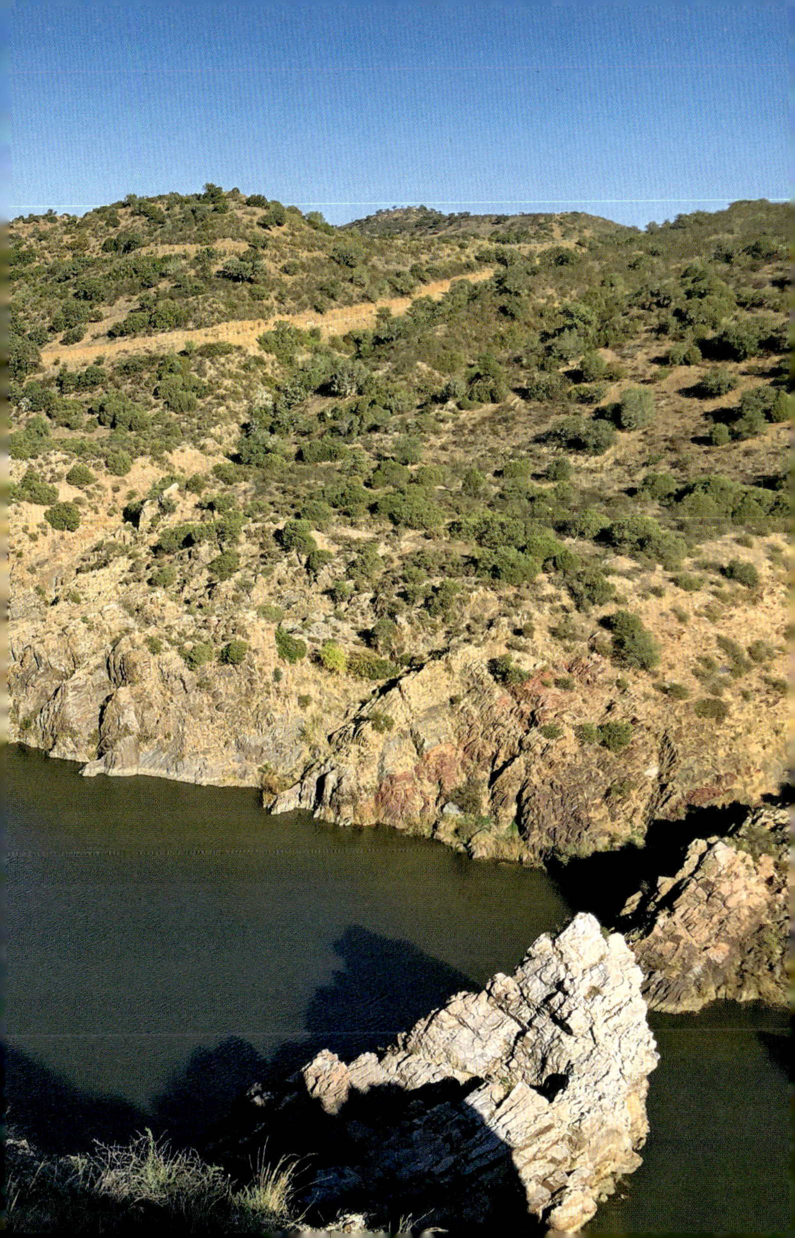

TOP

1

↗ 510 m | ↘ 510 m | 12.4 km

4.45 h

Küstenweg beim Cabo da Roca

Spektakuläre Küstenwanderung an einem symbolträchtigen Ort

Das Cabo da Roca ist topografisch der westlichste Punkt von Festlandeuropa und damit auch das westliche Ende der Serra de Sintra. Rund 140 m ragt die Felsküste hier aus dem Atlantik. Eine Steinsäule mit einem Zitat des Nationaldichters Luís de Camões (1524–1580) markiert die Stelle und ist ein vielbesuchter Sehnsuchtsort. Die meisten Menschen bleiben hier aber nur kurz, schießen ein paar Fotos, kaufen Ansichtskarten und fahren weiter. Dabei bietet die Steilküste um das Kap eindrucksvolle Wanderwege und außergewöhnliche Ausblicke.

Ausgangspunkt: Cabo da Roca, Tourismusinformation, 133 m. Von Sintra (Bahnhof) verkehrt im Halbstundentakt ein öffentlicher Bus (Nr. 403) nach Cabo da Roca (ca. 45 Minuten Fahrzeit; Haltestelle direkt bei der Tourismusinformation am Kap). Anfahrt mit Pkw von Cascais auf der N247 in Richtung Cabo da Roca (ca. 15 km).
Anforderungen: Schmaler steiniger Pfad an der Küste mit starken Ab- und Anstiegen, eine gewisse Kondition und Geschicklichkeit sind erforderlich. Im Küstenhinterland verläuft der Wanderweg auf Erd-, Sand- und Schotterwegen und zum Teil auch auf Straßen (durch die Dörfer). Die Bäche am Weg führen in der Regel nur nach starken Regenfällen Wasser.
Markierung: Die Tour ist unterschiedlich markiert; der Abschnitt an der Küste ist Teil des Weitwanderweges »Rota do Atlântico« (GR11/E9) und weiß-rot markiert; der Wanderweg von Praia da Adraga durch die Dörfer im Hinterland und weiter zum Cabo da Roca ist Teil des Rundwanderweges »Percurso Cabo da Roca« (PR7SNT) und gelb-rot markiert.
Einkehr: Café und Restaurant an der Praia da Adraga, Cafés und Geschäfte in Almoçageme und Ulgueira.
Tipp: In Almoçageme wurden in den 1980er-Jahren Überreste von Häusern aus der Spätantike (wahrscheinlich 1. Jh. n. Chr., möglicherweise auch später) entdeckt, die als »Villa romana de Santo André de Almoçageme« bezeichnet werden und 1997 als Denkmal von nationalem Interesse klassifiziert wurden. Die Ruinen liegen (hinter einem Zaun) an der Estrada do Rodízio (etwas nördlich des Dorfzentrums) und gelten heute als die westlichste Siedlung des ehemaligen Römischen Reiches.

Von der Tourismusinformation am **Cabo da Roca** ❶ gehen wir auf der Zufahrtsstraße (Estrada Cabo da Roca) in Richtung Landesinneres zurück. Bei einem kleinen Parkplatz (blau-weißes Straßenschild »Cabo da Roca«) zweigen wir nach links in Richtung Steilküste ab und folgen einem schmalen Pfad (stellenweise weiß-rot markiert). Der Pfad wird breiter, führt leicht bergab und quert ein kleines Bachtal. Nach einem leichten Anstieg verläuft der Wanderweg weiter in Richtung Küste, knickt dann jedoch nach rechts ab und quert ein weiteres Trockental, diesmal mit einem stärkeren Ab- und Anstieg (ca. 40 Höhenmeter). Danach erreichen wir an einer T-Kreuzung einen breiten Weg, dem wir nach links in Richtung Küste folgen. Er geht

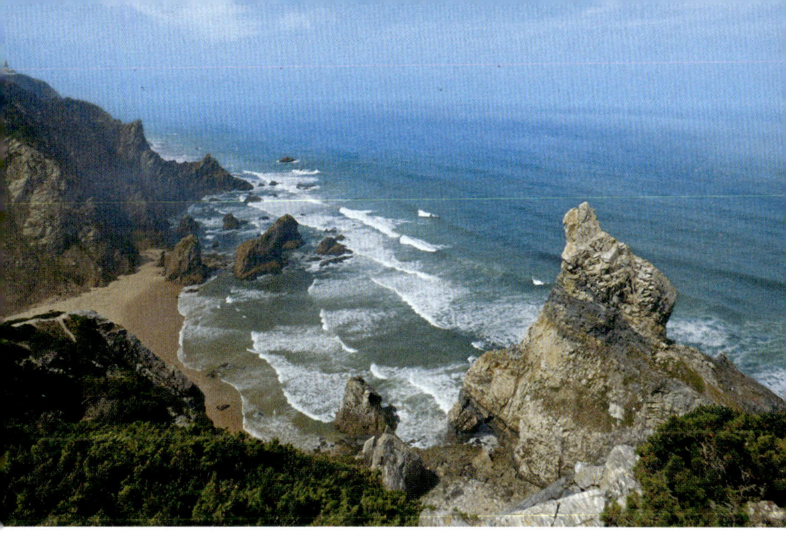

Die Praia da Aroeira nördlich des Cabo da Roca.

schon nach kurzer Zeit wieder in einen schmalen, steinigen und sandigen Pfad über. Nun wandern wir in das nächste Bachtal hinab (rund 100 Hm). Dieser Abstieg ist sehr anspruchsvoll, aber die Aussicht auf die von Felsen eingerahmte **Praia da Ursa** ❷ ist fantastisch.
Am Talboden queren wir einen schmalen Bachlauf und steigen am Gegenhang zu einer Art Aussichtsplattform hoch, die den Blick auf zwei markante Felsinseln und in der Ferne auf das Cabo da Roca ermöglicht.
Ab hier wird der Wanderweg etwas einfacher und breiter. Zunächst geht es ein kleines Stück eben dahin, dann aber wieder steiler bergab (Blick auf die Praia do Caneiro) und neuerlich bergan. Von einem Aussichtspunkt an der Steilküste sehen wir noch einmal zurück zum Leuchtturm am Roca-Kap, vor uns (Richtung Nordosten) liegt ein breites Tal. Unser Wanderweg verläuft ab hier auf einem breiten Schotterweg in einigen Kurven in ein Flusstal hinab. Bevor wir die im Talgrund gelegene kleine Streusiedlung Casa da Adraga erreichen, gehen wir nach links auf der Rua Praia da Adraga zur **Praia da Adraga** ❸. Am Strand gibt es Toiletten, ein Café und ein Restaurant.
Vom Strandparkplatz folgen wir nach rechts dem weiß-rot markierten Wanderweg GR11/E9 in Richtung »Praia Grande«. Dieser verläuft zunächst als schmaler Sandpfad bergan in Richtung eines Wäldchens. Schon im Wald treffen wir auf eine Weggabelung, wo wir den Weg nach links (in Richtung Steilküste) nehmen. Neuerlich gibt es vom Küstenrand einen lohnenden Blick auf die Praia da Adraga. Danach wandern wir auf einem schmalen Pfad durch eine Busch- und Waldlandschaft bis zum Vermessungspunkt

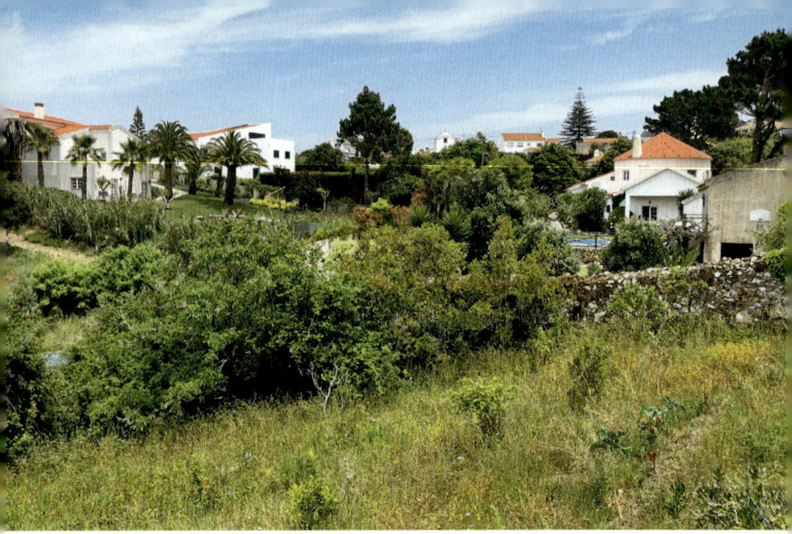

Villen am Dorfrand von Ulgueira.

Calhau do Corvo 4 über der Praia Grande do Rodízio, die unterhalb einer spektakulären Felswand liegt.
Von hier steigen wir ab in Richtung Bucht und folgen einem Schotterweg (eine Zufahrtsstraße zur Praia Grande do Rodízio) in Richtung Landesinneres. Auf diesem Wegabschnitt trennt sich unser Rundwanderweg (PR7SNT, gelb-rot) vom Weitwanderweg (GR11/E9), der nach links als schmaler Pfad in Richtung Küste abzweigt, während unsere Route auf dem Schotterweg verbleibt. Diesen verlassen wir nach rund 200 m nach rechts auf einem schmäleren Weg; vor der Casa Margarida neuerlich nach rechts. Danach knickt der Weg nach links ab, passiert eine Motorcross-Strecke (große sandige Fläche) und führt auf einer Sandpiste durch Buschland und Eukalyptuswald. Bevor wir den Siedlungsrand von Almoçageme erreichen, biegen wir nach rechts auf einen schmalen Pfad ab, der wieder in Richtung Meer weiterhin durch Buschland und lichten Wald verläuft. Der Pfad trifft an einer T-Kreuzung auf einen breiten Erdweg, dem wir nach links in Richtung

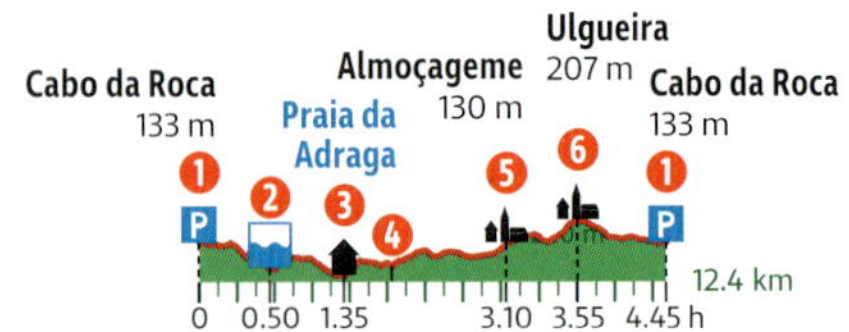

Dorf (Landesinneres) folgen. Nachdem wir das Buschland verlassen haben, zweigen wir am Siedlungsrand nach rechts in die Wohnstraße Rua de Valmarinha ab und wandern auf dieser – anfangs begleitet von einem Zaun und immer der Markierung folgend – ins Dorfzentrum von **Almoçageme** ❺, das wir am Largo Miguel Bombarda erreichen (hier gibt es ein Café/Restaurant).

Ab hier geht es weiter durch die Rua dos Combatentes de Ultramar, über den Largo da Fonte de Aldeia (mit einem sehr schönen weißen Brunnenhaus) und auf der Rua dos Casais aus dem Dorf hinaus. Am Ende der Straße steht eine prächtige Villa (Casa Vista do Mar). Nach dieser halten wir uns bei einer Weggabelung rechts und wandern ab nun wieder auf einem Erdweg und später auf einem Pfad bergab in ein Flusstal. Am Talgrund queren wir den schmalen Flusslauf und steigen jenseits auf einem schmalen Pfad steil bergan. Etwas später wird der Weg von einer verwachsenen Mauer begleitet und schon bald erreichen wir eine gepflasterte Straße und die Häuser der nächsten Siedlung. Auf der Rua da Loureira und der Rua das Hortênsias gelangen wir zum Largo das Flores im Dorfzentrum von **Ulgueira** ❻ (mit Café). Wir verlassen das Dorf auf der Rua das Palmeiras, die nach dem Ort in einen Schotter-Erdweg übergeht. Bei Weggabelungen am westlichen Dorfrand halten wir uns zweimal nach rechts. In der Ferne kann man bereits wieder den Leuchtturm am Cabo da Roca erkennen. Der Schotterweg quert ein kleines Bachtal, führt im Anschluss bergan und mündet in die Estrada do Cabo, die Zufahrtsstraße zum Kap, ein. Auf dieser gelangen wir nach rund 1 km zurück zum **Cabo da Roca** ❶.

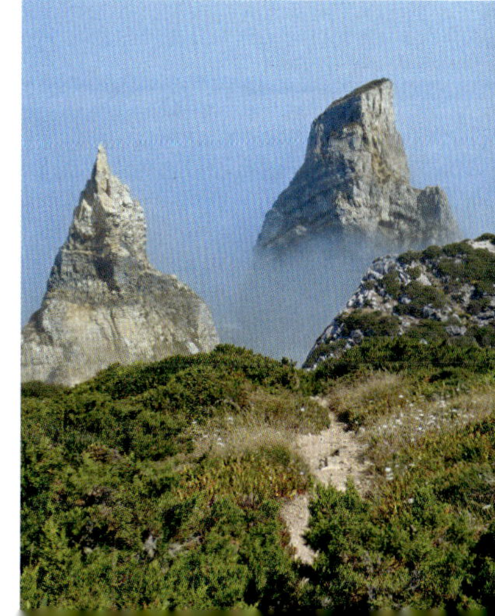

Felsinseln bei der Praia da Ursa.

↗ 250 m | ↘ 250 m | 9.8 km

2 Zwischen Praia und Figueira do Guincho

3.15 h

Einer der schönsten Abschnitte der portugiesischen Westküste

Während der Strand von Guincho ein wirklicher Hotspot für Touristen – vor allem für Surfer – ist, wird die bizarre Küste nördlich davon kaum besucht. Dabei zählt der Abschnitt jenseits der Forte do Guincho mit seiner eindrucksvollen Felslandschaft und den großartigen Ausblicken zu einem Highlight für Küstenwanderer in Portugal. Die Schönheit liegt auch im Detail: Botanisch interessierte Wanderer können hier – oft gut verborgen – Schätze der Kräuterwelt entdecken.

Ausgangspunkt: Malveira da Serra, 147 m, Kreuzung von Rua da Escolha Velha und Calçada do Chafariz (Brunnen). Anfahrt ab Cascais mit Bus (Linie M10; Fahrzeit 30 Min.); Haltestelle direkt an der Calçada do Chafariz. Anfahrt mit Pkw ab Cascais auf der N247 in Richtung Cabo da Roca bis Malveira da Serra (13 km); nur wenige Parkplätze im Ort, der größte liegt rechts der Rua de Cascais.
Anforderungen: Wanderung auf Dorfstraßen (Asphalt), Erd- und Steinwegen, an der Küste auch auf schmalen Stein-Erdpfaden ohne nennenswerte An- und Abstiege. Der Wegabschnitt an der Küste erfordert teilweise Trittsicherheit.
Markierungen: Durchgehend gelb-rot; Wegbezeichnung: »Rota do Litoral do Guincho« (PR4CSC); der Abschnitt an der Küste ist Teil des Weitwanderweges »Rota do Atlântico« (GR11/E9) und weiß-rot-gelb markiert.
Einkehr: In Malveira da Serra, in Alcorvim de Baixo (Quinta de Farta Pão) sowie am Nordrand der Praia do Guincho und am Südrand der Praia do Abano (kurz vor der Forte do Guincho; zuletzt wegen Renovierung geschlossen) gibt es jeweils ein Café bzw. eine Bar; beide können jahreszeitlich geschlossen sein.
Tipp: Besuch von Azenhas do Mar rund 13 km nördlich des Cabo da Roca. Das Fischerdorf wurde pittoresk an die Steilküste gebaut. Seit Mitte des 20. Jh. ist es zusätzlich eine bevorzugte Feriendestination von reichen Familien aus Lissabon und Sintra. Besonders schön ist der Blick vom Miradouro an der Rua Brandão de Vasconcellos auf das Dorf in wunderschöner Lage; bei guten Lichtverhältnissen eines der schönsten Fotomotive an der Westküste.

Vom Dorfbrunnen in der Calçada do Chafariz in **Malveira da Serra** ❶ folgen wir dem Bürgersteig parallel zur Straße (N247-5). Bevor die Calçada in die Straße einmündet, steigen wir nach links die Treppen zwischen zwei Häusern hinauf zur Travessa do Lavadouro, der wir nach rechts folgen. Geradeaus über die gepflasterte Rua Francisca Correia Nunes gelangen wir in die Rua das Picoas (Wegpfeil mit dem Ziel »Alcorvim de Baixo«). Diese geht nach 350 m in einer starken Rechtskurve in die Rua das Escadinhas über. Auf dieser gehen wir bis zu einer größeren Kreuzung, danach weiter nach rechts auf der Rua de Janes etwas bergab. Diese mündet in die N247-5 ein, die wir auf einem Fußgängerübergang queren. Nun folgen wir der Rua dos Urumais auf eine kleine Häusergruppe zu. Danach geht die Straße in

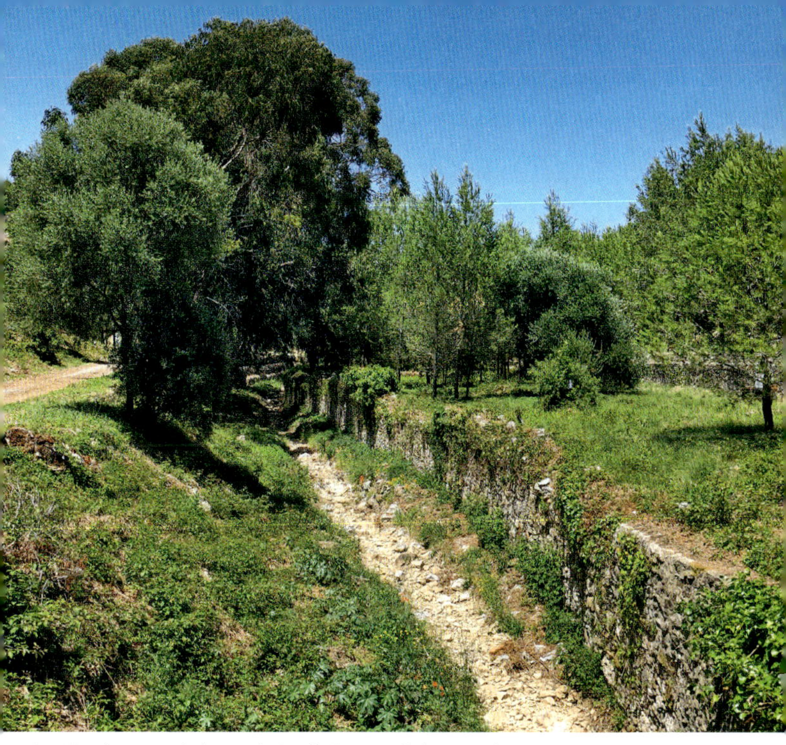

Am Wanderweg zwischen Malveira da Serra und Alcorvim de Baixo.

einen Schotter-Erdweg über, der parallel zu einem kleinen Flusslauf (den überwiegenden Teil des Jahres ausgetrocknet) verläuft. Nach der Quinta dos Urmais knickt der Weg nach rechts und führt in der Folge am Bachlauf entlang leicht bergab bis in die Siedlung **Alcorvim de Baixo** 2.

In einer Rechtskurve erreichen wir eine Straße (N9-1), gehen ein kurzes Stück nach rechts und queren sie bei einem Fußgängerübergang. Wir folgen der Rua Ribeira de Alquerubim geradeaus (links liegt die Gaststätte Quinta do Farta Pão) und in einer großen Rechtskurve in Richtung Flusstal. Gleich nach der Kurve zweigen wir nach links auf einen Nebenweg ab. Auf diesem überqueren wir den Flusslauf (ohne Brücke, aber zumeist trocken) und wandern auf einem schönen Erd-Steinweg nach links, immer dem Flusslauf folgend. Der Weg wird zum Teil von einer Mauer gesäumt und auch alte Gebäudereste sind im Tal zu sehen. Auf einer Brücke queren wir den Flusslauf nach links und steigen einen gepflasterten Weg zur nächsten Siedlung hoch. Auf der Rua Palmeira erreichen wir das Dorfzentrum von

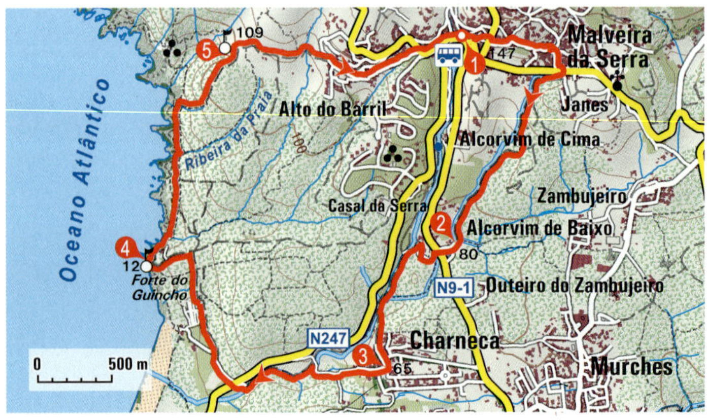

Charneca ❸, das wir auf dieser Straße in einer großen Rechtskurve und leicht bergab auch wieder verlassen.

Wir bleiben vorerst auf der Straße, die nun Rua Varão heißt. Der Flusslauf wird erneut auf einer Metallbrücke gequert. Unmittelbar danach wandern wir nach links auf einem schmalen Wiesenpfad am Fluss entlang und parallel zur Straße (N247; der markierte Weg verläuft auf der N247, wir sind jedoch rund 600 m dem unmarkierten Pfad im Tal gefolgt, um dem starken Verkehr in Richtung Cabo da Roca auszuweichen). Danach gehen wir eine Zufahrtsstraße nach rechts hoch und queren die N247 geradeaus.

Nun haben wir die Estrada do Abano erreicht (Zufahrtsstraße zur Praia do Abano). Diese geht nach rund 200 m in eine Staubstraße über. Wir zweigen nach rechts auf einen Nebenpfad ab, der parallel zur Straße verläuft. Nach links blicken wir auf einen großen Parkplatz (Nordrand der Praia do Guincho) und einige Gebäude (Surfschule, Café/Bar). Wir bleiben zunächst auf dem Pfad rechts der Staubstraße, biegen dann aber in diese ein und gehen auf ihr das letzte Stück zum **Forte do Guincho** ❹ direkt an der Steilküste.

Von dort führt der nun weiß-rot-gelb markierte Weg an einem gro-

Felskap nördlich der Forte do Guincho.

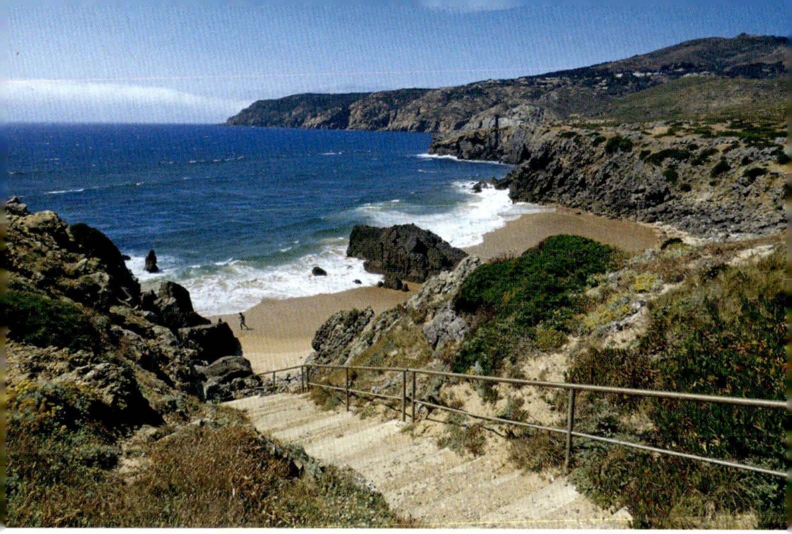

Die Praia do Abano.

ßen weißen Haus vorbei (Café/Restaurant und Herberge, derzeit geschlossen und in Renovierung) zur Praia do Abano, einer besonders schönen und geschlossenen Sandbucht. Hier ist der Weg zum Teil schwierig, weil der Untergrund steinig und felsig ist. Nach dem Strand geht unser Weg allmählich in einen Steinpfad über und verläuft mit sehr schönen Ausblicken parallel zur Küste. Wir bleiben immer auf dem markierten Pfad, der zwei kleine Flusstäler (die Richtung Meer entwässern) quert. Nach dem zweiten Tal erreichen wir eine Wegkreuzung. Unser Wanderweg führt an dieser Stelle von der Küste weg und verläuft in Richtung Nordosten. In Stufen steigen wir einen Hang hoch und passieren einen **Kalkbrennofen** 5 (links des Weges). Hier trennt sich unser Rundwanderweg vom Weitwanderweg, der links wegführt, während wir geradeaus und dann nach rechts auf das Dorf Arneiro zugehen. Dieses durchqueren wir auf dem markierten Wanderweg (Rua das Piteiras–Rua do Bacelo–Rua de Santa Rita–Rua do Vale) am südlichen Dorfrand. Danach erreichen wir die N247 und folgen ihr die letzten rund 300 m nach rechts bis zum Dorfbrunnen in **Malveira da Serra** 1.

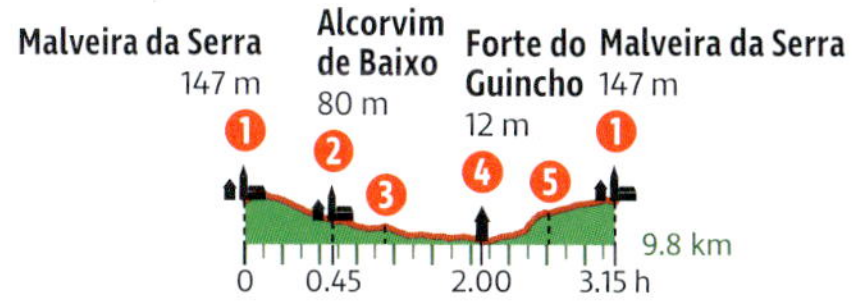

↗ 450 m | ↘ 450 m | 15.9 km

3 Steilküste bei Ericeira

5.00 h

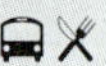

Zwischen spektakulärer Surfer-Küste und ländlichem Hinterland

Größer könnte der Kontrast auf dieser Wanderung kaum sein: Die Küste ist ein touristischer Hotspot, weil ein Surferparadies, das viele junge Gäste aus aller Welt anzieht. Verlässt man jedoch den belebten und verbauten Küstensaum, dann trifft man auf ländliche Idylle, die so gar nicht mit dem hektischen und »modernen Leben« in Ericeira zusammen passt.

Ausgangspunkt: Ericeira, 37 m, Einkaufszentrum (Pingo Doce und BP Tankstelle, Restaurants und Surfschulen nebenan) an der N247 am Nordrand des Ortes; ausreichend Parkplätze beim Einkaufszentrum. Ericeira ist sehr gut an das öffentliche Verkehrsnetz im Großraum Lissabon angebunden.

Anforderungen: An der Küste zumeist einfacher Küstenweg (Pfad), mit einer schwierigen Stelle, die man auch umgehen kann; im Küstenhinterland zumeist einfache Erd- und Schotterwege mit einem stärkeren Anstieg; dazwischen Dorfstraßen.

Markierungen: An der Küste ist die Route Teil des Weitwanderweges »Rota do Atlântico« (GR11/E9) und weiß-rot markiert; abseits der Küste ist der Weg nicht markiert.

Einkehr: In Ericeira, an der Praia Ribeira d'Ilhas und der Praia de São Lourenço sowie im Dorf Santo Isidoro.

Tipp: Die Igreja paroquial de São Pedro, die Hauptkirche und bedeutendste Sehenswürdigkeit von Ericeira: Mitte des 15. Jh. als Kapelle errichtet, dann hauptsächlich im 17. Jh. ausgebaut und ausgestattet. Sie besitzt sehenswerte barocke Azulejos und Altäre.

Küstenweg nördlich von Ericeira.

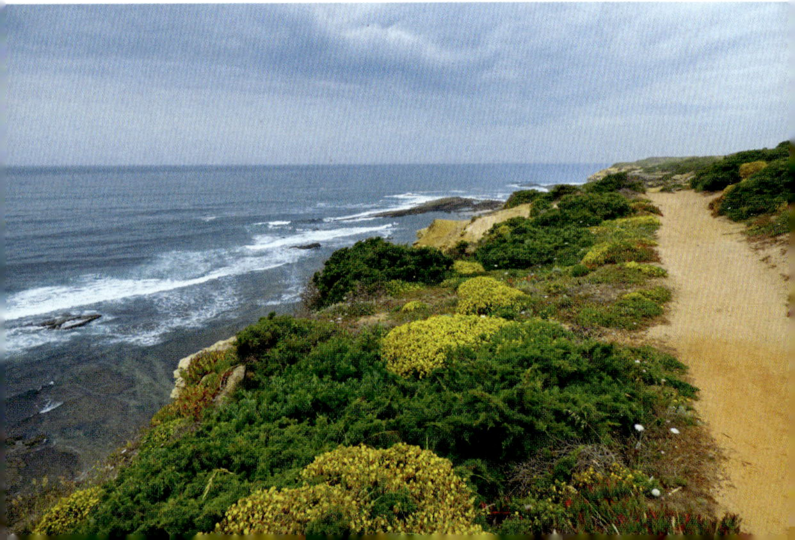

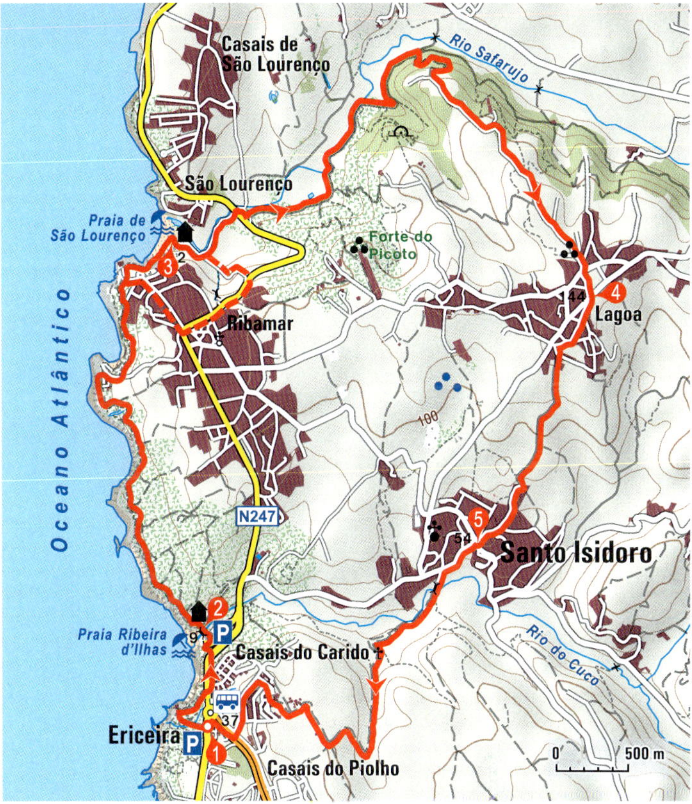

Beim Einkaufszentrum am Nordrand von **Ericeira** ❶ queren wir die Straße auf einem Fußgängerübergang und folgen bei der Bushaltestelle einem Pfad in Richtung Küste. Dort treffen wir auf die rot-weiße Markierung des Weitwanderweges, dem wir nun bis zur Praia de Sao Lourenço in Richtung

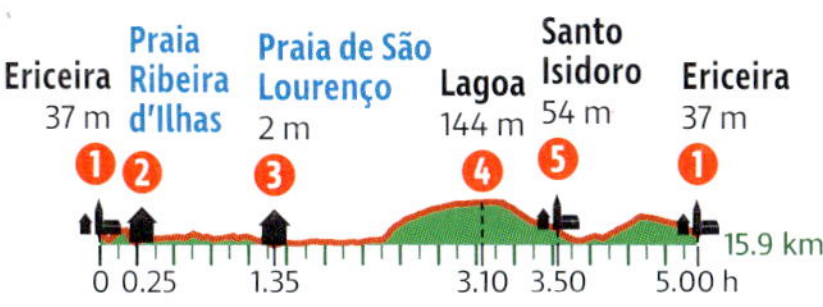

Norden treu bleiben werden. Zunächst treffen wir jedoch auf die kleine Festung Forte do Milreu, von deren Terrasse man einen lohnenden Blick auf die Küste hat.

Wir steigen auf dem markierten Weg zur N247 ab und gehen rund 200 m auf dem linken Gehsteig bis zu einem Aussichtspunkt mit einem Surferdenkmal. Über eine Holztreppe mit Aussichtsplattformen steigen wir ab zur **Praia Ribeira d'Ilhas** ❷ (großer Parkplatz, Cafés und Surfschulen). Auf einer Holzbrücke queren wir den Rio do Cuco, steigen zur Steilküste hoch und folgen dem Küstenweg, der zumeist als breiter Sandweg gemächlich (sprich ohne starke Steigungen) verläuft. Links von uns liegen mehrere Sandbuchten (Praia do Penedo Mouro, Praia da Pesqueira, Praia do Banco do Cavalinho), die man über Abstiege erreichen kann, rechts säumt ein Zaun den Weg. Bemerkenswert sind die vielen Agaven, die an einigen Stellen sogar eine Art Wald bilden.

Nach der Praia do Banco do Cavalinho queren wir einen kleinen Parkplatz und sind im Anschluss wieder an der Steilküste unterwegs. Auch vor der nächsten Bucht (Praia do Coxos) geht es über einen Parkplatz, danach folgen wir kurz einer Straße nach rechts, verlassen sie auf einem schmalen Pfad (Markierung) nach links und gehen entlang einer Mauer hoch über der Bucht weiter.

Der folgende Wegabschnitt ist verwachsen, etwas rutschig und an einigen Stellen ist auch ein Sicherungsseil als Haltehilfe angebracht. Im Abstieg erreichen wir wieder einen breiteren Weg (Zufahrtsstraße). Wir folgen ihm kurz nach rechts, zweigen nach links ab und steigen wieder zum Küstenpfad auf. Dort treffen wir auf die kleine Küstenfestung Forte de Santa Susana. Ab hier verläuft ein schmaler Pfad am Felsüberhang entlang, unter dem Fels wurden kleine Häuser errichtet. Dieser Wegabschnitt ist eindrucksvoll, aber sehr schwierig zu begehen (zuletzt über große Felsen am Strand; zudem ist der Weg nur bei Ebbe zu begehen).

Alternative zu diesem schwierigen Steig: vor der Forte de Santa Susana auf der Straße bis zum Kreisverkehr, dort in die zweite Straße nach rechts (Estrada do Forte), nach 450 m Einmündung in die Durchgangsstraße (N247). Hier nach links und nach gut 500 m vor dem Restaurant Terra Mar links auf der Rua do Cocholongo bis zum Parkplatz an der Praia de São Lourenço (insg. rund 1 km länger).

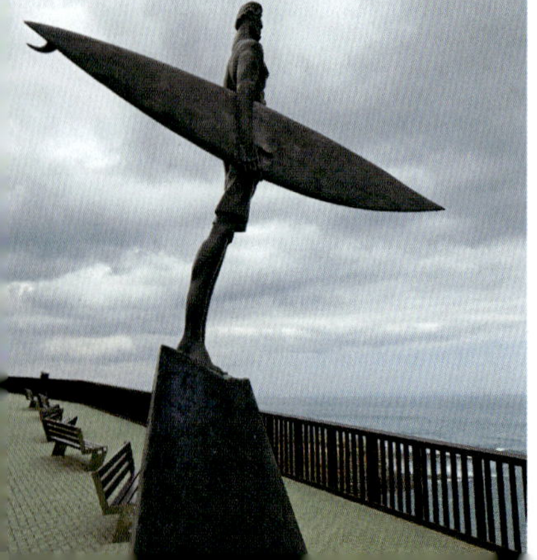

Das Surferdenkmal »o guardião« über der Praia Ribeira d'Ilhas.

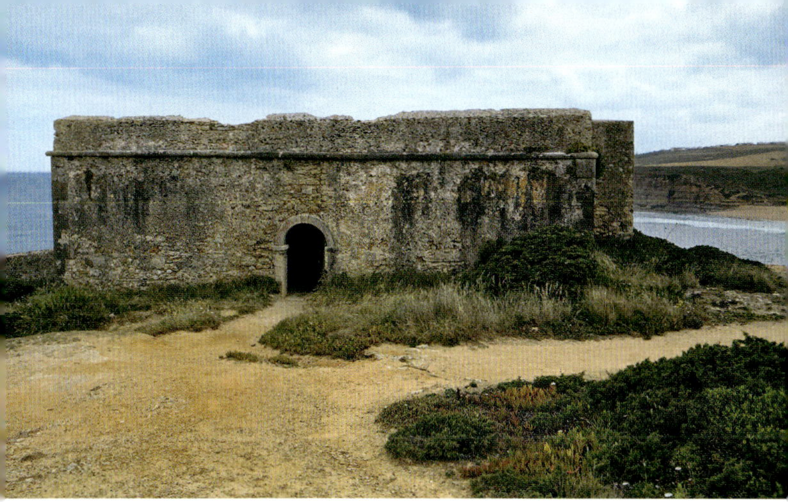

Die Festung Forte de Milreu.

Von der **Praia de São Lourenço** ❸ (mit Café/Restaurant) gehen wir auf der Zufahrtsstraße (Rua do Cocholongo) entlang des Rio Sofarujo rund 100 m in Richtung Landesinneres. Bei der ersten Straßengabelung zweigen wir nach links ab und folgen der breiten Sandpiste, die entlang des Flusslaufes verläuft. Nach rund 500 m erreichen wir bei einer Brücke (links des Weges über den Fluss) eine Weggabelung, gehen nach rechts und bei nächster Gelegenheit gleich wieder links. Auf einer Schotter-Erdstraße wandern wir erst durch die Flussniederung und wenig später direkt in Richtung Fluss. Wir bleiben ca. 500 m auf dem Flussweg und kommen an Obstkulturen, Weingärten und Getreidefeldern vorbei. Dann entfernen wir uns nach rechts vom Fluss und gehen kurz an einem Wald entlang. Bei der ersten Weggabelung steigen wir nach rechts auf einem breiten Erdweg in den Eukalyptuswald hinauf. In einigen Kurven geht es zügig bergan, aus dem Wald hinaus und auf einem breiten Schotterweg weiter leicht bergan. In der Umgebung sieht man einige Bauernhäuser und rechts des Weges auch einen Vermessungspunkt (kleiner Betonpfeiler). Danach erreichen wir für ein kurzes Stück wieder einen lichten Eukalyptuswald und blicken nach rechts auf einen Weingarten.
Schon bald rückt die Siedlung Lagoa näher. Zunächst passieren wir eine Sportanlage (rechts) und einen Picknickplatz (links), die zu einem Jugendcamp gehören. Danach mündet unser Erd-Schotterweg in eine Straße ein. Wir folgen dieser nach rechts bis zur ersten Kreuzung und nehmen dort die zweite Straße nach links (Rua da Escola). In **Lagoa** ❹ queren wir geradeaus die M554 und gehen auf der Estrada do Pombal, bis diese an einer

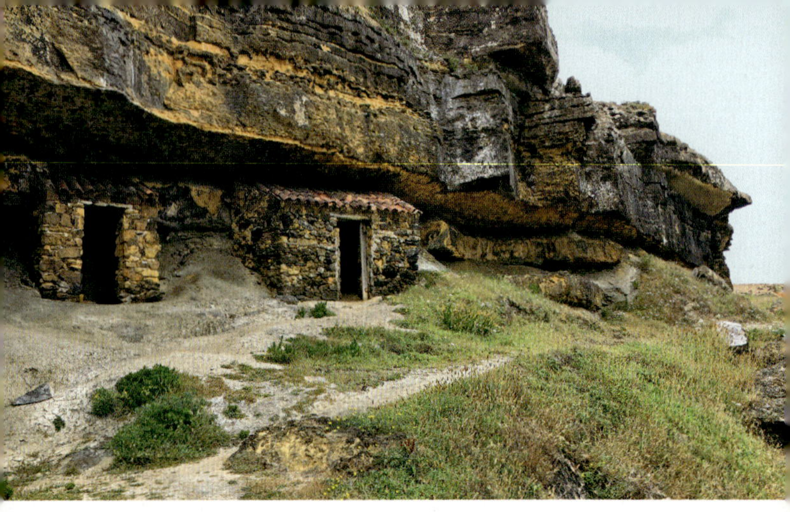

Unterstände über der Praia de São Lourenço.

T-Kreuzung auf die Rua do Francisco de Assis trifft. Wir biegen rechts ab und nehmen die erste Straße links (Rua da Camponelha). Bei der nächsten Weggabelung bleiben wir auf dem rechten Weg und verlassen auf dem Erdweg die Siedlung. Wir wandern bergab und auf das nächste Dorf zu. Auf der Rua da Escola Primária erreichen wir bei einem kleinen Kreisverkehr das Dorfzentrum von **Santo Isidoro** 5 (Supermarkt, Café/Restaurant).

Im Kreisverkehr nehmen wir die zweite Straße nach links (Estrada de Ribeira d'Ilhas) und wandern auf dem Gehsteig neben der M1165 bergab in Richtung Flusstal und Küste. Auf der Calçada do Carmo (erste Straße nach links) verlassen wir die Straße in Richtung Flusslauf. Die Asphaltstraße geht in einen Erdweg über und wir queren den Rio do Cuco auf einer Brücke. Danach geht es ein Stück am Fluss entlang, bevor der Weg nach links in den Wald abbiegt. Nun wandern wir konstant bergan und kommen nach einer engen Rechtskurve in einen Seekiefernwald. Nach einer Linkskurve erreichen wir eine Kreuzung.

Hier gehen wir nach rechts weiter, passieren eine schöne Villa (links des Weges) und wandern auf eine Häusergruppe zu. In einer großen Linkskurve geht es nun auf eine neu angelegte Siedlung zu. An deren Nordostrand treffen wir auf die Rua Casa Carido, auf der wir geradeaus zur Avenida Colinas do Atlântico gelangen. Diese gehen wir nach links und am Siedlungsrand leicht bergab. Rechts blicken wir schon auf den Kreisverkehr, von dem wir gestartet sind. Wir gehen bis zur Straße bergab, folgen dieser auf dem Gehsteig in Richtung Kreisverkehr, queren davor die Straße am Fußgängerübergang und gehen weiter zum Ausgangspunkt in **Ericeira** 1.

↗ 250 m | ↘ 250 m | 12.7 km

3.45 h

Beschauliche Flusstäler bei São João das Lampas

4

Ländliches Portugal und archäologische Sensationen

Der geologische Untergrund der Region nördlich von Sintra basiert auf Sedimenten, hauptsächlich Sand- und Kalkstein. Tief eingeschnittene Flusstäler und sanft abgetragene Hügel prägen diese liebliche Karstlandschaft. Es ist ein ländliches Gebiet mit kleinen Dörfern, Bauernhöfen, Wiesen und Feldern. Für den Wanderer liegt der Reiz besonders in den üppig bewachsenen Flusstälern. Unterwegs kann man aber auch einige besonders gut erhaltene archäologische Raritäten sehen: eine römische Straße – auf der wir ein kurzes Stück wandern – sowie eine sehr gut erhaltene römische Brücke.

Ausgangspunkt: São João das Lampas, 151 m, Pfarrkirche. Mehrmals täglich Busverbindung (Linie 443) mit Sintra (Fahrzeit knapp 30 Min.). Anfahrt mit Pkw ab Sintra auf der N247 bis in die Streusiedlung A-do-Pipo, am Ende der Siedlung bei einer Straßengabelung nach links in die Rua Principal und bis São João das Lampas (knapp 10 km); ausreichend Parkplätze um das Dorfzentrum.
Anforderungen: Rundwanderung auf Dorfstraßen, Erdwegen und Pfaden ohne nennenswerte An- und Abstiege; an manchen Stellen ist Orientierungssinn gefragt.
Markierungen: Gelb-rot, Wegbezeichnung: »Rota das Aldeias« (PR9SNT), jedoch sind die Markierungen nicht mehr überall aktuell angebracht, weil aufgrund von Bautätigkeiten und Landbesitzverhältnissen der Weg scheinbar blockiert ist und kleine Veränderungen notwendig wurden; Teile der Wanderungen verlaufen auf dem Weitwanderweg »Rota do Atlântico« (GR11/E9; weiß-rot). Dieser Abschnitt ist aktuell nachmarkiert worden und daher gut erkennbar.
Einkehr: Nur am Ausgangspunkt, unterwegs keine Möglichkeit.
Tipp: São Miguel de Odrinhas (rund 4 km nordöstlich von São João das Lampas) hat ein sehenswertes Archäologiemuseum, das einen Fokus auf römische Ausgrabungen in der Region hat und auch die auf der beschriebenen Rundwanderung gesehenen Sehenswürdigkeiten (Brücke und Straße) thematisiert. Schwerpunkt des Museums sind aber die Ausgrabungsstätten (v. a. Mosaike) von São Miguel de Odrinhas (geöffnet Di–Sa 10–13 und 14–18 Uhr; Kontakt: Tel. +351 219 609 520, dbmu.masmo.geral@cm-sintra.pt).

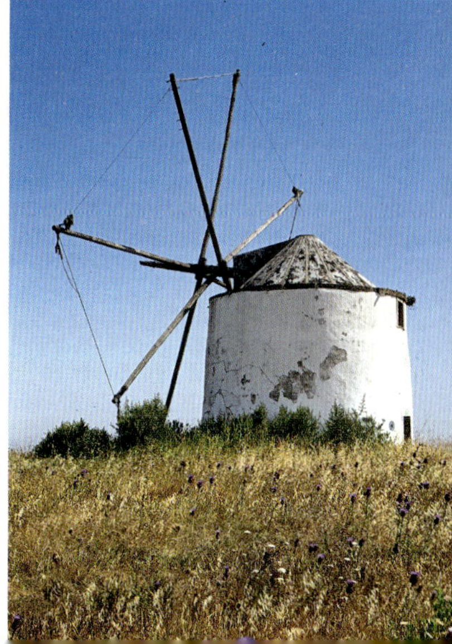

Die Windmühle bei São João das Lampas.

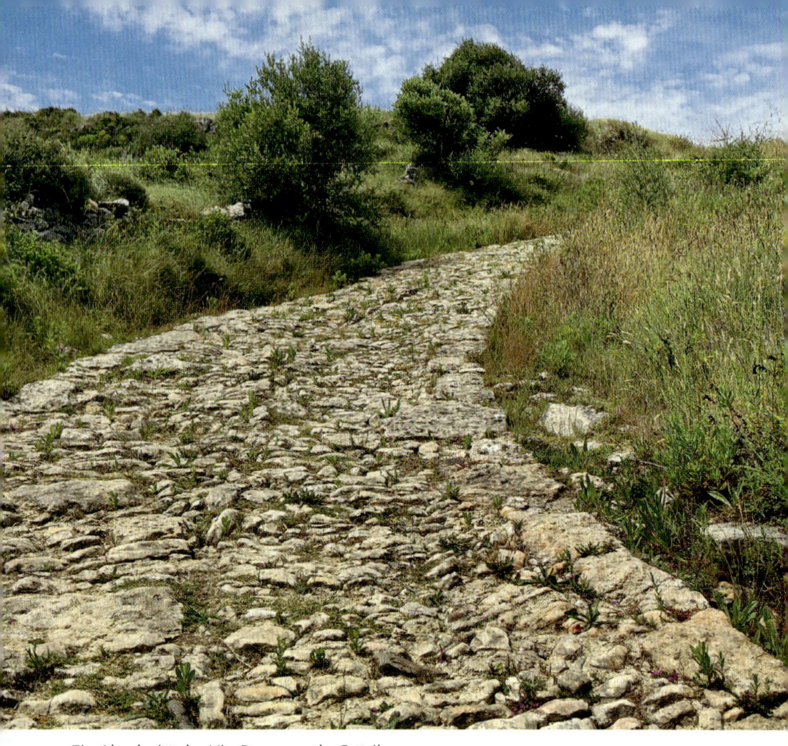

Ein Abschnitt der Via Romana da Catribana.

Vor der Kirche von **São João das Lampas** ❶ ist bei einem Denkmal für die arbeitende Bevölkerung eine Wegmarkierung (Pfeil) in Richtung »Catribana« angebracht. Mit Blick auf die Kirche starten wir nach rechts, folgen ebenfalls nach rechts der Rua Cinco de Outubro und verlassen danach auf der Estrada do Coval den Ort. Nach ca. 550 m, noch bevor die Dorfstraße in eine Erdstraße übergeht, zweigen wir bei einem von einer weißen Mauer umgebenen Gebäudekomplex nach links ab und wandern nun mit der weiß-roten Markierung des Weitwanderweges auf einem Erd-Schotterweg weiter. Links des Weges gibt eine gut erhaltene **Windmühle** ❷ ein schönes Fotomotiv ab. Nun geht es etwas bergab und der von üppiger Vegetation flankierte Weg geht allmählich in einen schmalen, später auch etwas steinigen Pfad über. Bei einer Weggabelung bleiben wir auf dem Pfad, der geradeaus weiter führt. Links von unserem Wanderweg verläuft ein kleines Bachtal (Ribeira do Samarra). Beim **Lugar do Baixo** ❸, einem kleinen Fischteich, erreichen wir eine Weggabelung.

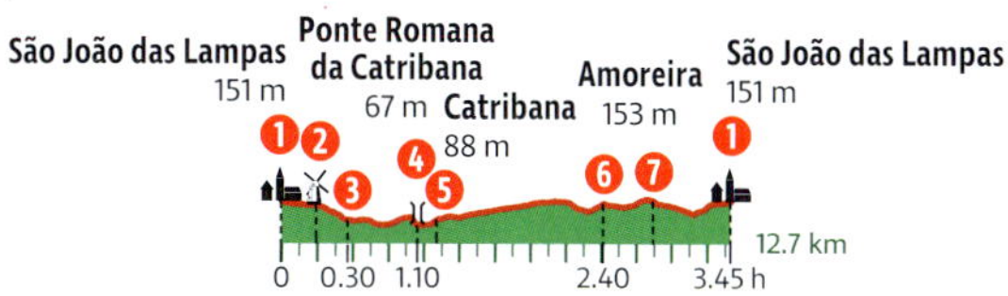

An dieser Stelle führt eine Holzbrücke über den Bach, wir bleiben jedoch auf der rechten Seite des Tales und wandern auf einem schmalen Wiesenpfad zwischen Hecken und Hügeln. Wir erreichen neuerlich eine Brücke über den Bachlauf. Hier quert der Weitwanderweg (weiß-rot) nach links auf der Brücke das Flusstal, während wir geradeaus weitergehen (rote Wegpfeile als Markierung). Der Weg knickt wenig später nach rechts und führt einen Hügel hoch. An der Hügelkante folgen wir bei einer Gabelung dem Weg nach rechts (rote Punkte) und bei der nächsten Gabelung (bei einer Mauer) gehen wir nach links auf einem nun sehr schmalen Wiesenpfad in Richtung einer Anhöhe. Bei einer erneuten Weggabelung gehen wir nach links steil bergab und treffen auf die bemerkenswerte Via Romana da Catribana. Die gut erhaltene gepflasterte Römerstraße führt in einigen steilen Kurven bergab und erreicht in der Ribeira de Bolelas die römische Brücke **Ponte Romana da Catribana** 4. Eine Informationstafel erklärt das Bauwerk und den historischen Kontext.

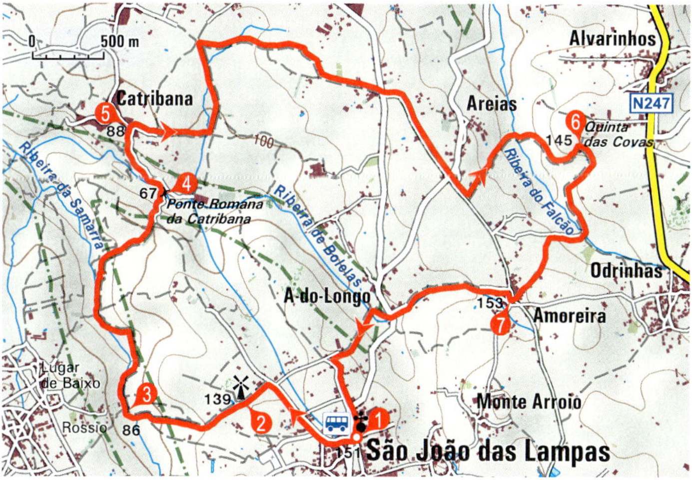

Nach Querung der Brücke bringt uns nach links eine Schotterstraße leicht bergan in das Dorf **Catribana** 5. Wir berühren die Siedlung nur am östlichen Rand und verlassen sie auf der Rua das Flores (Schotterstraße) nach rechts. Bei der Wegkreuzung (Stromleitung) nach ca. 150 m folgen wir geradeaus dem Wiesenweg, der abschnittsweise von einer Hecke und/oder Steinmauer flankiert wird. Wir queren ein kleines Flusstal und folgen an einer T-Kreuzung danach dem Weg nach links. Nun gehen wir kontinuierlich auf dem schönen Wanderweg bergan, kreuzen noch einmal das zuvor schon passierte Flusstal (kaum erkennbar) und zweigen wenig später scharf nach rechts ab.

Der nun folgende Wegabschnitt verläuft entlang einer Stromleitung und ist stellenweise etwas verwachsen und wenig gepflegt, aber dennoch deutlich erkennbar. Bei einer Gabelung nehmen wir den linken Wegverlauf und gehen auf einige Wohn- und Gewächshäuser zu. Nach diesen mündet unser Wanderweg in eine Schotterstraße, der wir nach links in Richtung der Straße (Rua da Nossa Senhora da Consolação) folgen. Diese queren wir geradeaus und folgen der Estrada do Moinho am Rand der Streusiedlung Areias entlang. Rechts des Weges sehen wir eine Windmühle (nach der die Straße wohl bezeichnet wurde), aber ansonsten sind die rund 900 m auf dieser Straße nicht bemerkenswert. Wir queren eine weitere Straße (Estrada das Areias) geradewegs und zweigen wenig später bei einem Hochspannungsturm nach links ab. Nun wandern wir auf einem von Hecken gesäumten Schotterweg bergab. Bei einem Sackgassenschild gehen wir geradeaus weiter hinab in die Ribeira do Falcão. Wir queren den Flusslauf auf Trittsteinen und steigen im Anschluss hinauf zur Häusergruppe **Quinta das Covas** 6, die auf der Anhöhe über dem Fluss liegt. Dieser Wegabschnitt ist

Wegverlauf in der Nähe von Catribana.

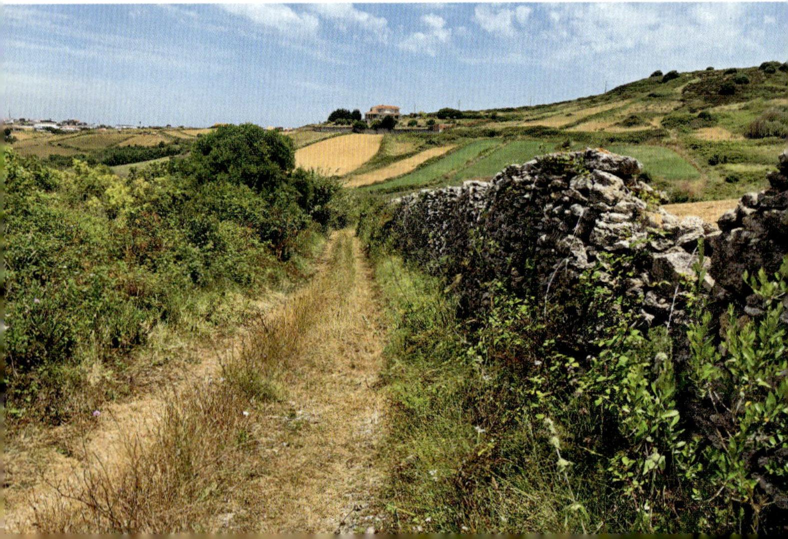

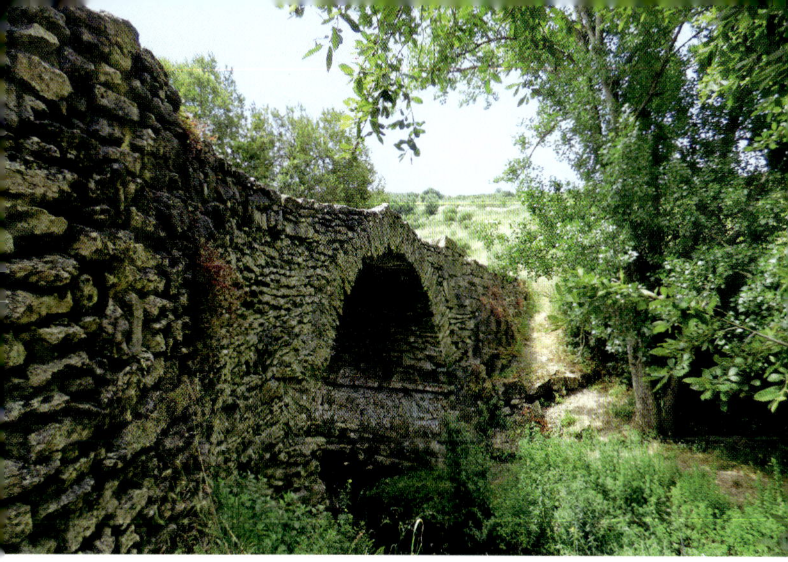

Die Ponte Romana da Catribana.

nicht markiert. Bei der kleinen Siedlung sehen wir ein altes Taubenhaus, ein schönes und seltenes Fotomotiv in diesem Teil von Portugal.

In der Siedlung zweigen wir nach rechts ab und folgen ab nun bis zum Ende der Tour wieder der weiß-roten Markierung des Weitwanderweges. Gleich nach der Siedlung wird der Weg zu einem schmalen, von Bäumen und Büschen gesäumten Pfad. Wir queren erneut die Ribeira do Falcão und biegen danach nach rechts in eine Schotterstraße ein. Nach rund 200 m verlassen wir sie nach links und gehen ins Dorf **Amoreira** 7.

Dort gehen wir an der Straße nach rechts und gleich die erste Straße nach links. Der Asphaltuntergrund ändert sich nach einigen hundert Metern in einen Erdweg und wir passieren einige Häuser und Gärten am Dorfrand. Rund 1 km nach Amoreira queren wir die nächste Straße. Hier folgen wir der gegenüberliegenden Zufahrtsstraße, die nach rechts, entlang einer Mauer und bergab in ein Flusstal führt. Bei einem Haus queren wir den Fluss auf einem schmalen Pfad und steigen etwas bergan wieder aus dem Flusstal hinaus. Nach einem weiteren kurzen Anstieg erreichen wir den Dorfrand von São João das Lampas. Der schmale Pfad geht zuerst in einen Weg und dann in eine Straße über. Bei einer Tierarztpraxis zweigen wir im spitzen Winkel nach links ab und gehen auf der Rua do Campo da Bola in Richtung Dorfzentrum. Zuvor passieren wir rechts des Weges einen großen Betonplatz (der für Märkte genutzt wird) und erreichen wenig später die Kirche von **São João das Lampas** 1.

↗ 550 m | ↘ 550 m | 13.4 km

5 Dörferweg bei Malveira da Serra

4.15 h

Synthese von Nebelwäldern und kahlen Küstenhängen

Auf dieser Rundwanderung erlebt man sehr unterschiedliche Welten an Europas Westspitze: zunächst das dichte Grün der südwestlichen Serra de Sintra. Prächtig ist der Rundblick von der Terrasse des Santuário da Peninha, der bei schönem Wetter sogar bis zu den Berlenga-Inseln reichen soll. Verlässt man die dichten Wälder Richtung Westen, so zeigt sich eine gänzlich andere Landschaft: Von Gras bedeckte, zum Teil felsige Hügel und vom Wind gepeitschte Büsche prägen den Abbruch an der Westküste Portugals.

Ausgangspunkt: Malveira da Serra, 147 m, Kreuzungspunkt Rua da Escolha Velha und Calçada do Chafariz (Brunnen). Anfahrt ab Cascais mit Bus (Linie M10; Fahrzeit 30 Min.); Haltestelle direkt an der Calçada do Chafariz. Anfahrt mit Pkw ab Cascais auf der N247 in Richtung Cabo da Roca bis Malveira da Serra (13 km); nur wenige Parkplätze im Ort, der größte liegt rechts der Rua de Cascais.
Anforderungen: Rundwanderung auf Dorfstraßen, Erdwegen und Pfaden; längere An- und Abstiege auf weitgehend einfachen Wanderwegen, die aber etwas Kondition erfordern.
Markierungen: Durchgehend gelb-rot; Wegbezeichnung: »Rota das Aldeias« (PR3CSC).

Einkehr: Nur in Malveira da Serra.
Tipp: Am Nordhang der Serra da Sintra (Luftlinie etwa 5 km von Malveira da Serra entfernt) liegen Park und Palast von Monserrate, beides einmalige Beispiele des portugiesischen Historismus, der typisch für die Region von Sintra ist. Ursprünglich stand hier eine Kapelle (Namensbezug zu Montserrat in Katalonien). Im späten 18. Jh. wurde auf den Erdbebenruinen ein kleiner neugotischer Palast errichtet und später im Neumudéjar-Stil erweitert. Heute ist die Anlage Teil des UNESCO-Weltkulturerbes mit dem Titel »Kulturlandschaft Sintra«. Nähere Informationen zu Besuchszeiten: parquesdesintra.pt unter »Parques e Monumentos« bzw. »Parks and Monuments«.

Vom Dorfbrunnen (Chafariz) in **Malveira da Serra** ❶ folgen wir der Rua da Escolha Velha bergan und zweigen bei erster Gelegenheit bei einer »spitzen Straßenkreuzung« in die zweite Straße nach rechts – in die Rua do Chafariz de Portela – ab. Dieser folgen wir in einer großen Rechtskurve bergan, passieren einige Häuser und erreichen bei der Kreuzung mit der Estrada da Serra neuerlich einen Brunnen (Chafariz da Portela). Wir queren die Straße, gehen wenige Meter nach links und biegen nach rechts in die Rua da Portela ein. Wir folgen der Wohnstraße bergan und zweigen bei der nächsten Straßengabelung links in die Rua do Retiro da Montanha (Wegschild) ein. Diese mündet nach rund 100 m bei einer T-Kreuzung am Dorfrand in die Rua dos 4 Moinhos. Wir zweigen nach links in die Wohnstraße ein und gehen weiterhin bergan, rechts von einem grünen Zaun begleitet. Die Straße trifft wieder auf die Estrada da Serra, die wir geradeaus queren und einen Erd-Schotterweg erreichen. Auf diesem wandern wir leicht

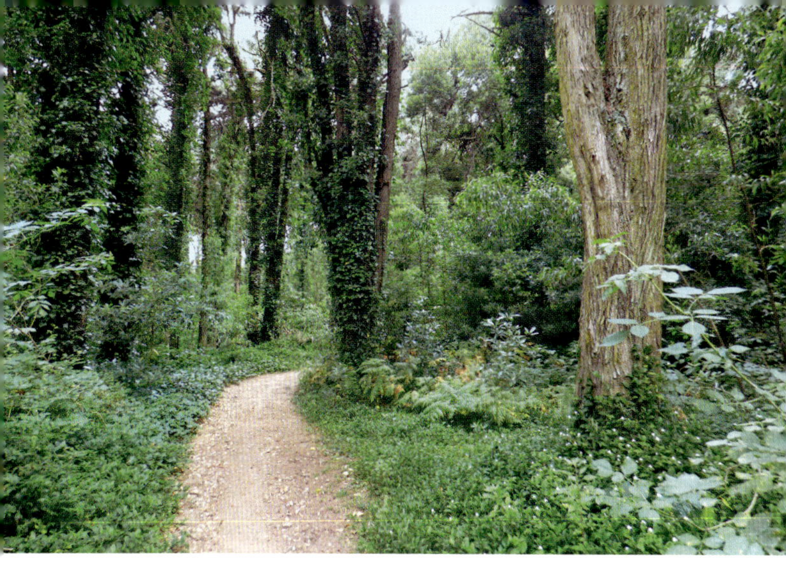

Aufstieg durch den Nebelwald bei Malveira da Serra.

bergan, zunächst am Waldrand, bald aber in den Wald hinein. Rechts des Weges passieren wir die Eingangstore sowie Mauern und Zäune des Landgutes Monteverde. Der Weg verläuft weiterhin bergan durch einen dichten und grünen Nebelwald von hauptsächlich Akazien, die von blau blühenden Prunkwinden überwuchert und von Flechten überzogen sind.

Unser gut markierter Weg (immer auf der Hauptroute bleiben und Ausschlussmarkierungen beachten) mündet in eine breitere Erdstraße ein, der wir nach links folgen. Bei einer Weggabelung nach rund 300 m halten wir uns rechts. Nach einem leichten Anstieg verläuft der Wanderweg weitgehend eben, zumeist von Bäumen (Akazien, Seekiefern und Eukalypten) beschattet. Auf diesem Waldweg bleiben wir rund 1,1 km. Unterwegs ignorieren wir eine Wegmarkierung nach rechts in Richtung »Monge« (PR6SNT). Allmählich beginnt der Eukalyptuswald zu dominieren und wir wandern kontinuierlich leicht bergan, weiterhin immer auf der Hauptroute verbleibend. Bei einer vergilbten Informationstafel (zur Fauna in der Serra de Sintra, rechts) gehen wir geradeaus über einen breiteren Weg hinweg. Der Wanderweg wird in der Folge schmäler und steiniger und wir haben inzwischen den geschlossenen Wald verlassen. Wir passieren eine gefasste Quelle (Fonte da Peninha, rechts) und zweigen kurz darauf bei einer **Wegkreuzung** 2 nach rechts auf einen Pfad in Richtung »Santuário da Peninha« ab. Wir steigen rund 200 m bergan und treffen bei einer weiteren Kreuzung auf die verlassene Ermida de São Saturnino. Hier gehen wir nach

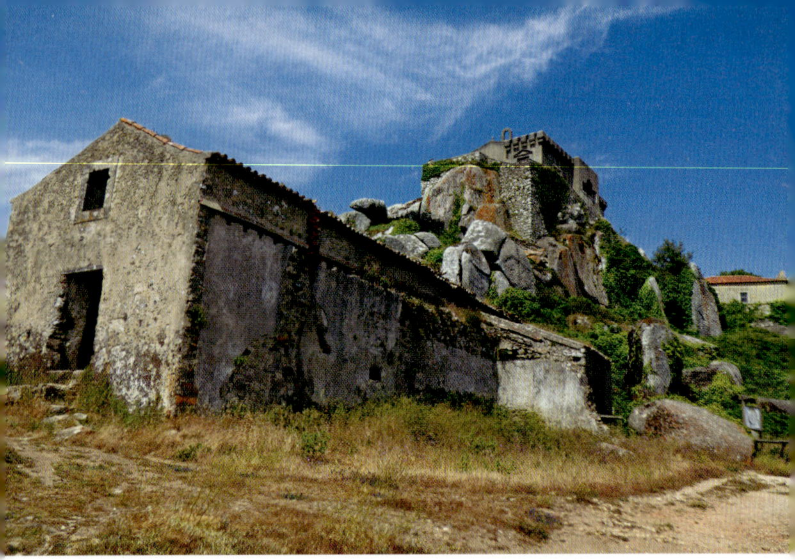

Die Ermida de São Saturinho mit dem Santuário da Peninha im Hintergrund.

rechts und gelangen über Treppen hinauf zum **Santuário da Peninha** ❸, das auf Granitfelsen auf einer Höhe von 487 m errichtet wurde. Der Rundblick in die Landschaft ist fantastisch.

Danach kehren wir auf demselben Weg zur **Wegkreuzung** ❷ zurück und folgen dem Weg nach rechts. Nun geht es konstant bergab. Rechts des Weges liegen einige Gebäudereste und auch Spuren von vergangenen Waldbränden sind noch erkennbar. Bei einer Weggabelung halten wir uns rechts und folgen einem Pfad am Hang, der nach einer Schranke in einen breiteren Weg übergeht. Dieser führt nach rechts in einen Seekiefernwald. Bei einer Weggabelung im Wald halten wir uns links und wandern leicht bergab, nun wieder durch einen Akazienwald. Der markierte Weg mündet in die stark befahrene N247 (Zufahrtsstraße zum Cabo da Roca). Dieser folgen wir nach links (Wegmarkierung in Richtung »Biscaia«; hier treffen

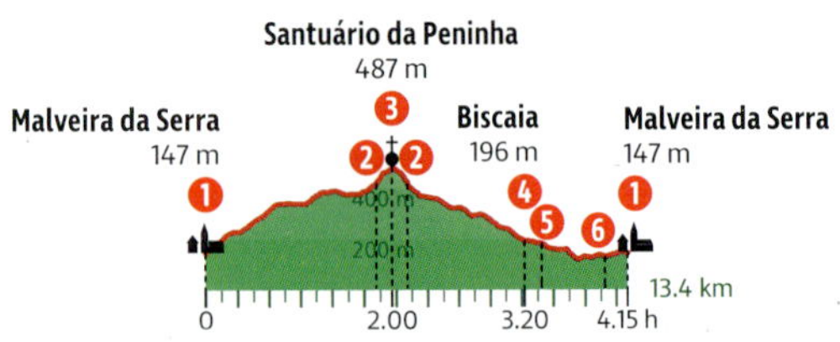

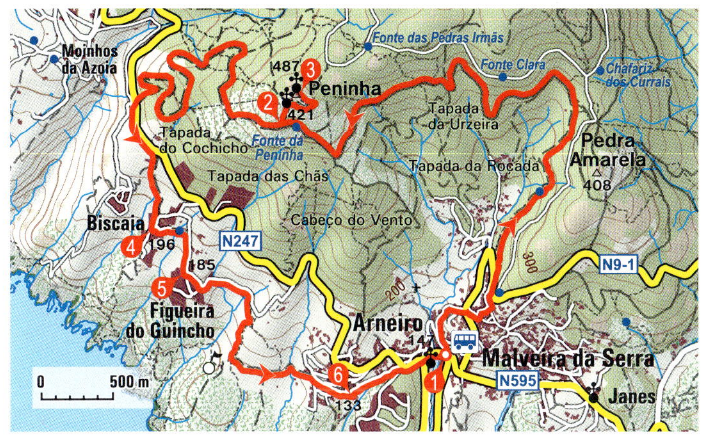

wir auch für ein kurzes Stück auf den Weitwanderweg »Rota do Atlântico«, GR11/E9, weiß-rot markiert). Nach ca. 330 m zweigen wir nach rechts auf einen Erd-Schotterweg ab, passieren eine kleine Häusergruppe (rechts des Weges) und wandern in der Folge einen Wiesen-Erdweg bergab. Dieser geht in einen gepflasterten Weg über, der uns in das Dorfzentrum von **Biscaia** ④ führt. Bei einem Haus mit einem Turm (sieht wie eine Kapelle aus, ist aber ein Wohnhaus) zweigen wir nach links ab. Die Straße trägt den Namen Rua da Biscaia und geht wenig später in die Rua da Grota über. Wir bleiben auf der gepflasterten und später betonierten Straße. Am Dorfrand mündet sie in einen schmalen Pfad, der durch Vorgärten und von Mauern begleitet zu einem gepflasterten Fahrweg führt. Auf diesem nach rechts erreichen wir **Figueira do Guincho** ⑤.

Bei der Weggabelung am nördlichen Dorfrand zweigen wir nach links in die Rua Mira Serra ein und und wandern auf der gepflasterten Dorfstraße bergab. Noch bevor wir das Dorfzentrum erreichen, schlagen wir nach links einen Schotterweg ein. Dieser führt auf ein Haus zu; vor dem Haus geht es nach rechts auf einem schmalen Pfad weiter bis zu einem weiteren, wunderschön gelegenen Haus mit Swimmingpool. Von der Zufahrt zweigen wir nach rechts abermals auf einen schmalen Pfad ab und wandern in Richtung Küste. Sehr schön ist von hier der Blick über die Hügellandschaft bis zur Praia do Guincho in der Ferne. Der Pfad mündet bei einer T-Kreuzung in einen breiteren Erdweg, den wir nach links einschlagen. Der markierte Wanderweg leitet uns durch die Rua das Piteiras, Rua do Bacelo und Rua de Santa Rita durch den südlichen Dorfrand von **Arneiro** ⑥. Nach links gelangen wir auf der Rua do Vale zur N247 und folgen ihr die letzten rund 300 m nach rechts bis zum Dorfbrunnen in **Malveira da Serra** ①.

↗ 40 m | ↘ 40 m | 1.9 km

6 Dunas da Cresmina

0.45 h

Ein landschaftsökologisches Unikum

Die Dünen von Cresmina bedecken eine Fläche von ca. 66 ha und umfassen den nordwestlichen Rand der Halbinsel östlich des Cabo Raso. Tatsächlich ist das Dünengebiet wesentlich größer und schließt auch die Region von Oitavos (großteils bewachsene Dünen) mit ein. Allerdings sind durch den konstanten Nordwestwind und die vorgelagerten Hügel der Westausläufer der Serra de Sintra gerade bei Cresmina klassische, aber sehr fragile Sanddünen entstanden, die auch ein einzigartiges Habitat für die Tier- und Pflanzenwelt in dieser Region darstellen.

Ausgangspunkt: Fortaleza do Guincho, 19 m, heute ein 5-Sterne-Hotel. Anfahrt ab Cascais mit den Buslinien 405 bis 415 (Scotturb) zur Praia do Guincho (Fahrzeit ca. 20 Min.), Haltestelle beim Ausgangspunkt. Anfahrt mit Pkw ab Cascais auf der N247 in Richtung Cabo da Roca bis zur Fortaleza do Guincho, kurz vor dem Guincho-Strand (knapp 9 km); Parkplätze entlang der Straße (kostenfrei, aber begrenzt) oder aus Fahrtrichtung Cascais vor dem Hotel (kostenpflichtig).
Anforderungen: Sehr einfache Tour auf Holzstegen und zum Teil über Sand.
Markierungen: Keine Markierung, aber eindeutiger Wegverlauf aufgrund des Holzsteges; dieser ist an einigen Stellen unter Sand begraben, dennoch ist der Wegverlauf immer eindeutig erkennbar.
Einkehr: Am Ausgangspunkt sowie Café im kleinen Informationszentrum zum Wanderweg.
Tipp: Auf dem Weg von Guincho nach Cascais liegt vor der Marina de Cascais der Farol de Santa Marta, ein Leuchtturm aus dem Jahr 1864, der Teil einer Gebäudegruppe mit einer kleinen Festung ist. Für Leuchtturmfans gibt es dort ein kleines Museum, das die Geschichte der portugiesischen Leuchttürme zum Thema hat. Nähere Informationen auf visitcascais.com unter »Dê-me Ideais – Tours & Cultura – Conheça toda a oferta cultural«.

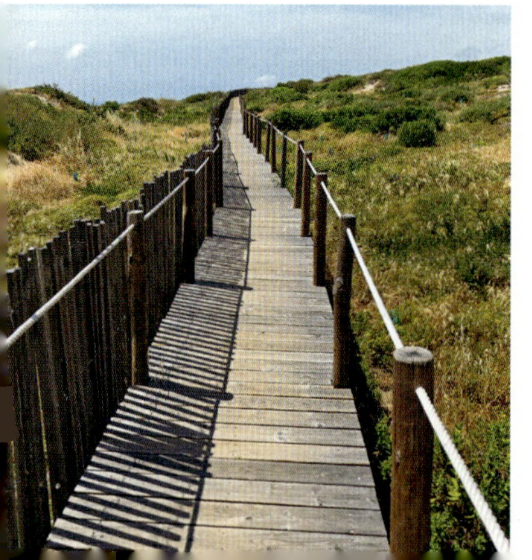

Wir starten direkt an der Straße vor der **Fortaleza do Guincho** ❶. Eine Informationstafel erklärt die Besonderheit der Dünen von Cresmina. Hier beginnt auch der Holzsteg, den man zum Schutz der fragilen Vegetation über den Dünen errichtet hat. Kurz nach Beginn des Holzstegs ignorieren wir den Abzweig links und folgen dem Weg gegen den Uhrzeigersinn. Etwas bergan gelangen wir zu einem **Aussichts-**

Der Holzstegweg durch die Dünen.

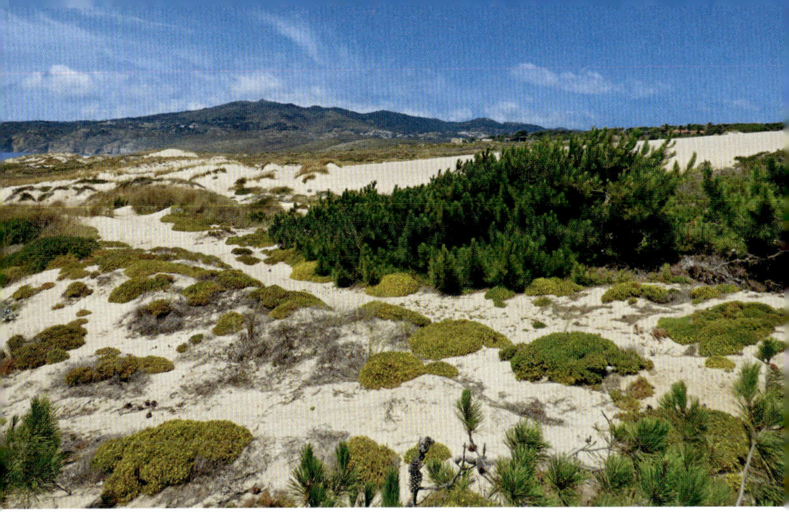

Blick über die Dunas da Cresmina.

punkt ❷ am höchsten und südlichsten Punkt der Wanderung. Von dort bietet sich ein guter Überblick über die gesamte Halbinsel (Richtung Cabo Raso und Praia do Guincho).

Danach führt der Holzsteg etwas abwärts und in Richtung Dünenkamm. An dieser Stelle kann man die langsame, aber stetige Dünenbewegung in Richtung Süden erkennen. In der Regel ist der Holzsteg im folgenden Abschnitt mit Sand verschüttet, der Wegverlauf ist aber gut erkennbar und zu erahnen. In einer großen Linkskurve umwandern wir die Ausläufer der Sanddüne und treffen an einer T-Kreuzung auf einen West-Ost verlaufenden Holzsteg. Rechts von uns liegen ein kleiner Parkplatz (alternativer Einstieg in den Wanderweg) und ein **Café** ❸, das zugleich auch ein kleines Informationszentrum zu den Dünen von Cresmina ist.

Nach dem Besuch folgen wir dem Holzsteg in Richtung Küste und passieren auf halbem Weg eine große Sanddüne. Wir treffen an einer T-Kreuzung wieder auf den Hinweg und kehren nach rechts zurück zur **Fortaleza do Guincho** ❶.

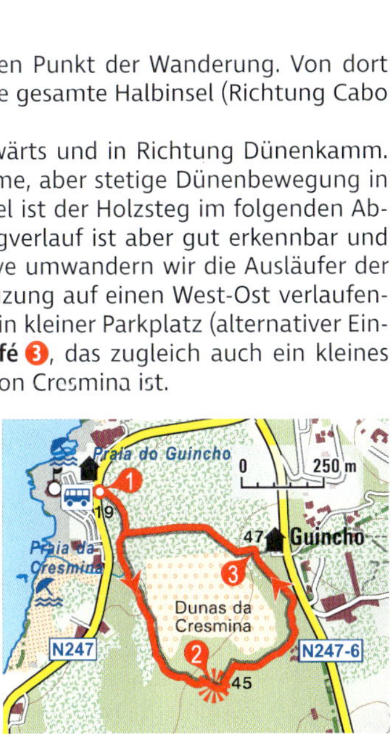

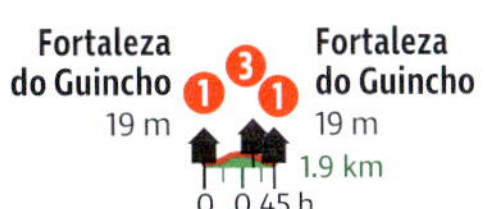

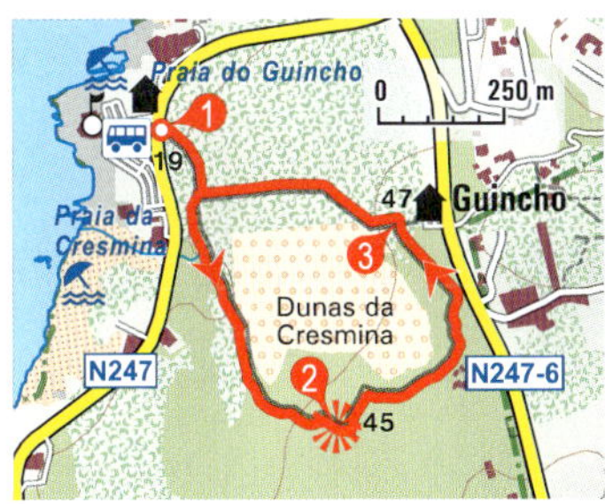

TOP

7

↗ 140 m | ↘ 140 m | 5.1 km

Santuário da Peninha und Hügelgrab von Adrenunes

1.45 h

Zum schönsten Aussichtspunkt in der Serra de Sintra

Auf einer Höhe von 487 m steht auf einem Felsen errichtet das Santuário (Heiligtum) von Peninha. Angeblich ist hier im 16. Jh. einem Hirtenmädchen die Jungfrau Maria erschienen. Die Kapelle stammt aus dem frühen 18. Jh., der kleine Palastkomplex (gelbe Gebäude daneben) aus dem frühen 20. Jh. Wenn nicht Wolken- und Nebelbänke über die Hügelflanke ziehen, dann genießt man von hier einen der schönsten Panoramablicke in Westportugal. Nicht minder eindrucksvoll – allerdings gut im Wald verborgen – liegt das mächtige neolithische Hügelgrab von Adrenunes. Diese kurze Rundwanderung verbindet diese besonderen Orte.

Ausgangspunkt: Zufahrtsstraße zum Santuário da Peninha, 454 m. Anfahrt mit Pkw ab Sintra auf der N9 in Richtung Cascais, nach 6 km nach rechts auf der N9-1 (Estrada da Serra) in Richtung Malveira da Serra; nach 7 km und kurz vor dem Dorf rechts in die schmale Rua dos Capuchos einbiegen (Hinweisschild) und die restlichen ca. 5 km den Hinweisschildern folgen; Parkplätze entlang der Erdstraße im Wald vor dem Heiligtum.
Anforderungen: Kurze und zumeist einfache Rundwanderung auf Erdwegen und Pfaden.
Markierungen: Durchgehend gelb-rot; Wegbezeichnung: »Percurso Pedestre da Peninha« (PR10SNT).
Einkehr: Keine Einkehrmöglichkeit.
Tipp: Wer im Frühjahr und Sommer in die Serra de Sintra kommt und Gebirge, Meer und Kultur verbinden möchte, der sollte einmal mit der berühmten Eléctrico de Sintra (auch Eléctrico Sintra – Atlântico) fahren. Diese verkehrt zwischen Sintra (Station am Bahnhof) bis nach Praia das Maçãs (südlich von Azenhas do Mar). Für die Strecke von etwa 11 km benötigt die museale Straßenbahn allerdings fast 45 Minuten (Reservierung empfohlen; Einzelticket für Erwachsene 3 €; nähere Informationen auf visitsintra.travel unter »Descobrir – Eléctrico de Sintra).

Vom Parkplatz an der **Zufahrtsstraße** ❶ gehen wir auf einem gepflasterten Weg bis zu einer Terrasse unterhalb des Heiligtums (Kapelle). Von hier führen Treppen hinauf zum **Santuário da Peninha** ❷, vorbei an

Eingang in das Hügelgrab Adrenunes.

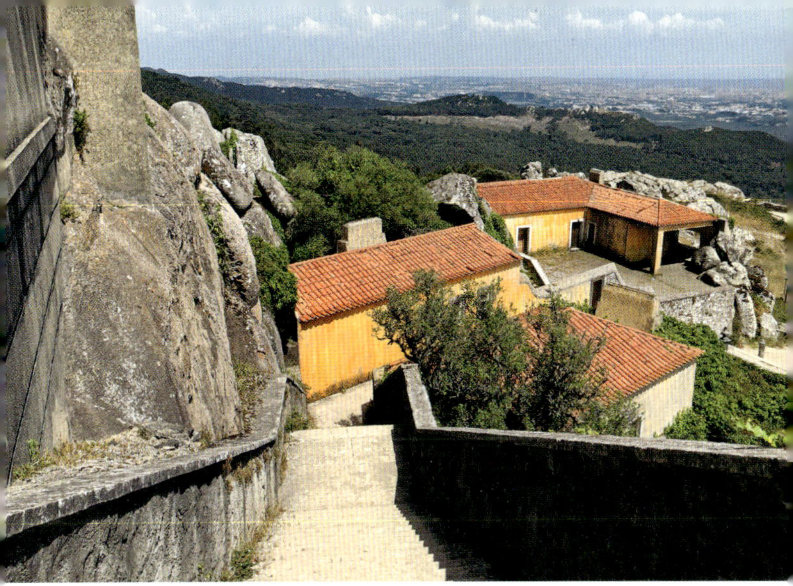

Blick vom Santuário da Peninha in Richtung der ehemaligen Palastgebäude.

den gelben Gebäuden des kleinen Palastkomplexes aus dem frühen 20. Jh. Die Kapelle selbst ist nur zu Gottesdienstzeiten geöffnet.

Nachdem wir die Aussicht ausgiebig genossen haben, gehen wir zurück zur Terrasse und folgen der Wegmarkierung in Richtung »Adrenunes« (in Abstiegsrichtung am unteren Ende der Terrasse im spitzen Winkel nach rechts). Auf einem steinigen Weg steigen wir in wenigen Minuten zur Ermida de São Saturnino ab (Ruine einer kleinen Kirche rechts des Weges).

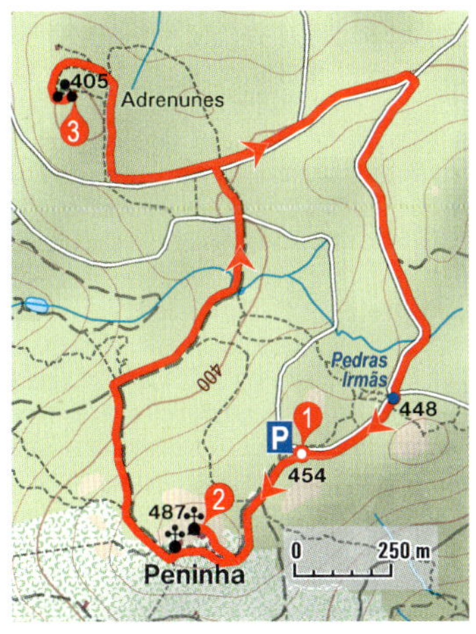

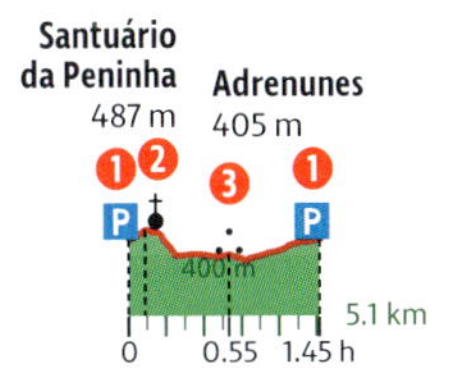

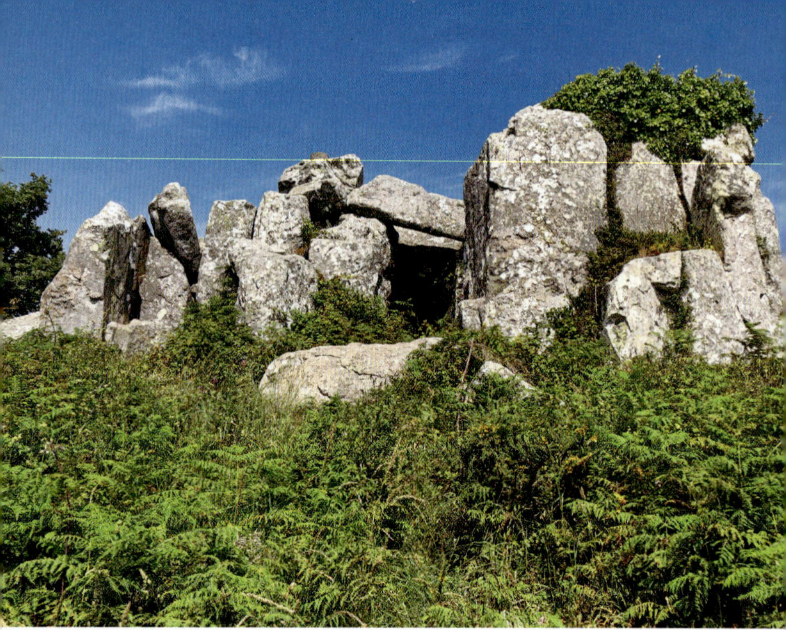

Das Hügelgrab Adrenunes.

Gleich danach kommen wir zu einer Wegkreuzung. Unser Wanderweg zweigt nach rechts auf einen schmalen Pfad ab, der kurze Zeit später in den Wald führt. Auf dem Pfad steigen wir durch den dichten und von Flechten überzogenen Wald bergab. Der Pfad mündet an einer T-Kreuzung in einen breiten Weg. Hier zweigen wir nach rechts ab, queren wenig später einen trockenen Bachlauf und die Estrada da Peninha. Bei der nächsten Kreuzung gleich danach folgen wir nach links einem breiten Erdweg. Nach rund 300 m zweigen wir nach rechts auf einen schmalen Pfad ab und wandern durch dichtes Buschwerk und in einem großen Linksbogen auf eine imposante Felsformation zu. Das Hügelgrab **Adrenunes** ❸ hat beachtliche Dimensionen, ist aber stark verwachsen.

Wir kehren auf demselben Pfad wieder zum breiten Erdweg zurück und folgen diesem nun nach links. Wir bleiben rund 800 m auf diesem Waldweg, wandern leicht bergan und passieren unterwegs auch eine Schranke. Wir erreichen eine Weggabelung. Unser markierter Weg führt im spitzen Winkel nach rechts bergan und trifft nach weiteren 850 m bei der Quelle Pedras Irmãs wieder auf die Estrada da Peninha. Wir folgen ihr an eindrucksvollen Felsformationen vorbei zurück zur **Zufahrtsstraße** ❶ unterhalb des Santuário da Peninha.

↗ 470 m | ↘ 470 m | 10.6 km

4.00 h

Aufstieg zum ehemaligen Convento dos Capuchos

8

Ein intensives Walderlebnis mit einem kulturellen Highlight

Für die Stadtbevölkerung von Lissabon ist das Gebiet um den Barragem do Rio da Mula das beliebteste Naherholungsgebiet »in den Bergen«. Es gibt dichten Wald, ein uriges Flusstal, viele Picknickplätze am Stausee, Mountainbike-Routen und Wanderwege. An Wochenenden tummeln sich hier viele Leute und gehen diversen sportlichen und anderen Freizeitaktivitäten nach, sodass Wanderer ihre Wege mit vielen Menschen teilen müssen. Diese Rundwanderung bietet einen zumeist geruhsamen Waldweg, einige schöne Felslandschaften, sollte aber auf jeden Fall mit der Besichtigung des Kapuzinerklosters kombiniert werden.

Ausgangspunkt: Barragem do Rio da Mula, 156 m. Anfahrt mit Pkw ab Sintra auf der N9 in Richtung Cascais, nach 6 km nach rechts auf die N9-1 (Estrada da Serra) in Richtung Malveira da Serra; nach 2 km nach rechts auf die M1335 und ca. 1 km bis zum Stausee; ausreichend Parkplätze vorhanden.
Anforderungen: Einfache Wanderung auf zumeist breiten Waldwegen; die An- und Abstiege sind über längere Strecken verteilt.
Markierungen: Der Weg kombiniert verschiedene nur zum Teil markierte Wanderwege; der überwiegende Teil der Tour ist gelb-rot markiert (Wegbezeichnung: »Capuchos«, PR6SNT); der Weg vom Stausee bis zur Straße vor dem Convento dos Capuchos ist Teil eines beliebten Waldpfades mit der Bezeichnung »Caminho das Pontes«, mit klarem Wegverlauf, jedoch keiner durchgängigen offiziellen Markierung.
Einkehr: Keine Einkehrmöglichkeit.
Tipp: Das Convento dos Capuchos liegt perfekt in die Natur integriert im Wald versteckt. Das kleine Kloster wurde Mitte des 16. Jh. von Álvaro de Castro (einem Sohn des berühmten João de Castro, von 1545 bis 1548 Vizekönig des Éstado português da Índia) gegründet. Die kleine Gruppe von Mönchen lebte nach den Regeln der Franziskaner. 1834 wurde das Kloster aufgelöst und in den letzten Jahren sorgfältig restauriert. Besuchszeiten und Eintrittspreise: parquesdesintra.pt unter »Parques e Monumentos« bzw. »Parks and Monuments«.

Vom **Barragem do Rio da Mula** ❶ gehen wir auf den See schauend nach links und folgen am Ende der Staumauer dem breiten Erd-Sandweg, der auf der linken Seite des Stausees bergan durch den Wald führt. Nach der ersten großen Links-

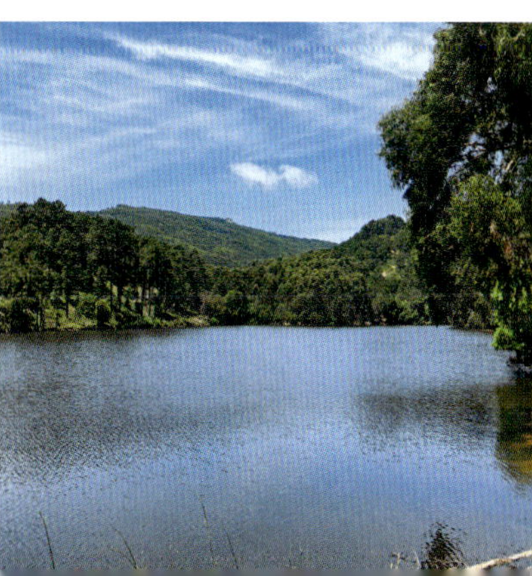

Der Barragem do Rio da Mula.

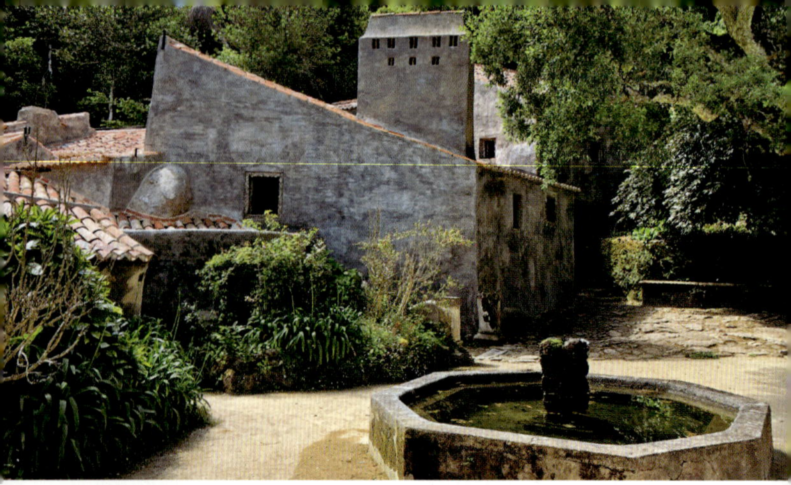

Der Convento dos Capuchos.

rechts-Kurve (etwa 400 m nach der Staumauer) zweigen wir auf einen schmalen Waldpfad nach rechts ab (keine Wegmarkierung) und steigen etwas bergab. Nach etwa 100 m queren wir einen kleinen Wasserlauf (Brücke, in der Regel aber kein Wasser) und treffen gleich danach auf einen Querweg. Hier geht es nach links, nochmals zweimal über Rinnsale, bis wir nach etwa 100 m neuerlich einen Querweg erreichen. Hier halten wir uns nach links und wandern nun auf einem schönen Waldpfad mehr oder weniger einem Bachlauf folgend kontinuierlich bergan. Dabei geht es über zahlreiche kleine Holzbrücken (»Caminho das Pontes«) über Zuflüsse oder über den Hauptfluss. Nach etwas mehr als 1 km auf diesem Pfad durch dichten Wald halten wir uns bei einer Wegkreuzung nach rechts und erreichen rund 100 m später an einer T-Kreuzung einen breiteren Weg. Diesem folgen wir nach links. Bei einer Weggabelung etwa 200 m später bleiben wir rechts (mehr oder weniger geradeaus) und wandern nun wieder auf einem Pfad leicht bergan. Nach rund 300 m erreichen wir die N247-3 bei einer großen Kreuzung (Straßen mit Forststraßen). Wir folgen der Zufahrtsstraße in Richtung Convento dos Capuchos und gelangen nach rund 400 m zu einem Park- und Picknickplatz beim **Convento dos Capuchos** ❷. Das ehemalige Kloster liegt links gut verborgen und ist vom Wanderweg aus nicht zu sehen (Besuch nur mit Eintrittskarte möglich).

Wir kehren auf der Zufahrtsstraße zur Kreuzung zurück und gehen dort nach rechts auf den breiten Waldweg, der hinter einer Schranke beginnt und bergan führt. Unterwegs passieren wir zwei Denkmäler und ein Kreuz auf einer Felsgruppe (links des Weges), das an eine Feuerkatastrophe vom 6. September 1966 erinnert (damals kamen 25 Soldaten bei Löscharbeiten

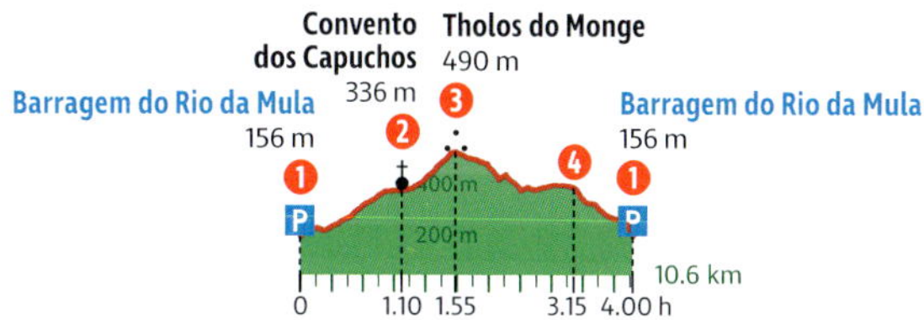

ums Leben; eine Erinnerungstafel ist angebracht). Schließlich gelangen wir zum **Tholos do Monge** ❸, den Überresten eines Kuppelgrabes aus der Bronzezeit auf einem der höchsten Berge der Serra de Sintra (490 m). Dies ist auch der höchste Punkt unserer Rundwanderung. Über dem Kuppelgrab wurde ein trigonometrischer Vermessungspunkt errichtet, der an dieser Stelle jedoch denkbar unpassend wirkt.

Wir wandern auf einem breiten sandigen Weg weiter, zunächst eben, später etwas bergab. Bei einer Wegkreuzung (mit Blick in Richtung Guincho-Strand und Cabo Raso) nehmen wir den linken Weg und steigen bergab zu einer Straße. Diese queren wir geradeaus und passieren zwei Schranken. Danach geht es zunächst steil bergab, dann verläuft der Wanderweg auf einem breiten Waldweg, der auf einen markanten Hügel mit Felsgipfel zuführt (Pedra Amarela). Vor diesem queren wir eine weitere Straße (Rua dos Capuchos) geradeaus und wandern auf einem Weg parallel zur Straße an der Westflanke des Hügels entlang, dann geht es nach links zwischen zwei Hügeln hindurch (links Pedra Amarela, rechts Penedo do Alvante) zur Südflanke der **Pedra Amarela** ❹. Dort zweigen wir von dem breiten Stein-Schotterweg auf einen schmalen Pfad nach rechts ab, der in einigen Kurven steil bergab führt und stellenweise rutschig sein kann. Bei der dritten Kurve passieren wir einen Löschteich und gehen von hier geradewegs bergab (Markierung). Bei einer Wegkreuzung halten wir uns nach links und passieren das Pedra Amarela Camp Base (mit Kinderspielplatz und Kletterturm). Die nächste Wegkreuzung queren wir geradeaus und erreichen kurz darauf wieder den **Barragem do Rio da Mula** ❶.

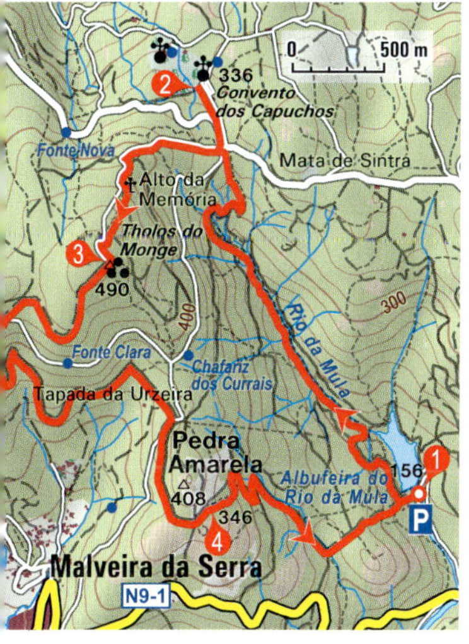

↗ 330 m | ↘ 330 m | 6.6 km

9 Rund um das historische Sintra

2.30 h

Sightseeing und Wandern in einer Stadt voll prächtiger Bauwerke

Die kleine Stadt Sintra und Umgebung sind aufgrund ihrer vielen Kunstdenkmäler als UNESCO-Weltkulturerbe (»Kulturlandschaft Sintra«) ausgezeichnet. Hier drängen sich auf engem Raum Burgen, Kirchen und Paläste aus verschiedenen Epochen der Menschheitsgeschichte. Aber so recht sichtbar sind diese nur aus der Nähe, denn Sintra ist an den Hang gebaut und viele Hügel und Felsen verstecken die große Architektur; zudem verhüllt die üppige Vegetation der Serra de Sintra viele Details mit einem grünen Vorhang. So ist eine Wanderung über die Hügel und durch die Wälder und Gärten der Stadt die einzige Möglichkeit, Sintra umfassend kennenzulernen.

Ausgangspunkt: Sintra, 303 m, Igreja São Pedro de Penaferrim am Largo do Adro da Igreja im Ortsteil São Pedro. Sintra ist gut mit ÖPNV erreichbar; ab Lissabon zahlreiche Zug- und Busverbindungen; Züge fahren im Halbstundentakt und benötigen vom Hauptbahnhof Santa Apolónia rund 1 Std. Der Bahnhof von Sintra liegt etwas außerhalb der Altstadt, aber in Gehdistanz.
Anforderungen: Einfache Rundwanderung mit einigen kräftigen An- und Abstiegen auf Dorfstraßen, Waldwegen und Pfaden; Orientierungssinn ist gefordert.
Markierungen: Die Tour kombiniert Teile von einigen der kurzen Stadtwanderungen von Sintra (PR1 »Santa Maria«, PR2 »Pena«, PR3 »Castelo«, PR4 »Seteais« und PR5 »Quintas«) und ist zumeist gelb-rot markiert.
Einkehr: Es gibt an mehreren Stellen der Wanderung Cafés und Restaurants.
Tipp: An der Wanderroute sind vier erstklassige Sehenswürdigkeiten zu sehen:
1. Der Palácio Nacional da Pena, ein fantastisches Bauwerk des portugiesischen Historismus aus dem 19. Jh. mit großartiger Parkanlage um den höchsten Gipfel der Serra de Sintra.
2. Das Castelo dos Mauros, die Überreste einer arabisch-muslimischen Festungsanlage aus dem 10. Jh.
3. Die Quinta da Regaleira ist ein vor allem neugotischer und fantasievoller Palast mit wunderschönem Garten aus dem späten 19. und frühen 20. Jh.
4. Der Palácio Nacional de Sintra enthält Bauelemente aus den meisten Epochen portugiesischer Geschichte, ist aber hauptsächlich ein spätgotischer Königspalast, der wahrscheinlich über einem maurischen Palast errichtet wurde und v. a. durch die markanten Küchenschornsteine berühmt ist. Nähere Informationen zu Besuchszeiten: parquesdesintra.pt.

Wir starten in **Sintra** ❶ vor der Kirche São Pedro de Penaferrim, am hübschen kleinen Largo do Adro da Igreja. Auf der Turmseite (Südfassade) verlassen wir den Platz durch ein rotes Tor und gehen die Rua Serpa Pinto nach rechts zur Rua Visconde Faro e Oliveria. Dieser gepflasterten Gasse folgen wir im spitzen Winkel nach links, passieren wenig später die Quinta da Serra und bleiben in derselben Gasse, die ab nun den Namen Rua Rio da Bica trägt. Der Wanderweg verläuft hier weiterhin in einer schmalen gepflasterten Gasse, flankiert von Mauern, überhängenden Büschen und

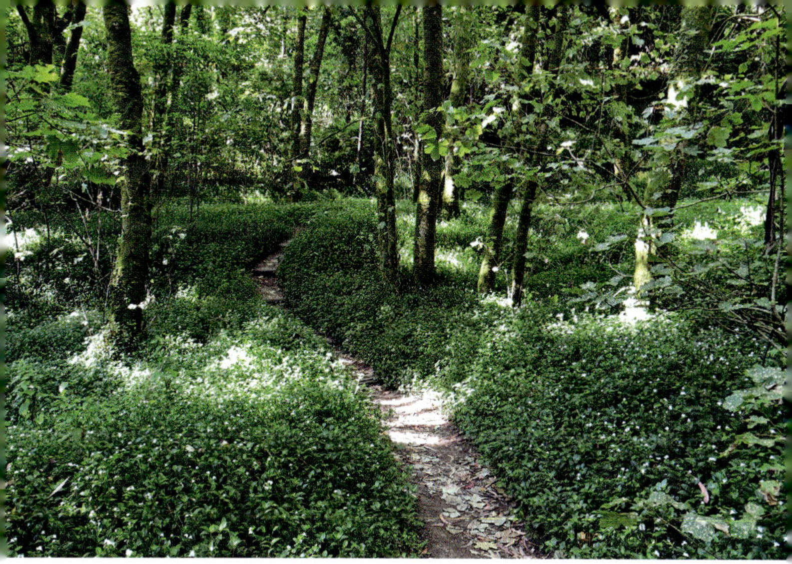

Im Stadtpark von Sintra beim Aufstieg zum Palácio Nacional da Pena.

hübschen kleinen und größeren Häusern. Wir passieren die Quinta das Camélias (schönes Fliesenschild, rechts) und steigen danach zügig bergan. Beim Brunnen Fonte do Rio da Bica zweigen wir nach rechts in die Travessa do Rio da Bica ab und gehen noch ein kurzes Stück auf einem gepflasterten Weg. Nach einem gelben Haus geht dieser in einen Pfad über, der von Mauern gesäumt wird und durch einen Wald zügig bergan führt. Bald erreichen wir wieder einen gepflasterten Weg und stehen am Tor des **Castelo do Gregório** 2 (Privatbesitz, kann nicht besichtigt werden). Auf dem gepflasterten Zufahrtsweg zum Monte Sereno erreichen wir gleich darauf die Straße Calçada da Pena. Diese queren wir geradeaus (Markierungspfeil) und gehen auf einem breiten Erd-Steinweg etwas bergab. Nach 100 m zweigt ein schmaler Pfad nach links ab und steigt durch dichtes Buschwerk und Wald steil bergan. Wir folgen einem Schild in Richtung »Palácio Nacional da Pena« und erreichen beim Eingang zum **Palácio Nacional da Pena** 3 erneut die Calçada da Pena.

Wir gehen auf der Straße nach rechts, verlassen sie aber schon nach 80 m nach rechts durch ein kleines Steintor (auf Markierung achten). Wieder wandern wir durch üppige Vegetation, diesmal steil

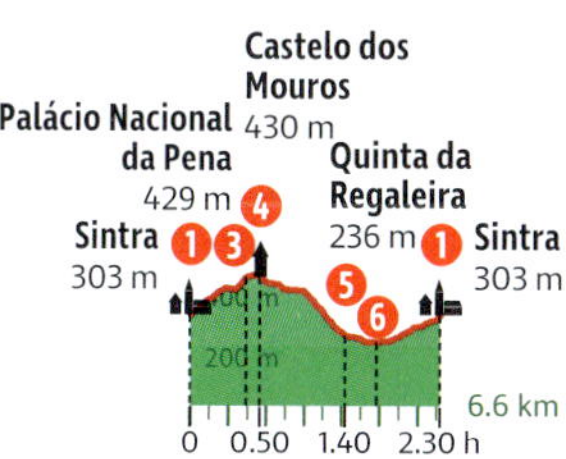

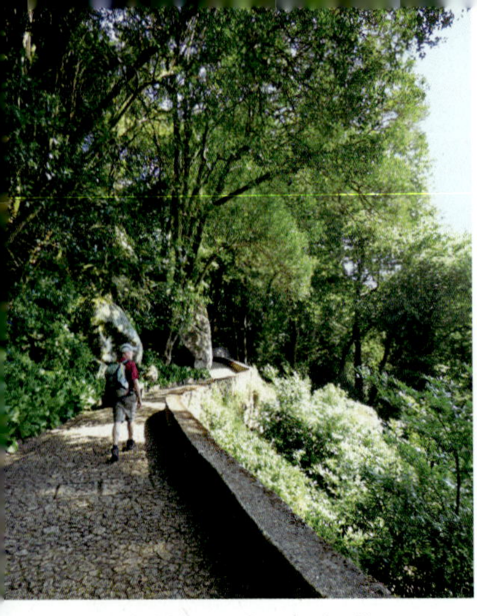

Weg in Richtung Castelo dos Mouros.

bergab. Wir gelangen erneut auf die Calçada da Pena und an den Eingang zum **Castelo dos Mouros** 4, das in eindrucksvoller Lage über der Stadt errichtet wurde. Der Wanderweg verlässt den Zugangsweg zur Burg nach links und wir folgen dem Wegschild in Richtung »Palácio de Seteais«. Bei der ersten Weggabelung halten wir uns links (nicht den Weg zum Spielplatz wählen) und erreichen wenig später wieder die gepflasterte Calçada da Pena und einen Parkplatz. Vor einem Tor halten wir uns nach rechts (Markierungspfeil in Richtung »Palácio de Seteais«). Wir steigen über Stufen ab und wandern dann auf einem schmalen Pfad parallel zur Calçada da Pena, passieren einen kleinen Wasserfall und kehren wieder zurück auf die Straße, die nun Estrada da Pena heißt und in vielen Kurven von Sintra hier hochführt. Wir folgen ihr nach rechts bergab und gehen drei Kurven aus. Danach zweigen wir nach links auf einen breiten Schotterweg ab. Dieser führt zügig bergab und verläuft schon bald – nun als schmaler Pfad – zwischen zwei Mauern. Dieser Wegabschnitt ist eindrucksvoll, aber auch etwas düster (dichter Wald, Mauern) und trägt den bezeichnenden Namen »Tal der gefallenen Engel«.

Der Weg mündet in einen gepflasterten Weg und dieser in die Rua Barbosa du Bocage (N375; unmittelbar beim Palácio de Seteais, einem prächtigen Barockpalast, heute ein 5-Sterne-Hotel). Wir gehen auf der Rua Barbosa du Bocage nach rechts in Richtung Stadtzentrum von Sintra. Nach rund 100 m beginnt auf der rechten Seite der Straße der Garten und Park der berühmten **Quinta da Regaleira** 5. Dieses Bauwerk ist ein Besuchermagnet und besticht durch seine fantasievolle Architektur und den großen Garten (hinter Mauern gelegen, sodass man von außen kaum etwas sieht). Wir bleiben auf der

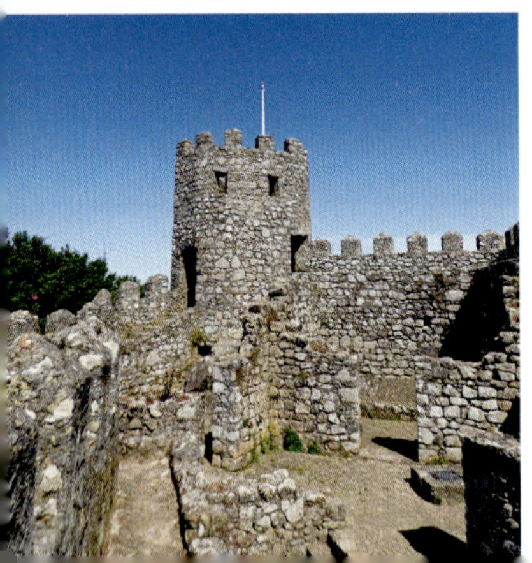

Das Castelo dos Mouros.

Straße in Richtung Sintra, passieren in einer Rechtskurve den Brunnen Fonte dos Pisões und gehen bei der nächsten Straßengabelung links auf der Rua Consiglieri Pedroso weiter, kommen an der Igreja de São Martinho (links) vorbei und erreichen wenig später den Hauptplatz von Sintra und den prächtigen **Palácio Nacional de Sintra** 6 mit seinen markanten Schornsteinen.

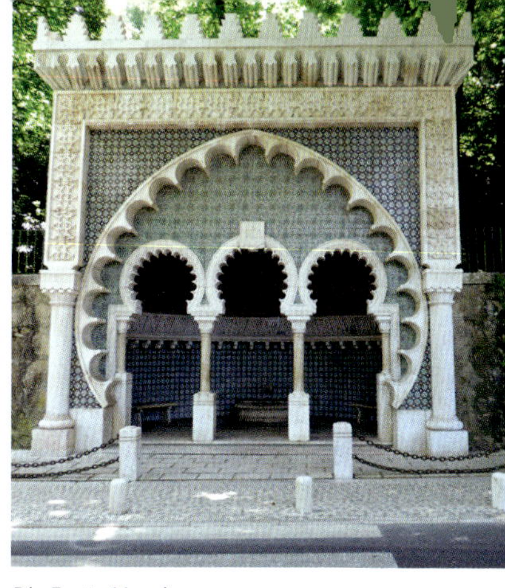

Die Fonte Mourisca.

Von dort gehen wir auf dem Gehsteig neben der breiten Hauptstraße (Volta do Duche) zur Fonte Mourisca aus dem 19. Jh., dem bekanntesten Brunnen von Sintra. Wir folgen weiter der Straße bis zu einer großen Linkskurve. Hier zweigen wir nach rechts ab und gehen durch ein Tor in den Parque da Liberdade (Park der Freiheit oder Stadtpark von Sintra). Wir spazieren auf dem breiten Hauptweg durch den Park, verlassen ihn am oberen Ende durch ein Tor und erreichen eine Straße, der wir nach links folgen. Die Straße trägt im folgenden Wanderabschnitt unterschiedliche Namen, heißt zunächst Rua Visconde de Montserrate, danach Rua Bernardim Ribeiro, Largo Sousa Brandão und schließlich Calçada de São Pedro. Auf dieser Straße wandern wir insgesamt ca. 350 m, bis wir zum Eingang in den Largo do Adro da Igreja kommen. Dort gehen wir nach rechts zur Kirche São Pedro de Penaferrim in **Sintra** 1.

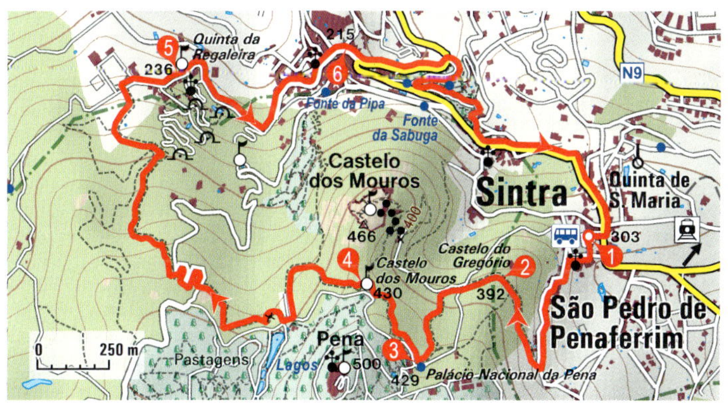

↗ 110 m | ↘ 110 m | 4.9 km

10 Die »Wunder« am Cabo Espichel

1.45 h

Großartige Küstenwanderung nördlich des »unterschätzten Kaps«

Portugal hat eine Reihe von berühmten und viel besuchten Kaps – das Cabo Espichel steht allerdings im Schatten des Cabo da Roca oder des Cabo de São Vicente. Völlig zu Unrecht: Hier finden Besucher und Wanderer nämlich nicht nur eine spektakuläre Felsküste, sondern auch allerlei Legenden, z. B. eine vermeintliche Marienerscheinung, und Überreste aus der sehr weit zurückliegenden Vorgeschichte des Landes, nämlich gut erkennbare Dinosaurierspuren.

Ausgangspunkt: Cabo Espichel, 136 m, Parkplatz an der M529, auf der rechten Seite kurz vor dem Kap und dem Kloster Nossa Senhora do Cabo; Hinweisschild zur Pedra da Mua. Mit Autobus 201 von Sesimbra zum Cabo Espichel (Fahrzeit ca. 30 Min.). Anfahrt mit Pkw ab Sesimbra auf der N378 bis Rua Vasco Santana, dann weiter auf der M529 (Avendia 25 do Avril) bis kurz vor das Kap (ca. 16 km).
Anforderungen: Einfache Rundwanderung auf Erdwegen und Küstenpfaden; keine nennenswerten An- und Abstiege; an der Küste gibt es einige rutschige und schwierige Wegpassagen, die erhöhte Aufmerksamkeit erfordern.
Markierungen: Durchgehend gelb-rot; Wegbezeichnung: »Marvilhas do Cabo« (PR6SSB); an der Küste ist der Weg nicht immer eindeutig markiert und es gibt in diesem Abschnitt einige alternative Wegverläufe.
Einkehr: Café in der Nähe des Ausgangspunktes (beim Santuário Nossa Senhora do Cabo).
Tipp: Die Wallfahrtskirche Santuário Nossa Senhora do Cabo steht an einem Platz, wo der Legende nach 1410 eine Marienerscheinung stattgefunden haben soll. Der vermehrte Zustrom an Pilgern führte dazu, dass zwischen 1701 und 1770 die zentralen Bauten neu und großzügig errichtet wurden und heute einen beachtlichen architektonischen Gebäudekomplex bilden. Die einfache Kirche wird von zwei Flügeln an Gästehäusern flankiert, die eine interessante Perspektive abgeben. Eindrucksvoll ist auch der Aquädukt, an dem die Wanderung entlang führt: Er wurde 1770 zum Zweck der Wasserversorgung der Wallfahrtsstätte errichtet.

Vom Parkplatz kurz vor dem **Cabo Espichel** ❶ und dem Santuário Nossa Senhora do Cabo gehen wir (mit Blickrichtung Meer) nach rechts auf einem breiten Erd-Steinweg bergab. Im Abstieg queren wir einen Taleinschnitt an der Steilküste; von hier führt nach links ein breiter Weg zur Praia dos Langosteiros hinab. Wir gehen jedoch geradeaus weiter und in einer großen Linkskurve in Richtung Steilküste. Dort erreichen wir eine Aussichtsplattform in Richtung Cabo Espichel sowie eine Informationstafel zu Dinosaurierabdrücken in dieser Landschaft. Um Letztere genauer zu sehen, muss man noch ein Stück zu einer weiteren Informationstafel vor der **Pedra da Mua** ❷ absteigen, einer schrägen Felswand mit deutlich erkennbaren Fußspuren dieser prähistorischen Tiere.
Wir kehren zum Hauptweg zurück und folgen diesem nach links an der Küste entlang. Tatsächlich gibt es hier viele verschiedene Pfade und Mar-

kierungen sind nur dürftig vorhanden. Wir bleiben auf dem Hauptweg (parallel zur Küste in Richtung Norden), der allmählich in einen sandigen Pfad übergeht und durch eine Macchienlandschaft führt. Auf diesem Wanderweg steigen wir weit ab und erreichen auf einer Höhe von rund 50 m über Meeresniveau bei einem Taleinschnitt eine felsige Bucht. Zuvor geht es jedoch wieder bergan und über einen Höhenriegel. Danach geht es neuerlich in ein Flusstal (Ribeira da Fonte Nova) bergab. Dieses queren wir (bei starken Niederschlägen kann dies beschwerlich sein) und folgen im Anschluss einem sandigen Pfad. Bei einer deutlich markierten **Wegkreuzung** 3 zweigt unser Wanderweg scharf nach rechts ab in Richtung Landesinneres.

Nun wandern wir auf einem sandigen Pfad (stellenweise tief ausgespült) bergan. Bei einer Weggabelung halten wir uns nach links und der Pfad geht allmählich in einen Karrenweg über. Wir durchqueren einen lichten Seekiefernwald und gehen weiterhin kontinuierlich bergan, inzwischen auf einem breiten Erd-Steinweg. Vor uns (parallel zur Straße verlaufend) liegt ein mächtiges Bauwerk: der Aquädukt aus dem späten 18. Jh., der das Pilgerzentrum um das Santuário Nossa Senhora do Cabo mit Wasser versorgte. Bevor wir die Straße erreichen, zweigen wir nach rechts ab, treffen auf den **Aquädukt** 4 und gelangen an seiner Südseite nach ca. 1 km zurück zum Parkplatz vor dem **Cabo Espichel** 1.

Die Pedra da Mua mit den Dinosaurierabdrücken.

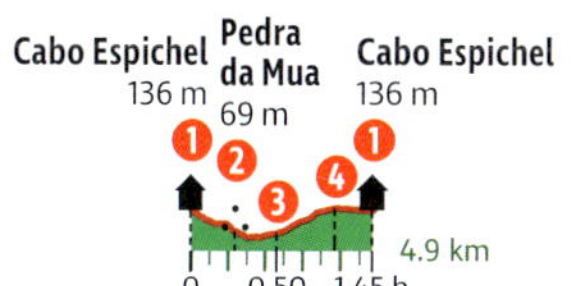

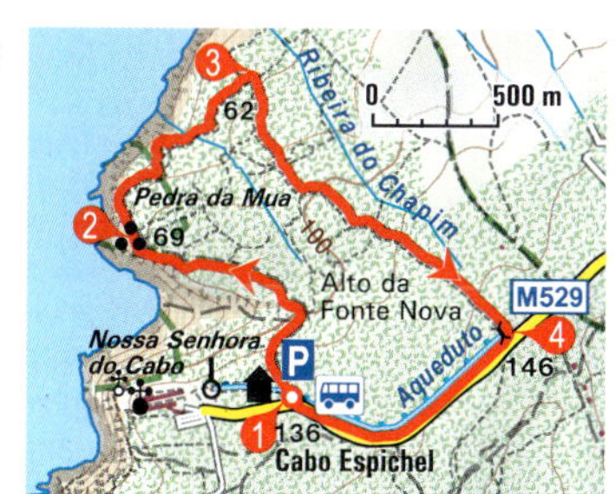

↗ 140 m | ↘ 140 m | 4.0 km

11 Zum verfallenen Forte de São Domingos da Baralha

1.30 h

Der schönste Küstenweg im Parque Natural da Arrábida

Auch wenn diese Tour nur 4 km lang ist, so führt sie doch – im Küstenbereich – durch eine spektakulär schöne Landschaft, sodass dieser Wanderweg zu den schönsten im Arrábida-Naturpark zählt, was jedoch auch der Tatsache geschuldet ist, dass es hier (bisher) kaum Wanderwege gibt. Dieser Teil der Küste trägt übrigens auch den Namen »Chã dos Navegantes« (»der Felsen der Seefahrer«); hier soll eine Kapelle zu Ehren des Senhor Jesus dos Navegantes gestanden haben, zu der Seefahrer vor ihrer Abreise nach Übersee pilgerten. Aus historischen Quellen weiß man, dass in der Zeit von König Pedro II. (1648–1706) hier eine Kapelle dieses Namens errichtet oder restauriert worden war, die 1803 durch ein Feuer zerstört wurde.

Ausgangspunkt: M529 (Avenida 25 do Abril), 146 m, kleiner Parkplatz kurz nach der Siedlung Azóia auf der linken Straßenseite. Mit Autobus 201 von Sesimbra zum Cabo Espichel (Fahrzeit ca. 30 Min.); evtl. Busfahrer um individuellen Ausstieg bitten. Anfahrt mit Pkw ab Sesimbra auf der N378 bis Rua Vasco Santana, dann weiter auf der M529 (Avda. 25 do Avril) bis kurz nach Azóia (ca. 15 km).
Anforderungen: Wegein- und -austieg sind einfach; der Abschnitt an der Küste verläuft auf einem schmalen steinigen Pfad mit einem steilen Ab- und einem kräftigen Anstieg; der Abstieg erfordert eine gewisse Trittsicherheit. Lange Hosen empfehlenswert (Wegabschnitte durch stacheliges Buschland).
Markierungen: Der Weg ist als offizieller Kurzwanderweg »Chã dos Navegantes« (PR1SSB) ausgewiesen und müsste demnach durchgehend gelb-rot markiert sein; doch dürften derzeit beim Wegein- und -ausstieg die Besitzrechte ungeklärt sein, weil die Informationstafel am Wegeinstieg entfernt wurde, und auch Markierungen sind an diesen Stellen nur spärlich vorhanden. Im Küstenbereich ist der Weg gut markiert, teilweise findet man auch aufgemalte rote Pfeile oder rote Punkte als Markierung.
Einkehr: Keine Einkehrmöglichkeit.
Tipp: Der Stadtmarkt von Sesimbra bietet lokales Obst und Gemüse und frischen Fisch. Auch den schmackhaften und weithin bekannten Käse von Azóia kann man dort verkosten und kaufen. Der Spaziergang durch den Markt ist ein kulinarisches und farbenfrohes Erlebnis; er liegt mitten in der Altstadt, nicht weit entfernt von der Forte de Santiago de Sesimbra (Di–So 7–14 Uhr).

Vom kleinen Parkplatz an der **M529** ❶ gehen wir die Straße ca. 100 m in Richtung Cabo Espichel weiter und zweigen bei erster Gelegenheit links in einen breiten Erd-Steinweg ein. Diesem folgen wir zunächst nur leicht bergab in Richtung Küste. Links des Weges stehen einige nie fertiggestellte Neubauten. Allmählich wird der Weg steiler und der Blick in die umgebende Landschaft zunehmend schöner. Bei einer Weggabelung kann man nach links einen Hügel hinaufgehen, um einen guten Ausblick auf die Costa Azul (»blaue Küste«) zu bekommen. Wir wandern auf dem rechten Weg weiter. Der breite Schotterweg wird nach und nach zu einem schmalen

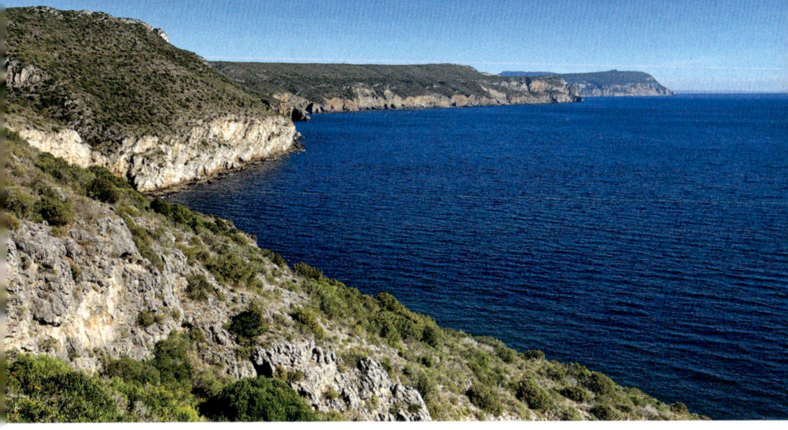

Die Steilküste am Südrand der Serra de Arrábida.

und steinigen Pfad und führt nun sehr steil durch eine Macchienlandschaft bergab. Schon im Abstieg kann man im Steilhang die Überreste der **Forte de São Domingos da Baralha** 2 erkennen. Von der ehemaligen Küstenfestung sind nur noch die Grundmauern übrig. Um diese genauer zu betrachten, muss man vom Pfad über Steinstufen bis zu einer Terrasse absteigen. Der Wanderweg verläuft oberhalb der Ruinen als schmaler und steiniger Pfad am Hang entlang. Auf einer Höhe von ca. 30 m über dem Meer umwandern wir eine imposante Felsformation, die hoch über dem Wanderweg aufragt. Der Pfad mündet in einen breiteren Weg und auf teilweise felsigem Untergrund steigen wir nun zügig bergan. Nachdem wir den Küstenbereich verlassen haben, verläuft der Weg auf Erduntergrund. Nun müssen wir uns an roten Pfeilen und Punkten orientieren, die uns an Ackerrändern entlang bis zur Straße leiten. An dieser gehen wir rund 400 m nach rechts zurück zum Parkplatz an der **M529** 1.

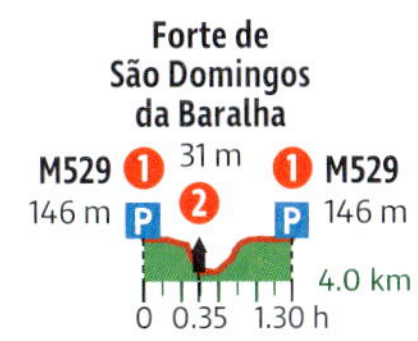

↗ 610 m | ↘ 610 m | 16.3 km

12 Auf den Alto do Formosinho, 501 m

5.45 h

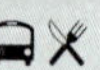

Anspruchsvoller Aufstieg zum höchsten Gipfel der Serra de Arrábida

Die Serra de Arrábida ist ein markanter Hügelzug südlich von Lissabon, der sich über eine Länge von ca. 35 km und eine Breite von rund 6 km in Ost-West-Richtung erstreckt. Seit 1976 umfasst ein Naturpark Teile des Gebirges. Die Region hätte Potenzial für viele Wanderwege, die bisher aber kaum angelegt wurden. Eine Ausnahme bildet der Aufstieg auf den Alto do Formosinho, eine anspruchsvolle Bergwanderung mit einigen sehr steilen Abschnitten, die nur erfahrenen Wanderern zu empfehlen ist.

Ausgangspunkt: Azeitão (Vila Nougeira Azeitão), 108 m, Pelourinho (Pranger) auf der Praça da República. Ab Setúbal Linienbus 4631 (Fahrzeit ca. 20 Min.). Anfahrt mit Pkw ab Setúbal auf der N10 (14 km).
Anforderungen: Der Großteil der Wanderung verläuft auf Dorfstraßen und Erdwegen und birgt keine besonderen Anforderungen; der Auf- und Abstieg auf den Alto do Formosinho ist jedoch schwierig, weil eine felsige Passage (ca. 100 Hm) sowie ein Schotterfeld überwunden werden müssen; hier sind Trittsicherheit und Schwindelfreiheit gefordert sowie eine gewisse Klettererfahrung (Einsatz der Hände notwendig).
Markierungen: Die Tour ist eine Kombination aus zwei markierten Rundwanderungen: »Aldeias de Azeitão« (PR4STB) und »Alto do Formosinho« (PR2STB) und durchgehend gelb-rot markiert.
Einkehr: In Azeitão, in Casais da Serra und im Campingplatz von Picheleiros.
Tipp: Quinta da Bacalhoa in Azeitão, eines der mondänsten Weingüter Portugals. Teile der Gebäude stammen aus dem 15. Jh. und wurden als Sommerresidenz der portugiesischen Königsfamilie verwendet. In den 1930er-Jahren wurde das Anwesen zu einem Weingut ausgebaut und gehört heute der Fundação Berardo. Der Palast der Quinta (überwiegend im Renaissancestil errichtet; dort sieht man übrigens eines der ältesten Azulejos-Bilder des Landes) und der eindrucksvolle Garten sind äußerst sehenswert. Nach Anmeldung kann man auch Weine aus eigener Produktion verkosten. Weitere Information zu den Besuchsmöglichkeiten: bacalhoa.pt.

An der Praça da República (mit markantem Brunnen in Form einer Weintraube) in **Azeitão** ❶ folgen wir auf die Tourismusinformation schauend links der Rua José Augusto Coelho. Wir passieren die Igreja São Lourenço und den Friedhof (rechts), wenig später das berühmte Weingut José Maria da Fonseca (Palast), eine kleine Markthalle sowie das Postamt (alle links der Straße). Nach insgesamt ca. 800 m zweigen wir bei einer Bushaltestelle rechts in die Rua Professor Armando Cyrillo Soares ein und gleich danach neuerlich nach rechts in die Rua de Aldeia Rica. Am Ende der Straße geht es nach links in die Rua Frei Agostinho da Cruz, auf der wir ca. 400 m verbleiben. Unterwegs blicken wir nach rechts (durch einen Zaun) auf die Quinta das Rosas.

Wir queren die Rua Vinha da Sardinha, zweigen nach links in die Rua do Pomarinho ein und folgen dann der Rua de São Marcos. Von dieser geht

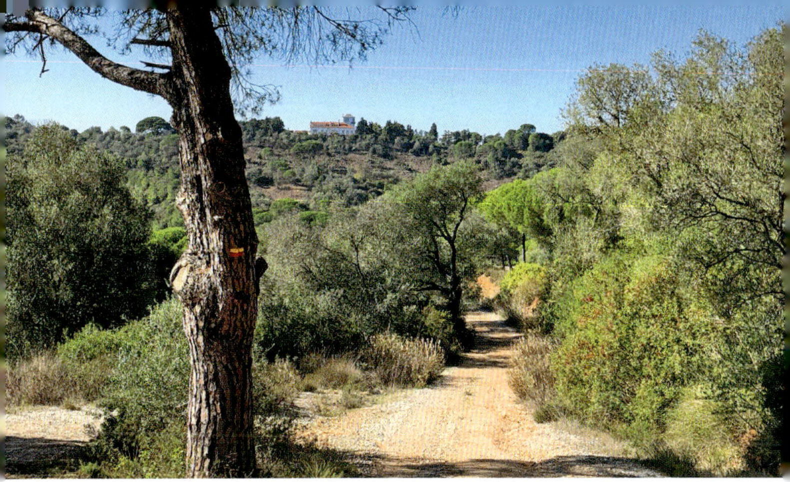

Abstieg bei der Quinta de António.

es nach rechts in die Rua da Igreja und an der Kapelle São Marcos (16. Jh.) vorbei. Die kleine Straße mündet in die Rua Manuel Jorge ein, der wir nach links bis zur quer verlaufenden Rua José Augusto Coelho folgen. Direkt gegenüber sehen wir den bemerkenswerten barocken Brunnen **Fonte de Oleiros** ❷ mit dahinter liegendem Waschhaus. Mit Blick auf den Brunnen gehen wir nach rechts auf der Rua José Augusto Coelho weiter, biegen in die erste Straße links ein und wandern wir auf der schmalen Straße leicht bergan. Rechts des Weges liegt hinter einer Mauer die Quinta de Aldeia, wenig später passieren wir die Quinta da Besuga. Inzwischen sind wir auf einem Schotterweg unterwegs, der links und rechts von Hecken und Zäunen gesäumt wird. Nach rund 3 km (seit Wegbeginn) überqueren wir eine kleine Anhöhe und blicken auf die Serra de Arrábida, die geradeaus vor uns in einiger Entfernung liegt.

Bei der Quinta de António (links des Weges) beginnt der Abstieg. Wir wandern nun auf einem schmäleren Erd-Sandweg, der in einer großen Rechtskurve bergab zur N379-1 gelangt. Unterwegs bildet auf einem Gegenhügel

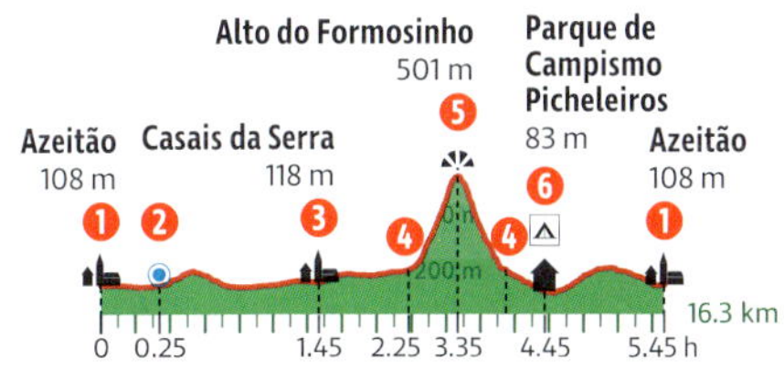

ein imposantes Landgut einen Blickfang. Wir biegen links in die N379-1 ein und verbleiben 2,7 km auf ihr.

Auf halbem Weg passieren wir einen Picknickplatz (links) und eine Jugendherberge (rechts). Danach überqueren wir eine kleine Anhöhe und wandern im Anschluss leicht bergab. Bei der ersten Häusergruppe der Siedlung **Casais da Serra** 3 zweigen wir auf der Höhe des Restaurants Bom Petrisco nach links in die Rua da Serra ein. Diese geht gleich darauf in eine breite Erdstraße über, auf der wir die nächsten rund 2,6 km bleiben. Links und rechts des Weges sieht man Bauernhöfe, nach rechts auch den Höhenrücken der Serra de Arrábida mit dem Alto do Formosinho, unserem Gipfelziel. Nach etwa 1,6 km führt der Wanderweg in einen dichten Wald (mit Urwaldcharakter; Naturpark), rund 1 km weiter kommen wir zu einer **Weggabelung** 4. Die Rua da Serra knickt an dieser Stelle in einer engen Linkskurve in Richtung Azeitão ab.

Wir gehen jedoch geradeaus auf einem schmalen Weg weiter und erreichen bald darauf wieder eine Weggabelung. Hier beginnen wir nach rechts auf einem schmalen Waldpfad den Aufstieg auf den Gipfel des Formosinho. Der erste Abschnitt steigt durch einen dichten Wald zunächst noch mäßig bergan. Nach dem Wald queren wir eine Schutthalde und wandern danach auf einem schmalen Pfad durch niederes Buschwerk zum unteren Rand einer felsigen Halde/flachen Felswand, die wir in der Folge hochsteigen müssen. Dieser Wegabschnitt ist schwierig und erfordert eine gewisse Klettererfahrung (Einsatz der Hände notwendig). Am Ende des Aufstieges queren wir nochmals auf einem schmalen Pfad ein sehr dichtes Buschwerk. Nachdem wir das Unterholz verlassen haben, sehen wir den trigonometrischen Vermessungspunkt aus Beton auf dem **Alto do Formosinho** 5, mit 501 m die höchste Erhebung der Serra de Arrábida. Die Aussicht über das Gebirge und auf die Costa Azul lohnt den mühsamen Aufstieg.

Wir kehren auf demselben Weg zur **Weggabelung** 4 zurück und folgen nun wieder der Rua da Serra, die nach wie vor als breite Erdstraße durch den Wald leicht bergab führt. Nach einer engen Linkskurve verlassen wir den Wald und passieren wenig später den **Parque de Campismo Picheleiros** 6.

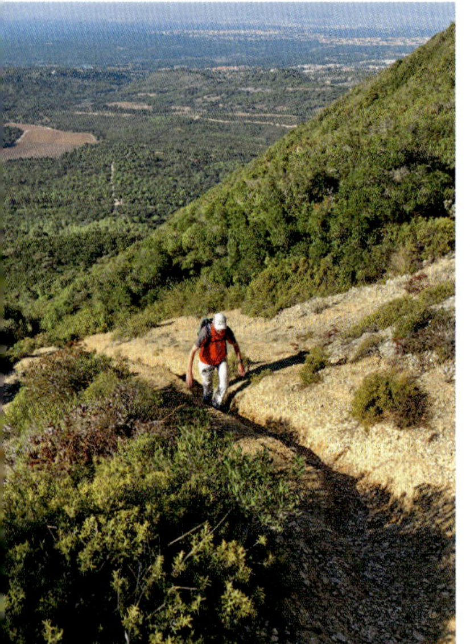

Aufstieg auf den Alto do Formosinho.

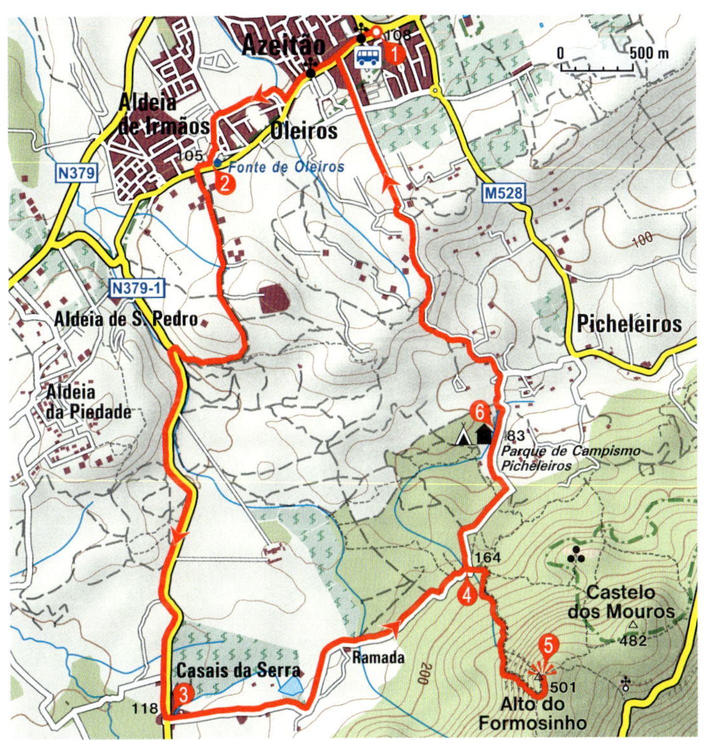

Ab hier gehen wir auf einer Asphaltstraße bis zu einer engen Rechtskurve. In der Kurve wandern wir geradeaus auf einem Erd-Schotterweg weiter (Wegmarkierung), der in der Folge kräftig ansteigt (Aufstieg von ca. 100 Höhenmetern). Von einer Hügelkuppe aus eröffnet sich ein prächtiger Blick zurück auf die Serra de Arrábida. Nach dem Anstieg verläuft der Weg zunächst etwas flacher, links und rechts gibt es mehrere Häuser, kleine Felder und auch Weingärten. Nochmals geht es auf einer breiten Erd-Schotterstraße etwas bergan. Dann rücken in der Ferne Lissabon, der Tejo-Fluss und die Serra de Sintra (nordwestlich von Lissabon) ins Blickfeld und wir beginnen den langen Abstieg in Richtung Azeitão. Bei einer Weggabelung nehmen wir den rechten Weg, inzwischen auf einer Straße wandernd. Diese führt geradeaus bergab in Richtung Azeitão. Zuletzt queren wir die Rua do Fisco, erreichen einige Minuten später wieder die Rua José Augusto Coelho und gehen nach rechts zu unserem Ausgangspunkt in **Azeitão** 1.

↗ 50 m | ↘ 50 m | 4.1 km

13 Poços do Barbarroxa

1.30 h

Die schönste Düne im Reserva Natural das Lagoas de Santo André

Die Lagunen von Santo André und Sancha sind die größten ihrer Art im Alentejo. Im ausgewiesenen Naturreservat sind Vogelarten, die in anderen Teilen des Landes kaum mehr vorkommen, in großer Zahl heimisch, darunter Blesshuhn, Kolbenente, Teichrohrsänger (Symboltier des Naturreservats) und Purpurreiher. Die beste Zeit für Hobbyornithologen sind die Monate von Sommerende bis Herbstbeginn. Auch kurze Wanderwege sind hier angelegt, wobei diese kleine Rundwanderung »Poços do Barbarroxa« eine gute Kombination von Stranderlebnis mit schönen Ausblicken und typischer Küstenvegetation bietet.

Ausgangspunkt: Praia do Monte Velho, 9 m, Parkplatz. Anfahrt mit Pkw ab Santiago do Cacém auf der N261 bis Vila Nova de Santo André und weiter auf der M1085 (ca. 14 km).
Anforderungen: Kurze und einfache Wanderung auf Sandwegen.
Markierungen: Keine aktuelle und »gepflegte« durchgehende Markierung vorhanden, jedoch einige Hinweisschilder.
Einkehr: Keine Einkehrmöglichkeit.
Tipp: Der beste Ort für die Vogelbeobachtungen liegt im Lagunenbereich nördlich des Wanderwegs. Genauere Informationen auf natural.pt unter »Áreas Protegidas» bzw. »Protected Areas«.

Seekiefernwald hinter der Praia das Areiras Brancas.

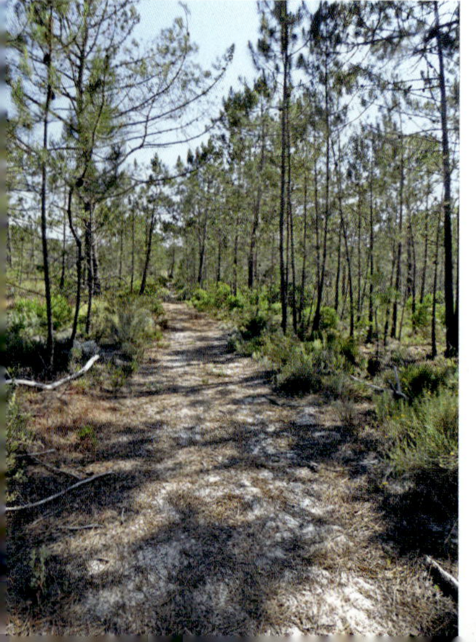

Die bewachsenen Dünen über der Praia das Areiras Brancas.

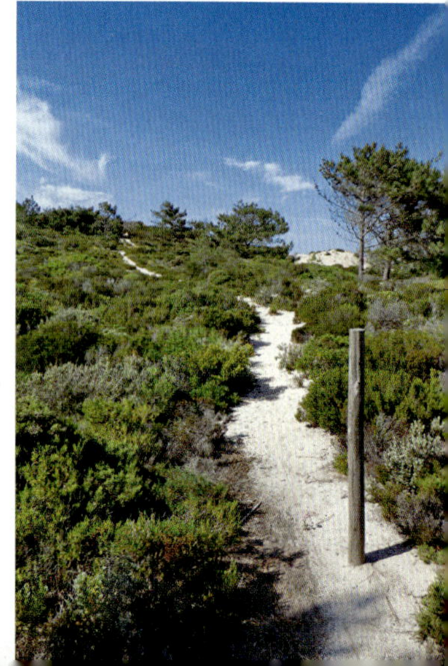

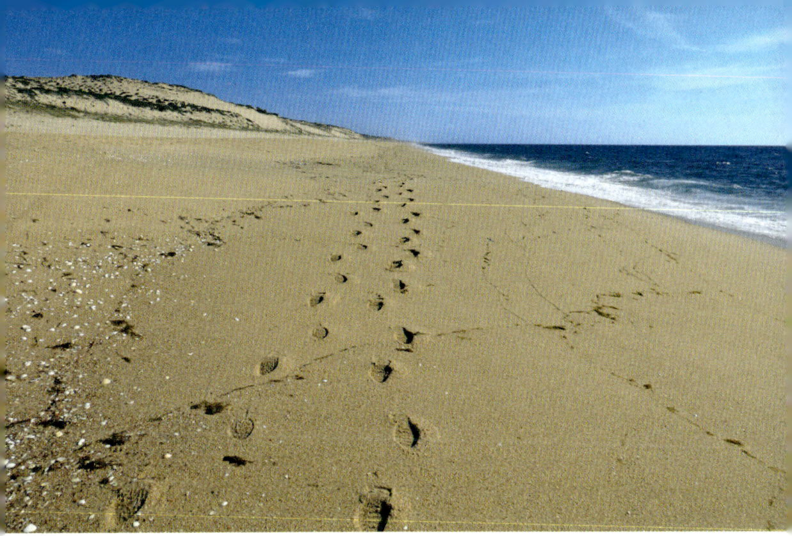

An der Praia do Monte Velho.

Vom Parkplatz bei der **Praia do Monte Velho** ❶ führt ein Holzsteg in Richtung Strand. Wir jedoch folgen dem Sandweg nach links (Blickrichtung Meer), der parallel zur Küste und hinter der Düne verläuft. Dieser führt nach einigen hundert Metern in einen Seekiefernwald. Bei einer Weggabelung nehmen wir den linken Weg und umwandern die Düne landseitig. Nach rund 2 km gabelt sich der Weg erneut. Hier gehen wir nach rechts und wandern die Düne hoch. Holzstöcke zeigen den Wegverlauf an.

Von der **Dünenkante** ❷ bietet sich ein sehr schöner Rundblick über die Düne und den Strand (Praia das Areiras Brancas). Nun geht es weglos in Richtung Küste bergab und dann nach rechts ca. 1,5 km am Strand entlang. Der Startpunkt unserer Wanderung ist durch den Holzsteg zum Strand gut erkennbar. Er bringt uns nach rechts zum Parkplatz bei der **Praia do Monte Velho** ❶.

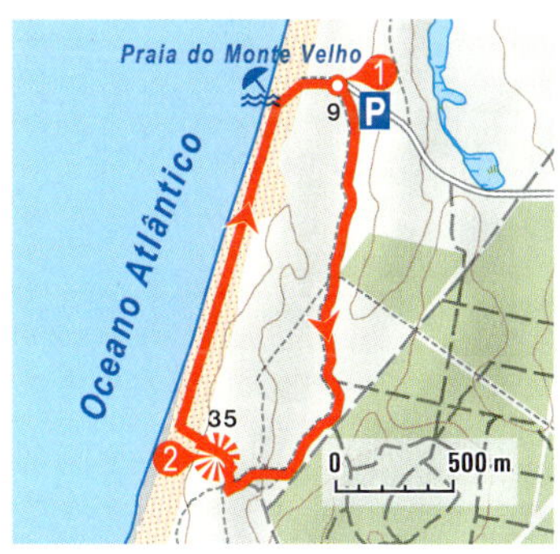

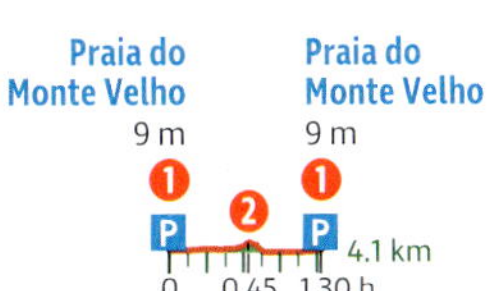

↗ 60 m | ↘ 60 m | 8.2 km

14 Die Dünen von Almograve

2.30 h

Ein Spaziergang durch eine zauberhafte Küstenlandschaft

Diese kurze Rundwanderung kombiniert ideal die Gegensätze an der Costa Vicentina. Einerseits erschließt sie einen der schönsten Abschnitte der Steilküste zwischen Praia do Brejo Largo und Praia do Almograve, andererseits führt sie durch das landwirtschaftlich intensiv genutzte Hinterland der Küste.

Ausgangspunkt: Almograve, 30 m, Café O Lavrador beim Kreisverkehr am Dorfrand. Anfahrt mit Pkw ab Odemira auf der N120 in Richtung Aljezur, nach ca. 1 km auf der N393 in Richtung Vila Nova de Milfontes, nach 19 km auf der CM1123 bis Almograve (knapp 20 km).
Anforderungen: Einfache Wanderung auf breiten Erdwegen sowie an der Küste auf einem sandigen Pfad; Querung eines Bachlaufs am Strand.
Markierungen: Durchgehend gelb-rot; Wegbezeichnung: »Dunas de Almograve« (PR1ODM); der Wegverlauf an der Küste ist zudem Teil des Weiterwanderweges »Trilho dos Pescadores« (dt. Fischerpfad) und grün-blau markiert.
Einkehr: Café, Restaurants und ein Geschäft in Almograve (Dorf und Strand); unterwegs keine Versorgungsmöglichkeit.
Tipp: Vila Nova de Milfontes (knapp 15 km nördlich von Almograve), das schönste Küstenstädtchen des Alentejo an der Costa Vicentina. Das markanteste Bauwerk, die Forte de São Clemente, wurde 1602 auf einer Felsplattform im Mündungsgebiet des Rio Mira zum Schutz des Handels und zur Bekämpfung von Küstenpiraterie errichtet. Um die Mitte des 19. Jh. verlor die Festung ihre militärische Bedeutung und ging in Privatbesitz über. Derzeit kann sie nicht von innen besichtigt werden. Von der Terrasse hat man aber einen wunderschönen Panoramablick auf die Küste und die Flussmündung.

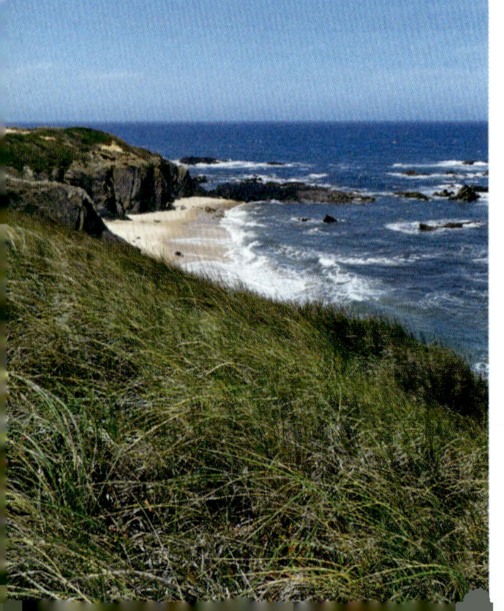

Vom Café O Lavrador beim Kreisverkehr am Dorfrand von **Almograve** ❶ gehen wir an der Rua do Charfariz in Richtung Landesinneres und passieren links der Straße die Jugendherberge (Pousada da Juventude) von Almograve. Nach rund 350 m zweigen wir nach links ab und wandern in der Folge auf einer breiten Erdstraße. Links von uns liegt ein kleiner Bauernhof und gleich darauf erreichen wir einen kleinen Wald (rechts). Nun geht es am Rand des Waldes weiter und danach erreichen wir eine offene

Oberhalb der Praia do Brejo Largo.

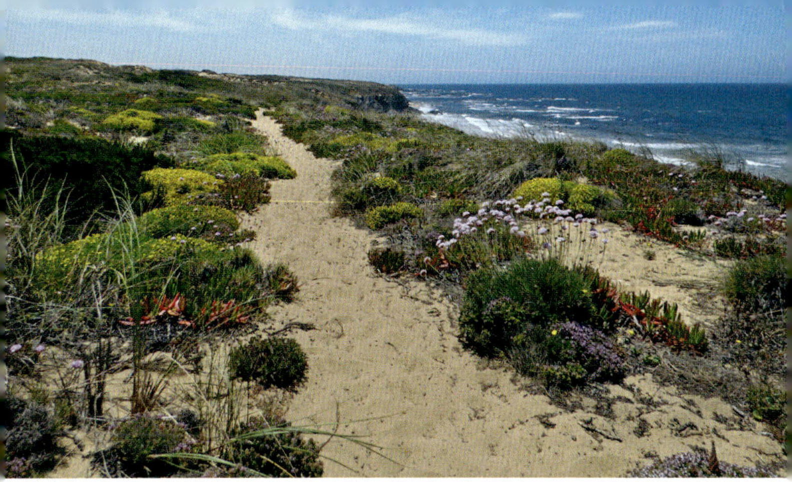

Sandpfad an der Steilküste nördlich von Almograve.

Landschaft von Weiden und Feldern, mit einigen Wasserstellen/Teichen. Wir bleiben auf dieser Erdstraße und ignorieren Abzweigungen nach rechts und links, bis unser Weg in eine weitere Erdstraße einmündet. Hier zweigen wir auf dem markierten Weg nach links ab und gelangen gleich darauf in einer Rechtskurve zu einem Wäldchen.

Unser nun schmälerer Wanderweg schlängelt sich in der Folge durch dieses Gehölz. Die Bäume spenden angenehm Schatten. In den nächsten 20 Minuten treffen wir auf eine Weggabelung und eine Kreuzung, wo wir jeweils auf dem markierten Weg nach rechts (geradeaus) bleiben. Danach erreichen wir eine Wegkreuzung vor einem großen Feld/Wiese. Hier geht es nach links und auf einer breiten Erdstraße zwischen Wald (links) und Feld (rechts) in Richtung Küste. Bevor wir ein Haus erreichen, gehen wir bei einer **Abzweigung 2** links, passieren eine kleine Brücke und wandern nun auf dem grün-blau markierten Weg (Fischerpfad) eine Düne hinauf.

Bald bietet sich uns ein großartiger Ausblick auf die lang gezogene Praia do Brejo Largo. Nach dem eindrucksvollen Strand folgt eine nicht minder bizarre graue Felsküste, in die in der Folge einige kleine Sandbuchten (Praia dos Picos, Praia da Angra do Travesso, Praia da Angra das Melancias) eingebettet sind. Unser Weg verläuft immer entlang der Steilküste, der weiche, sandige Pfad ist dabei etwas beschwerlich zu gehen. Nach rund 45 Minuten nähern wir uns allmählich wieder der Siedlung Almograve, die hinter dem Flusstal des Ouriços liegt. Um den Weg abzuschlie-

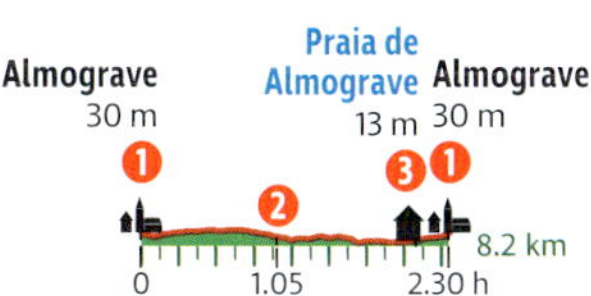

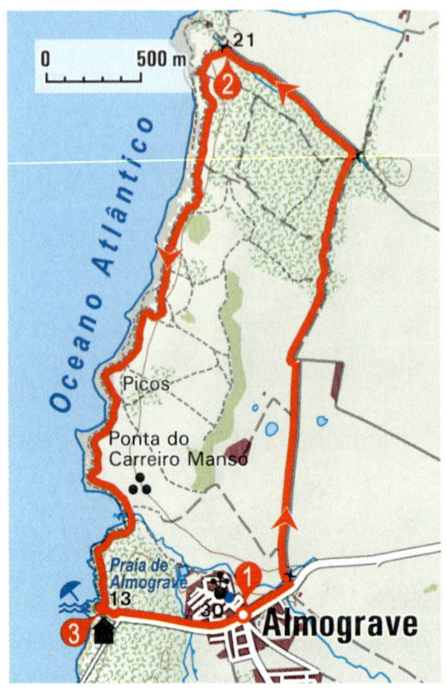

ßen, müssen wir auf einem schmalen und steilen Pfad in die Ribeira absteigen und die Meeresmündung Foz dos Ouriços queren. Bei wenig Wasser ist das problemlos über Sand möglich; bei höherem Wasserstand muss man an dieser Stelle die Wanderschuhe ausziehen und barfuß durch den Wasserlauf waten.

Danach geht es steil bergan und auf dem Sandpfad (stellenweise auf einem Holzstegweg) zum nördlichen Ende der **Praia de Almograve** ❸, die man an einem großen Zeltdach bzw. dem Parkplatz schon von Weitem erkennen kann. Von dort führt ein Holzstegweg parallel zur Straße zurück ins Dorf und geradeaus auf der Hauptstraße zum Ausgangspunkt am Kreisverkehr von **Almograve** ❶.

Die Flussmündung Foz dos Ouriços.

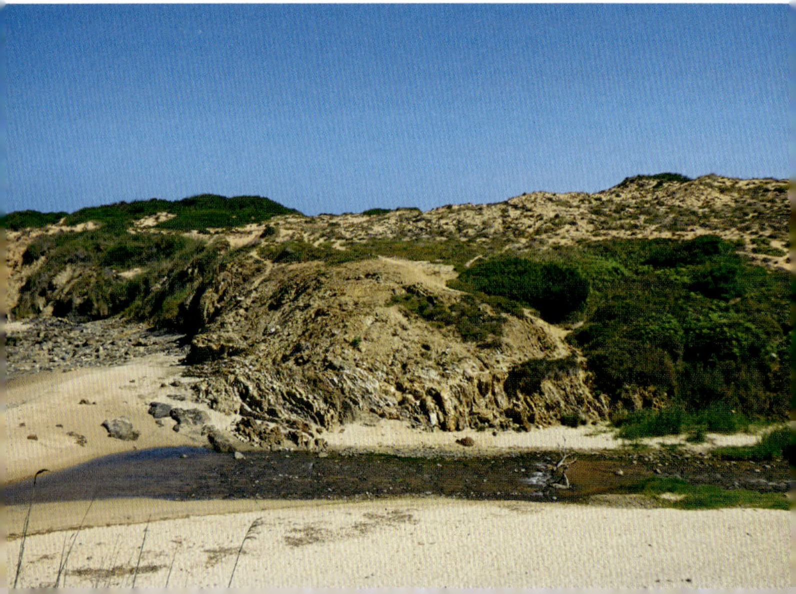

3.30 h

Von Troviscais zum Rio Mira

Ein unentdecktes Paradies am Flusslauf der Mira

Troviscais ist eine winzige Siedlung etwas nordwestlich von Odemira gelegen. Diese Rundwanderung durch die beschauliche Ribeira da Mira hält viele Überraschungen und Höhepunkte parat. Herrlich ist die Pracht an Blütenpflanzen am Wegesrand. Am meisten beeindrucken wird aber die Vogelwelt am Flusslauf. Mit etwas Glück können Wanderer hier unter anderem die in Europa seltenen Löffler erspähen.

Ausgangspunkt: Troviscais, 118 m, Café am Ortseingang. Anfahrt mit Pkw ab Odemira auf der N120 in Richtung Santiago do Cacém, nach ca. 11 km nach links auf der CM100-1 in Richtung Troviscais (15 km).
Anforderungen: Einfache Wanderung auf breiten Erdwegen und schmalen Pfaden.
Markierungen: Durchgehend gelb-rot; Wegbezeichnung: »Troviscais« (PR3ODM).
Einkehr: Café in Troviscais; unterwegs keine Einkehr- und Versorgungsmöglichkeit.
Tipp: In Odemira steht auf einer Anhöhe eine bis heute verwendete alte Windmühle. Sie stammt aus dem Jahr 1874, wurde 1989 von der Gemeinde erworben, restauriert und wird bis heute von der lokalen Bevölkerung als Getreidemühle verwendet. Die Mühle kann von innen besichtigt werden. Nähere Informationen auf turismo.cm-odemira.pt.

Neben dem Café am Ortseingang von **Troviscais** ❶ liegt ein kleiner Picknickplatz mit einer Informationstafel zum Weg. Zunächst wandern wir der Wegmarkierung folgend auf einer breiten Schotterstraße auf eine kleine Häusergruppe zu. Dann geht es zwischen den Häusern durch und im Anschluss auf der Erdstraße weiter, die (für ein kurzes Stück) zwischen Olivenbäumen verläuft und von einer Stromleitung begleitet wird. Neuerlich passieren wir ein Haus am Wegrand (rechts) und wandern leicht bergan auf ein Gebiet mit Korkeichen zu. Bei einem weiteren Haus (links) treffen wir auf eine T-Kreuzung. Hier halten wir uns nach rechts und erreichen bald darauf eine weitere Weggabelung. Wieder gehen wir rechts und zweigen damit in einen schmäleren Pfad ein. Im Anschluss überqueren wir einen Hügel. In der Umgebung sieht man Weiden, Korkeichen und Eukalyptusbäume. Nachdem wir erneut eine Hügelkuppe überquert haben, wandern

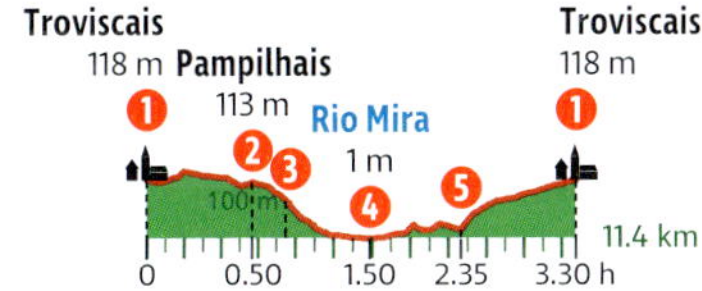

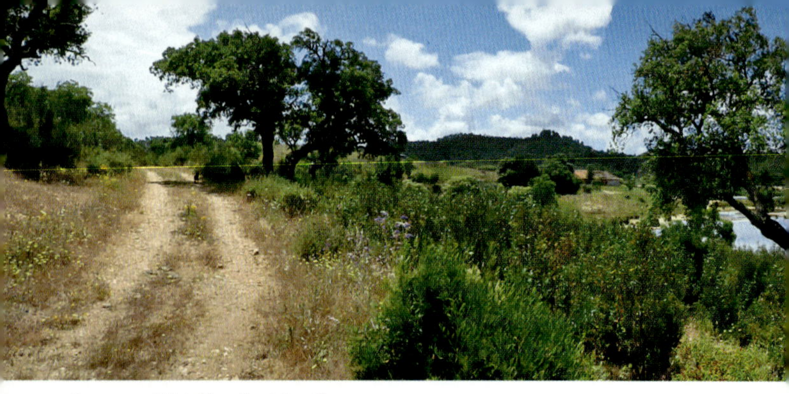

Panoramablick über den Mira-Fluss.

wir in einem lichten Eukalyptuswald etwas bergab bis zu einer T-Kreuzung. Dort halten wir uns nach rechts und gehen am Waldrand bergan zu der Hügelkuppe **Pampilhais** ❷, die einen großartigen Panoramablick ermöglicht. Nach links blicken wir bis nach Odemira, nach rechts sehen wir eine Flussschleife der Mira. In einer Linkskurve lösen wir uns vom Waldrand und gehen noch einmal etwas bergan auf eine weitere Hügelkuppe.

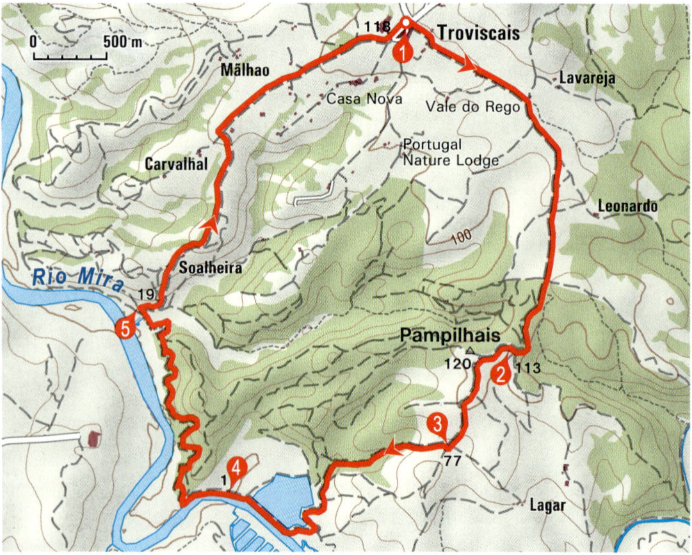

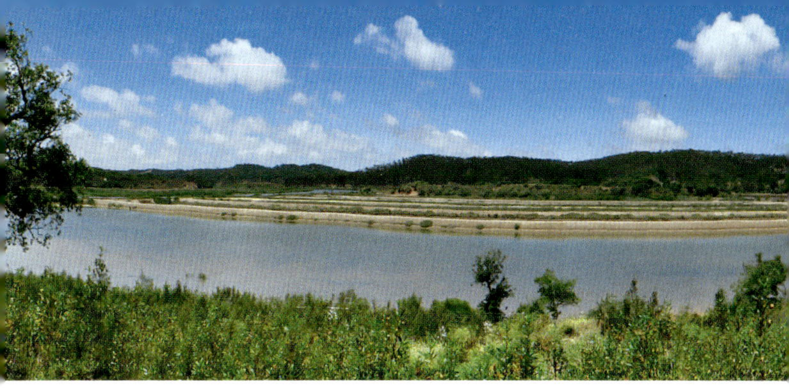

Nun geht es aber konstant bergab und in Richtung Flusstal. Bei einer **Abzweigung** ❸ biegen wir nach scharf rechts ab und folgen nun einem schmalen Feldweg in Richtung Talboden. Zuvor passieren wir einen kleinen Teich (links) und wandern auf ein größeres Gewässer (Überschwemmungsbecken des Flusses) zu. Der Wanderweg schwenkt in der Folge nach links und verläuft auf einem Terrassenweg entlang des Beckens in Richtung Flusslauf. In diesem Abschnitt sind oft Vögel (vor allem Wattvögel) zu beobachten. Bei einer Kreuzung zwischen Staubecken und Fluss halten wir uns nach rechts und gehen auf einem Dammweg zwischen den Gewässern durch. Am Beginn und am Ende dieses Wegabschnitts sind einige Gebäude zu sehen, die aber weitgehend verlassen wirken. Nach dem Dammweg verläuft der abschnittsweise sehr stark verwachsene Pfad am **Rio Mira** ❹ entlang.

Kurz danach kürzen wir eine Schleife des Flusslaufs ab, indem wir bei einem Eukalyptuswäldchen nach rechts abbiegen. Der Wanderweg schlängelt sich im Wald auf einer Terrasse über dem Fluss – mehr oder weniger dem Flusslauf folgend – dahin. Immer wieder bieten sich schöne Ausblicke auf die Mira. Nach rund 30 Minuten kommen wir zu einem Taleinschnitt. In dieses Tal steigen wir nun steil bergab, queren es am linken Rand und bleiben damit noch ein Stück in der Nähe des Flussufers der Mira. Am anderen Talende zweigen wir scharf rechts ab, gehen an einem verlassenen **Haus** ❺ vorbei und danach nach rechts bergan. Laut Wegpfeil sind es ab hier noch 3 km bis zum Ziel.

Wir wandern in der Folge auf einem breiten Erdweg bergan und kommen an einigen weiteren Häusern vorbei (rechts). Bei einer kleinen Häusergruppe biegen wir rechts in eine quer verlaufende Erdstraße. Wir halten uns nach rechts und gehen auf einer etwas breiteren Erdstraße weiter. Auf dieser durchqueren wir in der Folge einen lichten Eukalyptuswald und wandern auf die Häuser von Troviscais zu. Kurz davor erreichen wir die Asphaltstraße und gehen den letzten Hügel bis zum Café in **Troviscais** ❶ hoch.

↗ 120 m | ↘ 120 m | 12.7 km

16 Die Route »Senhor dos Mártires« in Alcácer do Sal

3.30 h

Durch die Flussniederung des Rio Sado

Das Gebiet nördlich von Alcácer do Sal wird durch das beginnende Mündungsgebiet des Rio Sado geprägt. Es ist eine sandige und flache Landschaft, von den oftmaligen Überschwemmungen des Flusses geformt. Die Wanderung führt zu den Reisfeldern nördlich des Barrio de São João, wo man mit Glück eine reichhaltige Vogelwelt (Wasser- und Watvögel) beobachten kann.

Ausgangspunkt: Alcácer do Sal, 14 m, Câmara Municipal (Rathaus) an der Praça Pedro Nunes. Die Kreishauptstadt Alcácer do Sal ist gut an das öffentliche Verkehrsnetz angebunden (Busse, Züge).
Anforderungen: Einfache Rundwanderung auf Dorfstraßen, Schotter- und Erdwegen und auf wenigen Pfaden; kaum An- und Abstiege.
Markierungen: Durchgehend gelb-rot; Wegbezeichnung: »A Rota do Senhor dos Mártires« (PR1ADS); an einigen Stellen gibt es Wegveränderungen (wegen geänderter Besitzverhältnisse).
Einkehr: In Alcácer do Sal und (mit kleinem Umweg) im Bairro de São João.

Tipp: Alcácer do Sal besitzt – auch bedingt durch seine Lage – eine interessante Stadtgeschichte, die weit in die Frühzeit zurückreicht. Diese wird im Museu Municipal Pedro Nunes präsentiert. Das Museum befindet sich in der ehemaligen Igreja do Espírito Santo (mit interessanten Details aus der Manuelinik) und ist benannt nach dem in der Stadt geborenen Pedro Nunes (1502–1578), einem der bekanntesten Mathematiker und Astronomen seiner Zeit, der wichtige Grundlagen für die portugiesischen Seefahrten der frühen Neuzeit lieferte. Nähere Informationen auf www.cm-alcacerdosal.pt unter »Turismo – O que visitar«.

Wir starten an der Praça Pedro Nunes vor der Câmara Municipal von **Alcácer do Sal** ❶. In der Platzmitte steht eine Statue von Pedro Nunes, gegenüber des Flusslaufs liegt das Museu Municipal Pedro Nunes. Wir gehen die Gasse (Rua do Município) rechts des Museums hoch und zweigen in die erste Gasse nach links ab (Travessa do Teatro). Diese führt zu einem kleinen Platz (Largo do Almoxarife) vor dem Theater, den wir schräg queren und so in die Estrada de Santa Lucía nach links einbiegen. Diese verläuft unterhalb des Castelo. Gleich am Platz gabelt sich die Straße und wir gehen rechts in die Rua do Miradouro da Encosta, die bergan allmählich aus der Kreisstadt hinausführt. In einer Linkskurve passieren wir eine Wohnsiedlung und eine

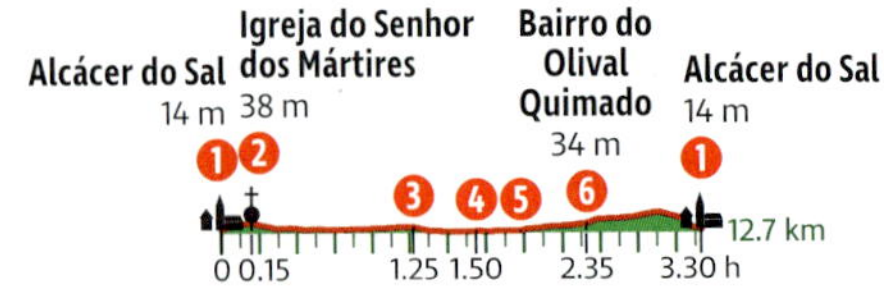

Schule (beide rechts gelegen). Danach erreichen wir einen von Platanen umstandenen Platz mit einem Steinkreuz. Dahinter liegt die **Igreja do Senhor dos Mártires** ❷, ein bemerkenswerter Kirchenkomplex mit Gebäuden aus verschiedenen Stilepochen.

Der Wanderweg führt rechts an der Kirche vorbei, ab hier als Erd-Schotterweg, der von Olivenhainen und Weiden begleitet wird. Rechts sehen wir bald ein Landgut (Monte dos Rolas; hier werden Ferienwohnungen angeboten) und wir wandern auf eine größere Straße (IC1) zu. Bevor wir diese erreichen, knickt der Weg nach rechts und verläuft parallel zur IC1 in Richtung Norden. Wir passieren ein Bauernhaus (rechts) und treffen im spitzen Winkel auf eine schmale Straße. Diese gehen wir nach links und unterqueren so die IC-Straße. Nach der Unterführung geht die Asphaltstraße in einen Schotterweg über, der als Zufahrt für die Streusiedlung (links und rechts der Straße) dient. Auf diesem Schotterweg passieren wir einige Häuser und Gärten und queren eine weitere Straße (Rua dos Ciprestes). Danach geht es auf ein Wäldchen mit Schirmpinien zu und in einer großen Rechtskurve um einige Häuser herum bis zu einer Weggabelung (Y-Gabelung). Hier gehen wir nach links und nach ca. 100 m bei einer weiteren Weggabelung erneut nach links. Auf diesem breiten Erdweg bleiben wir nun weitere ca. 500 m, begleitet von Schirmpinien links und Häusern

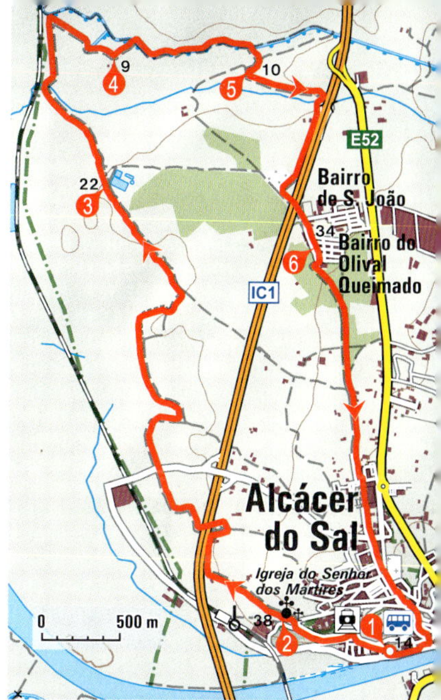

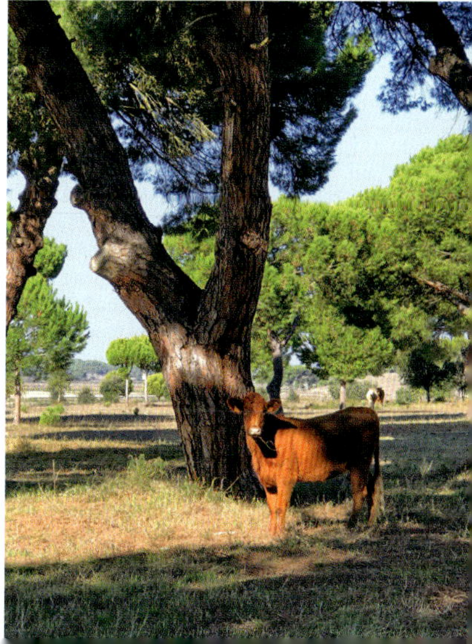

Kuh im Pinienwald nördlich von Alcácer do Sal.

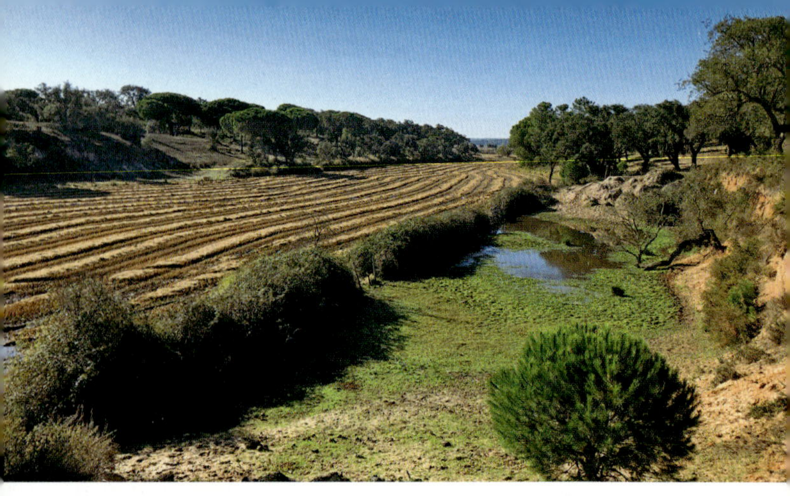

Abgeerntete Reisfelder nördlich von Alcácer do Sal.

rechts. Sobald der Weg eine Rechtskurve beginnt, gehen wir geradeaus auf einem schmalen Pfad weiter (Markierung beachten). Links und rechts liegen nun Weiden. Der Pfad mündet wieder in den breiteren Weg, dem wir nach links folgen. Wenig später treffen wir nach einer Rechtskurve auf einen quer verlaufenden schmalen Pfad. Wir passieren nach links einen Weidezaun (Gatter zum Hochheben) und gehen ohne ersichtlichen Weg, aber mit Markierung über ein weites Weidegebiet, zumeist einem Weidezaun folgend. Die meiste Zeit ist der Wanderweg beschattet durch Schirmpinien und Korkeichen. Wir wandern auf das große Gebäude einer Kläranlage mit **Wasserbecken** ❸ zu.

Danach zweigt ein Weg nach rechts ab, wir gehen jedoch geradeaus entlang eines Zauns weiter und steigen wenig später in einen breiten Sandweg ein. Dieser führt auf einen Schilfgürtel und auf geflutete Reisfelder zu. Links von uns verlaufen Schienen, dahinter sehen wir das Flussgebiet des Rio Sado. Bevor wir die Gleise erreichen, knickt der Weg nach rechts und wir queren auf Holzbrettern (die in einem schlechten Zustand sind) einen Flusslauf (gefluteter Nebenarm des Rio Sado). Zwischen Reisfeldern wandern wir auf einem Dammweg parallel zum Flusslauf. Bevor wir einen künstlich angelegten Kanal erreichen, gehen wir nach rechts zu den Wirtschaftsgebäuden eines **Bauernhofes** ❹. Dort knickt der Weg nach links, führt auf den oben erwähnten Kanal zu und folgt ihm rund 800 m. Danach führt der Weg in einer großen Rechtskurve am östlichen Rand der Reisfelder entlang, passiert einen Wasserkanal und mündet in einer **T-Kreuzung** ❺ in einen breiteren Weg ein. Ursprünglich verlief die Wanderung ab hier nach rechts und danach in einer Linksschlaufe auf einem schmalen

Dammweg zwischen den Reisfeldern. Allerdings hat der lokale Bauer diesen Weg verschlossen.
Daher verläuft der neue Weg (allerdings an dieser Stelle noch nicht markiert) nach links auf der breiten Erdstraße weiter und führt in einer Linkskurve von den Reisfeldern weg. Wir wandern in der Folge am Rand eines Schirmpinienwaldes in Richtung der schon kurz nach Beginn der Tour passierten Straße IC1. Bevor wir diese erreichen, knickt der Weg nach rechts und quert auf einer Brücke einen Wasserkanal. Danach wandern wir auf einer schmalen Asphaltstraße parallel zur IC1. Die schmale Straße geht wieder in einen Erd-Schotterweg über, der leicht nach rechts verlaufend in eine weitere Straße mündet, der wir nach links folgen. Wir queren auf einer Überführung die IC-Straße und treffen jenseits davon auf die Wohnsiedlung **Bairro do Olival Queimado** 6.
Wir passieren die Siedlung am westlichen Rand und durchwandern danach auf einem Sandweg einen lichten Schirmpinienwald. Am Waldrand mündet der Sandweg im spitzen Winkel in einen Schotterfahrweg ein. Auf diesem gelangen wir zu einer Reihenhaussiedlung am nördlichen Stadtrand von Alcácer do Sal. Danach geht es zwischen Sportplätzen und vorbei an Wohnhäusern und einem Sportpavillon in Richtung Altstadt. Wir passieren die Schule Pedro Nunes (rechts des Weges) und gehen durch die Rua da Fonte da Talha in die anschließende Rua Mondina und weiter auf der Rua Encosta do Castelo zum markanten Aussichtspunkt über der Fonte Nova. Von hier genießt man einen schönen Blick auf den Fluss und die Altstadt. Auf der Calçada da Fonte Nova (links das zur Quelle gehörende Waschhaus) steigen wir ab, zweigen dann rechts in die Rua do Forno das Escadinhas ein und folgen der Straße bis zur Kreuzung mit der Rua do Hospital Velho. Hier gehen wir nach links und biegen bei erster Gelegenheit nach rechts in die Rua Rui Salema ein. Diese führt geradewegs zum Ausgangspunkt in **Alcácer do Sal** 1.

Blick auf Alcácer do Sal vom gegenüberliegenden Flussufer des Rio Sado.

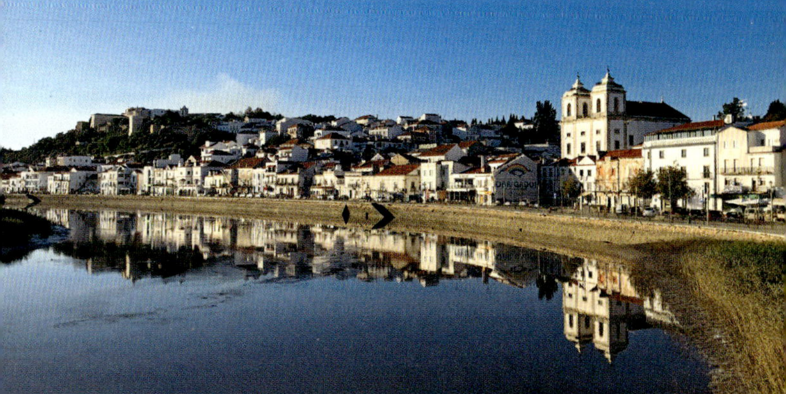

TOP

17

In der Serra da Grândola

↗ 580 m | ↘ 580 m | 21.1 km

6.00 h

Eine der schönsten Montado-Wanderungen Portugals

Die westlich der Kreisstadt Grândola gelegene Serra da Grândola verfügt über eine sehr geschlossene Decke an Kork- und Steineichenwäldern, wie dies in dieser Größe anderswo in Portugal kaum noch anzutreffen ist. So kann man hier ein nahezu intaktes Ökosystem an typischer Tier- und Pflanzenwelt antreffen und über lange Strecken durch Schatten spendende »grüne Kathedralen« in ihrer formvollendeten Pracht wandern.

Ausgangspunkt: Grândola, 109 m, Igreja Matriz an der Praça Marquês de Pombal. Die Kreishauptstadt Grândola hat eine gute Anbindung an das öffentliche Verkehrsnetz (Busse, Zug).
Anforderungen: Lange Wanderung auf Dorfstraßen, Erdwegen und Pfaden, die einiges an Kondition und Durchhaltevermögen erfordert; zahlreiche An- und Abstiege (z. T. auch steil und etwas rutschig), wodurch einiges an Höhenmetern überwunden werden muss.
Markierungen: Durchgehend gelb-rot; Wegbezeichnung: »Rota da Serra« (PR1GDL).
Einkehr: In Grândola, unterwegs keine.
Tipp: Grândola ist in ganz Portugal bekannt für das Lied »Grândola, Vila Morena« von José Alfonso. Das Lied war ein Startsignal für die Nelkenrevolution vom 25. April 1974, die Portugal in die Demokratie zurückführte. Zum Gedenken daran hat die Stadt ein »Memorial do 25 de Abril« errichtet, das Besucher von Grândola in jedem Fall sehen sollten. Auf einer blau-weißen Fliesenwand mit großer Nelke in der Mitte sind Noten und Text des »portugiesischen Freiheitsliedes« abgebildet.

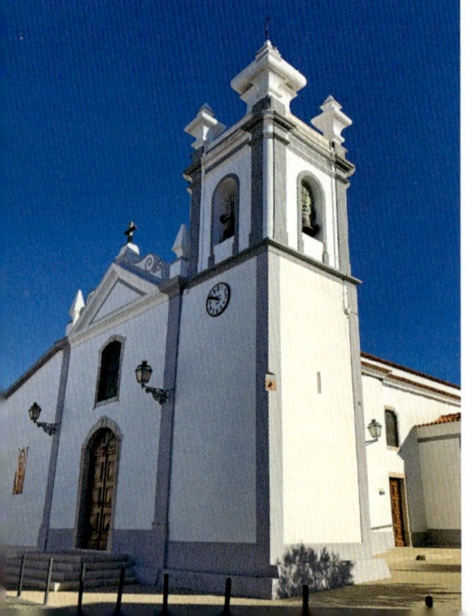

Wir starten in **Grândola** ❶ an der Praça Marquês de Pombal. Mit Blick auf das Kirchenportal der Igreja Matriz de Grândola gehen wir nach rechts und folgen der Rua Luís de Camões. Wir passieren einen kleinen Platz mit Restaurant und Markthalle (links) und biegen in die nächste Straße (Rua Anchieta) nach links ein. Hier steht an der Straßenecke die Igreja de São Pedro, heute ein Museum, früher das Santiago-Ordenshaus. Durch die Rua de Melides (Verlängerung der Rua Anchieta) verlassen wir die Kleinstadt. Der Fahrweg geht in einen gepflasterten Weg über, der in Richtung der gro-

Die Igreja Matriz de Grândola.

ßen Straße (N120 und IC1) verläuft. Vor dieser zweigen wir nach links auf einen Erdweg ab und wandern ca. 500 m parallel zur Straße bis zu einer großen Kreuzung.
Auf dem deutlich erkennbaren Fußgängerübergang (Metallbrücke) queren wir die stark befahrene Straße nach rechts und folgen dann der Wegmarkierung (Wegpfeil) in Richtung »Apaulinha«, womit wir die Rundwanderung gegen den Uhrzeigersinn gehen werden. Wir queren die N120 nach rechts und schwenken auf eine schmale Asphaltstraße ein, die wieder gut 500 m parallel zur N120 und IC1 verläuft. Dann zweigen wir nach links auf einen Erdweg ab (jenseits der Straße unser Weg von vorhin) und wandern nun geradeaus auf der Antigua Estrada de Melides durch einen Olivenhain. Nach rund 900 m queren wir auf einer Brücke einen Flusslauf (zumeist trocken) und erreichen wenig später die Straße **N261-2** ❷.

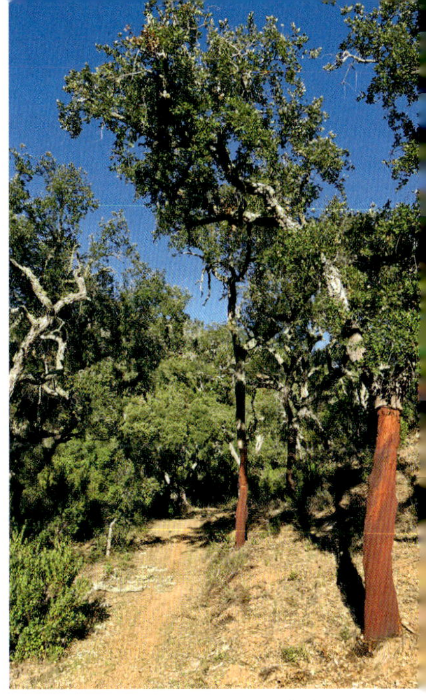

Korkeichenwald in der Serra da Grândola.

An dieser gehen wir rund 100 m nach links, queren die Fahrbahn und biegen im spitzen Winkel nach rechts in einen Erdweg ein (Markierungspfeil). Der Weg wird von Korkeichen hinter einem Zaun (links) und Olivenbäumen (rechts) begleitet und führt leicht bergan. Auch passieren wir einige Eingangstore von Bauernhöfen (gemauerte oder betonierte Portale). Spürbar geht es nun bergan. Nach rund 1,5 km auf dem Erdweg folgen wir bei einer Weggabelung (kurz vor zwei Gebäuden, die unbewohnt scheinen) dem Weg nach links. Wenig später geht es bei einer neuerlichen Weggabelung nach rechts, d. h. eher geradeaus weiter, mit schönem Blick auf zwei kleine Häuser (rechts des Weges). Wir wandern weiterhin bergan und queren einen Höhenrücken, auf dem rechts ein Haus steht.
Bei einer **Quelle** ❸ mit kleinem Wasserbassin geht es im spitzen Winkel nach rechts bergab und in der Nähe eines Feigenbaumes (rechts) queren wir ein kleines Rinnsal. Neuerlich passieren wir ein Wasserbecken (links) und gehen bei der nächsten Weggabelung spitz nach rechts und in der Folge steil bergan zu einem blauen Wassertank (rechts). Auf dem nächsten Kilometer geht es nun zügig bergan. Nach rechts blickt man in Richtung Küste

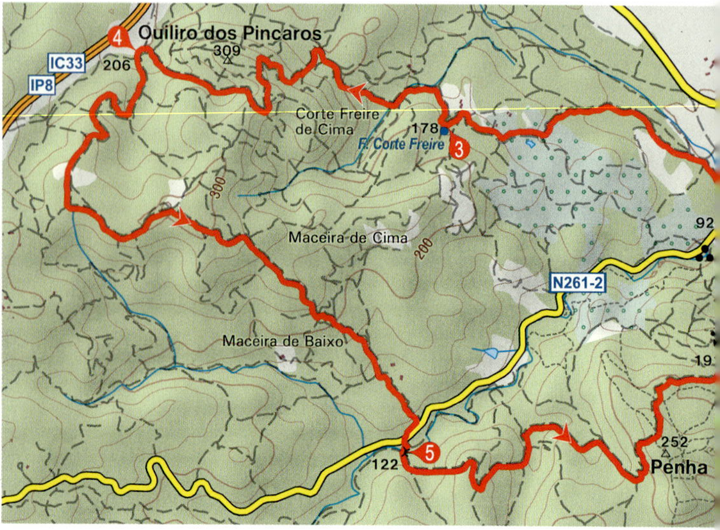

und auf einen größeren Wald von Schirmpinien, während wir auf der Anhöhe einen kleineren Eukalyptuswald queren. Von dieser Anhöhe geht es im spitzen Winkel nach rechts bergab. Bei einer großen **Wegkreuzung** ❹ mit einigen Schirmpinien (nahe der Straße IC33 und IP8) nehmen wir den Weg nach links und wandern wieder zügig bergan. Links des Weges sehen wir einige Hausruinen und erreichen eine Art Hochebene (der höchste Abschnitt der Rundwanderung). Hier finden sich besonders schöne Korkeichenwälder und dazwischen an einigen Stellen Reste verlassener Gebäude.
Nach etwa 1,5 km auf der Hochebene beginnt ein steiler Abstieg auf einem rutschigen Weg. Nach links blicken wir auf ein Haus (noch bewohnt), danach geht es entlang einer Stromleitung auf einer Erd-Schotterstraße kontinuierlich bergab. Wir passieren den Zufahrtsweg zu einem hübschen orange-weißen Haus (links, hinter einem Zaun) und gehen nun auf einer gepflasterten Straße weiterhin bergab bis zur Straße N261-2. Dieser folgen wir ca. 100 m nach rechts, um dann nach links auf einem Erdweg in ein

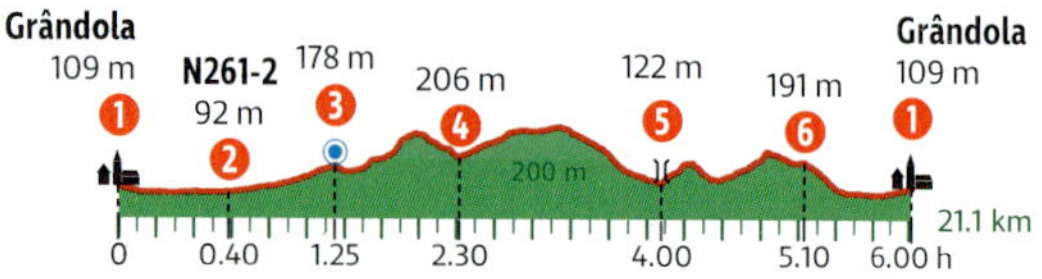

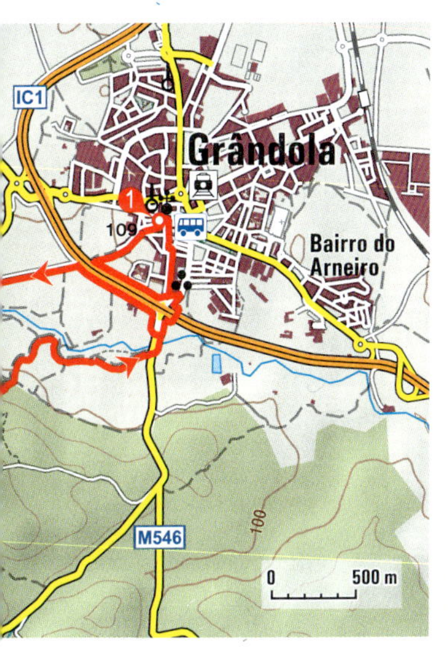

Flusstal abzusteigen. Bevor wir den Flusslauf erreichen, gehen wir nach rechts auf einem schmalen Pfad zu einer kleinen **Holzbrücke** 5 über den Fluss. Danach steigen wir wieder in den breiten Erdweg ein und wandern zügig einen Hügel hoch. Von dort geht es im spitzen Winkel nach links sehr steil bergab. An einer T-Kreuzung treffen wir auf einen als Jakobsweg markierten Wanderweg, dem wir bis in die Nähe der Ermida da Nossa Senhora da Penha de França folgen. Wir gehen nach rechts, wandern auf den nächsten Hügel zu und in der Folge kontinuierlich bergan. Der Untergrund wird kurzzeitig felsig, und wir steigen einen abgeholzten Hang steil bergan. Im Anstieg sehen wir auf einem benachbarten Hügel eine weiße Ka-

Kleines Haus in einem Olivenhain in der Serra da Grândola.

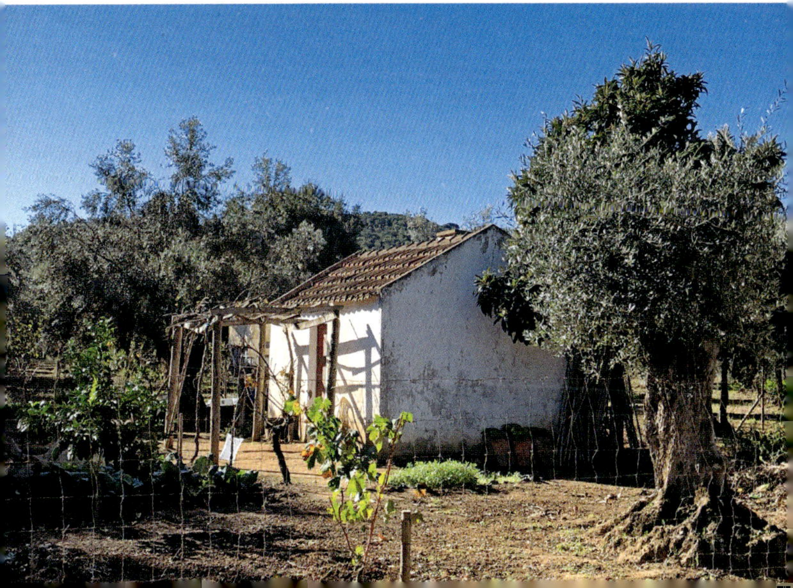

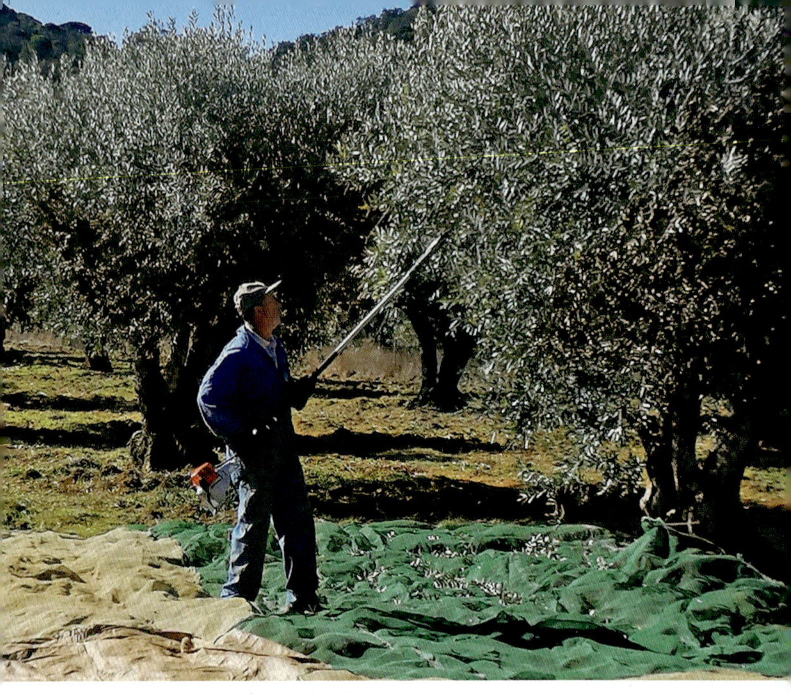

Olivenernte in der Serra da Grândola.

pelle und ein größeres Haus. Auf einem sehr schönen Erd- und Steinweg wandern wir in Richtung dieser Gebäude. Bei der Wegkreuzung bei dem großen **Haus** 6 unterhalb der Kapelle trennt sich unser Rundwanderweg vom Jakobsweg.

Wir queren die Zufahrtsstraße zur Kapelle und gehen bei der folgenden Weggabelung nach rechts und bergab. Bei einer großen Wegkreuzung (mit Markierungspfeilen) gehen wir geradeaus weiter, bei einer darauf folgenden Weggabelung (kurz vor der Ribeira de Grândola) halten wir uns nach rechts und kommen an einigen Bauernhöfen mit Ställen und Weiden vorbei. Der markierte Wanderweg leitet uns in Richtung N120. An dieser gehen wir nach links und queren auf einer Brücke die Ribeira de Grândola. Danach geht es wieder über den bereits bekannten Fußgängerübergang. Im Anschluss gehen wir jedoch auf der Rua das Pontes in den Ort hinauf und kommen dabei am Centro de Saúde (links) vorbei. Am Ende der Straße zweigen wir nach links ab, gleich darauf nehmen wir die erste Straße nach rechts (Rua Vasco da Gama). Diese führt uns geradewegs zurück zum Ausgangspunkt in **Grândola** 1.

↗ 390 m | ↘ 390 m | 19.0 km

5.30 h

Der Wanderweg um Melides

18

Kontraste zwischen einsamen Tälern und »besiedelten Wäldern«

Zwischen Grândola und Melides erstreckt sich die Serra da Grândola (siehe Tour 17), die auch auf dieser Wanderung berührt wird. Der Charakter der Landschaft ist hier jedoch anders: Melides liegt schon am Westabhang der Berge, unweit der Atlantikküste. Der Untergrund ist sandiger und die Vegetation deswegen anders. Viele eindrucksvolle Schirmpinien sind hier zu finden, aber auch ausgedehnte Korkeichenwälder auf Sandböden. Eine kulturell-architektonische Besonderheit gibt es ebenfalls: Die seit Generationen hier gebauten hohen und verzierten Küchenschornsteine weisen auf starken Wind (in Küstennähe) hin.

Ausgangspunkt: Melides, 29 m, nahe der Fonte dos Olhos am westlichen Dorfrand nahe der Straßenkreuzung von N261 und N261-2. Anfahrt mit Pkw ab Grândola auf der N261-2 (ca. 17 km).
Anforderungen: Wanderung auf Dorfstraßen, Erdwegen und Pfaden; die An- und Abstiege verteilen sich gleichmäßig; aufgrund der Länge sind eine gewisse Kondition und Ausdauer gefragt. Im Flusstal ein paar etwas schwierigere Wegabschnitte.
Markierungen: Durchgehend gelb-rot; Wegbezeichnung: »Vereda de Melides« (PR2GDL).
Einkehr: In Melides, unterwegs keine.
Tipp: Auch aufgrund ihrer besonderen Form und Lage ist ein Besuch der Halbinsel Tróia interessant. Die lange und schmale Landzunge ist aus dem Zusammenspiel von Meereswellen und der Mündung des Sado-Flusses entstanden. Der Name Tróia ist seit dem 16. Jh. gebräuchlich und soll wahrscheinlich an das legendäre Tróia der Antike erinnern, wobei jedoch unklar ist, wie es zu dieser Namensgebung gekommen ist. Heute ist die kuriose Halbinsel touristisch stark erschlossen: Es gibt Badestrände, Hotels, Appartements und Golfplätze. Nur kleine Gebiete gehören zur Reserva Natural do Estuário do Sado und stehen unter Naturschutz. Kulturell interessierten Besuchern sind besonders die Ausgrabungsstätten der römischen Stadt Cetorbriga zu empfehlen. Nähere Informationen auftroiaresort.pt/ruinas-romanas-de-troia.

Nahe der Fonte dos Olhos (Quelle mit großem Ausfluss in ein Wasserbecken – »kleine Wasserfälle« – und einem Waschhaus) am Westrand von **Melides** ❶ folgen wir der Rua Ramiro Correia nach rechts und in der Verlängerung der Rua da Fonte, die unterhalb der Kirche (links) verläuft. Die Straße geht über in die Rua de Santo António, von dieser zweigen wir nach rechts in die Rua Dr. Evaristo Sousa Gago ein. Nun geht es leicht bergab und aus dem Dorf hinaus. Auf einer Brücke queren wir die Ribeira de Melides; danach rechts auf eine schmale Straße in Richtung »Vale Figueira«. Nochmals queren wir auf einer Brücke einen Bachlauf und zweigen wenig später nach rechts auf einen Erdweg ab. Nun wandern wir zwischen Schirmpinien und Korkeichen bergan. Bei den nächsten beiden Weggabelungen halten wir

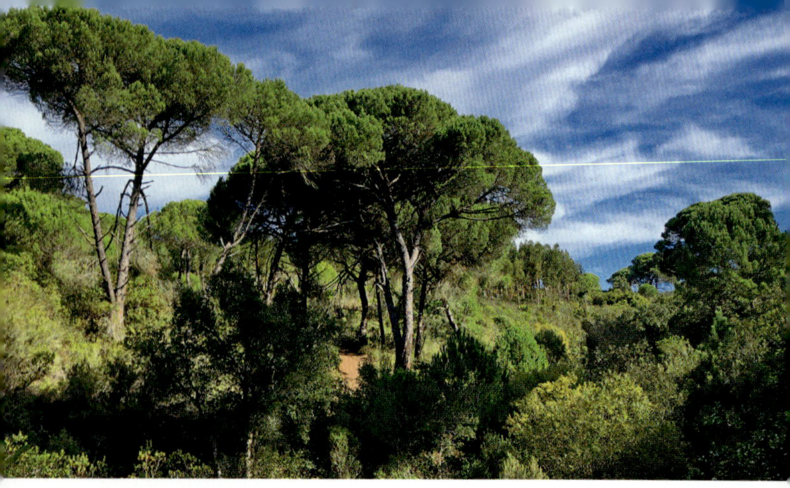

Pinienwald bei Melides.

uns jeweils links. Nach einem stärkeren Anstieg mündet unser Weg bei einer T-Kreuzung in einen breiteren Erd-Schotterweg ein, dem wir nach links folgen. Rechts liegen einige Häuser mit Gärten und wir gehen nun leicht bergan auf eine flache Hügelkuppe zu. Dort stehen eine Antenne und der Turm einer ehemaligen **Windmühle 2**.
Wir gehen auf einem breiten Schotterweg weiter. Er mündet in eine Straße ein, der wir geradeaus, d. h. halb rechts, ca. 100 m folgen. Danach zweigt der markierte Wanderweg nach links auf einen breiten Erd-Schotterweg ab und führt leicht bergab. Bei einer Weggabelung gehen wir nach rechts und passieren zwei Häuser mit Nebengebäuden. Danach geht es auf einem sandigen Weg durch eine Landschaft von Korkeichen, Schirmpinien und Seekiefern immer leicht bergan. Bei einer Weggabelung auf einem Hügel mit Antennenmast gehen wir nach links weiter, unter einer Stromleitung hindurch und über einen sanften Hang durch einen lichten Seekiefernwald hinauf zu einer kleinen **Siedlung 3**.
Am Ende der Siedlung biegen wir im rechten Winkel nach links ab und wandern auf einem breiten Weg in einer großen S-Kurve in ein Tal hinab. Nach der Querung des Flusslaufes (90 % des Jahres ohne Wasser) zweigen wir nach links auf einen schmäleren Erdweg ab. Dieser verläuft entlang des gerade gequerten Flusslaufes und durch ein besonders schönes und von üppiger Vegetation bestandenes Tal. Nach nicht ganz 1 km, kurz nach einem verlassenen und von Büschen und Bäumen überwucherten Haus (links des Weges, nicht leicht erkennbar), zweigt ein schmaler Pfad nach rechts ab. Dieser verläuft an einem Hang durch dichtes, urwaldähnliches Buschwerk. Nach etwa 500 m trifft der Pfad an einer T-Kreuzung auf einen anderen

Pfad, dem wir nach rechts bergan folgen. Dieser mündet in einen diesmal etwas breiteren Weg ein. Nun gehen wir nach links und weiterhin etwas bergan. In der Folge wandern wir neben einem Weidezaun einen Hügel empor und passieren ein Weidetor. Links von uns sieht man Gebäudereste einer ehemaligen Schäfersiedlung (port. Curral). Wir halten uns nach rechts und gehen weiterhin am Weidezaun entlang, zweigen dann aber nach links ab (vom Weidezaun weg) und wandern steil bergab. In einer großen Kurve steigen wir in der Nähe einer Opuntien-Hecke wieder auf, dann passieren wir ein Eukalyptuswäldchen, kreuzen einen etwas breiteren Weg und wandern nach einer Rechtskurve einen schönen Hangweg bergab in Richtung eines Tales. Nachdem wir den Flusslauf (kein Wasser) gequert haben, geht es steil bergan durch ein Zistrosenfeld. Der Wanderweg wird hier breiter und geht von einem Pfad in einen Weg über. Bei einem weißen Haus mit markantem Kaminturm passieren wir ein Weidetor und wandern in Richtung einer Villa bergan. Diese umgehen wir in einer Linkskurve und gelangen zur Hügelspitze, die bezeichnenderweise **Boa Vista** 4 heißt. Hier bietet sich ein prächtiger Rundblick, der bis zur Küste reicht.

Bevor wir die Straße erreichen, biegen wir nach links in einen Erdweg ein, der leicht bergab und im schrägen Winkel auf die Straße zu führt. Wir folgen ihr rund 700 m nach links und passieren dabei die kleine Streusiedlung **Pereirinha** 5. Sobald die Straße eine leichte Linkskurve beginnt, zweigen wir bei einem Briefkastenhäuschen nach rechts auf einen Schotterweg ab. Unser Wanderweg verläuft nun auf der Zufahrtsstraße zu einigen Bauernhöfen, die links und rechts des Weges liegen. Bei einer Weggabelung halten wir uns rechts und wandern danach kontinuierlich bergab in ein Flusstal. Bei einer Weggabelung im Talgrund gehen wir links, bei der nächsten nach rechts und steigen auf in Richtung **Monte do Contudos** 6; der gleichnamige Bauernhof liegt links des Weges. Wenig später treffen wir auf einen breiteren Querweg (Erd-Schotter-Weg, der als Zufahrtsstraße dient). Hier gehen wir nach links und nach rund 300 m zweigen wir kurz vor einer Linkskurve im spitzen Winkel nach links auf einen markierten Pfad ab. Dieser quert einige Hügel in steilen An- und Abstiegen (Vorsicht Rutschgefahr) und nach einem Bachlauf treffen wir auf die **Fonte Primeiro de Maio** 7 mit origineller Schöpfkelle aus Kork.

Der Wanderweg folgt dem Pfad weiterhin bergan und in Richtung einer Häusergruppe. Dort mündet er in einen Weg ein, führt vorbei an einigen

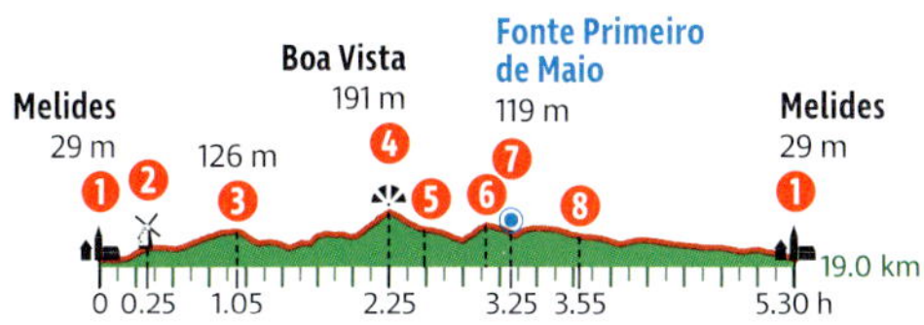

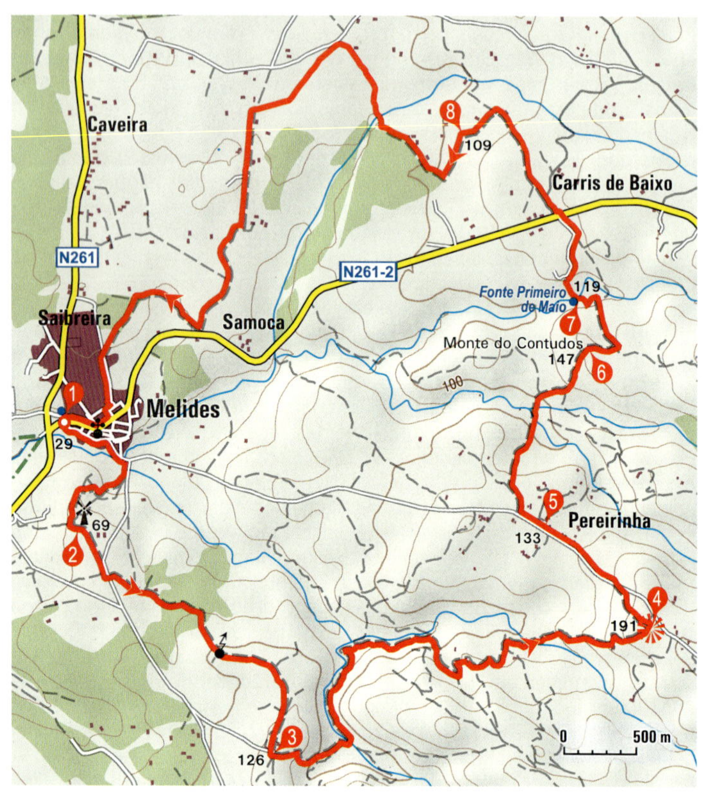

eindrucksvollen Feigenbäumen und trifft in der Folge wieder auf den zuvor verlassenen Erd-Schotter-Fahrweg. Diesem folgen wir nach links und erreichen wenig später in der Streusiedlung Carris de Baixo die Straße N261-2. Wir queren die Straße geradeaus und folgen dem Wegpfeil in Richtung »Queimada«. Bei der ersten Weggabelung gehen wir geradeaus weiter (der Hauptweg macht eine Rechtskurve) und auf ein weißes Haus zu. Nach etwa 800 m auf diesem Erdweg zweigen wir nach links ab. Der Weg wird etwas schmäler und verläuft durch ein locker bebautes Gebiet mit Wäldern und Weiden. Früher lebten hier mehr Menschen, wovon rechts des Weges eine verlassene **Volksschule 8** zeugt.

Danach knickt der Weg nach links ab, passiert eine Schilfhecke und ein weiteres Haus, bevor wir scharf nach rechts abzweigen. Nun wandern wir

durch ein bewaldetes Gebiet (hauptsächlich Korkeichen und Schirmpinien) mit Häusern und Höfen, die verstreut im lichten Wald stehen. Der Untergrund ist sandig und der Wanderweg wird stellenweise ein schmaler Pfad, der auf eine breite Erdstraße trifft. An dieser Stelle war der weitere Wegverlauf zuletzt sehr undeutlich markiert: Wir folgen einem schmalen Sandweg, der halb links von der Erdstraße wegführt. Markierungen sind hier – wahrscheinlich wegen der Korkernte – verschwunden. Wir queren auf diesem schmalen Sandweg wenig später einen breiteren Weg und treffen in der Nähe einer Häusergruppe wieder auf die zuvor verlassene Erdstraße. Diesem breiten Fahrweg folgen wir nun ca. 1,5 km nach links. Bevor dieser in die schon einmal gequerte N261-2 einmündet, zweigen wir nach rechts auf einen schmäleren Sandweg ab, der parallel zur Straße in Richtung Melides führt. Vor einem kleinen Waldstück mit Seekiefern biegen wir nach links ab und wandern auf einem schmalen Pfad an einem Zaun entlang auf die Häuser von Melides zu. Dort folgen wir der Rua 5 de Outubro nach links. Diese mündet in die Rua da República ein; auf dieser nach rechts bis zur Rua Luís de Camões, dann nach links zur N261-2 und an dieser nach rechts durch das Dorfzentrum.
Wir passieren das Café Central und die dahinterliegende Dorfkirche (beide links). Dann geht es nach einer Rechtskurve leicht bergab, wenig später sehen wir schon auf das Wegschild zur Quelle. Wir zweigen nach links ab und wandern auf der Rua Ramiro Correia zurück zum Ausgangspunkt am Westrand von **Melides** ❶.

Ein typisches Haus mit Küchenschornstein bei Boa Vista.

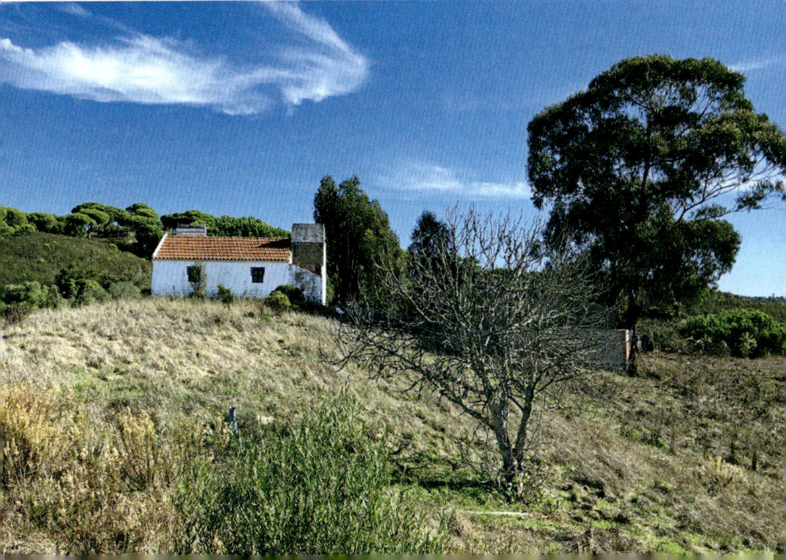

↗ 280 m | ↘ 280 m | 12.8 km

19 Aufstieg zur Senhora das Neves, 277 m

3.30 h

Wunderschöne Montado-Landschaft und großartiger Panoramablick

In diesem Fall stimmt »nomen est omen« gewiss nicht. Die Kapelle der Jungfrau vom Schnee liegt nur auf 277 m und an Schneefall ist hier nicht einmal in besonders kalten Jahren zu denken. Wie auch immer, diese Wanderung liegt in einer besonders dünn besiedelten Region des Alentejo, die daher auch noch viel Ursprünglichkeit an ländlicher Kultur und unbelasteter Natur zu bieten hat.

Ausgangspunkt: Monte da Estrada, 137 m, Café A Seara. Anfahrt mit Pkw ab Odemira auf der N263 und der M532 (ca. 23 km).
Anforderungen: Wanderung auf Dorfstraßen, Erdwegen und Pfaden; einige steile und rutschige An- und Abstiege.
Markierungen: Durchgehend gelbrot; Wegbezeichnung: »Rota da Serra« (PR9ODM).
Einkehr: In Monte da Estrada, unterwegs keine Möglichkeit.
Varianten: Es gibt zwei kürzere Varianten des Weges (7,3 und 10,8 km), die gut markiert sind.
Tipp: In der nahe gelegenen Kreisstadt Odemira befindet sich eine der letzten funktionsfähigen Windmühlen des Landes. Sie stammt aus dem Jahr 1874 und wird von der lokalen Bevölkerung bis heute genutzt, um Mehl zu mahlen. Die Mühle kann von innen besichtigt werden. Adresse: Moinho de Odemira, Rua 5 de Outubro; Auskunft bei der Tourismusinformation und auf der Website: turismo.cm-odemira.pt.

Mit Blick auf das Café A Seara in **Monte da Estrada** ❶ gehen wir auf der Dorfstraße nach links, queren eine Straße (dem grünen Markierungspfeil folgend) und wandern in Richtung Osten aus der kleinen Siedlung hinaus. Rechts des Weges sehen wir eine Ecoturismo-Unterkunft (Figueirinha), nach einigen weiteren Häusern kommen wir zu einer Weggabelung. Hier geht es nach rechts auf einem Erdweg leicht bergan auf eine Art Hochebene mit Feldern und Weiden. Bei einer Weggabelung gehen wir nach rechts und steil bergab. Vor der Häusergruppe Vale Fojo de Baixo zweigen wir links ab und umgehen die Häuser in einer Rechtskurve. Hier beginnt nun die Montado-Landschaft, die wir durch ein schmäleres Tal betreten. Wenig später passieren wir noch einmal

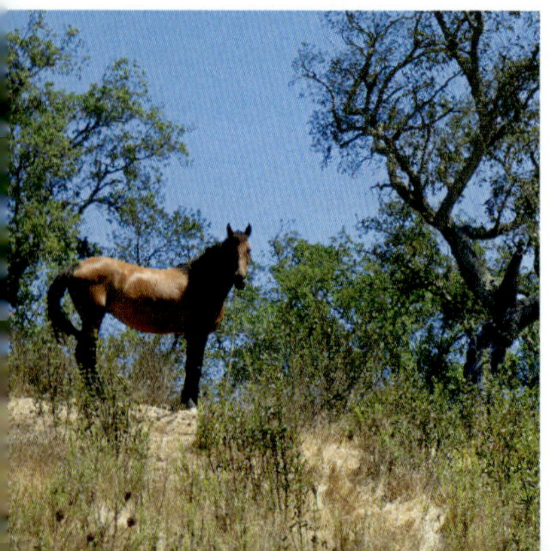

Pferd in der Montado-Landschaft von Monte da Estrada.

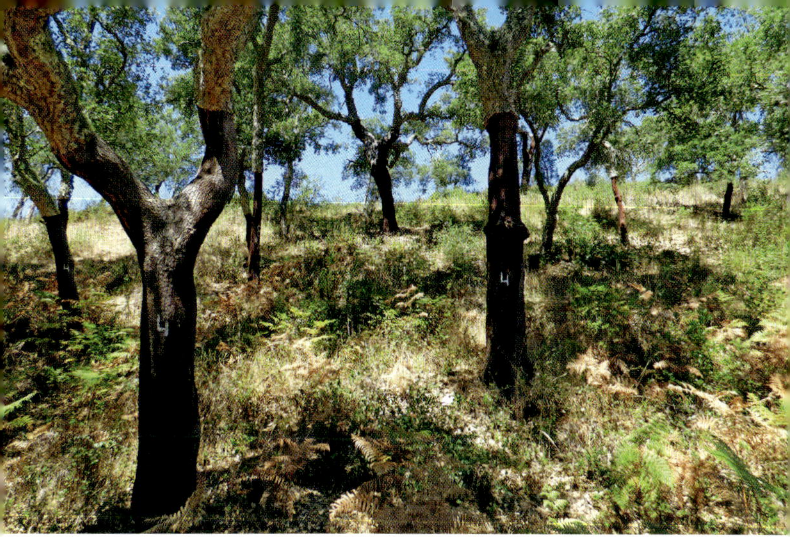

Korkeichenwald bei der Wallfahrtskapelle Senhora das Neves.

ein Haus (links) und wandern im Anschluss etwas bergan. Der Weg wird hier zumeist durch Büsche und Bäume beschattet. Wir queren eine Weide (Weidetor) und kommen in einen dichteren Wald von Eukalyptusbäumen. Danach wandern wir auf einem Hohlweg durch eine Landschaft von Korkeichen kontinuierlich bergan. So erreichen wir eine erste Anhöhe, müssen aber schon bald wieder den nächsten Hang hochsteigen. Dieser Wegabschnitt ist schwierig zu begehen, weil er auf Brandschneisen verläuft und oft auch kein Weg zu erkennen ist. Schließlich erreichen wir den ersten Gipfel und den Aussichtspunkt **Serra da Estrela** **2**, 225 m. Es eröffnet sich ein schöner Rundblick über die hügelige und kaum von Menschen bewohnte Landschaft.

Im Anschluss geht es wieder auf einer Brandschneise steil und direkt bergab. Unser Wanderweg trifft auf einen querverlaufenden Weg. Nach links zweigt die erste kürzere Variante ab. Wir jedoch gehen nach rechts bergab. Es folgt eine sehr enge Rechtskurve, rund 300 m später erreichen wir im Talgrund eine Weggabelung. Hier leitet uns die Markierung nach links weiter und nun wieder leicht bergan (auf dem nächsten Kilometer überwinden wir rund 60 Höhenmeter) bis zu einer Anhöhe. Danach geht es bergab, durch einen Taleinschnitt und geradeaus über eine Wegkreuzung bis zu einer nächsten **Weggabelung** **3** hinauf. Hier zweigt nach links die zweite Variante ab.

Wir jedoch gehen geradeaus auf einem schmalen Pfad weiter und überqueren einen weiteren Hügel mit einem schönen Korkeichenbestand, stei-

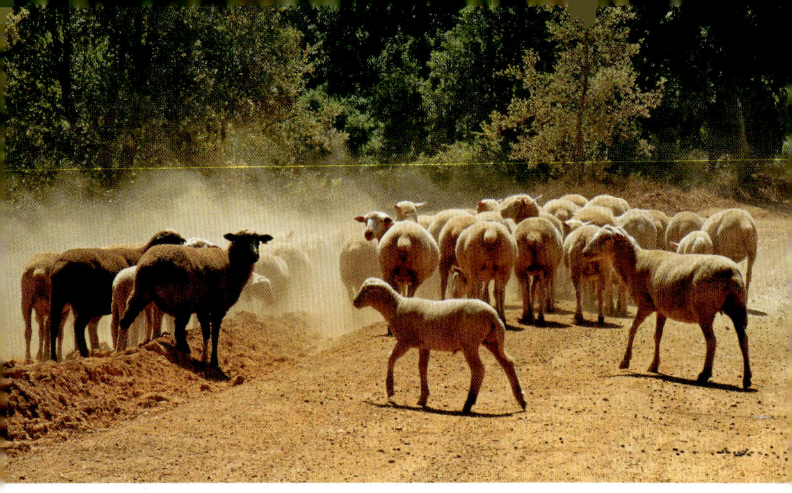

Eine Schafherde am Wegesrand.

gen dann etwas bergab und auf den nächsten Hügel auf, der mit 277 m der höchste Gipfel (trigonometrischer Vermessungspunkt) in der Region ist und **Senhora das Neves** ❹ heißt.

Danach steigen wir ab und auf den etwas tiefer gelegenen Nachbarhügel wieder auf. Hier befinden sich die Kapelle Nossa Senhora das Neves und daneben im Schatten von Bäumen ein Picknickplatz, beides in schöner und aussichtsreicher Umgebung. Wir steigen auf der unbefestigten Zufahrtsstraße steil bergab, passieren im Abstieg eine kuriose Engelsfigur und queren in der Ebene ein kleines Flusstal (Barranco dos Vales). Die Erdstraße mündet an einer T-Kreuzung in eine weitere Erdstraße, der wir nach links folgen und erneut das Flusstal queren. Nach links sieht man weiterhin auf die Kapelle am Hügel. Der Wanderweg führt gemächlich bergab, an manchen Stellen von einer Lehmmauer begleitet. Dann geht es zwischen zwei Hügeln etwas bergan. Rechts des Weges steht ein weißes **Haus** ❺, von links mündet Kurzvariante 2 in unseren Wanderweg ein.

Danach geht es noch einmal etwas bergan und über einen längeren Abschnitt ohne Schatten bergab. Gut 1 km nach dem letzten Gebäude liegt rechts des Weges die Häusergruppe Figueirinha, eine Ferienunterkunft für Ökotourismus. In weiten Kurven geht es danach bergab, vorbei an einigen verlassenen Häusern und über ein Viehgatter (Weidegebiet). Bei einer **Wegkreuzung** ❻ etwa 500 m nach Figueirinha mündet von links Kurzvariante 1 in unseren Wanderweg ein. Wir gehen geradeaus noch immer auf Weidegebiet weiter und passieren neuerlich ein Viehgatter. Gleich danach zweigen wir auf einen schmalen Pfad nach links ab, der uns zu einem **Brunnen** ❼ führt. Auf einem Stein daneben ist ein Fliesenbild mit Gedicht angebracht, das sich auf den Brunnen bezieht. Vom Pfad am Brunnen gehen wir im Anschluss wieder auf die Erdstraße zu. Bei der folgenden Wegkreuzung nehmen wir den rechten Weg und passieren etwas später ein kleines weißen Haus (rechts des Weges) an einer Weggabelung. Hier gehen wir nach links und sehen schon bald die ersten Häuser von Monte da Estrada. Bei der nächsten Straßenkreuzung gehen wir nach rechts zum Café A Seara in **Monte da Estrada 1**.

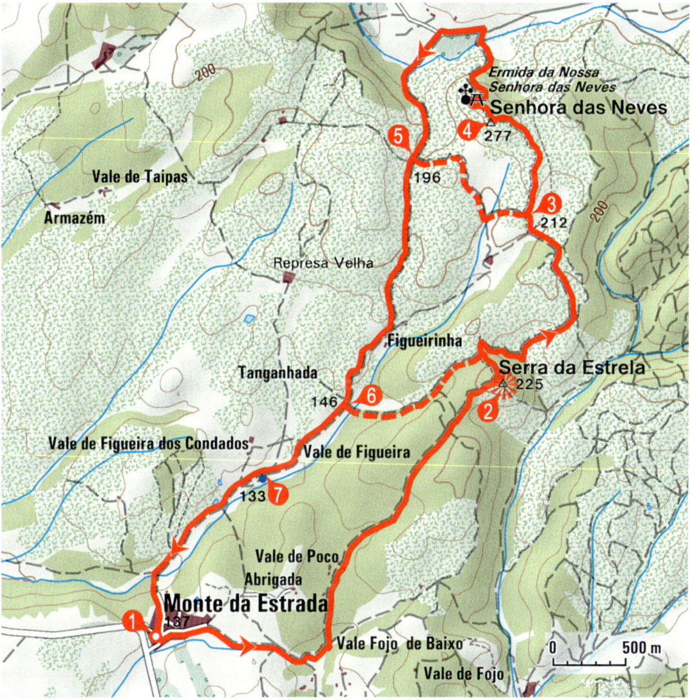

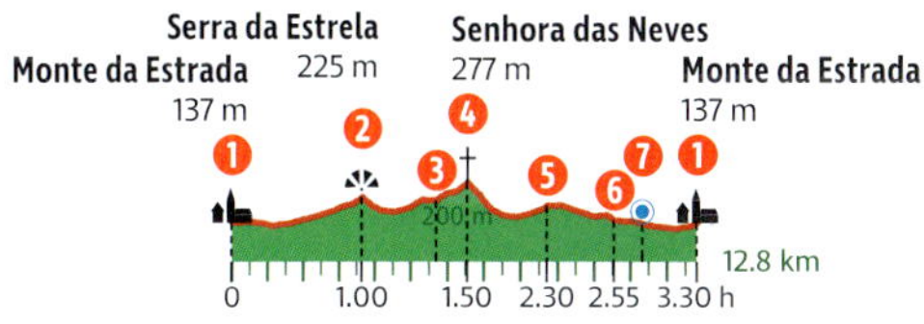

↗ 270 m | ↘ 270 m | 10.0 km

20 Zum Barragem de Santa Clara

3.00 h

Eine Rundwanderung zwischen Tradition und Moderne

Der Barragem de Santa Clara zählt zu den größten Stauseen im Alentejo. Der hier aufgestaute Mira-Fluss bedeckt eine Fläche von fast 20 km² und fasst nahezu 500 Mio. km³ Wasser, das in erster Linie für die Bewässerung in der Landwirtschaft genutzt wird. Bei der Fertigstellung 1968 wurde hier eine hügelige, nahezu menschenleere Landschaft überflutet. Der Stausee liegt unweit der kleinen Siedlung Santa Clara-a-Velha, die sehr viel Charme und Charakter eines kleinen Alentejo-Dorfes bewahren konnte. Dennoch ist der Kontrast zwischen traditionellem ländlichen Leben und technischem Fortschritt durch gigantomane Projekte deutlich zu spüren.

Ausgangspunkt: Santa Clara-a-Velha, 53 m, Tourismusinformation. Anfahrt mit Pkw ab Odemira auf der N263, N123 und N266 (31 km).
Anforderungen: Wanderung auf Dorfstraßen, Erdwegen und Pfaden mit einigen An- und Abstiegen, aber ohne größere Herausforderungen.
Markierungen: Durchgehend gelb-rot; Wegbezeichnung: »Barragem de Santa Clara« (PR4ODM).

Einkehr: Mit kleinem Umweg im Hotel Santa Clara (ab der Staumauer hin und zurück knapp 1,5 km).
Tipp: Der große Stausee bietet ein reichhaltiges Freizeitangebot (siehe Praia Fluvial de Santa Clara). Daneben gibt es auch Angebote für Bootstouren für unterschiedliche Geschmäcker: Kayak, Fischen und genussvolle Kreuzfahrten für Gruppen und Familien. Informationen auf basscatchinsantaclara.com.

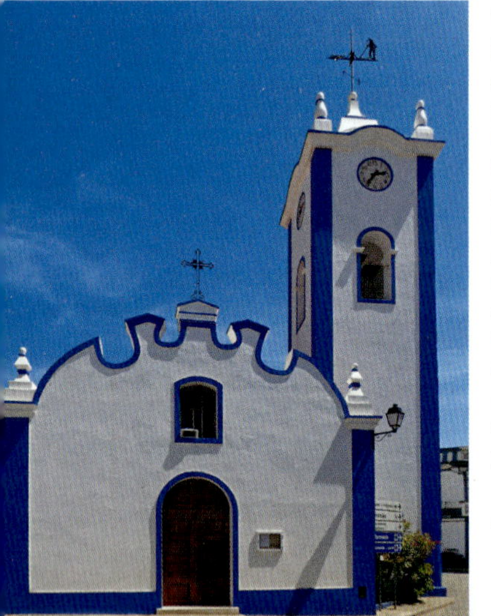

Von der Tourismusinformation in **Santa Clara-a-Velha** ❶ gehen wir auf der Straße Alameda da Índia in Richtung Kirche und an dieser rechts vorbei (Praça Dr. Oliveira Salazar). Danach geht es nach rechts in die Rua de Goa und in deren Verlängerung auf der Avenida Amaro de Costa in Richtung Ufer des Mira-Flusses. Wir passieren auf dieser Straße den Friedhof und den Fußballplatz (beide links des Weges) und gehen allmählich aus dem Dorf hinaus. Bei den letzten Häusern wird aus der Dorfstraße ein Erd-Sandweg. Wir bleiben in der Folge

Die Dorfkirche von Santa Clara-a-Velha.

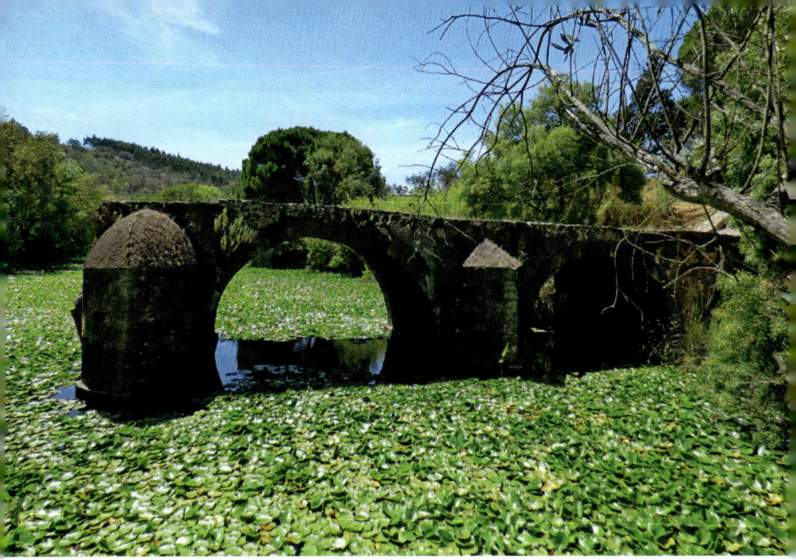

Die Ponte de D. Maria über den Rio Mira.

immer auf dem Weg links des Flusses und ignorieren alle Abzweigungen. Nach insgesamt 1 km erreichen wir die **Ponte de D. Maria** ❷, die Überreste einer alten römischen Brücke über den Rio Mira, die aus dem späten 2. Jh. n. Chr. stammen soll.
Danach wandern wir weitere rund 3 km auf einem breiten Erd-Schotterweg immer parallel zum Flusslauf. Dabei passieren wir Felder, Gärten, Weiden und Buschland. Allmählich verengt sich das Flusstal etwas und wir blicken

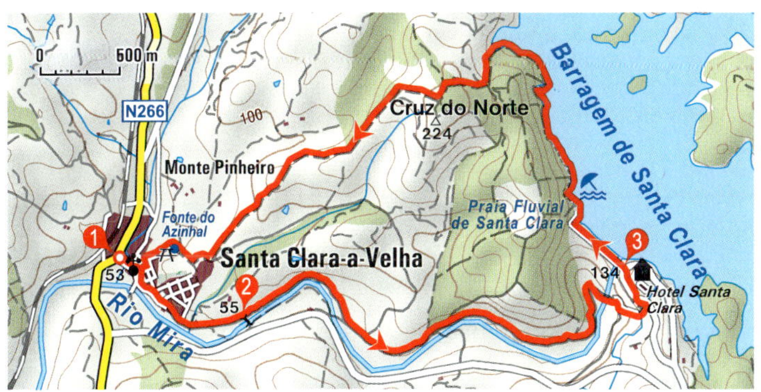

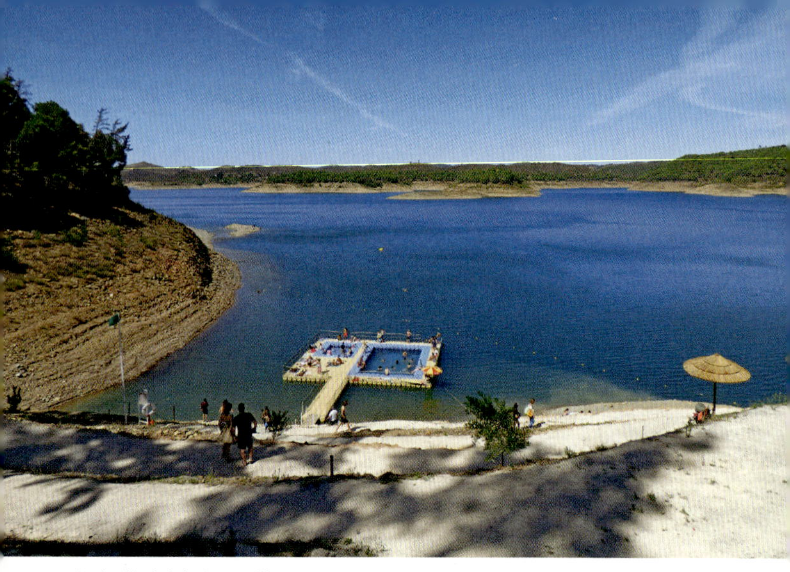

Praia Fluvial de Santa Clara.

hoch zu einem großen weißen Gebäude am Hügel (Hotel Santa Clara), das in etwa auf der Höhe der Staumauer liegt. Diese erreichen wir an der rechten Unterkante, in der Nähe des bescheidenen Ausflusses des Mira-Flusses aus dem Stausee. Der markierte Weg führt in einer großen Rechtskurve am Hang entlang, quert den Mira-Ausfluss, verläuft bis zu einem Picknickplatz (rechts des Weges) kurz durch einen Wald und mündet dann in einen betonierten Weg, dem wir nach links und in einer großen Rechtskurve bis zu einem Kanalausfluss folgen. Dann geht es ein kurzes Stück nach links in den Wald hoch, wo unser Weg in eine Straße einmündet, der wir nach links bis zur Staumauer des **Barragem de Santa Clara** ❸ folgen. Von hier blicken wir auf den großen Stausee mit zahlreichen Buchten. Rechts sehen wir das Hotel Santa Clara in prächtiger Lage; eine Steinsäule (halb rechts vor uns) erinnert an die Errichtung der Staumauer.

Wir gehen nach links über die knapp 500 m lange Staumauer. Danach liegt rechts der Parkplatz der Praia Fluvial de Santa Clara, einer Badeplattform im Stausee. Der Wanderweg verläuft in der Folge rund 1,5 km am Westufer des Stausees entlang, anfangs als schmaler Sandpfad, später als breiterer Terrassenweg hoch über dem See und am Rand eines Eukalyptuswaldes. Vor einer kleinen Bucht dreht der Weg nach Westen und steigt steil bergan zu einer Wegkreuzung mit einer großen blau-weißen Tafel. Unser Wanderweg führt geradeaus (halb rechts) weiter, ab nun leicht bergan und weiterhin durch Eukalyptuswald. Bei der nächsten Wegkreuzung zweigen

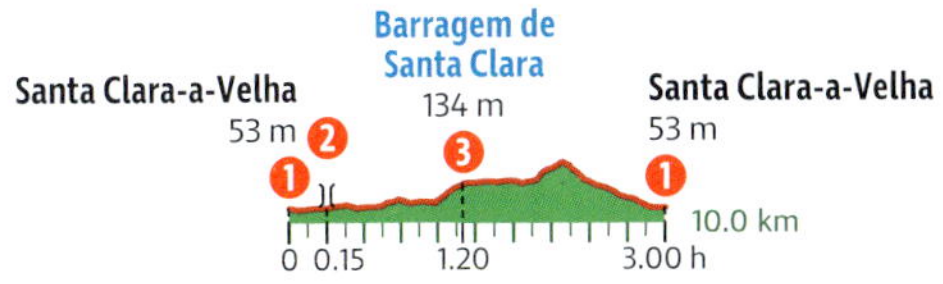

wir nach links und etwas später nach rechts ab (beide Male gut markiert). Danach geht es leicht bergab am Waldrand entlang. Einen Hügel mit Korkeichen umwandern wir nach rechts und genießen in der Folge einen weiten Rundblick durch die typische Hügellandschaft des südlichen Alentejo. In der Ferne sehen wir die Silhouette des Dorfes Santa Clara-a-Velha mit dem markanten Kirchturm. Vor einem Bauernhaus (am nordöstlichen Ortsrand) mündet unser Weg in einen breiteren Querweg ein, auf dem wir nach rechts in einem Bogen den Bauernhof umwandern.

An der folgenden T-Kreuzung zweigen wir erneut rechts ab und umgehen ein großes Feld. Rechts des Weges liegt bei der gefassten Quelle Fonte do Azinhal ein Picknickplatz. Gleich danach beginnt die Wohnstraße Rua Manuel de Almeida Beatriz. In der nächsten Gasse (nach der Schule) zweigen wir nach links in die Rua da Escola ein; von dieser biegen wir bei der ersten Gelegenheit nach links in die Rua Luís da Cruz dos Santos ein und gehen zur Dorfkirche und weiter zurück zur Tourismusinformation von **Santa Clara-a-Velha** 1.

Abstieg vom Barragem de Santa Clara am Rand eines Eukalyptuswaldes.

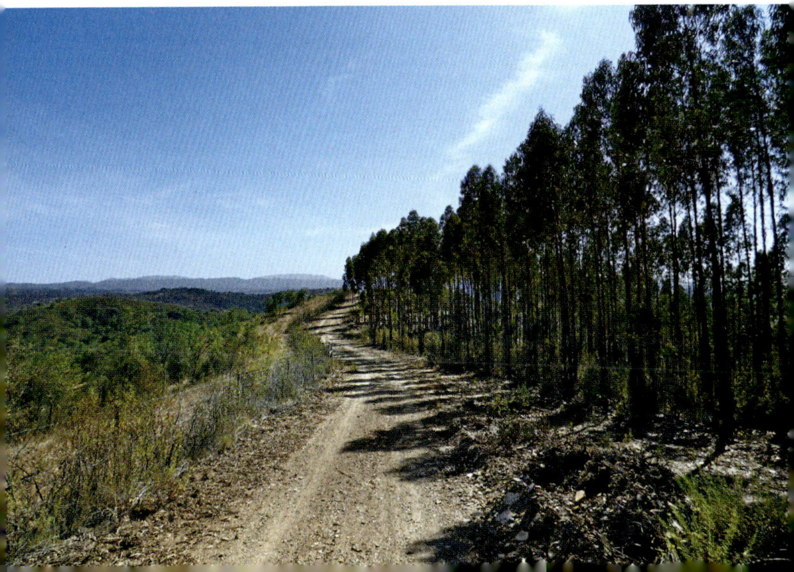

↗ 320 m | ↘ 320 m | 12.7 km

21 Zwischen Rio Mira und Ribeira de Totenique

3.30 h

Kühle Täler und heißes Land bei Sabóia

Der Volksmund erzählt, dass das Dorf Sabóia von Zuwanderern aus den Savoyer Alpen gegründet worden sei, die irgendwann im Mittelalter nach Südportugal kamen. Auch wenn man hier gerne von »kühlen Tälern« und vom »Land der vielen Hügel« spricht, so ist doch der südliche Alentejo so gar nicht mit den Westalpen vergleichbar. Auch ein zweites Dorf spielt auf dieser Wanderung eine Rolle: Totenique (benannt nach dem gleichnamigen Fluss). 1983 entschieden sich die letzten Bewohner, wegzuziehen und die Siedlung aufzugeben. Ein Schicksal, das Totenique mit anderen Dörfern der Gegend teilt. Inzwischen sind jedoch wieder einige Menschen zurückgekommen und haben begonnen, Häuser zu renovieren, weil sie die hier gebotene Abgeschiedenheit lieben.

Ausgangspunkt: Santa Clara-a-Velha, 53 m, Tourismusinformation. Anfahrt mit Pkw ab Odemira auf der N263, N123 und N266 (31 km).
Anforderungen: Wanderung auf Dorfstraßen, Erdwegen und Pfaden mit einigen An- und Abstiegen, aber ohne größere Herausforderungen.
Markierungen: Durchgehend gelb-rot; Wegbezeichnung: »A Caminho de Totenique« (PR5ODM).
Einkehr: In Sabóia.
Tipp: Die Dorfkirche von Santa Clara-a-Velha ist ein hübsches und auffälliges (weiß-blaue Fassade) Bauwerk. Das kleine Gotteshaus ist eine stimmungsvolle Mischung aus manuelinischer und barocker Architektur und besitzt vergoldete und polychrome Schnitzaltäre aus dem 18. Jh.

Wanderweg zwischen Santa Clara-a-Velha und dem Bahnhof von Sabóia.

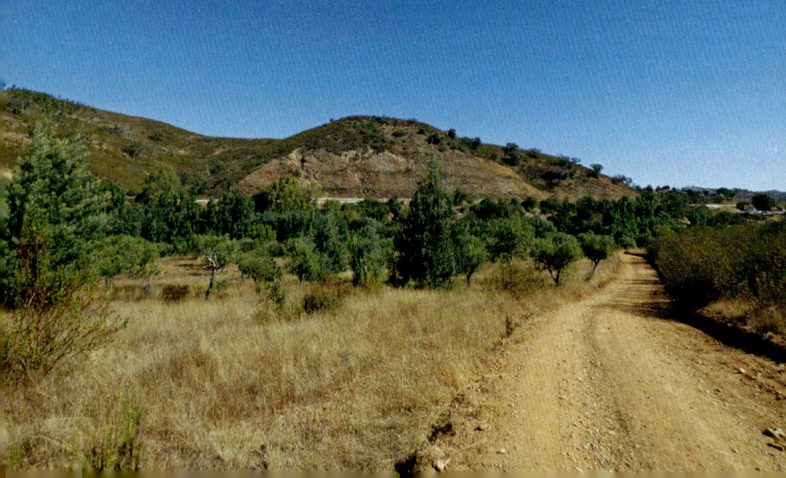

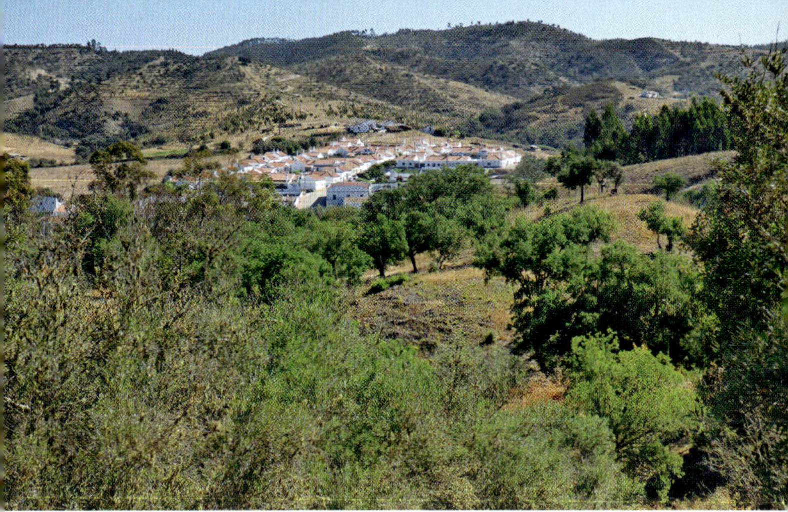

Blick auf das Bahnhofsviertel von Sabóia.

Von der Tourismusinformation in **Santa Clara-a-Velha** ① gehen wir auf der Straße Alameda da Índia in Richtung Kirche und an dieser rechts vorbei (Praça Dr. Oliveira Salazar). Danach geht es nach rechts in die Rua de Goa und hinunter zum Rio Mira. Auf einer Betonbrücke queren wir den Fluss und zweigen kurz danach rechts auf einen Erdweg ab, der in Richtung einer großen Brücke führt. Wir unterqueren die Brücke und wandern danach in einem Linksbogen in Richtung Süden, gewissermaßen zwischen Straße (links) und Flusslauf und Bahntrasse (rechts). Wir passieren ein kleines Wasserbassin (rechts in der Kurve), gehen danach leicht bergan und in einer engen Linkskurve auf ein Haus zu. Vor dem Gebäude knickt der Weg nach rechts und führt einen Hügel bergan. Von der Anhöhe haben wir einen schönen Blick auf Santa Clara-a-Velha. Danach geht es ein kleines Stück bergab und gleich darauf den nächsten Hügel hinauf (recht nahe der Straße N266). Auf diesem steht ein Wasserspeicher (links). Im Abstieg queren wir ein Zistrosenfeld und wandern dann im spitzen Winkel nach links (in Blickrichtung Bahnhof). Davor knickt der Weg leicht nach rechts und verläuft ca. 300 m entlang der N266. Der markierte Weg gelangt über die Gleise zum Bahnhof **Santa-Clara / Sabóia** ②.
Ab hier gehen wir auf einer schmalen Straße weiter, queren auf einer Brücke einen kleinen Flusslauf (Ribeira de Telhares) und folgen der Straße nach rechts leicht bergan durch die kleine Siedlung Está Bem. Danach geht die Straße in einen Erdweg über, der zunächst von Gärten und Bauernhöfen begleitet wird und zwischen einem Hügel (Sabóia, 149 m) und dem Mira-

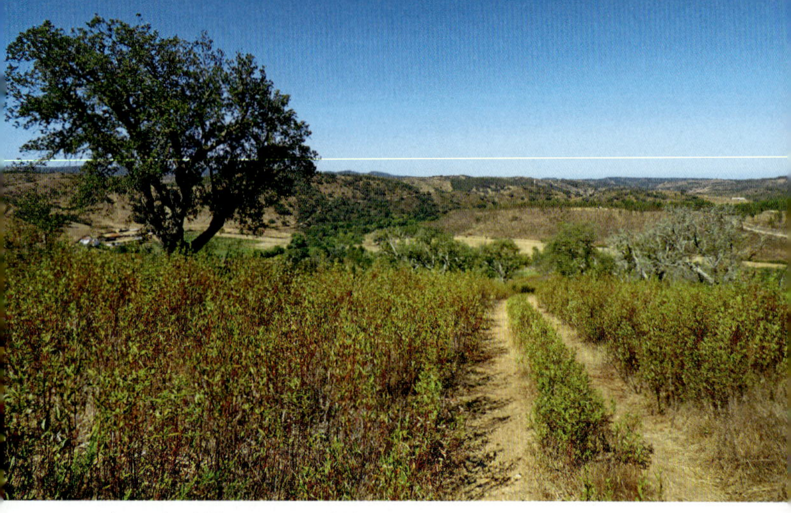

Durch ein abgeblühtes Zistrosenfeld über der Ribeira de Totenique.

Fluss verläuft. Nach einem leichten An- und Abstieg erreichen wir den Friedhof am Nordrand des Dorfes **Sabóia** ❸ (zur Einkehr im Ort folgt man der Rua José da Silva Júnior nach links hinauf).

Der Rundwanderweg führt vom Friedhof nach rechts weiter in Richtung eines Sport-/Fußballplatzes (rechts des Weges; dahinter liegen auch zwei Teiche) und daran vorbei. Wenig später geht der asphaltierte Fahrweg wieder in einen Erdweg über, der leicht bergab Richtung Fluss verläuft. Auf einer Betonbrücke queren wir den Mira-Fluss, zweigen danach nach links auf einen Erd-Schotterweg ab. Nun wandern wir ca. 1,5 km parallel zum Rio Mira bis zu einer **Weggabelung** ❹ bei einer eindrucksvollen Korkeiche. Hier mündet die Ribeira de Totenique in den Mira-Fluss. Wir gehen nach rechts und wandern nun rund 2 km auf einem schmäleren Weg, teilweise durch Eukalyptuswald, an der Ribeira de Totenique entlang. Rechts von uns erstreckt sich ein Hügelzug, während links ein leichter Abbruch zum Flusstal auszumachen ist. Etwa auf halbem Weg erreichen wir eine Brücke über die **Ribeira de Totenique** ❺. Auf der anderen Flussseite sehen wir einige Häuser, Überreste des Dorfes Totenique. Wir bleiben weiterhin auf unserem Weg, der sich nach der Brücke nach rechts vom Fluss entfernt und nun etwas ansteigt. Bei der nächsten Weggabelung halten wir uns nach links bergab, vorbei an einem verlassenen Gehöft (links), wandern danach wieder auf das Flusstal zu und bleiben etwas weniger als 1 km auf diesem Weg. Dann geht es bei einer Weggabelung nach rechts und wir steigen auf einem schmäleren Erdweg, teilweise durch Eukalyptuswald, gemächlich bergan. Nach einigen Kurven mündet der schmale Weg in einen breiteren

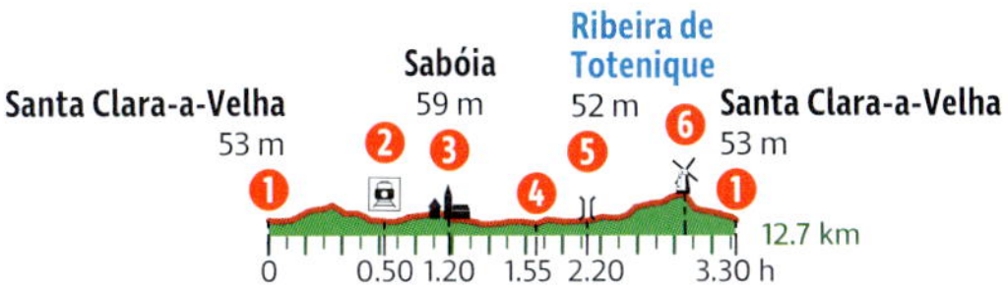

Erdweg, dem wir nach rechts folgen (Markierung). Wir steigen immer auf dem Hauptweg verbleibend weiterhin bergan und umwandern einige bewaldete Hügel. Bei einer Weggabelung kurz vor einer Hügelkuppe zweigen wir halb links vom breiteren Weg auf einen Erdpfad ab, der uns zu den Überresten einer alten **Windmühle** 6 leitet. Von dieser ist nur noch der Turm erhalten. Am Eingang ist auf einem Stein die Jahreszahl 1779 zu lesen. Von hier aus sieht man bereits auf das Dorf Santa Clara-a-Velha hinunter.

Wir folgen dem Weg vor dem Turm und wandern nun über ein großes Zistrosenfeld steil bergab und auf einen verlassenen Bauernhof zu. Bei dem Gebäude bleiben wir auf dem Hauptweg, gehen nochmals nach links über zwei kleine Hügel und dann in einem großen Rechtsbogen steil bergab in Richtung Nordrand von Santa Clara-a-Velha. Bei einigen Häusern treffen wir auf eine Straße, der wir bei einer Gabelung nach rechts folgen. Wir unterqueren die Bahngleise, überqueren danach die breite N266 und folgen ihr ca. 100 m nach links bis zur Alameda da Índia. Wenige Schritte nach rechts finden wir die Tourismusinformation von **Santa Clara-a-Velha** 1.

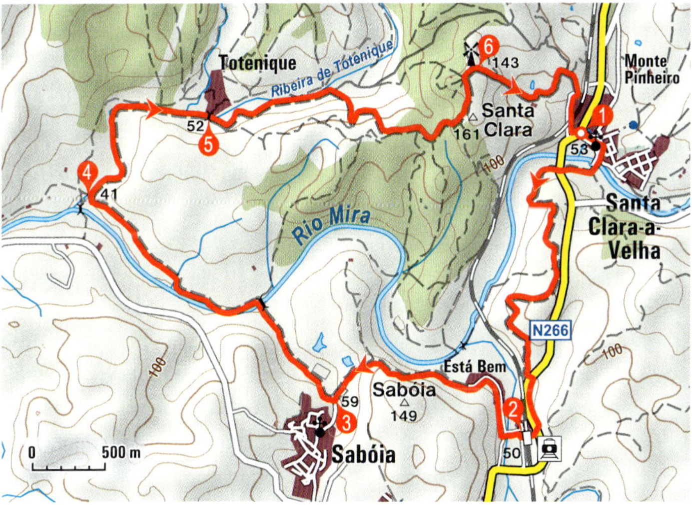

TOP

22

↗ 440 m | ↘ 440 m | 13.1 km

Zum Naturmonument Portas de Ródão

4.30 h

Viele landschaftliche Höhepunkte im hohen Norden des Alentejo

Diese Wanderung führt größtenteils durch das Naturschutzgebiet »Monumento Natural das Portas de Ródão«. Hier »durchbricht« der Tejo den Gebirgszug São Miguel. Der Blick von der Anhöhe auf dieses Naturschauspiel zählt zu den bekanntesten Panoramablicken Portugals. Wie eine riesige Steinwüste wirkt hingegen das Gebiet der ehemaligen Goldmine von Conhal (Mina de Ouro do Conhal). Eine Besonderheit ist auch der Besuch der winzigen Ilha do Cabeçinho, direkt an der Mündung des Ribeiro do Vale in den Tejo, die nur durch Hängebrücken mit dem Festland verbunden ist. Das sind aber nur einige der Highlights, die diese Wanderung zu bieten hat.

Ausgangspunkt: Arneiro, 138 m, Centro Interpretativo do Conhal (großes, gelb gestrichenes Haus in der Rua da Igreja). Anfahrt mit Pkw ab Nisa auf der N18 und der M527 (15 km); Parken am Straßenrand möglich.
Anforderungen: Abwechslungsreiche Wanderung auf Dorfstraßen, Erdwegen und Pfaden; einige steile An- und Abstiege (teilweise über Stufen); ein rutschiger und anspruchsvoller Abstieg von der Serra de São Miguel; Querung von zwei Hängebrücken.
Markierung: Durchgehend gelb-rot und Kombination von zwei Wanderwegen: »Trilhos do Conhal« (PR4NIS) und »Trilho da Mina de Ouro do Conhal« (PR9NIS).
Einkehr: In Arneiro, unterwegs keine Möglichkeit.
Tipp: Als Ergänzung zur Wanderung Besuch des Centro Interpretativo do Conhal. In dem Museum wird anschaulich die Gewinnung von Gold aus dem Tejo seit der Antike (besonders in der römischen Zeit) dargestellt und erläutert. Nähere Informationen auf cm-nisa.pt unter »cultura – centro-interpretativo-do-conhal«.

Vom Centro Interpretativo do Conhal in **Arneiro** ❶ gehen wir an der Kirche vorbei in die Rua de Santana. An deren Ende erreichen wir einen kleinen Platz und biegen nach rechts in die Rua Nova ein. Wir folgen ihr durch die Linkskurve und aus dem Dorf hinaus. Bei der Kreuzung am Ende einer Häusergruppe gehen wir geradeaus auf der Straße weiter. Bei der folgenden Kreuzung zweigen wir nach rechts auf einen Erd-Schotterweg ab, queren in der Folge einen weiteren Weg geradeaus und wandern leicht bergan. Bei

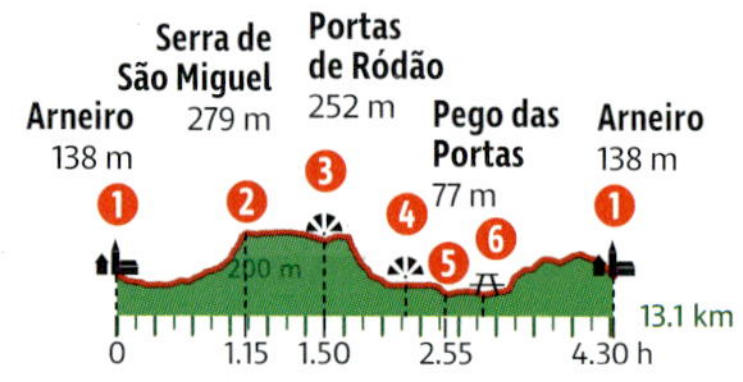

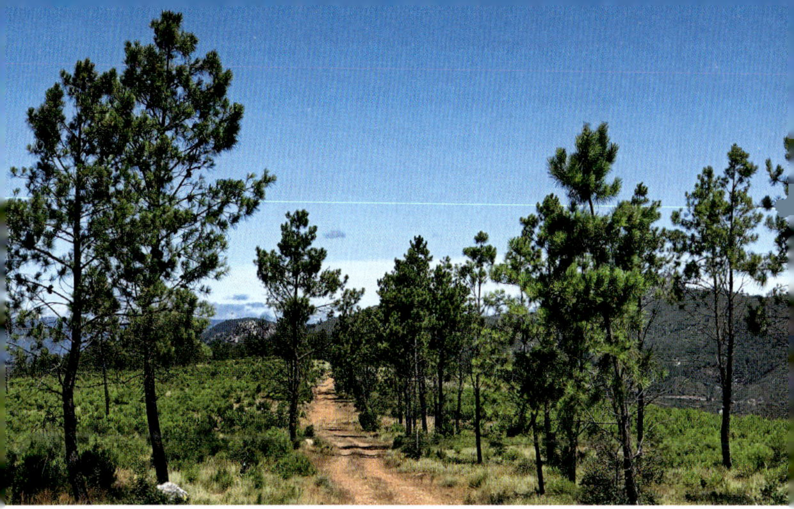

Auf der Hochebene der Serra de São Miguel.

der Wegkreuzung auf einer Hügelkuppe sehen wir im Rückblick das Dorf und vor uns die Serra de São Miguel, die wir in der Folge besteigen werden. Wir nehmen den geradeaus verlaufenden Weg, der bergab in ein kleines Tal und durch einen lichten Seekiefernwald verläuft. Im Talgrund treffen wir

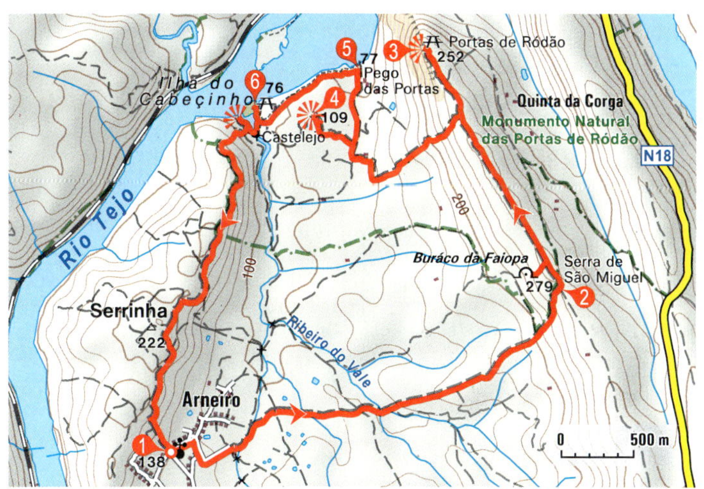

auf einen alten Olivenhain und steigen auf einem konstant bergan führenden Weg ca. 150 Höhenmeter auf. Dabei wandern wir abwechselnd durch Wald (Seekiefern und Eukalyptus) und vorbei an Weiden (teilweise entlang einer Steinmauer). Der letzte Abschnitt des Aufstieges, der nur noch durch Wald führt, ist teilweise sehr steinig.

Schließlich erreichen wir die Hochfläche der **Serra de São Miguel** ❷. Nun folgen wir dem Weg nach links, der weitgehend eben verläuft. Es gibt hier nur spärlich Seekiefern und sonst lediglich bodennahe Büsche. Auf einer Informationstafel ist zu lesen, dass ein Wiederaufforstungsprojekt im Laufen ist, das den Wald auf die kahle Hochfläche zurückbringen soll. Schon nach 200 m verlassen wir diesen Kammweg nach links zum Aussichtspunkt Burãco da Faiopa. Dabei handelt es sich um eine Höhle, die man jedoch nicht betreten darf: eine ehemalige Goldmine, die schon in der Antike von Karthagern und Phöniziern ausgebeutet wurde. Eine Sage aus dem Mittelalter erzählt auch von einem verborgenen Geheimgang von Liebenden.

Wir kehren zum Kammweg zurück und setzen die Wanderung auf der Hochfläche nach links fort. Etwas mehr als 1 km nach dem Burãco da Faiopa kommen wir zu einer Wegkreuzung. Hier werden wir später nach links absteigen. Zuvor gehen wir aber ca. 500 m geradeaus bis zum Aussichtspunkt **Portas de Ródão** ❸ und genießen den Ausblick auf den »Tejo-Durchbruch«. Diese schroffe Landschaft ist auch Brut- und Lebensraum von Gänsegeiern, die man hier beobachten kann. Neben Aussichtsplattformen wurde auch ein Picknickplatz angelegt. Danach kehren wir zurück zur Wegkreuzung.

Der Abstieg erfolgt auf einem schmalen und steinigen Pfad, der anfangs auch in einigen Kurven verläuft. Beim Einstieg wird vor dem schwierigen Weg gewarnt. Mit Vorsicht, Erfahrung und guten Wanderschuhen ist er jedoch problemlos zu begehen. Am Fuß des Gebirges knickt der Weg nach rechts (Markierung) und verläuft in Richtung Nordwest (in Richtung Tejo) an einem Eukalyptuswäldchen (links) entlang und nochmals etwas bergan. Danach dreht der Weg nach links, wir passieren im Abstieg einige Gebäudereste und erreichen einen breiten betonierten Weg. Auf diesem gehen wir ca. 80 m nach rechts und schlagen danach nach links in Richtung des

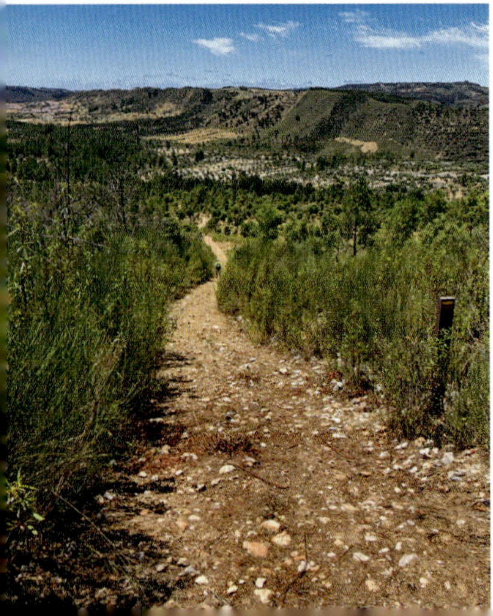

Abstieg in Richtung Mina de Ouro do Conhal.

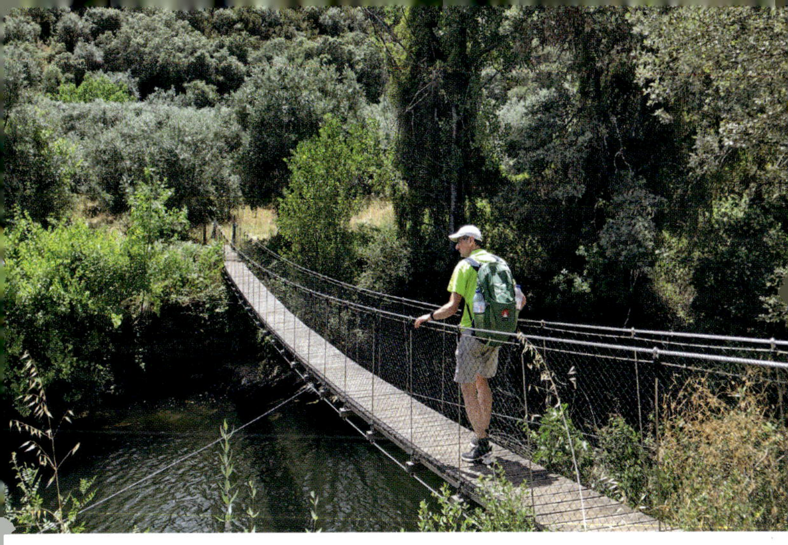

Die Hängebrücke auf die Ilha do Cabeçinho.

Aussichtspunktes Castelejo einen schmäleren Weg ein. Wir durchqueren eine Landschaft von großen Kieselhügeln bzw. Schotterbänken: das Gebiet der historischen Mina de Ouro do Conhal. Hier wurde in der Antike und bis in die frühe Neuzeit Gold aus dem Fluss gewaschen. Die abgelagerten Steine zeugen von reger Tätigkeit. Auf dem markierten und mittels Informationstafeln sehr gut aufbereiteten Weg wandern wir zum Aussichtspunkt **Castelejo** 4. Der kleine markante Hügel ermöglicht einen Blick über diese eindrucksvolle Natur- und Kulturlandschaft. Wir steigen an der dem Fluss zugewandten Seite des Hügels ab und gehen zu einem weiteren Aussichtspunkt mit Namen »Represa« bei einem Teich. Hier wird mithilfe einer Informationstafel und der umgebenden Landschaft die Goldgewinnung erklärt. Im Anschluss kehren wir zum betonierten Weg zurück und folgen diesem nach links. Kurz vor dem Flussufer passieren wir einige Häuser (darunter ein Ferienhaus und ein Stall) und gehen weiter bis zum Flusssteg, mit Blick auf **Pego das Portas** 5, das »Steintor« des Tejo-Flusses oder den Tejo-Durchbruch, den wir nun vom Flussniveau aus sehen.
Dann folgen wir einem schmalen Wiesenpfad nach links am Fluss entlang. Nach etwa 700 m kommen wir zu einem Steinhaus. Über Stufen kann man hier auf eine Terrasse hochsteigen, um einen etwas besseren Ausblick zu bekommen. Wir bleiben auf dem schmalen Pfad, der sich hinter dem Haus fortsetzt. Etwa 100 m später kommen wir zu einer Wegkreuzung. Hier folgen wir dem Pfad in Richtung »Ilha do Cabeçinho«. Über eine Hängebrücke (Schwindelfreiheit und keine Höhenangst sind erforderlich) betreten

wir die kleine **Ilha do Cabeçinho** 6, eine winzige Flussinsel, die genau im Bereich der Einmündung des Ribeiro do Vale in den Tejo liegt. Auch ein Picknickplatz wurde hier angelegt. Danach kehren wir auf demselben Weg zurück zur Kreuzung, gehen geradeaus (halb rechts) weiter und kommen nach rund 100 m zu einer weiteren Hängebrücke. Auf dieser queren wir den Flusslauf Ribeiro do Vale und folgen weiterhin dem schmalen Pfad. Dieser mündet kurz darauf in einen breiteren Weg ein, der bis zum Ufer des Tejo-Flusses führt.

Nachdem wir nochmals die Aussicht auf Flussniveau genossen haben, kehren wir auf diesem breiten Weg zurück und folgen dem schmalen Pfad, der nach rechts abzweigt (Markierung) und sehr steil bergan steigt. Als Aufstiegshilfen wurden Stufen (Holz, Erde) angelegt. Auf einer Distanz von etwa 300 m überwinden wir mehr als 80 Höhenmeter. Im Anstieg eröffnet sich bald ein eindrucksvoller Blick zurück auf den Flusslauf und den Tejo-Durchbruch. Der Pfad geht in einen Erd-Schotterweg über. Bei den kommenden Weggabelungen halten wir uns jeweils nach links und in Richtung eines Eukalyptuswäldchens. Wir steigen auf diesem schönen Kammweg stetig bergan in Richtung des Gipfels Serrinha (222 m), der höchsten Erhebung in diesem Hügelzug. Der Wanderweg läuft links am Gipfel vorbei und führt dann auf einem breiten Erdweg in einem weiten Linksbogen bergab in Richtung Arneiro. Der Kirchturm ist ein guter Orientierungspunkt. Wir gehen geradewegs auf die Kirche zu und davor nach rechts zum Ausgangspunkt in **Arneiro** 1.

Blick auf den Tejo-Durchbruch bei Portas de Ródão.

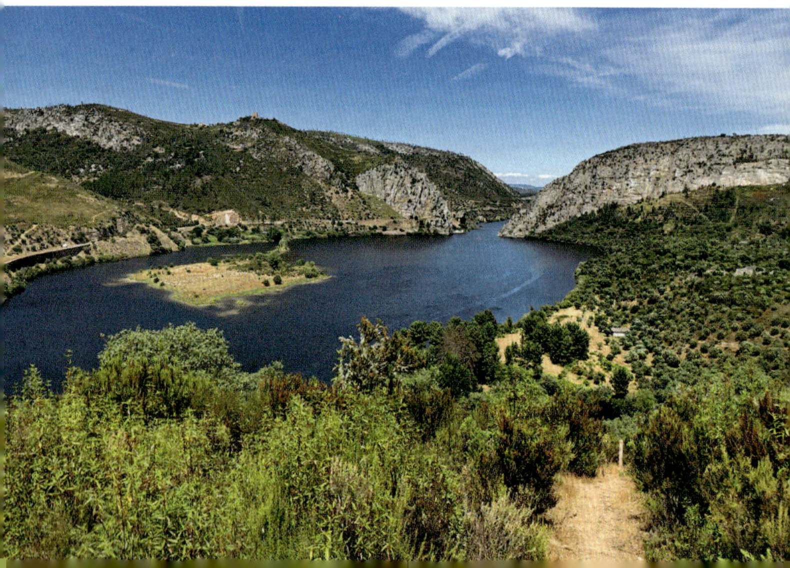

↗ 260 m | ↘ 260 m | 10.5 km

3.15 h

Die Route der Steinwehre bei Salavessa

23

Eine Tejo-Wanderung mit mehreren Höhepunkten

Bei dieser Wanderung im Tal des Rio Tejo steht ausnahmsweise nicht der große Strom im Mittelpunkt, sondern ein kleiner Nebenfluss. An der Ribeira de Fivelo haben die Bewohner der Region seit dem Mittelalter eine Reihe von Steinwehren und Wasserschöpfanlagen errichtet, um das Wasser einerseits über Kanäle zu Mühlrädern zum Getreidemahlen zu leiten, und um andererseits ihre Gemüse- und Obstgärten mit dem kostbaren Nass zu wässern. Auf der Wanderung der Steinwehre kann man viele dieser ausgeklügelten und teilweise auch monumentalen Bauwerke bestaunen, wobei nicht alle davon bis heute erhalten sind.

Ausgangspunkt: Bei der Einfahrt in das Dorf Salavessa, 236 m, am Kreuzungspunkt der Straßen M526 und M526-2. Anfahrt mit Pkw ab Nisa auf der M526 (14 km); Parken am Straßenrand möglich.
Anforderungen: Mittellange Wanderung auf Dorfstraßen, Erdwegen und Pfaden mit einem längeren An- und Abstieg, aber ohne größere Anforderungen.
Markierung: Durchgehend gelb-rot; Wegbezeichnung: »Rota dos Açudes« (PR6NIS).

Einkehr: Keine Einkehrmöglichkeit.
Tipp: Der Schafskäse des oberen Alentejo (Kreis Nisa) ist eine Besonderheit und hat eine gebietsgeschützte Herkunftsbezeichnung. Die Tradition der Herstellung ist tief in der ländlichen Bevölkerung verankert und reicht weit in die Geschichte zurück. Derzeit stellen neun Molkereien diesen Käse her, wobei das Zentrum in der Gemeinde Tolosa (südwestlich von Nisa) liegt. Informationen auch zu Besichtigungen von Käsereien: cm-nisa.pt unter »queijo-de-nisa«.

Am Kreuzungspunkt der Straßen M526 und M526-2 an der Einfahrt in das Dorf **Salavessa** ❶ folgen wir der Estrada de Montalvão, die wenig später in die Rua da Escola einmündet. Diese gehen wir weiter nach rechts und bleiben bei der folgenden Gabelung auf der rechten Straße, die durch das Zentrum von Salavessa führt. Nach gut 500 m erreichen wir den Dorfplatz (Largo do Terreiro). Dort gehen wir nach links durch die Rua da Fonte aus dem Dorf hinaus. Im Abstieg sehen wir am nördlichen Dorfrand viele Häuser, die aus Schieferplatten errichtet wurden, wie auch Überreste eines Waldbrandes (verkohlte Baumstämme). Bei einem Brunnen (weißes Haus, links des Weges) wird aus dem Fahrweg ein Gehweg mit steinigem Untergrund und von Steinmauern begleitet. Bei einer Weggabelung halten wir uns rechts, gleich darauf nehmen wir den linken Weg (Markierungen vorhanden).
Danach geht es kontinuierlich bergab, oft entlang einer Stromleitung. Dabei blicken wir in eine hügelige Landschaft mit vielen Zistrosenbüschen; in der Ferne sind bereits das Tal und der Flusslauf des Tejo zu erkennen.

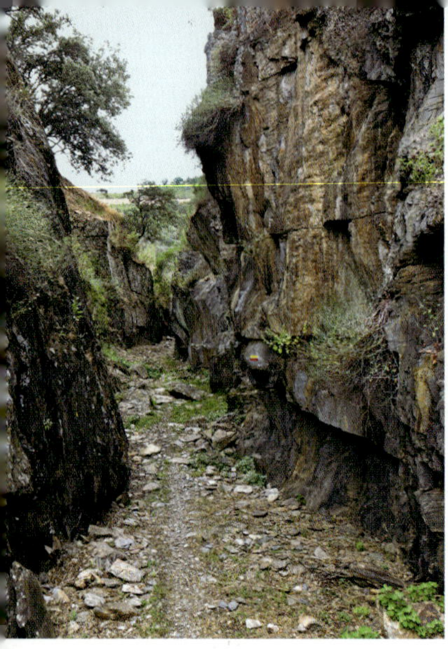

Der Fisga do Tejo.

Der Weg wird schmäler und geht in einen Wiesenpfad über, später wandern wir zeitweise auf einem Steinpfad. Kurz bevor wir das Tejo-Ufer erreichen, queren wir einen kleinen Zulauf (Bach) auf einer Holzbrücke. Dann wandern wir gut 1 km am Ufer des Tejo entlang. Der schmale Pfad ermöglicht schöne und weite Ausblicke auf das Flusstal. Schließlich erreichen wir den **Fisga do Tejo** ❷, einen von Menschenhand geschaffenen Durchbruch durch eine Felswand, die den Tejo vom Hinterland trennt. An dieser Stelle wurde ein Picknickplatz angelegt.

Wir gehen durch die Felsspalte und steigen eine Geländestufe hoch. Gleich danach queren wir auf einer Brücke den Fivelo-Fluss, dem wir nun flussaufwärts folgen werden. Bei einer Weggabelung kurz nach der Brücke gehen wir ganz links und wandern auf einem schmalen Erdweg – zunächst weitgehend eben – am rechten Ufer des Flusses entlang. Wir passieren ein aus Schiefer gebautes Haus (links) und kommen wenig später zu einem eindrucksvollen und gut erhaltenen **Steinwehr** ❸ mit Schöpfrädern, das am Ende eines Flussmäanders angelegt wurde. Es ist eines von insgesamt sieben Steinwehren, die wir auf unserem Weg flussaufwärts sehen werden.

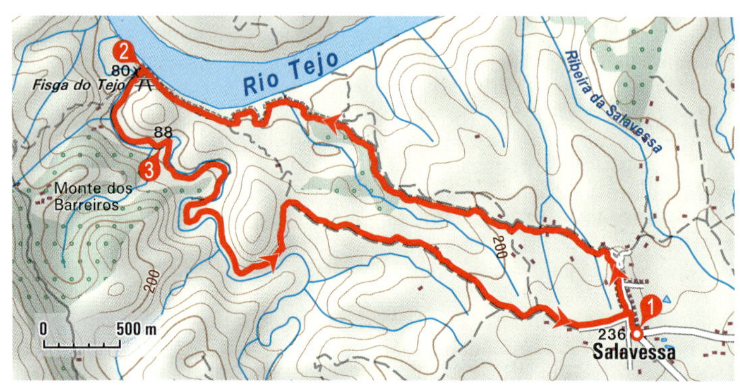

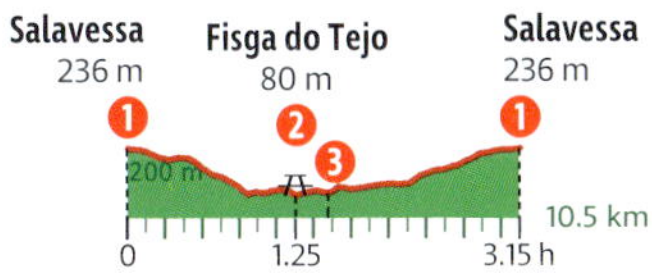

Nach dem ersten Steinwehr passieren wir einen kleinen Höhenrücken und blicken auf das zweite Steinwehr hinunter. Danach führt der Weg bergab und wir wechseln auf dem dritten Steinwehr an das linke Flussufer. Danach geht es gut 1 km auf einem schmalen Uferpfad nur leicht ansteigend weiter. Wir sehen unterwegs auf die Überreste von vier weiteren Steinwehren, meist sind nur noch die Staumauern vorhanden oder Reste von Schieferhäusern.

Nach insgesamt etwa 3 km an der Ribeira de Fivelo verlässt unser Weg nach links (Markierung) das Flusstal. Wir steigen auf einem schmalen Pfad steil bergan und treffen auf einer Hangschulter an einer T-Kreuzung auf einen breiteren Erdweg, dem wir nach rechts bergan folgen; der Weg wird stellenweise von einer Stromleitung begleitet. Bis Salavessa sind es ab hier noch etwa 2,5 km. Dann tauchen die ersten Häuser auf und der Erdweg geht in die gepflasterte Rua da Bélgica über. Wir treffen wieder auf die Rua da Escola und kehren nach rechts zum Ausgangspunkt am Ortsrand von **Salavessa** 1 zurück.

Eines der zahlreichen Steinwehre an der Ribeira de Fivelo.

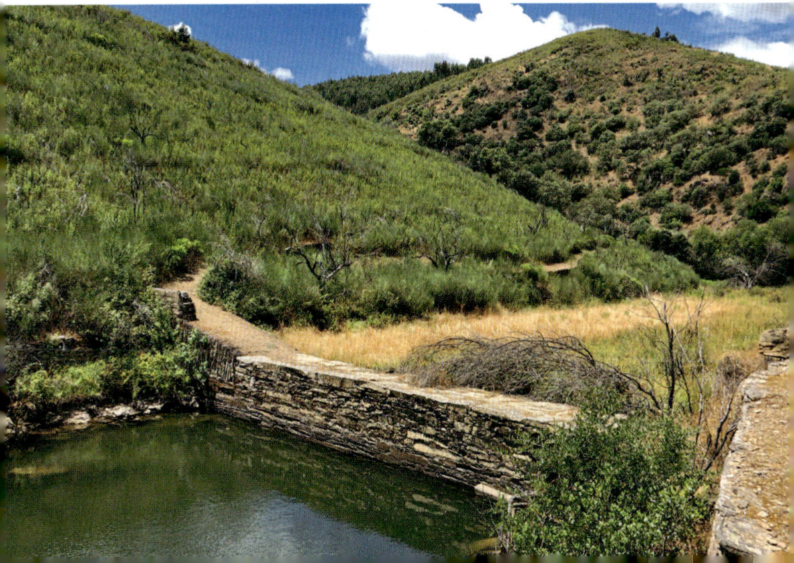

↗ 530 m | ↘ 530 m | 15.6 km

24 Die Wassermühlen am Rio Sever bei Montalvão 5.15 h

Eindrucksvolle Schieferlandschaft im einsamen Flusslauf

Der Rio Sever bildet auf fast 50 km die Grenze zwischen Portugal und Spanien, zwischen Alto Alentejo und spanischer Extremadura. Auf den letzten Kilometern (vor seinem Einfluss in den Tejo) durchfließt der Sever eine schwer zugängliche Schieferlandschaft und hat hier ein besonders reizvolles Flusstal geschaffen. Aufs Erste wirkt das Tal menschenleer und tatsächlich verirren sich nur wenige Wanderer und Sportfischer in dieses naturbelassene Wunderland. Allerdings gibt es viele Spuren menschlicher Aktivitäten, die bis in das Mittelalter zurückreichen. Seit dem 10. Jh. haben die Bewohner des Tales Wassermühlen am Fluss angelegt, deren Überreste bis heute zu sehen sind.

Ausgangspunkt: Montalvão, 333 m, Igreja Nossa Senhora dos Remédios. Anfahrt mit Pkw ab Nisa auf der N359 (17 km); ausreichend Parkmöglichkeiten um die Kirche.
Anforderungen: Längere Rundwanderung auf Dorfstraßen, Erdwegen und schmalen Steinpfaden; einige längere und steile An- und Abstiege, die eine gewisse Kondition erfordern; bei den Steinpfaden sind Trittsicherheit und an einigen Stellen Schwindelfreiheit gefordert.
Markierung: Durchgehend gelb-rot und Kombination von zwei Wanderwegen: »Entre Azenhas« (PR7NIS) und »Trilhos do Moinho Branco« (PR8NIS).
Einkehr: Nur in Montalvão.
Tipp: Seit 2020 besitzt Montalvão mit dem »Montalvão Vintage« ein kleines Kulturzentrum in der alten Dorfschule. Hier finden Kulturveranstaltungen und Ausstellungen statt. Die Verbindung alter Traditionen mit der neuen Zeit ist ein Ziel des Museums. Daneben soll es auch Konzerte und Filmvorführungen geben. Weitere Informationen auf cm-nisa.pt unter »montalvao-vintage«.

In **Montalvão** ❶ gehen wir auf das Portal der Igreja Nossa Senhora dos Remédios schauend nach rechts auf der Rua do Arabbaldo bergab und biegen bei erster Gelegenheit links in die Rua da Porta de Baixo ein. Am Dorfende queren wir geradeaus die Straße (M1139) und bleiben noch rund 400 m auf dem Weg, der allmählich in einen Erd-Steinweg übergeht. Vor einer Häusergruppe zweigen wir nach links auf einen etwas schmäleren Weg ab (Wegmarkierung PR7NIS). An diesem Wegabschnitt stehen viele verfallene Steinhäuser. Bei einer dieser Hausruinen – etwa 500 m nach der letzten Abzweigung – knickt der Weg nach rechts und verläuft entlang einer Mauer etwas bergab. Wenig später geht es in einer Rechtskurve den nächsten Hügel wieder bergan. Bei den folgenden Weggabelungen bleiben wir jeweils auf dem linken Weg und wandern eine breite Schneise bergab. Die umgebenden (zumeist) Eukalyptuswälder wurden erst in letzter Zeit gerodet, weswegen der gesamte Hügel »umgegraben« wirkt. Unser Wanderweg ist nur aufgrund der Markierungen tatsächlich erkennbar. In Fluss-

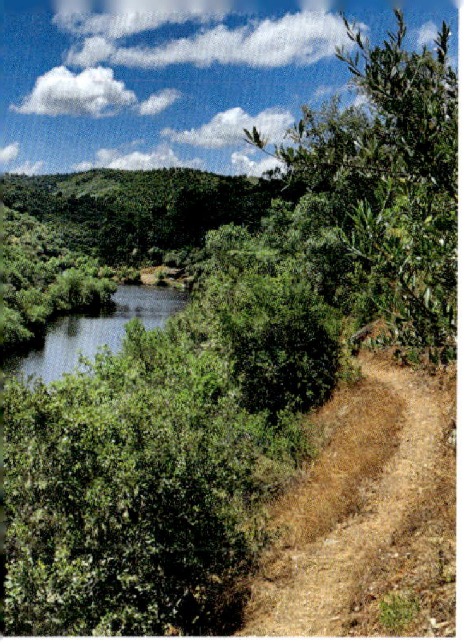

Der Wanderweg über dem Rio Sever.

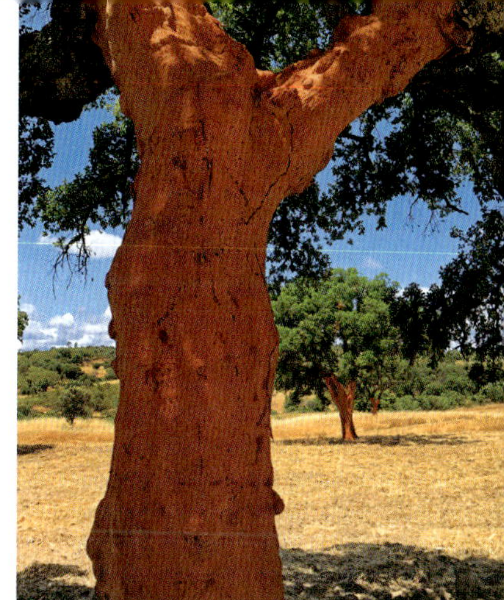

Eine frisch abgeerntete Korkeiche.

nähe sind Vegetation und Wegesystem noch intakt. Schließlich kommen wir zu einem kleinen Schieferhaus, das wahrscheinlich eine Art Hirtenunterstand war. Von hier steigen wir auf einem schmalen Erd-Steinpfad zum Ufer des Rio Sever und zur Wassermühle **Azenha do Artur** 2 ab. Hier gibt es einen Picknickplatz, am Ufer sind auch einige Boote vertäut.

Der Wanderweg folgt als schmaler Pfad dem Flussufer, wobei einige kräftige Steigungen überwunden werden müssen. Nach etwa 1 km erreichen wir die **Azenha do Nougeira** 3, ebenfalls eine ehemalige Wassermühle mit Picknickplatz. Der Wanderweg setzt sich hinter dem zweiten Steinhaus fort (auf Markierung achten) und verlässt das Flussufer. In einigen Kurven steigen wir auf dem schönen Waldpfad zügig bergan (etwa 100 Höhenmeter auf 1 km) und erreichen bald eine breite Erdpiste für Waldarbeiten. An den zahlreichen Weggabelungen halten wir uns jeweils eher rechts (Markierungen nur zum Teil vorhanden) und steigen bis zu einem weißen Haus auf (links des Weges). Bei der Gabelung danach nehmen wir den mittleren Weg und steigen noch eine »Etage« auf zu einer **T-Kreuzung** 4. Hier gehen wir nach links und zurück in Richtung Flusstal (Wegmarkierung PR8NIS). Der Weg bleibt zunächst auf einer breiten Erdpiste, führt nun aber zügig und in einigen Kurven bergab. Stellenweise begleiten Steinmauern den Weg. Nach etwa 1 km Abstieg erreichen wir in einer Rechtskurve einen lohnenden **Aussichtspunkt** 5 auf das Flusstal mit Informationstafel und Picknickplatz.

Ab hier wird der Weg besonders schön: ein schmaler Pfad, der in einigen Kurven in Richtung Flusstal bergab führt, begleitet von einer vielfältigen Busch- und Baumvegetation (darunter sehr viele Erdbeerbäume) und gelegentlich von alten, nicht mehr bewohnten Schieferhäusern. Eine Besonderheit passieren wir kurz bevor wir das Flussufer erreichen: die **Pontão da Ribeira do Lapão** 6, eine alte Schieferbrücke über einen Zufluss zum Rio Sever. Danach geht es auf einem Terrassenpfad hoch über dem Fluss weiter. Auf diesem Weg bleiben wir ca. 1,5 km und passieren mehrere Picknickplätze, eine kleine Kaskade und zahlreiche schöne Aussichtspunkte. Der Weg steigt kontinuierlich bergan.

Dann sehen wir rechts die Ruinen einer weiteren Wassermühle; hier beginnt sich unser Wanderweg nach rechts vom Rio Sever zu entfernen. Wir sind hier an der Stelle, wo die Ribeira de São João in den Rio Sever einmündet, was wir aber nur von der Ferne von unserem hoch gelegenen Terrassenpfad aus sehen. Unser Wanderweg schlängelt sich nun in Kurven in Richtung Wald bergan. Nachdem wir eine Mauer passiert haben, wandelt sich der schöne Pfad wieder in eine breite Waldpiste. Bei der nächsten Weggabelung geht es nach links und weiterhin steil bergan bis zum alten Steinhaus **Monte da Pobreza** 7. Hier haben wir bereits einen guten Teil des Anstieges hinter uns gebracht.

Nun wandern wir zwischen Eukalyptus (links) und Korkeichen (rechts) weiter. Bei einer Weggabelung etwa 1 km nach dem Steinhaus knickt der Weg nach links und führt nur noch durch Eukalyptus. Kurze Zeit später zweigen wir nach rechts ab und wandern etwas bergan. Danach erreichen wir einige neue Häuser (rechts des Weges, bei einer Steinmauer) und gehen nach links auf einem schmalen Pfad entlang einer Mauer weiter. So erreichen wir die Ribeira do Lapão. Den Bach, den wir zuvor auf der alten Schieferbrücke gequert haben, queren wir nun auf Trittsteinen. Danach geht es auf ei-

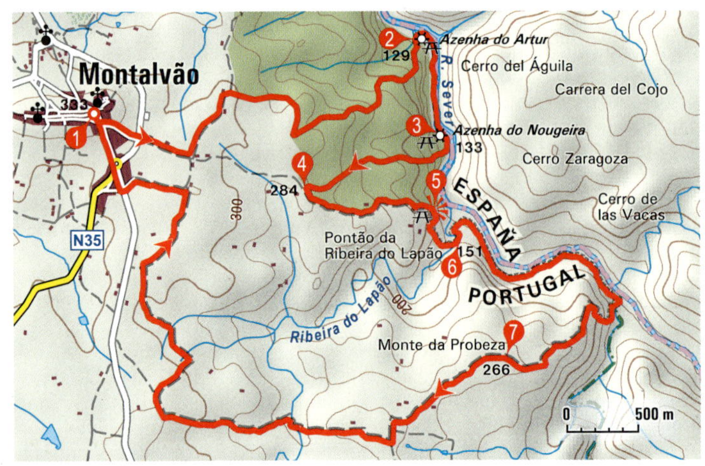

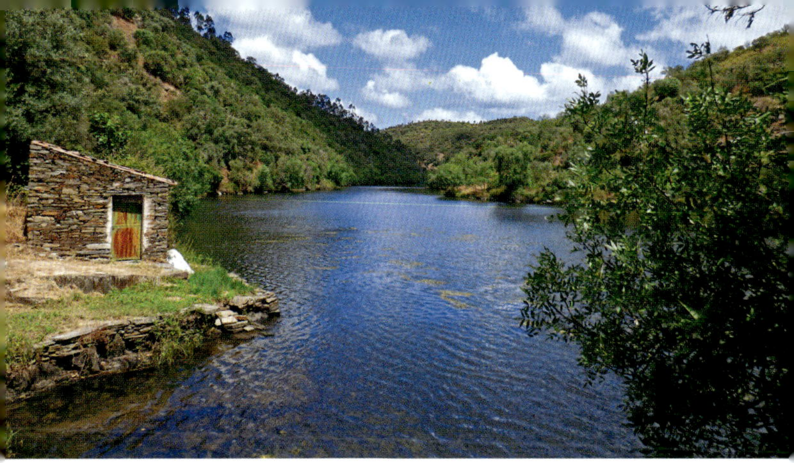

Die Azenha do Artur.

nem breiten Wiesenweg etwas bergan. Dieser geht in einen Erd-Steinweg über, der zwischen Steinmauern verläuft und weiterhin ansteigt. Bei einer Weggabelung halten wir uns rechts (links stehen Tore) und wandern nun – mehr oder weniger – parallel zur Straße M525, die links in einiger Entfernung verläuft. In der Ferne können wir schon die Silhouette des Dorfes Montalvão sehen.

Bei der nächsten Weggabelung halten wir uns nach rechts und wandern etwas bergab in Richtung eines Eukalyptuswäldchens. Der Weg bleibt weiterhin etwas »hügelig« und verläuft noch immer teilweise zwischen überwucherten Steinmauern. Bei einem kleinen Teich (links) geht der Weg in einen Schotterweg über. Bei der folgenden Weggabelung halten wir uns nach rechts und wandern geradeaus auf zwei Häuser zu. Vor diesen Häusern knickt der Weg nach links (in Richtung Dorf) und verlässt den Schotterweg hin zu einem schmalen Weg, der in Richtung M525 führt. Diese erreichen wir in einer leichten Linkskurve, folgen ihr nach rechts, passieren einen Kreisverkehr und gelangen geradeaus zurück zum Ausgangspunkt in **Montalvão** ❶.

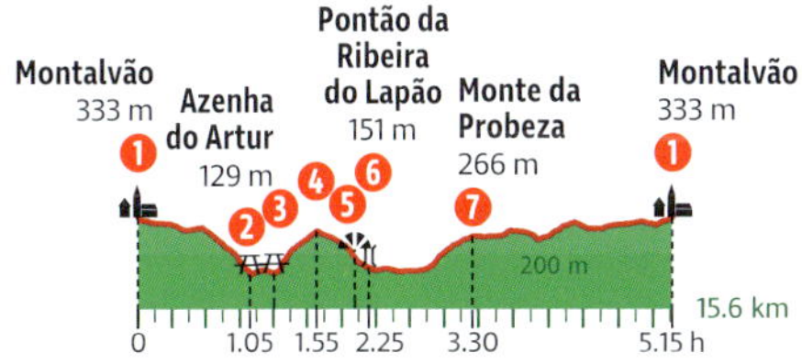

↗ 410 m | ↘ 410 m | 13.6 km

25 Trilho das Jans

4.00 h

Der Leinpfad zwischen Barca de Amieira und der Talsperre von Fratel

Der Name »Trilho das Jans« geht auf eine alte Legende zurück. Als Königin Isabella von Portugal (genannt »die Heilige«) 1335 in Estremoz verstorben war, transportierte man ihren Leichnam auf dem Tejo-Fluss in Richtung Lissabon. Der Sarg wurde an den Flusskais von Amieira do Tejo auf das Schiff geladen. Gekleidet war der Körper der toten Königin angeblich mit einem dünnen Leinenkleid, das von Feen (Jans) gewebt worden war, ganz ohne Knoten. Einen gewissen Zauber kann man dieser Tour jedenfalls zusprechen, wobei der Höhepunkt gewiss die Wegstrecke am Fluss ist. Hier verläuft die Wanderung für rund drei Kilometer auf dem Leinpfad in einem sehr schönen Abschnitt des Tejo-Tals.

Ausgangspunkt: Amieira do Tejo, 221 m, Platz vor dem Castelo. Anfahrt mit Pkw ab Nisa auf der N364 und der M528 (18 km); großer Parkplatz vor der Burg.
Anforderungen: Wanderung auf Dorfstraßen, Erdwegen und Pfaden; steiler und rutschiger Abstieg nach Barca de Amieira; einfacher gepflasterter Steinweg am Tejo-Fluss.
Markierung: Durchgehend gelb-rot; Wegbezeichnung: »Trilho das Jans« (PR1NIS).
Einkehr: Keine Einkehrmöglichkeit.
Variante: Kurz hinter Amieira do Tejo zweigt nach rechts und gleich wieder links eine rund 2,5 km kürzere Variante ab. Der Weg ist gelb-rot markiert und trifft nach rund 1,5 km wieder auf den Hauptweg.
Tipp: Das Castelo de Amieiro do Tejo gehört zu den markantesten historischen Bauwerken des oberen Alentejo. Die Festung ist eine der drei Ordensburgen der Johanniter in Portugal und wurde als letzte von diesen Mitte des 14. Jh. errichtet. 1922 wurde die Burg als Nationaldenkmal klassifiziert und in den 1940er-Jahren umfangreich restauriert. Heute beherbergt einer der Türme ein Museum zur Geschichte der Region. Informationen: culturaportugal.gov.pt unter »Castelo de Amieira do Tejo«.

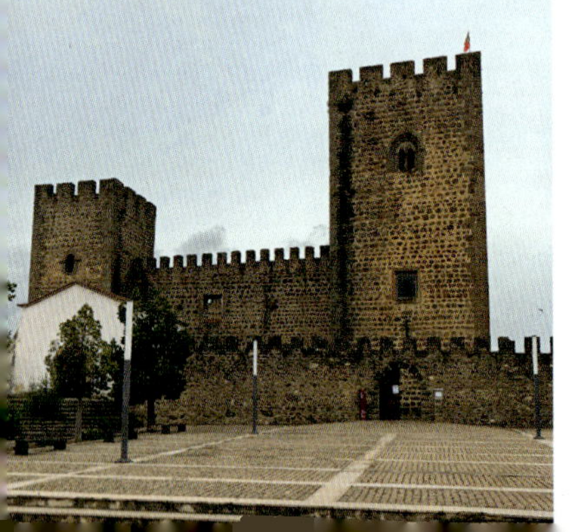

Gegenüber der Festung von **Amieira do Tejo** ❶ gehen wir durch die Rua do Castelo bis zur Capela da Misericórdia (am Ende der Straße auf der linken Seite). In der Querstraße ein paar Schritte nach links und gleich nach rechts durch den Torbogen in die anschließende Gasse. Durch die Travessa da Figueira erreichen wir die Rua da Palhais. Wenige Meter nach links mündet diese direkt bei

Das Castelo de Amieiro do Tejo.

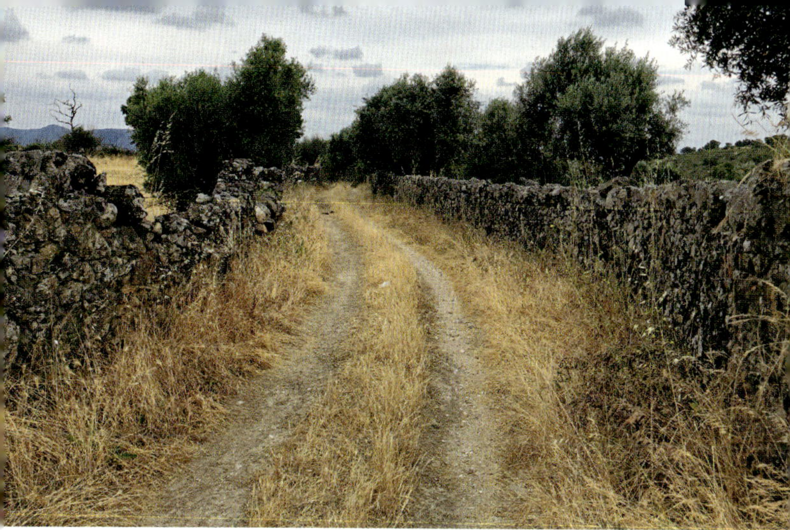

Der Wanderweg zwischen Amieira do Tejo und Vila Flor.

der Capela do Senhor da Cruz in die Rua da Cruz ein. An dieser gehen wir rechts bis zum Largo do Espírito Santo (kleiner Kreisverkehr). In einem modernen Gebäude sind Rathaus und Postamt untergebracht.

Wir gehen nach links und die erste Straße nach rechts (Rua do Matadouro) und verlassen auf dieser den Ort. Etwa 300 m nach dem Kreisverkehr kommen wir zu einer **Verzweigung** ❷. Die kürzere Variante zweigt hier nach links und gleich nach rechts ab. Wir folgen jedoch nach rechts der Wegmarkierung in Richtung »Vila Flor« und wandern nun auf einem Erdweg an einer Steinmauer (Weidegebiet dahinter) entlang. Bei einer Weggabelung halten wir uns nach links und gehen in einer großen Linkskurve leicht bergab, nun zwischen zwei Steinmauern. In der Umgebung sieht man Olivenbäume, Steineichen und kleine, zumeist verlassen wirkende Bauernhöfe. Vor einem Hügel mit Korkeichen kommen wir wieder zu einer Weggabelung. Wir bleiben auf dem rechten Weg und erreichen wenig später die kleine Siedlung **Vila Flor** ❸ mit ihrer markanten Kirchenruine am kleinen Dorfplatz.

Der Wanderweg setzt sich auf der Schotterstraße rechts neben der Kirche fort. Bei der nächsten Weggabelung halten wir uns nach links und gehen auf einem schmäleren Erdweg durch ein Weidetor und in der Folge durch einen jungen Eukalyptuswald. So umwandern wir eine kleine Hügelkuppe. Dann geht es wieder durch ein Weidetor und nun etwas steiler bergab. Bei einer Weggabelung halten wir uns nach links und treffen neuerlich auf ein Weidetor. Anschließend wandern wir zwischen zwei Steinmauern und nach

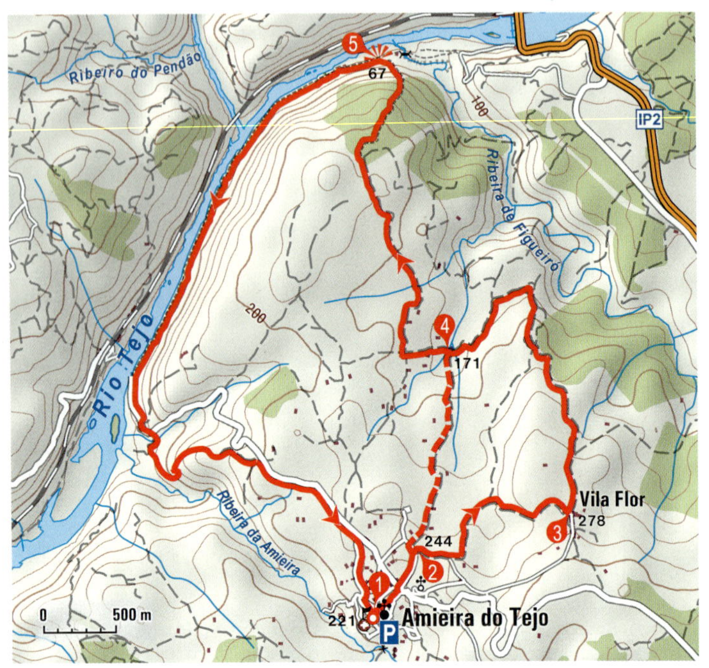

einer Rechts-links-Kurve auf ein **kleines Haus** ❹ mit Feigenbaum zu. Hier trifft von links die kürzere Wegvariante wieder auf unseren Wanderweg.
Wir folgen dem Wegpfeil in Richtung »Tejo« und gehen auf einem breiten Weg zwischen zwei Steinmauern etwas bergan. In der Nähe eines ockergelben Hauses (links) treffen wir auf eine große Wegkreuzung. Hier biegen wir nach rechts ab und wandern ca. 2 km auf einer breiten Erdstraße zwischen zwei Steinmauern. Unterwegs passieren wir Weiden und Felder, einen kleinen Teich (rechts) und überschreiten einige kleine Hügel. Bei einer Stromleitung verlassen wir das Weidegebiet durch ein Weidetor und folgen weiterhin dem Wegpfeil in Richtung »Tejo«. Bei einer Informationstafel beginnt auf einem Holzstegweg mit Treppen der sehr steile Abstieg in Richtung Fluss. Der Holzsteg ist nicht durchgehend ausgebaut, weswegen die Abschnitte zwischen den Holzstegen besonders rutschig sind. Das letzte Stück verläuft jedoch wieder auf dem Holzstegweg und in einer großen Linkskurve in Richtung Flussufer.
Ab einer Aussichtsterrasse am **Rio Tejo** ❺ wandern wir nach links rund 3 km auf einem Steinpfad (Leinpfad) flussabwärts am linken Ufer entlang.

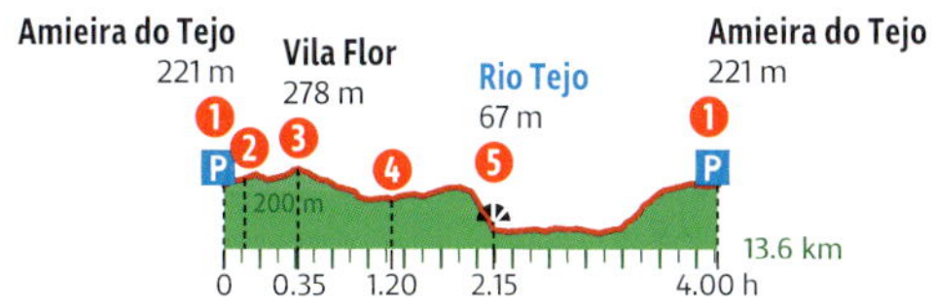

Auf der anderen Flussseite verläuft die Eisenbahnlinie, auf unserer Seite findet man in regelmäßigen Abständen fantasievolle Tiergestalten aus Metall (wohl als Abwechslung für Kinder gedacht). Am Ende mündet der Leinpfad in die Straße N359 ein. An dieser Stelle verkehrt eine Autofähre über den Fluss. Vor einer großen Linkskurve und bei einem neu renovierten Haus verlassen wir die Straße nach rechts und folgen dem Weg am Haus vorbei. Eine Informationstafel weist darauf hin, dass wir in der Folge auf einem Privatweg unterwegs sind und diesen auch nicht verlassen sollten. Wir steigen auf dem breiten Erd-Steinweg bergan und sehen in der Ferne bereits die eindrucksvollen Türme des Castelo da Amieira do Tejo. Der markierte Weg bringt uns zurück zur N359, der wir etwa 1 km nach rechts folgen. Auf der linken Straßenseite passieren wir bereits die ersten Häuser der Siedlung. Dann folgen wir nach rechts einer Nebenstraße (Rua do Santo André) zum Largo da Relva. Wir überqueren den Platz und folgen der Rua da Barca zurück zum Platz vor dem Castelo in **Amieira do Tejo** 1.

Der Leinpfad am Tejo.

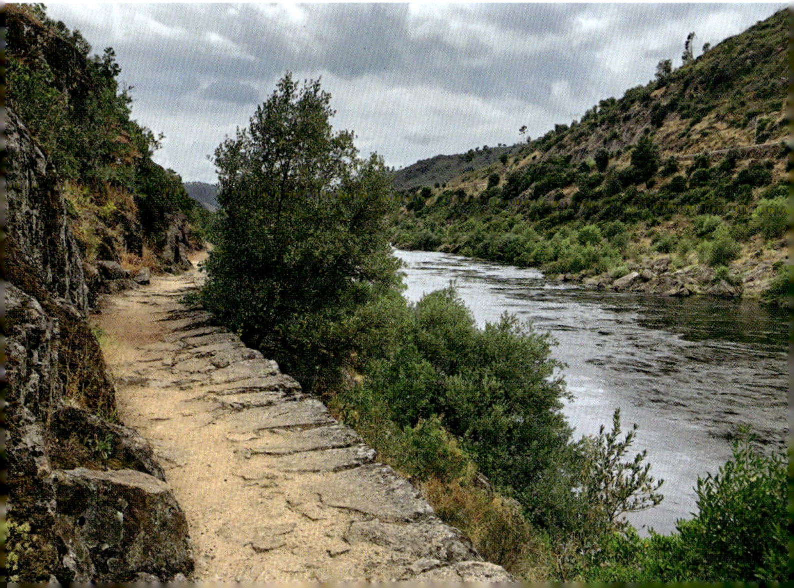

↗ 50 m | ↘ 50 m | 4.7 km

26 Barragem de Póvoa e Meadas

1.30 h

Am Binnenmeer des Alto Alentejo

Die Talsperre Póvoa e Meadas (benannt nach ihrem Bauherrn und Architekten) ist mit 236 ha die größte Wasserfläche des oberen Alentejo. Gebaut wurde sie zwischen 1925 und 1928. Der Stausee des Nisa-Flusses flutet die typische Granitlandschaft zwischen Nisa und Castelo de Vide, mit vielen Buchten und Inseln. Dadurch ist ein ganz eigener Landschaftscharakter entstanden, der etwas an eine nordische Seen- und Fjordlandschaft erinnert. Und auch eine nachhaltige Auswirkung auf die Vogelwelt gibt es: Der riesige Stausee ist eine beliebte Brutgegend für Störche geworden, die hier ganzjährig anzutreffen sind.

Ausgangspunkt: Barragem de Póvoa e Meadas, 314 m, Campingplatz am Nordwestrand des Stausees, etwa 1 km nach der Staumauer auf der rechten Seite. Anfahrt mit Pkw ab Castelo de Vide auf der N246-1 in Richtung Nisa; etwas außerhalb von Castelo de Vide nach links auf die M1007 (15 km). Ausreichend Parkplätze vorhanden.
Anforderungen: Sehr einfache Wanderung auf Erdwegen; kaum An- und Abstiege.
Markierung: Durchgehend gelb-rot; Wegbezeichnung: ergänzende Erweiterung zum »Percurso da Barragem da Póvoa« (PR4.1CDV)
Einkehr: Keine Einkehrmöglichkeit.
Tipp: Wer ein Auto zur Verfügung hat, der sollte den Menhir da Meada besuchen. Dieser liegt auf einer Weide etwa 11 km nördlich von Castelo de Vide und 10 km östlich des Barragem de Póvoa e Meadas. Er ist mit etwas über 7 m Höhe sowie geschätzten 15 Tonnen Gewicht der höchste Menhir der Iberischen Halbinsel und stammt wahrscheinlich aus dem 4. Jt. v. Chr. Im Laufe seiner langen Geschichte ist er irgendwann umgefallen (oder wurde umgeworfen). Im späten 20. Jh. hat man den Menhir wieder aufgerichtet und die Bruchstelle (ca. 1,2 m über der Erde) verschlossen.

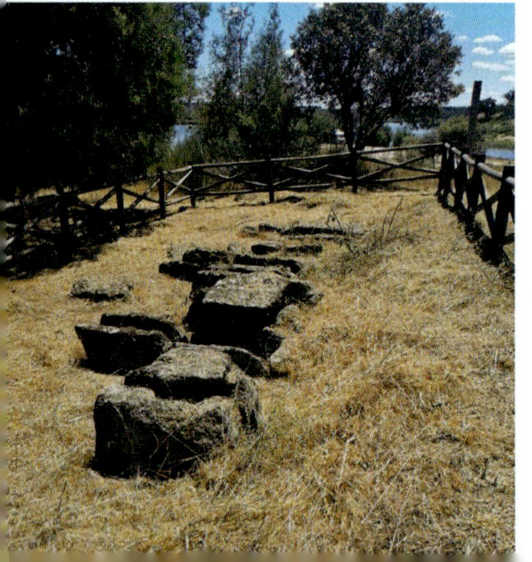

Vom Picknickplatz etwas südlich des Campingplatzes am **Barragem de Póvoa e Meadas** ❶ gehen wir geradewegs zum Ufer des Stausees und sehen zuerst die Nekropole Boa Morte. Dabei handelt es sich um acht Gräber aus dem Früh- und Hochmittelalter, die 1971 entdeckt und archäologisch erforscht wurden. Ab hier gehen wir (mit Blickrichtung auf den See) nach links und wandern auf einem breiten Erdweg

Die Nekropole Boa Morte.

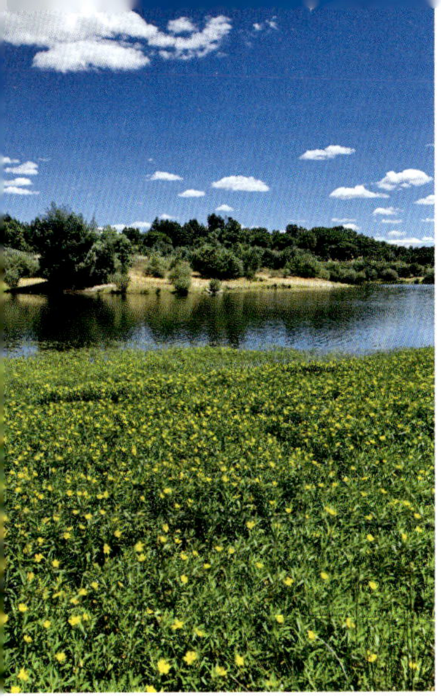

Barragem de Póvoa e Meadas.

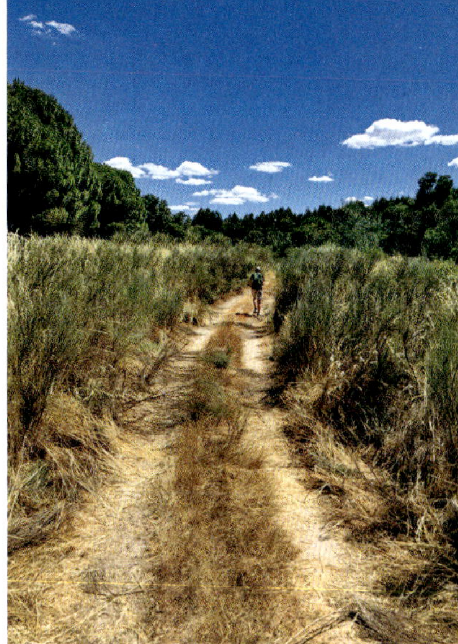

Weg am Nordufer des Stausees.

am nördlichen Seeufer entlang, wobei wir einige Buchten ausgehen. Sehenswert sind der Blick auf den See, die großen Granitfelsen entlang des Weges und (je nach Jahreszeit) die Blütenpracht. Akazien und Seekiefern sind die dominanten Bäume. Mit Glück und ebenso jahreszeitlich bedingt können auch verschiedene Watvögel beobachtet werden.

Wir haben die Nordspitze des Sees umwandert. Hier verläuft der Weg zeitweise durch Unterholz und im Schatten. Der Weg endet auf einer Halbinsel im See, die schräg gegenüber dem Hügel mit den Gräbern von Boa Morte liegt. Eine **Informationstafel** 2 weist auf das Ende des Weges hin. Wir gehen auf demselben Weg zurück zum Ausgangspunkt am **Barragem de Póvoa e Meadas** 1.

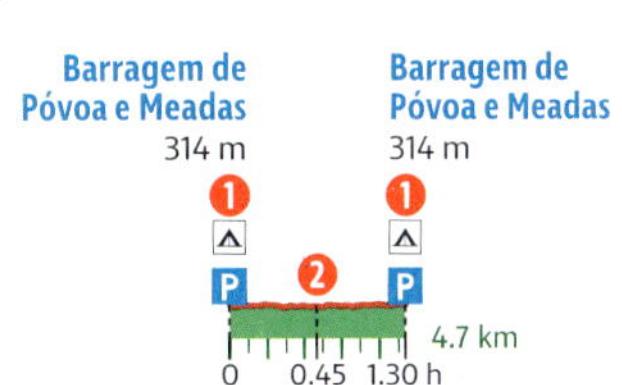

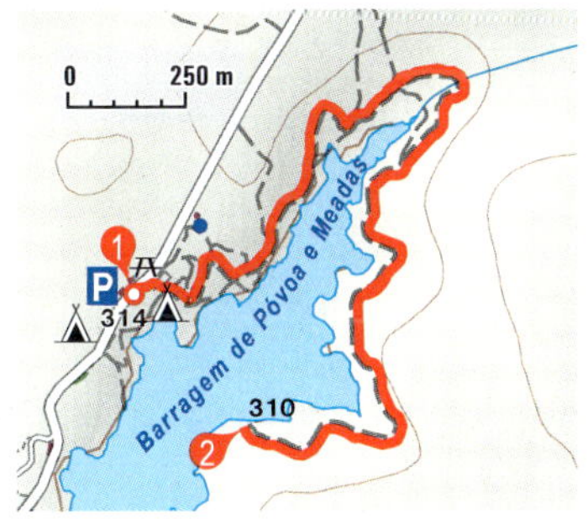

↗ 290 m | ↘ 290 m | 9.4 km

27 Von Castelo de Vide in die Serra de São Paulo

3.00 h

Wanderung mit vielfältigen Ausblicken auf Castelo de Vide

Serra de São Paulo heißt der bizarre Hügelzug südwestlich von Castelo de Vide, der in seinen höchsten Erhebungen etwas über 700 m erreicht. Wie ein Adlerhorst thront auf dieser Serra die kleine Kapelle Nossa Senhora da Penha über der Stadt. Der Miradouro auf der Terrasse der Kapelle bietet einen der schönsten Panoramablicke auf das Burgstädtchen, idealerweise am Nachmittag, bevor die Schatten des Gebirges die Stadt treffen. Ansonsten kann man auf dieser Wanderung beschauliches ländliches Leben antreffen: viele gefasste Quellen, kleine volksfromm geschmückte Kapellen und jahrhundertealte gepflasterte Wege.

Ausgangspunkt: Castelo de Vide, 570 m, Igreja da Nossa Senhora dos Remédios bei den Sportanlagen am südöstlichen Ortsrand. Die Kreishauptstadt Castelo de Vide hat eine gute Verkehrsanbindung.
Anforderungen: Einfache Wanderung auf Dorfstraßen, Erd- und Waldwegen und für kurze Strecken auf schmalen Gebirgspfaden; keine schwierigen Anstiege, die rund 290 Höhenmeter An- und Abstieg sind über den gesamten Wegverlauf gleichmäßig verteilt.
Markierung: Durchgehend gelb-rot; Wegbezeichnung: »Percurso pela Serra de São Paulo« (PR1CVD).
Einkehr: Keine Einkehrmöglichkeiten in der Serra de São Paulo. Der letzte Wegabschnitt führt durch das Stadtzentrum von Castelo de Vide mit zahlreichen Einkehrmöglichkeiten.
Tipp: Castelo de Vide besitzt eine der besterhaltenen mittelalterlichen Synagogen auf der Iberischen Halbinsel. Sie wurde im späten 14. Jh. errichtet und ist ein Zeugnis für die Existenz eines Judenviertels in der Stadt im 14. und 15. Jh. Auch nach der Zwangskonversion (1496) der Juden in der Zeit von König Manuel I. blieb die Synagoge wahrscheinlich noch bis Mitte des 16. Jh. in Funktion. Im 18. Jh. war sie zeitweise ein privates Wohnhaus. Nach einer Renovierung beherbergt das Gebäude seit 2009 ein Museum zum jüdischen Leben in Castelo de Vide. Nähere Informationen zu Besuchszeiten auf castelodevide.pt unter »Ver e Fazer« bzw. »Sehen und Tun«.

Mit Blick auf das Portal der Igreja da Nossa Senhora dos Remédios am südöstlichen Ortsrand von **Castelo de Vide** ❶ folgen wir der Straße rechts der Kirche. Wir verlassen sie gleich nach links und gehen auf einem betonierten Weg an der Friedhofsmauer entlang und wenig später auf einem Erdweg auf die Serra de São Paulo zu. So kommen wir zur Fonte de Regalo, einem alten Brunnen.
Ab hier geht es etwas bergan bis zur Straße N246-1, die wir in einem spitzen Winkel und vor einigen Häusern erreichen. Wir folgen ihr ein kurzes Stück nach links und verlassen sie bei besagten Häusern und noch vor dem Kreisverkehr auf einer Nebenstraße nach rechts. Die Nebenstraße mündet gleich in die schmale M1008, an der wir nach rechts etwas bergan gehen.

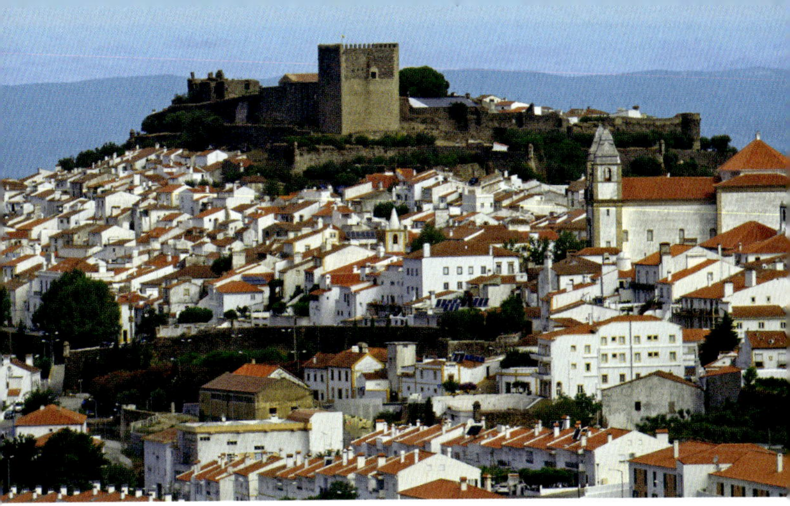

Blick auf den Festungshügel von Castelo de Vide.

Bei erster Gelegenheit zweigen wir nach rechts in eine schmale Asphaltstraße (Zufahrtsstraße zu einigen Häusern) ein. Nach rechts haben wir bald einen schönen Blick auf Castelo de Vide. Hier beginnt auch eine Art »Trimm-dich-Pfad« mit zahlreichen Informationstafeln zu Turnübungen und Laufdistanzen.

Hinter einer Quinta (weiß-gelbes Gebäude rechts) mündet unser Wanderweg in einen gepflasterten Weg ein, dem wir nach rechts folgen. Der folgende Abschnitt verläuft auf einer »mittelalterlichen Straße«. Gleich zu Beginn liegt links des Weges die **Fahla geológica de Castelo de Vide** 2 (geologische Verwerfung, Informationstafel). Wir wandern ca. 1 km auf diesem gepflasterten Weg durch einen lichten Seekiefernwald. Danach mündet von rechts ein alter Pfad (Calçada Medieval, eine weitere mittelalterliche Straße) in unseren Weg ein. Zusammen mit diesem biegen wir gleich darauf gegenüber der

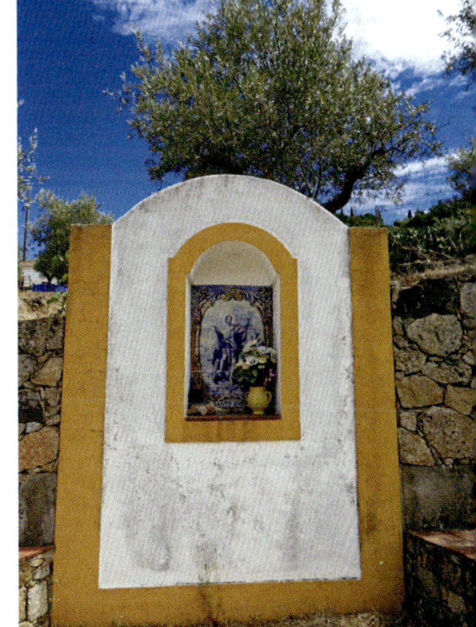

Die Alminha de Santo André.

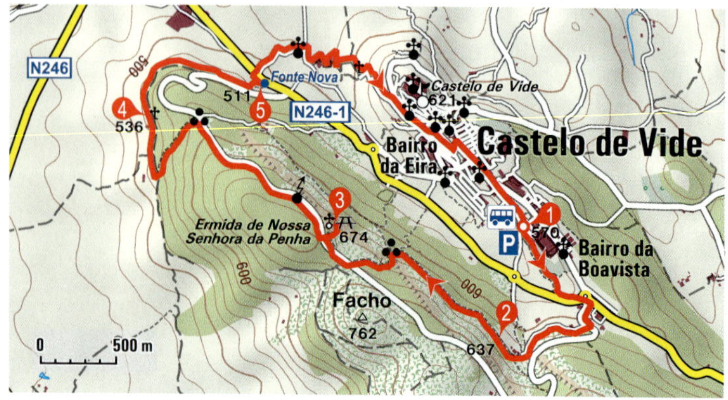

Fonte Santa nach links ab und steigen auf dem schmalen Pfad durch eine felsige Landschaft bergan. Dieser Teil ist der schönste Abschnitt der Tour.
Nach rund 1 km und etwa 50 Höhenmeter Anstieg erreichen wir eine breite Straße (M1008), der wir nach rechts folgen. Schon nach rund 100 m verlassen wir sie nach rechts und wandern auf einem schmalen Weg, später auch über Stufen hoch zur **Ermida de Nossa Senhora da Penha** ❸. Hier bietet sich ein großartiger Blick auf Castelo de Vide. Unterhalb der Kapelle liegt auch ein Picknickplatz.
Wir kehren zurück zur M1008 und folgen ihr rund 1,2 km stetig bergab. Bei einer Kreuzung (mit Markierung) zweigen wir nach links auf einen gepflasterten Weg ab und erreichen hier neuerlich die »mittelalterliche Straße« durch die Serra de São Paulo. Nun wandern wir durch lichten Wald bergab, rechts wird der Weg abschnittsweise von einer Mauer begleitet. An der T-Kreuzung folgen wir dem Querweg nach rechts. Nun sind wir auch auf dem Weitwanderweg von Castelo de Vide (GR41) unterwegs, weswegen hier zusätzlich weiß-rote Markierungen angebracht sind. Der in diesem Abschnitt breite Erd-Sandwanderweg wird teilweise von Mauern gesäumt und von Korkeichen beschattet. Bald nach der letzten Kreuzung liegt rechts des Weges die kleine Kapelle **Alminha de São Paulo** ❹. Nach etwas mehr als

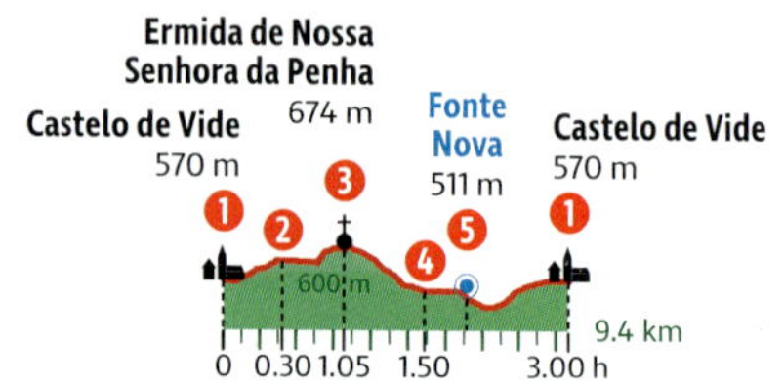

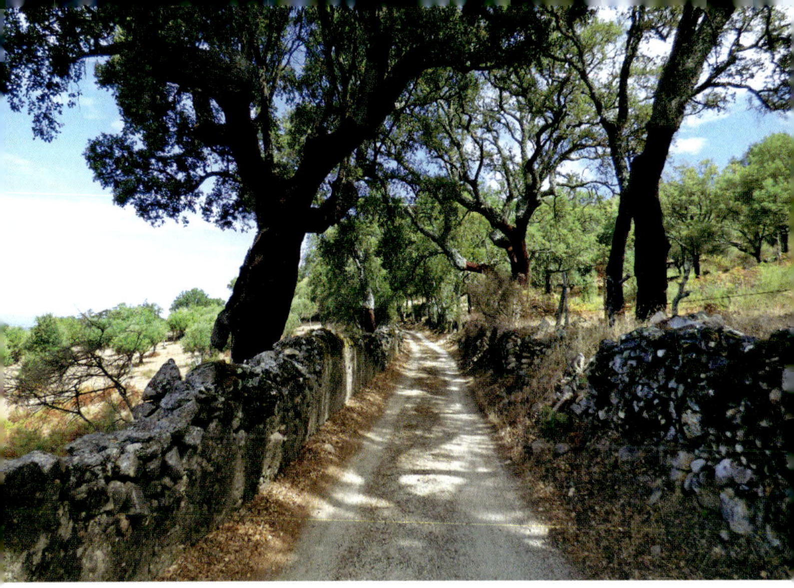

Wegverlauf westlich von Castelo de Vide.

1 km mündet unser Weg in die M1008, der wir nach links etwa 200 m folgen. Bei einem Torbogen zweigen wir nach links ab, passieren einige verlassen wirkende Häuser und erreichen bei der **Fonte Nova** 5 mit ihrem großem Wasserbecken die Straße N246-1.
Dieser folgen wir ca. 100 m nach links und biegen bei erster Gelegenheit rechts in eine Nebenstraße ein. Nun geht es steil bergab zur kleinen Capela de Senhor do Bonfim. Danach mündet unser Weg an einer T-Kreuzung in eine Straße ein. Wir folgen ihr etwa 150 m nach rechts und verlassen sie nach links. Zunächst geht es leicht bergab, in einigen Kurven an der Fonte do Cortiço vorbei und danach steil an Gärten und Häusern vorbei hinauf zum Reliquienschrein Alminha de Santo André. Dort erreichen wir wieder einen breiteren Fahrweg, der in die Rua Luís de Camões übergeht. Diese Straße führt bis zum kleinen Jardim do Bacalhau. Am rechten oberen Ende der Grünanlagen folgen wir der Rua da Arrochela, die in einer engen Linkskurve zur Rua de Olivença im Zentrum der Unterstadt von Castelo de Vide führt. Links befinden sich das Rathaus und die Igreja Matriz Santa Maria da Devesa. Wir folgen der Rua de Olivença nach rechts stadtauswärts und passieren den Stadtpark (links) und die Bibliothek (rechts). Bei der Straßengabelung beim Hotel Sol e Serra halten wir uns rechts, passieren den Jardim Garcia da Orta und den Parque 25 de Abril (beide links) und gelangen wieder zum Ausgangspunkt in **Castelo de Vide** 1.

TOP

28

↗ 970 m | ↘ 970 m | 26.6 km

Große Runde zwischen Castelo de Vide und Marvão

2 Tage

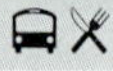

Durch das Herzstück des Parque Natural da Serra de São Mamede

Castelo de Vide und Marvão zählen aufgrund ihrer Lage und ihres Ortsbildes zu den schönsten kleinen Städten des oberen Alentejo. Während Castelo de Vide zwischen Hügelketten eingebettet liegt, thront Marvão gewissermaßen in luftiger Höhe auf nahezu 900 m. Folglich ist die Wandertour, die diese beiden Orte verbindet, äußerst abwechslungsreich und bietet von allen möglichen Perspektiven sehr viele prächtige Ausblicke auf eine zauberhafte Landschaft und auf die beiden Siedlungen.

Ausgangspunkt: Castelo de Vide, 574 m, Praça D. Pedro V. im Zentrum der Unterstadt. Die Kreishauptstadt Castelo de Vide hat eine gute Verkehrsanbindung.
Anforderungen: Lange Rundwanderung (Empfehlung: 2 Tage) auf Dorf- und Landstraßen, Erdwegen und schmalen Gebirgspfaden. Insgesamt müssen knapp 1000 Höhenmeter im An- und Abstieg bewältigt werden, die sich über die gesamte Tour relativ gleichmäßig verteilen. Extreme Wegpassagen gibt es nicht, allerdings sind einige Wegstücke verwachsen und insgesamt ist ein gewisser Orientierungssinn gefordert.
Markierungen: Kombination mehrerer markierter Wanderwege (in Teilen), aber auch unmarkierte Abschnitte; der Großteil des Weges ist rot-gelb markiert; Wegbezeichnungen der kombinierten Wege: »Percurso de Carreiras« (PR7PTG-CVD; teilweise); »Percurso pedestre de Marvão« (PR1MRV; teilweise); »Percurso Castelo de Vide–Marvão« (PR3CVD-MRV; zur Gänze).
Einkehr: In Castelo de Vide, Carreiras, Portagem und Marvão.
Unterkunft: Die reizvolle Burgstadt Marvão hat einige Übernachtungsmöglichkeiten, neben Privatzimmern gibt es auch eine Pousada. Weitere Informationen zu Unterkünften auf cm-marvao.pt unter »Turismo–Descobrir Marvão–Dormir«.
Tipp: Marvão verdient einen ausgiebigen Besuch und eine detailreiche Besichtigung. Neben dem reizvollen Ortsbild (schmale Gassen, einheitliche Architektur) bildet es dank seiner Lage und einiger besonders sehenswerter Bauten (Castelo, Casa do Governador, Igreja de Santiago, Igreja de São Tiago, Igreja de Santa Maria = Museum Municipal, Igreja do Calvário) ein Gesamtkunstwerk, dem sich Besucher kaum verschließen können.
Hinweis: Konditionsstarke Wanderer können die Tour bei frühzeitigem Aufbruch auch an einem Tag schaffen.

1. Tag: Castelo de Vide–Marvão, 5.15 Std., 16.5 km, 680 m Auf-, 430 m Abstieg:

An der Praça D. Pedro V. im Zentrum von **Castelo de Vide** ❶ gehen wir mit Blick auf das Rathaus nach rechts und folgen der Rua de Olivença stadtauswärts (Südwesten). Wir passieren den Parque João José da Luz (links) und die Bibliothek (rechts). Bei der Straßengabelung unterhalb des Hotels Sol e Serra folgen wir links der Avenida da Europa und passieren den Jardim Garcia da Orta und den Parque 25 de Abril mit dem Schwimmbad. Danach folgen weitere Sportstätten (u. a. das Estádio Municipal Manuel Rodrigues) und eine kleine Kirche. Beim Kreisverkehr, der bereits am südwestlichen Stadtrand von Castelo de Vide liegt, folgen wir der Straße M1008 in Richtung Carreiras steil bergan. In einer großen Rechtskurve (hinter dem Supermarkt Pingo Doce) zweigen wir nach links von der Straße auf einen Waldweg ab. Dieser verläuft kurz parallel zur Straße und knickt dann nach links.

Nun wandern wir gut 500 m durch einen Wald von Seekiefern und Eichen bergan. Der Blick zurück auf Castelo de Vide lohnt sehr. Dann queren wir in einer engen Rechtskurve die Kuppe der Hügelkette. Danach geht es auf dem breiten Waldweg etwas bergab. Bei einer Gabelung nehmen wir den rechten Weg. Er geht in einen schmalen Pfad über und führt durch den Wald kontinuierlich bergab zur Kreuzung der M1008 mit der M523. Geradeaus erreichen wir die **Calçada Medieval** 2, eine gepflasterte mittelalterliche Straße, die früher als Karrenweg das Gebirge querte und heute ein Wanderweg ist. Der folgende Wegabschnitt bis Carreiras ist gelb-rot markiert (PR7PTG-CVD).

Wir wandern hier auf dem alten Steinweg, der teilweise von Korkeichen beschattet, später von Steinmauern flankiert ist, kontinuierlich bergab. Nach rechts blickt man in die vorgelagerte Ebene, links liegt die Bergflanke. Nach rund 1,3 km trifft der Pflasterweg bei einem gelb-weiß gestrichenen Haus auf die Quelle mit dem Namen **Água de Todo o Ano** 3. Aufgrund von

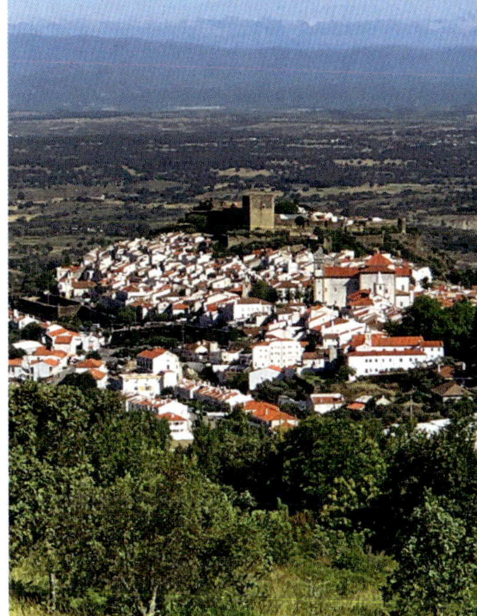

Blick auf Castelo de Vide von der Serra de São Paulo.

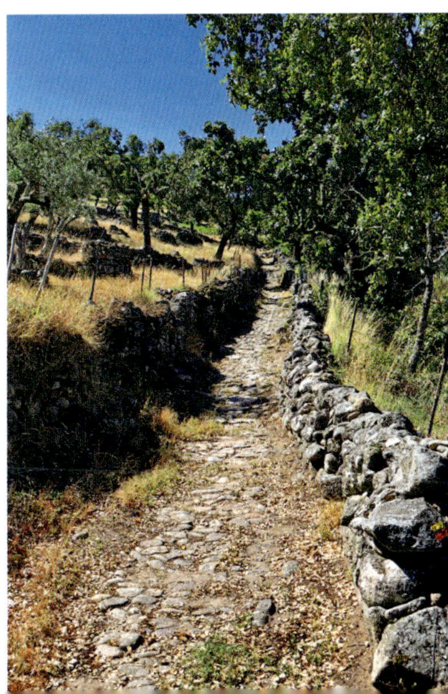

Calçada Medieval in Richtung Carreiras.

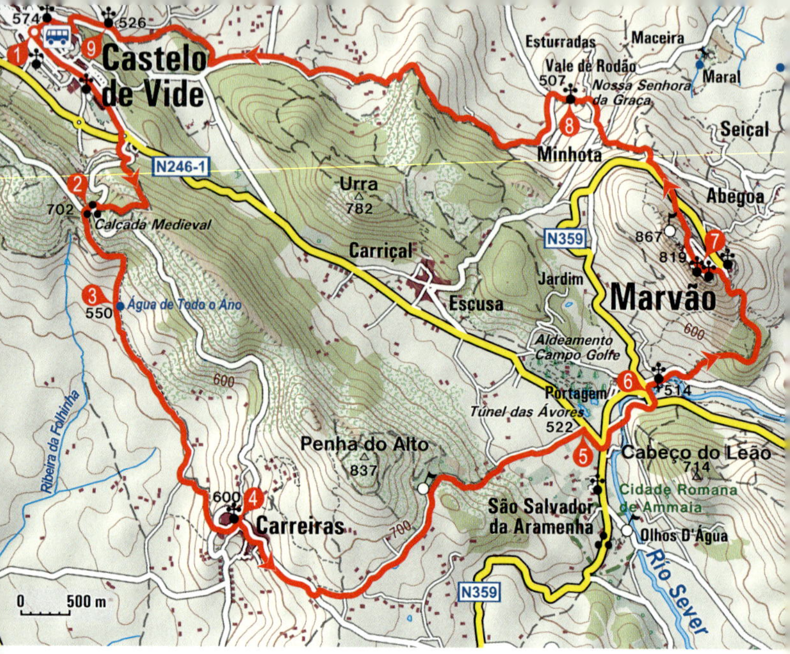

Grundwasseraustritten gibt es hier ganzjährig Trinkwasser. Der Weg führt ab hier nur noch leicht bergab. In der Ferne kann man schon die Häuser von Carreiras, unserem ersten Zwischenziel, erkennen. Der gepflasterte Weg geht allmählich in eine schmale Straße über (Zufahrtsstraße zu einigen Bauernhöfen). Bei der Tapada do Agriões (kleines Haus rechts des Weges mit blauen Rändern um Fenster und Türen) zweigen wir nach links ab und wandern auf einem Erd-Sandweg entlang eines schmalen Bachlaufes leicht bergan. Bei einer Hauseinfahrt queren wir den Bachlauf nach rechts und steigen nun auf einem Steinweg zwischen Steinmauern kräftig bergan. Bei der Ermida das Alminhas gehen wir geradeaus über die M523 und auf der Rua Prof. António Casa Nova bis zum Largo Rossio mit der Igreja Paroquial von **Carreiras** 4. Am Dorfplatz gibt es auch ein Café.
Wir gehen nach rechts zur M1031. Diese führt aus dem Dorf hinaus, vorbei an einem markanten weißen Turm (laut einer Aufschrift zur Erinnerung an António Pedro Casa Nova 1963 errichtet). Nach rund 1 km zweigen wir vor einem weißen Haus nach links oben in die asphaltierte Zufahrtsstraße zur Casa da Vigia ab und verlassen sie gleich bei einem Tor nach rechts in Richtung eines Wiesenpfades, der in einem Rechtsbogen vom Asphaltweg wegführt. Nun geht es zwischen zwei Steinmauern leicht bergan. Der Pfad

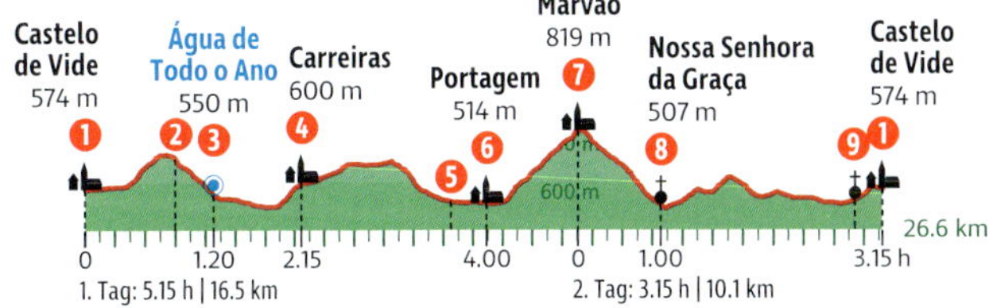

wird breiter und mündet geradeaus in eine schmale Straße. Bei der nächsten Gabelung bleiben wir geradeaus auf dieser Straße, die von Steinmauern begleitet wird und durch eine Landschaft von kleinen Bauernhöfen verläuft. Nach rechts kann man in einiger Entfernung den São Mamede sehen, den mit 1027 m höchsten Gipfel der Region und südlich des Tejo, gut erkennbar an seinen Antennen. Nach etwas mehr als 1 km geht die Straße in einen Erdweg über, der nun am Waldrand und später im Wald verläuft. Nach dem Wald wandern wir auf einer gerade verlaufenden schmalen Stra-

Der Túnel das Árvores.

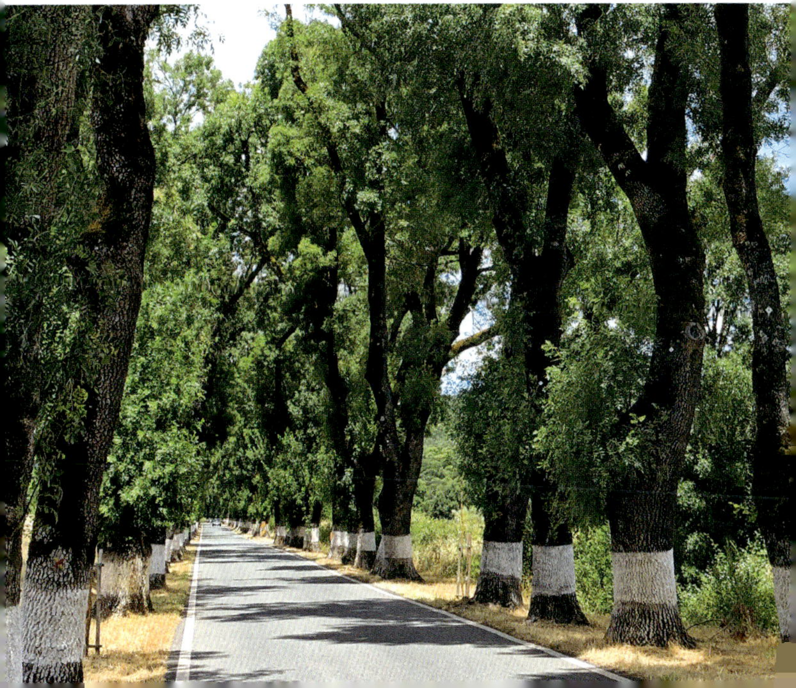

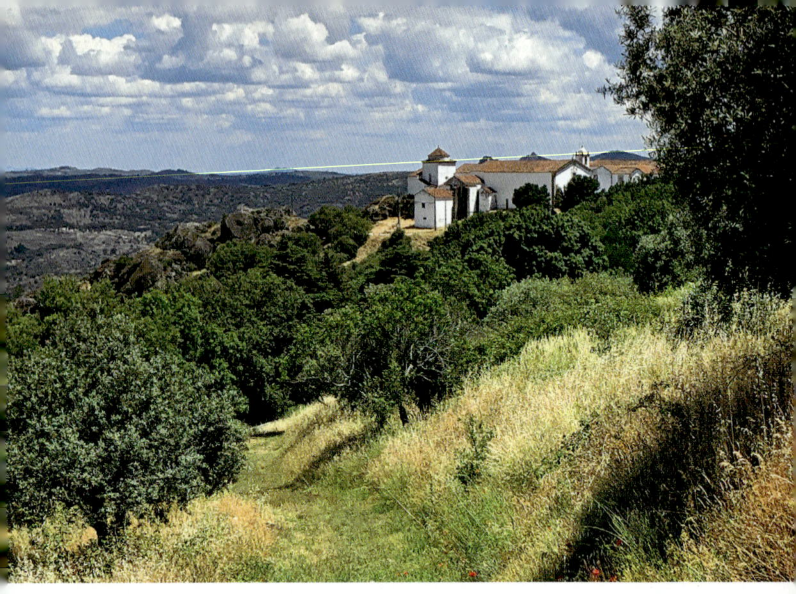

Der Convento de Nossa Senhora da Estrela am östlichen Dorfrand von Marvão.

ße auf die Siedlung Portagem zu. Davor erreichen wir eine Besonderheit in der Region, den **Túnel das Árvores** ❺ (auch Alameda dos Freixos genannt), eine Allee von alten Platanen, die sich über einige Kilometer auf der Straße (N246-1) zwischen Castelo de Vide und Portagem erstreckt. Wir folgen der Platanenallee 300 m nach rechts und zweigen bei der nächsten Kreuzung nach links auf die N359 ab. Nach ca. 150 m biegen wir nach rechts auf einen Asphaltweg ab, der in Richtung Rio Sever führt. Den Fluss queren wir auf einer Leichtmetallbrücke und folgen danach der Straße (Estrada do Rio Sever) nach links am Fluss entlang. Nach dem Hotel Sever treffen wir auf die N246-1, queren auf dieser nach rechts erneut den Rio Sever auf einer Brücke und passieren geradeaus einen Kreisverkehr, der gewissermaßen der Verkehrsknotenpunkt der Siedlung **Portagem** ❻ ist.

Nach dem Kreisverkehr nehmen wir die erste Straße (M1142) nach rechts und passieren einen Picknickplatz und einen Kinderspielplatz (beide rechts). Hinter der Capela das Almas (ebenso rechts) befinden sich die alte Ponte Romana über den Rio Sever und das Flussbad. Wir bleiben noch rund 300 m auf der Straße, bevor wir bei einer kleinen Häusergruppe zwischen zwei gelb-weiß gestrichenen Häusern nach links in die Calçada Marvão einbiegen. Diese aus dem Mittelalter stammende gepflasterte Straße verbindet Portagem mit Marvão und wird heute als Wanderweg (PR1MRV, gelbrot markiert) genutzt.

Auf dem sehr schönen, geradezu kunstvoll gepflasterten Steinweg wandern wir nun kontinuierlich bergan, vorbei an Korkeichen, Olivenbäumen und alten Steinmauern. Bei einer Weggabelung nach rund 1 km halten wir uns nach links, etwa 500 m später verlassen wir den Wald und steigen nun in einigen Kurven hinauf zum Convento da Nossa Senhora da Estrela (heute ein Altersheim), außerhalb der Stadtmauern von Marvão gelegen. Gegenüber der ehemaligen Klosterkirche gehen wir eine Rampe hoch und betreten durch das östliche Stadttor die kleine Burgstadt, die zugleich höchster Punkt unserer Rundwanderung ist. Durch die Rua das Portas da Vila kommen wir zum Hauptplatz von **Marvão** 7 mit dem Pelourinho.
Marvão beeindruckt durch seine Lage, wie auch durch sein wunderschönes Stadtbild: enge Gassen mit alten weiß gestrichenen Häusern, eine geradezu mittelalterliche Atmosphäre.

2. Tag: Marvão–Castelo de Vide, 3.15 Std., 10.1 km, 290 m Auf-, 540 m Abstieg:
Vom Hauptplatz von **Marvão** 7 gehen wir weiter durch die Rua do Espírito Santo und die Rua de Cima und verlassen die Festungsstadt nach der Tourismusinformation (am Ende der Straße rechts) durch das nördliche Stadttor. Wir folgen ein kurzes Stück der Zufahrtsstraße und steigen bei der Rechtskurve geradeaus auf Treppen hinunter zu einem Steinkreuz (wieder gelb-rote Markierung der Streckenwanderung zwischen Marvão und Castelo de Vide, PR3CVD-MRV). Am Weg dorthin hat man nach rechts einen schönen Blick zurück auf den am Ortseingang befindlichen Konvent. Ab dem Steinkreuz wandern wir auf einer alten gepflasterten Straße (Calçada Romana) stetig bergab und durch Edelkastanienwälder. Der Weg mündet nach gut 500 m in die N359-6 ein. Dieser folgen wir nach links bis zu einem Kreisverkehr (davor: Brunnen Fonte da Pipa). Im Kreisverkehr zweigen wir nach rechts auf die M359 ab und nehmen die erste Straße nach links (Zufahrtsstraße zu einem Friedhof). Vor dem Friedhof gehen wir links und an der Weggabelung ebenfalls links.
Nun wandern wir wieder auf einer gepflasterten Calçada Medieval, es geht weiterhin bergab. Wir passieren neuerlich einen Brunnen (Fonte do Carvalho) und erreichen erneut eine schmale Straße. Dieser folgen wir nach rechts und biegen gleich wieder nach links auf einen Pfad ein, der ebenfalls in eine Straße mündet. Dieser folgen wir nach rechts und verlassen sie bei erster Gelegenheit nach links auf einer schmäleren Straße. Nach gut 200 m biegen wir nach links ab und passieren die Grundrisse eines Rundhauses aus Stein (Choça, als Denkmal klassifiziert) und gleich darauf die kleine Kirche **Nossa Senhora da Graça** 8.
Danach steigen wir in ein kleines Tal (Vale do Rodão) mit Streusiedlung ab und treffen auf eine etwas breitere Straße. Auf dieser gehen wir nach links rund 500 m bergan. Kurz nach einer Linkskurve zweigen wir nach rechts auf einen Steinweg ab, der auch als Zufahrtsstraße zu Bauernhöfen

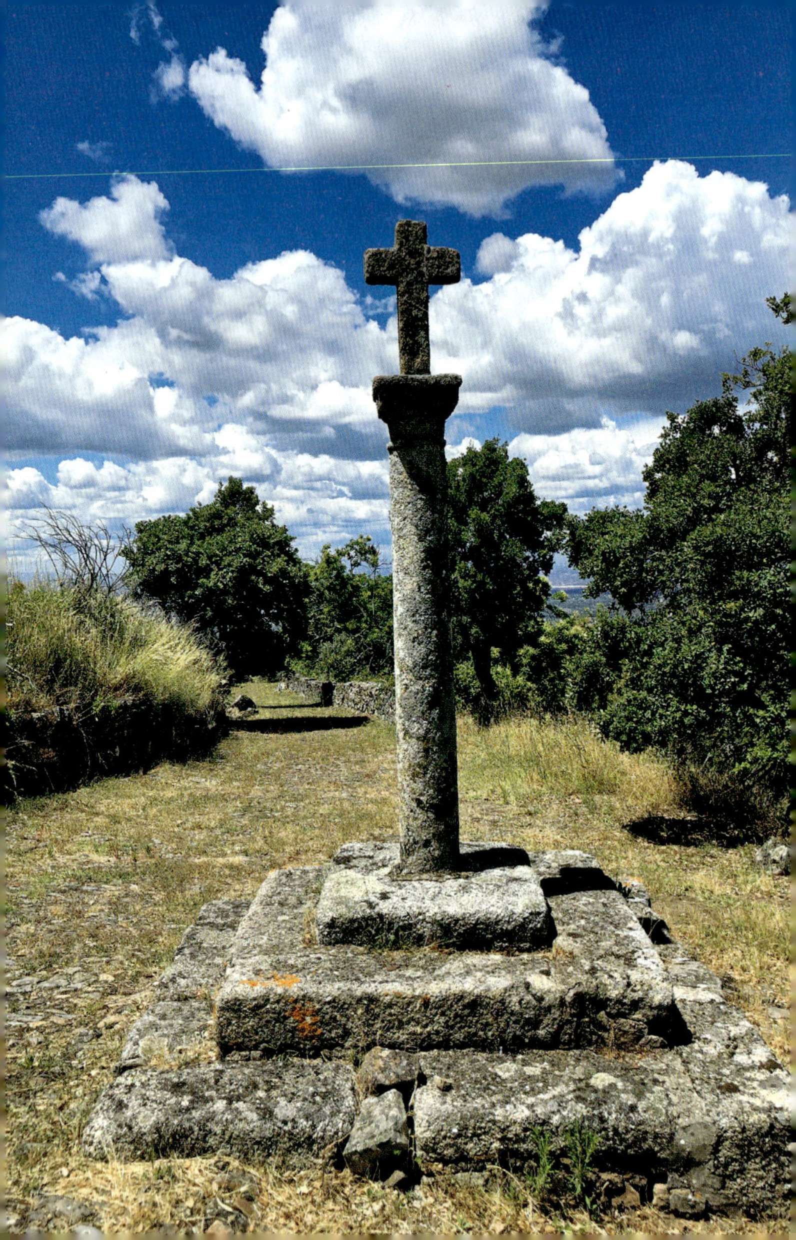

(die Zufahrt zur Quinta da Saimeira ist mehrfach angeschrieben) dient. Im folgenden Anstieg wird der Weg immer schmaler und steiniger. Auch große Granitformationen (Wollsackverwitterungen) kann man entlang des Weges sehen. Zurück bietet sich ein lohnender Ausblick auf Marvão.

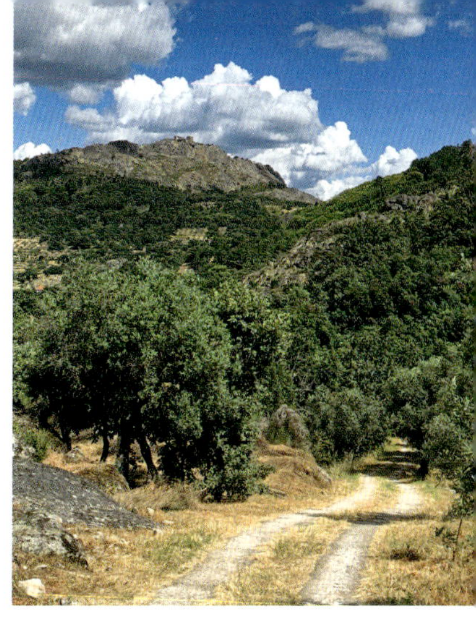

Blick auf die auf dem Berg thronende Festungsstadt Marvão.

Bei einer Weggabelung bleiben wir rechts und steigen einen Höhenrücken weiterhin bergan, nun auf einem schmalen Pfad, der teilweise von Steinmauern flankiert wird und durch ein Feld an Farnbüschen führt. Nachdem wir die Kuppe passiert haben, geht es durch einen Eichenwald mit großen Felsen bergab. In der Ferne sieht man bereits die Silhouette von Castelo de Vide.

Unser Pfad wird im Abstieg ein breiter Weg, der in eine schmale Straße mündet, die wieder als Zufahrtsstraße zu Bauernhöfen fungiert. Auf dieser verbleiben wir für etwas mehr als 1,5 km. Bei einem gelben Haus zweigen wir von der Straße nach rechts ab und wandern nun in einer großen Linkskurve bergab mit schönem Ausblick auf einen Olivenhain. Der Weg wird schmäler, bei einem Zaun (Hauseinfahrt) zweigen wir bei einer Weggabelung nach links ab und folgen nun einem sehr schmalen Pfad, der stellenweise stark verwachsen ist. Unter einem alten Feigenbaum muss man – aufgrund der ausladenden Äste – fast hindurchkriechen. Bei einer Hauszufahrt erreichen wir wieder eine Straße (M254), nun schon an der östlichen Einfahrt von Castelo de Vide.

Wir folgen der Straße nach rechts steil bergan. Rechts der Straße passieren wir das ehemalige Kloster (heute ein Hotel) **Convento Senhora da Vitória 9**, ein imposantes Gebäude. Rund 300 m nach dem Konvent zweigen wir auf einen schmalen Pfad nach links ab. Dieser führt zwischen zwei Mauern steil bergan und ist stellenweise verwachsen. Bei einer Weggabelung halten wir uns nach rechts und erreichen unterhalb der Forte de São Roque die Praça Alta. Von hier bietet sich ein schöner Blick auf die Oberstadt und Festung von Castelo de Vide. Auf der Praça Alta gehen wir in Richtung Oberstadt und zweigen jedoch bald nach links in die Rua 5 de Outubro ab, die geradeaus bergab zur Praça D. Pedro V. im Zentrum von **Castelo de Vide 1** führt.

Steinkreuz am Nordausgang der Festung von Marvão.

↗ 280 m | ↘ 280 m | 11.8 km

29 Durch das »Granitmeer« von Galegos

3.30 h

Ländliche Idylle in einer kargen Felslandschaft

Das Gebiet östlich von Marvão ist von Granit geprägt: Mächtige wollsackverwitterte Felsen liegen allerorts; die dünne aufgelagerte Erdschicht erlaubt nur sehr begrenzt Ackerbau. Die Menschen auf den kleinen Bauernhöfen leben – neben anderen Beschäftigungen in der Stadt – hauptsächlich von bescheidener Weidewirtschaft und ihren Gemüsegärten. So ist es nicht verwunderlich, dass dieser Teil des Alto Alentejo besonders dünn besiedelt ist. Für Wanderer ist diese Kombination aus Stein, Flusstälern und ländlicher Idylle jedoch besonders reizvoll.

Ausgangspunkt: Galegos, 547 m, Largo da Ponte bei der Brücke der M1088 über die Ribeira de Galegos am Südostrand der Siedlung. Anfahrt mit Pkw von Marvão auf der N359 bis Portagem; weiter auf der N246-1 in Richtung Spanien; ab der letzten Abfahrt vor der Grenze nach links auf der M1088 nach Galegos (11 km ab Marvão).
Anforderungen: Einfache Wanderung auf Dorfstraßen, Erdwegen und schmalen Steinpfaden ohne besondere Herausforderung; geringe An- und Abstiege; eine Flussquerung auf Trittsteinen.
Markierung: Durchgehend gelb-rot (»Percurso pedestre de Galegos«, PR2MRV).
Einkehr: Keine Einkehrmöglichkeit.
Tipp: In Galegos sollte man nicht versäumen, das »Centro de Interpretação do Azeite« (Olivenölmuseum) zu besuchen. Hier wird anschaulich (aber nur im Rahmen von Führungen) die Geschichte und Kultur der Olivenölproduktion vermittelt und auch eine Verkostung angeboten. Im hohen Eintrittspreis ist eine Flasche Olivenöl inbegriffen. Nähere Informationen zu Besuchszeiten und Reservierung finden sich auf mpn.pt.

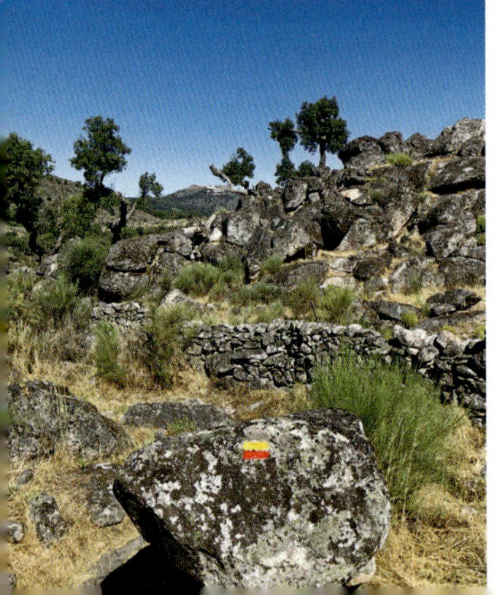

Vom Largo da Ponte bei der Brücke am südostlichen Ortsrand von **Galegos** ❶ folgen wir der Straße in Richtung Nordosten und kommen bereits nach rund 100 m zu einem Aussichtspunkt (linke Seite) auf die Marmitas do Gigante, zu Deutsch: »Kochtöpfe des Riesen«. Tatsächlich handelt es sich dabei um Erosionstöpfe, die das Wasser des Galego-Flusses und der grobe Kies hier in den Felsen geschliffen haben. Wir wandern noch etwas mehr als 1 km auf dieser schmalen Straße stetig bergan. Erst kurz vor der Staats-

Die Granitfelsenlandschaft bei Galegos.

grenze und mit Blick auf die spanische Siedlung La Fontañera verlassen wir die Straße bei einem alten Steinhaus nach links und steigen auf einem Steinpfad in einer Links-rechts-Kurve in Richtung Ribeira de Galegos ab. Dort treffen wir an einer T-Kreuzung neuerlich auf eine schmale Straße, an der wir nach rechts parallel zum Flusstal rund 1 km in Richtung Norden gehen. Dabei passieren wir v. a. Weiden. Lohnenswert ist der Blick nach links, wo in der Ferne der Festungshügel von Marvão zu sehen ist.

Bei einem weißen Haus (rechts der Straße, Tapada da Crença) zweigen wir nach links auf einen Stein-Erdweg ab, der von einer Steinmauer begleitet wird. Bei der folgenden Gabelung gehen wir nach rechts und steigen wenig später nach links einen Hang hoch, wo die Ruinen des **Castro da Crença** 2 liegen, einer eisenzeitlichen Hügelsiedlung, bestehend aus Wehrmauern und einigen Grundmauern von Häusern.

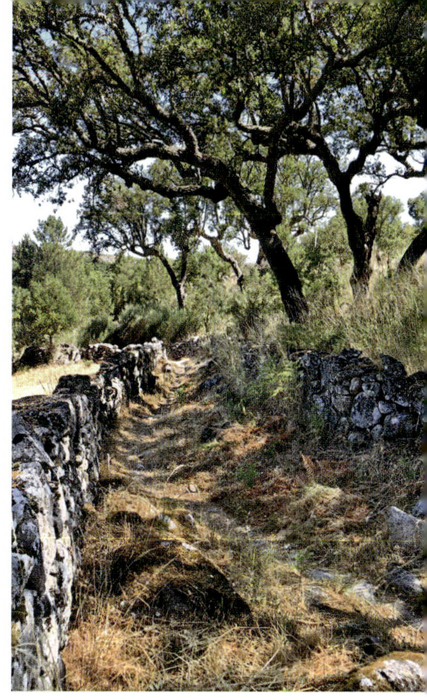

Wegverlauf in der Nähe von Monte Baixo.

Nach der Besichtigung gehen wir ein Stück denselben Weg wieder zurück und dann nach links, bis wir wieder auf die Straße treffen. Dieser folgen wir gut 100 m nach links und zweigen bei der zweiten Möglichkeit nach links (Markierung) auf einen schmalen Weg ein. Gleich darauf treffen wir auf eine Weggabelung; hier halten wir uns nach rechts und wandern nun auf einem Pfad, der zum Teil von Mauern flankiert wird. Bemerkenswert sind die mächtigen Granitfelsen am Wegesrand. Stetig wandern wir nun bergab in Richtung Talgrund der Ribeira de Galegos. Nach einem sehr schön gelegenen Haus (links) queren wir auf hohen Trittsteinen den Bachlauf, der wenig später in den Sever-Fluss einmündet. Nach der Querung des Galegos geht es etwas bergan und wieder bergab zum größeren **Rio Sever** 3, den wir auf einer Brücke überqueren.

Im Anschluss steigen wir auf einem schmalen Pfad wieder aus dem Flusstal auf. Der Pfad mündet in einen Weg, der zwei kleine Hügel quert. Entlang des Weges finden sich auch einige kleine Häuser. Bei einem Steinhaus (rechts) geht der Weg in die Zufahrtsstraße zu den Häusern über. Diese wird aber wenig später wieder zu einer Erdstraße, an der links und rechts

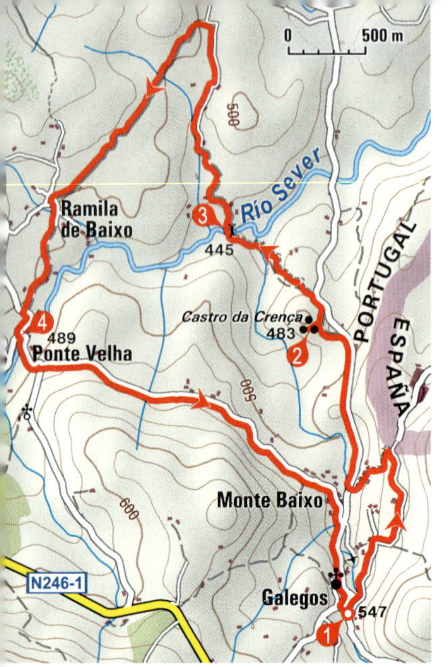

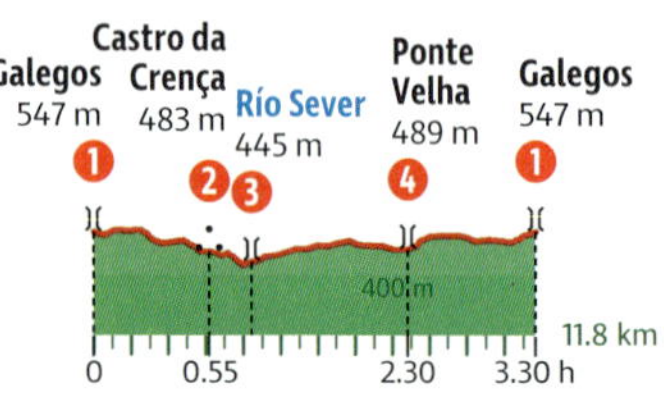

einige Häuser liegen. Eindrucksvoll sind die alten Korkeichen und die mächtigen Granitfelsen am Wegesrand. In einer Linkskurve (hier ist der Weg abschnittsweise betoniert und nach rechts zweigt die Zufahrtsstraße ab) dreht der Wegverlauf um fast 180 Grad nach links. Als Zwischenziel ist auf einem Markierungspfeil die Siedlung »Ponte Velha« angegeben. Wir bleiben weiterhin auf dem einfachen Sand-Steinweg, der kaum An- und Abstiege hat. Etwa 1,5 km nach dem Drehpunkt des Weges

Querung der Ribeira de Galegos auf hohen Trittsteinen.

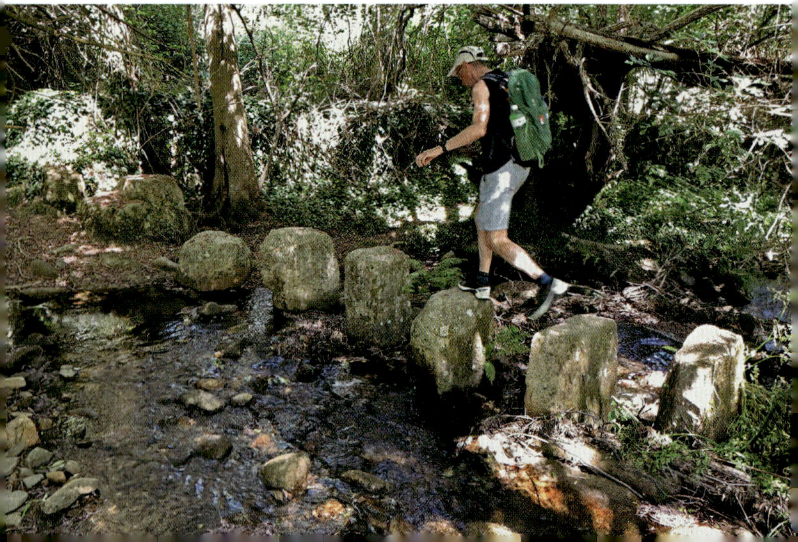

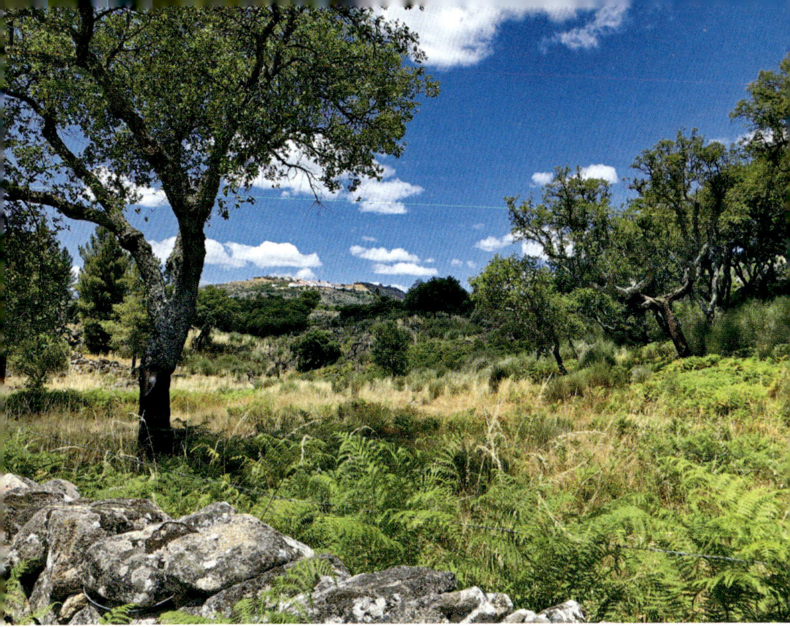

Blick auf den Festungshügel von Marvão am Horizont.

sehen wir (größtenteils rechts des Weges) eine kleine Siedlung. Markant ist ein strohgedecktes Rundhaus. Kurzzeitig wandern wir hier wieder auf Beton, nach dem letzten Haus sind wir jedoch wieder auf einem Sand-Steinweg unterwegs. Dieser verläuft in Richtung der Ribeira de Sever (links von uns). Im Flusstal passieren wir die kleine Ferienanlage »Lost Valley of Ramila« (links des Weges). Wenig später erreichen wir die Straße M1036 und folgen ihr nach links; 200 m später zweigen wir neuerlich nach links ab und überqueren auf einer Brücke in der kleinen Siedlung **Ponte Velha** 4 den Rio Sever.

Wir bleiben nun bis zum Ende der Wanderung auf einer Straße. Bei einer Straßengabelung am Dorfende halten wir uns nach links und wandern nun etwas steiler bergan. Etwa 1,5 km nach der Siedlung bietet sich ein schöner Ausblick auf eindrucksvolle Granitfelsen. Danach geht es bereits leicht bergab in Richtung der Ribeira de Galegos. Nach einem Rechtsknick der Straße (bei der Häusergruppe Monte Baixo) mündet diese in eine andere Straße (M1036-2) ein, der wir nach rechts folgen. Wenig später geht es vorbei an der Dorfkirche (rechts, etwas abseits des Weges) und wir durchwandern das Dorfzentrum in einer Rechtskurve. Bei erster Gelegenheit zweigen wir nach links ab und erreichen wieder den Largo da Ponte in **Galegos** 1.

↗ 240 m | ↘ 240 m | 5.9 km

30 Der Kaffeeschmuggler-Weg von Galegos

2.00 h

Tour mit »Geschichte« und vielen hübschen Detailansichten

Die Grenze zwischen Portugal und Spanien verläuft hier quer durch eine unübersichtliche Landschaft voller Hügel und Felsen. Das hat dazu geführt, dass in den Jahren wirtschaftlicher Not (1930er- bis 1960er-Jahre) hier ein reger Schwarzhandel mit wertvollen Produkten stattfand, allen voran mit Kaffee aus Brasilien. Wer erwischt wurde, musste mit empfindlichen Strafen rechnen, im schlimmsten Fall auch mit dem Tod. Dieser thematische Wanderweg erinnert an diese Zeit und einzelne Plätze werden im Sinne der Schmuggelgeschichte beschrieben.

Ausgangspunkt: Galegos, 551 m, Igreja de São Sebastião beim Friedhof/Cemitério am Nordrand des Dorfes. Anfahrt mit Pkw von Marvão auf der N359 bis Portagem; weiter auf der N246-1 in Richtung Spanien; ab der letzten Abfahrt vor der Grenze nach links auf der M1088 nach Galegos (11 km ab Marvão); einige Parkplätze um die Kirche.
Anforderungen: Kurze Rundwanderung auf Dorfstraßen, Erdwegen und Steinpfaden ohne große Herausforderungen.
Markierung: Durchgehend gelb-rot; Wegbezeichnung: »Percurso do contrabando do café« (PR4MRV).
Einkehr: Keine Einkehrmöglichkeit.
Tipp: In Galegos sollte man unbedingt das »Centro de Interpretação do Azeite« (Olivenölmuseum) besuchen. Hier wird anschaulich (aber nur im Rahmen von Führungen) die Geschichte und Kultur der Olivenölproduktion vermittelt und auch eine Verkostung angeboten. Im hohen Eintrittspreis ist eine Flasche Olivenöl inbegriffen. Informationen zu Besuchszeiten und Reservierung auf mpn.pt.

Am Friedhof von **Galegos** ❶ folgen wir, auf das Kirchenportal schauend, nach links dem Erd-Schotterweg. Er wird von Mauern gesäumt und von Korkeichen beschattet und zieht sich zunächst weitgehend eben dahin. Nach rund 300 m queren wir einen kleinen Taleinschnitt und halten uns bei der folgenden Weggabelung nach rechts. Nun überqueren wir einen Hügel und steigen im Anschluss etwas steiler zu einer Straße (M1036-2) ab. An dieser wandern wir nach rechts bergab in Richtung Ribeira de Galegos. Den Flusslauf queren wir auf einer alten Holzbrücke, gleich darauf auch eine Straße (M1024) und folgen einem Steinpfad, der in einer Rechts-links-Kurve steil bergan führt. Bei einem Steinhaus am Ende des Aufstiegs ist die Information angebracht, dass sich hier eine »Wartezone der Schmuggler« befunden haben soll. Diese befindet sich nur wenige Meter von der Grenze zu Spanien und zur Siedlung **La Fontañera** ❷ entfernt.

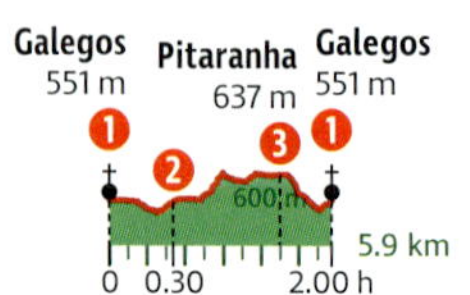

Unser Wanderweg verläuft ab hier nach rechts etwas mehr als 500 m auf einer Straße weiter.

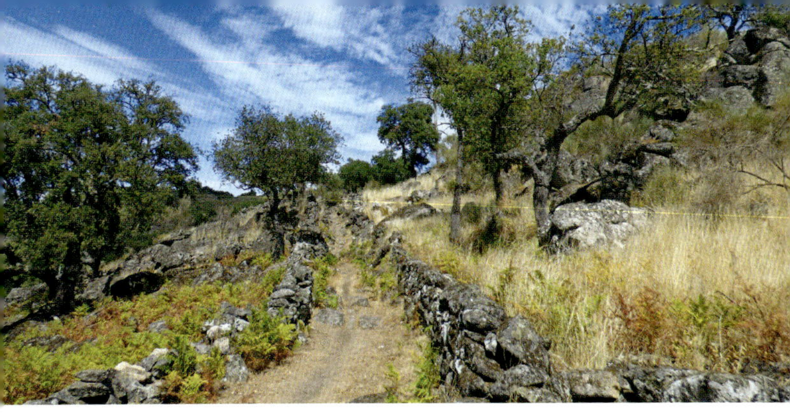

Wegverlauf beim Aufstieg in Richtung La Fontañera.

Dann zweigen wir nach links ab (Markierungspfeil in Richtung »Pitaranha«) und folgen einem steinigen Pfad zwischen Steinmauern leicht bergan. Links von uns sehen wir bald ein großes Schweinegehege, an dessen Ende eine Weggabelung liegt. Wir gehen geradeaus weiter, durchqueren ein Tor und folgen einem Erdweg, der leicht bergab führt und nach rechts knickt. Danach queren wir einen Bachlauf und erreichen bei einem weißen Haus eine Fahrstraße in einer T-Kreuzung. Hier gehen wir wenige Meter nach rechts und zweigen gleich nach links auf einen Betonweg ab. Dieser mündet nach rund 100 m in einen Erd-Sandweg ein, dem wir nach links folgen und der von einer Steinmauer begleitet wird. Nun geht es für etwa 500 m auf diesem Weg durch eine Montado-Landschaft. Dann zweigen wir nach links auf einen schmalen und steinigen Pfad ab und wandern in der Folge in einem leichten Linksbogen auf das Dorf **Pitaranha** ❸ zu, das wir beim Schweinegehege schon beinahe berührt haben. Wir queren die kleine Siedlung und erreichen wieder den Pfad am Schweinegehege.
Diesen steigen wir ab bis zur Straße und folgen dieser nun geradeaus bergab bis in die Ribeira de Galegos. Beim Eingangstor zum Haus Casa Nova verlassen wir die Straße und wandern nach links einen Steinweg (zwischen zwei Mauern) bergab. Danach geht es über eine mittelalterliche Steinbrücke und von dieser hoch zur Fahrstraße (M1036-2). Auf dieser gehen wir noch ein Stück nach links und dann bei erster Gelegenheit nach rechts zur Igreja de São Sebastião von **Galegos** ❶ hoch.

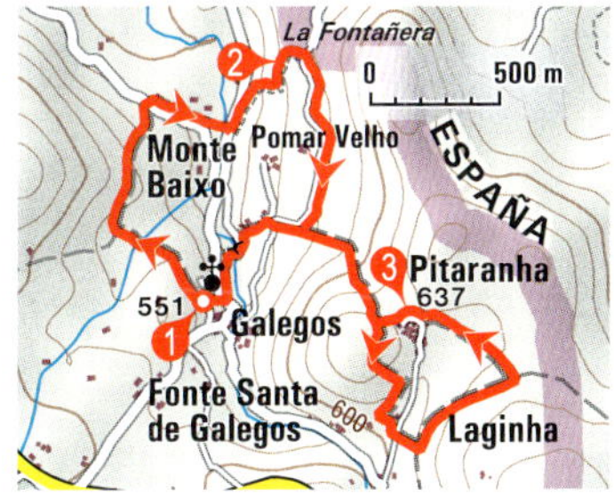

↗ 360 m | ↘ 360 m | 11.0 km

31 Der Wanderweg von Reguengo

3.30 h

Am Südabhang des Pico de São Mamede

Etwas nordöstlich von Reguengo liegt der höchste Berg Portugals südlich des Tejo: der Pico de São Mamede (1027 m), der auch namensgebend für den Naturpark ist. Jedoch lohnt der Berg nicht für eine Wandertour, weil unförmige Antennen seinen Gipfel besetzen, eine Asphaltstraße bis hinaufführt und vor allem, weil es keinen Wanderweg dorthin gibt. Attraktiver ist der Südabhang des São Mamede, über den unsere Wanderung verläuft. Hier finden sich interessante Landgüter mit vielfältiger Vegetation. Bekannt sind die jahrhundertealten Kastanienbäume auf der Quinta da Relva. Eine geologische Besonderheit stellen auch die Quarzitkämme von Feiteirinha dar. Nicht übersehen sollte man auf der Runde die Quinta da Lameira, ein barockes Kleinod in den Bergen.

Ausgangspunkt: Reguengo, 598 m, Rua da Igreja (Durchgangsstraße des Dorfes) hinter der Dorfkirche. Anfahrt mit Pkw ab Portalegre auf der N246-2 (7 km); Parkplätze sind in der Umgebung der Kirche ausreichend vorhanden.
Anforderungen: Einfache Wanderung auf Dorfstraßen, Erdwegen und Pfaden; einige kräftige An- und Abstiege.
Markierung: Durchgehend gelb-rot, allerdings sind manche Wegmarkierungen alt und vergilbt; Wegbezeichnung: »Percurso pedestre do Reguengo« (PR2PTG).
Einkehr: Nur in Reguengo.
Tipp: Die Bischofsstadt Portalegre ist in Portugal bekannt für die Produktion von Tapisserien (Wandteppichen). Diese Tradition geht zumindest auf das 16. Jh. zurück. Mitte des 18. Jh. wurde zudem im Auftrag des Marqués de Pombal in der Stadt eine Gobelinmanufaktur errichtet, als Wirtschaftsimpuls nach den schwierigen Jahren nach dem Erdbeben von 1755. Das Werk wurde schon Ende des 18. Jh. wieder geschlossen, jedoch in den späten 1940er-Jahren mit einem neuen Konzept wiedereröffnet. Informationen auch zu Besuchsmöglichkeiten auf mtportalegre.pt unter »A Manufactura« bzw. »About us«.

Hinter der Kirche von **Reguengo** ❶ gehen wir die Rua da Igreja nach links (Norden) hoch. Bei der ersten Straßengabelung folgen wir nach rechts der Rua da Carreira etwa 300 m bis zu einem Waldrand. Dort zweigen wir nach rechts in den Wald ab und steuern auf einem Erd-Steinweg auf einen Bauernhof zu. Davor biegen wir jedoch nach links ab und wandern nun stetig einen schmalen Waldweg und später Pfad bergan. Die angebrachten Markierungen sind sehr alt und zum Teil schon vergilbt, der Wegverlauf ist aber eindeutig. Etwa 1 km nach dem Bauernhof queren wir eine kleine Wiese und erreichen einen breiten

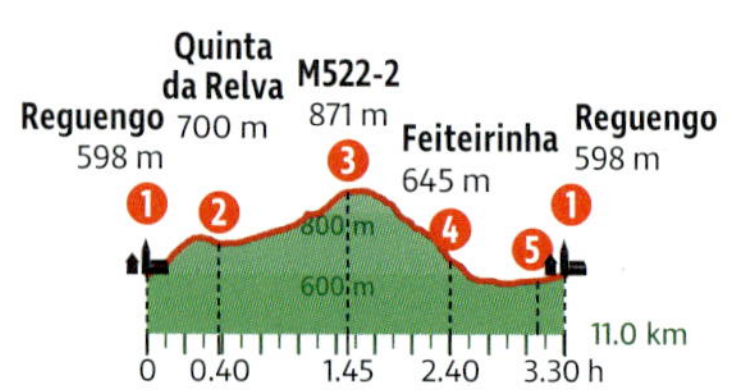

Erdweg, dem wir nach links folgen. Beidseitig des Weges stehen nun Stiel- und Korkeichen und Kastanienbäume in einem Weidegebiet. Nach etwa 500 m gelangen wir zur **Quinta da Relva** 2, deren Gebäude rechts des Weges liegen.

Bei der Weggabelung bei der Quinta halten wir uns nach links und wandern auf der Zufahrtsstraße des Bauernhofs in Richtung der Straße M522, auf die wir nach einem großen weiß-gelb-gestrichenen Eingangstor treffen. Wir folgen der zeitweise von Platanen beschatteten Straße ca. 1 km nach rechts. Nach einer großen Rechtskurve treffen wir auf eine Straßengabelung und auf einen kleinen Parkplatz (rechts der Straße). Hier verlassen wir die Straße nach rechts und wandern auf dem breiten Erd-Steinweg weiter, der parallel zur Straße leicht bergan verläuft und als »Caminho da Serra« angeschrieben ist. Links ist der Pico de São Mamede (1027 m) leicht an seinen Antennen zu erkennen.

Etwa 1 km nach dem Parkplatz führt der Weg allmählich in einen lichten Seekiefernwald und in einer Rechtskurve etwas bergab. Bei einem Olivenhain (und einem Haus dahinter) treffen wir auf einen Querweg. Hier gehen wir nach links und etwas steiler bergan und dann nach rechts bis zu einer größeren Kreuzung an der Straße **M522-2** 3. Hier steht auch ein kleines Trafohaus, das als Orientierungspunkt dienen kann. Gegenüber führt eine schmale Straße hoch zum Pico de São Mamede. Wir aber folgen nach rechts auf dem Erd-Steinweg, der im Wald und etwas bergan verläuft.

Nach etwa 500 m kommen wir zu einer Weggabelung. Hier zweigen wir nach rechts auf einen schmäleren Weg ab und wandern nun in einigen Kurven durch den Seekiefernwald bergab, später durchqueren wir auch abschnittsweise einen Eukalyptuswald. Der Weg hält auf eine bizarre Felswand zu. Dabei

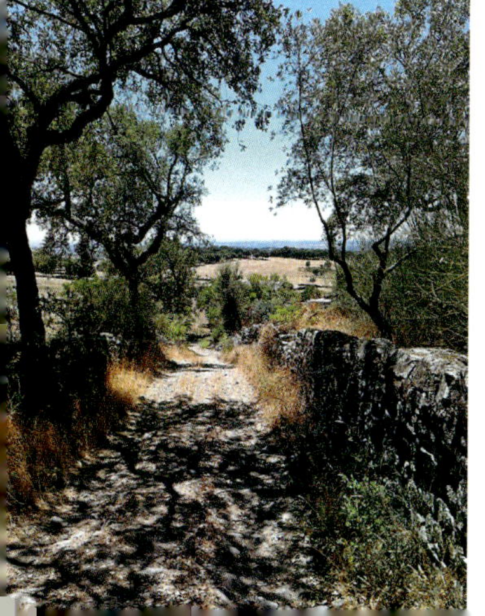

Weg in der Nähe von Feiteirinha.

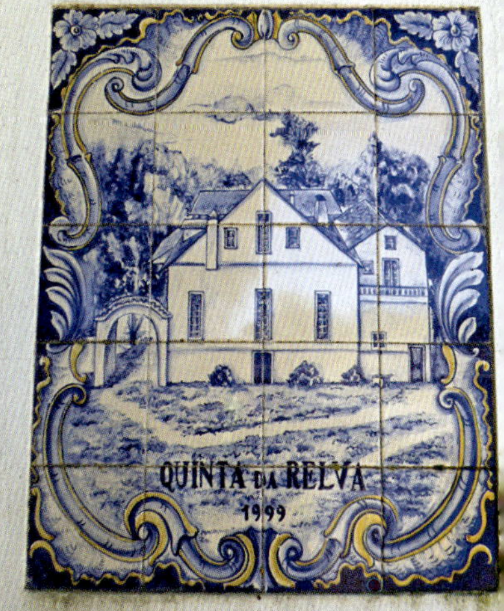

Fliesenbild an der Quinta da Relva.

handelt es sich um »tektonisierte Granite von Portalegre«, eine geologische Formation aus dem Ordovizium (vor ca. 440–485 Mio. Jahren), in diesem Fall sind es die Quarzitkämme von **Feiteirinha** ❹. Bei einer Weggabelung kurz vor der Felswand halten wir uns links und gehen nach rechts an dieser Formation vorbei. Links des Weges sehen wir einen verlassenen Bauernhof. Wir wandern nun kontinuierlich bergab und erreichen die Zufahrtsstraße zu den Häusern von Monte do Rei, die entlang (vor allem rechts) unseres Weges liegen. Auf dieser Straße wandern wir ca. 1 km leicht bergab bis zur Straße M517-4. Hier gehen wir nach rechts und queren kurze Zeit später ein kleines Flusstal (Rio Caia, kaum zu sehen). Die Straße knickt wenig später leicht nach links. Bei der nächsten möglichen Zufahrtsstraße gehen wir nach rechts und werfen nach etwa 100 m einen Blick auf die sehenswerte **Quinta da Lameira** ❺, ein Barockjuwel im ländlichen Raum. Danach gehen wir an der Straße die letzten 800 m zurück nach **Reguengo** ❶.

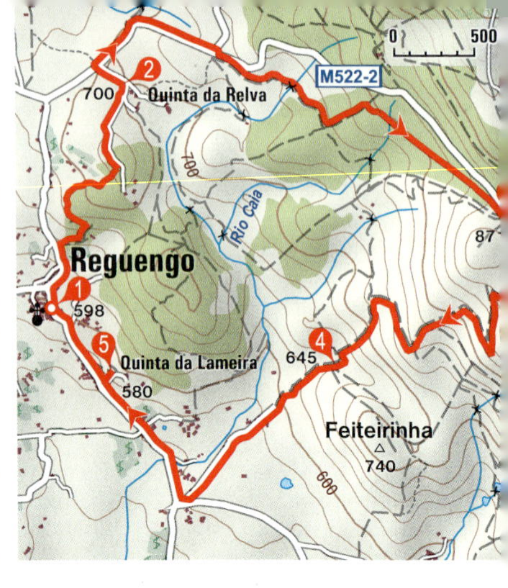

Kastanienbäume bei der Quinta da Relva.

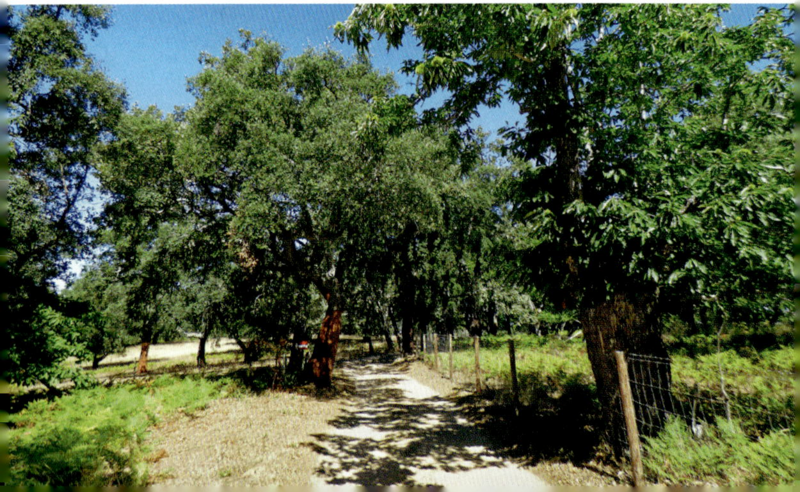

↗ 580 m | ↘ 580 m | 19.2 km

6.00 h

Der Wanderweg von Vale de Lourenço 32

Durch zwei Hochtäler der Serra de São Mamede

Dieser Wanderweg ist nach der Streusiedlung Vale de Lourenço benannt, was jedoch keine Talbezeichnung ist. Tatsächlich führt die Wanderung durch die Täler Barranco da Caleira (talaufwärts) und durch die Ribeira de Arronches (talabwärts). In beiden Tälern gibt es viele kleine Bauernhöfe, die auf kleinen Terrassen und kargen Böden Gemüse, Getreide und Obst anbauen. Früher waren es Subsistenzwirtschaften, heute sind viele nur noch Nebenerwerbslandwirte. Nicht wenige haben inzwischen ihre Höfe aufgegeben und auf den verödeten Parzellen werden nun Eukalyptus und Seekiefern angepflanzt, eine verhängnisvolle Entwicklung, die zunehmend ehemals belebte Täler in Waldmonokulturen verwandelt.

Ausgangspunkt: Montarecos, 476 m, am nördlichen Ortsrand der Streusiedlung an der Kreuzung der Straßen M1044 und M1044-3. Anfahrt mit Pkw ab Portalegre auf der M246-2 bis Ribeiro da Sede, dann auf der M517 bis Alegrete und auf der M1044 bis Montarecos (ca. 18 km); Parkmöglichkeiten entlang der Straße.
Anforderungen: Lange, aber einfache Wanderung auf Straßen, Erdwegen und Pfaden; rund 580 Höhenmeter im An- und Abstieg und die Länge der Tour erfordern eine gewisse Kondition; eine Flussquerung auf Trittsteinen.
Markierung: Durchgehend gelb-rot; Wegbezeichnung: »Percurso de Vale Lourcenço« (PR8PTG).
Einkehr: Keine Einkehrmöglichkeit.

Tipp: Das Castelo de Alegrete (etwas südlich von Montarecos) zählte zu den wichtigsten Grenzfestungen des oberen Alentejo. Die Ursprünge sind nicht eindeutig bekannt. Der lokalen Tradition zufolge (jedoch nicht belegbar) wurde Alegrete 1160 vom ersten portugiesischen König Afonso Henriques erobert, der den Festungshügel den Mauren entrissen haben soll. Die ältesten glaubhaften Dokumente aus dem 13. Jh. berichten, dass König Afonso III. den Auftrag zum Bau gab, möglicherweise als eine Folge des Vertrages von Badajoz (1267), der den Grenzverlauf zwischen Portugal und Kastilien in dieser Region festlegte. Ein Besuch des mächtigen Festungshügels ist jedenfalls lohnend.

Am nördlichen Rand der Streusiedlung **Montarecos** ❶ verlassen wir gemäß dem Wegpfeil die M1044 und wandern auf der Straße M1044-3 bergan. Unterwegs passieren wir ein paar Bauernhöfe und kommen nach ca. 1 km und nach einem Bauernhof zu einer Weggabelung. Hier folgen wir der Straße nach links und wandern das erste Tal aufwärts. Nach weiteren 500 m geht die Straße in einen Erdweg über. Wir bleiben auf der Hauptroute, passieren weitere kleine Bauernhöfe und wandern stetig bergan. Der Weg wird allmählich schöner und urtümlicher, die Gegend einsamer. Nach einem kleinen Bauernhof (knapp 3 km seit dem Start) führt der Weg erstmals in den Wald hinein. Bei einer **Weggabelung** ❷ etwa 2 km später biegen wir scharf nach rechts ab und ändern so die Wanderrichtung.

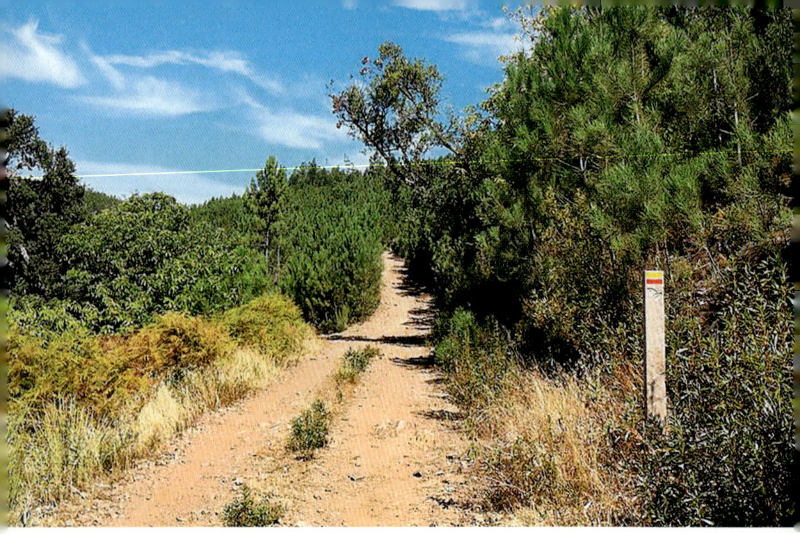

Wanderweg nördlich von Montarecos.

Wir überschreiten in der Folge einen Höhenrücken und »betreten« die Ribeira da Caleira (ein Nebental der größeren Ribeira de Arronches). Bei einem verlassenen Haus (im Wald) treffen wir wieder auf eine Wegkreuzung, bleiben hier jedoch auf dem geradeaus verlaufenden Hauptweg. Etwa 100 m später mündet unser Weg in einen Querweg ein. Hier biegen wir nach links ab und wandern nun durch einen Seekiefern- und Eukalyptuswald bergab in das Flusstal. Bei einer kleinen Siedlung treffen wir auf eine Zufahrtsstraße und gehen auf dieser rund 300 m bis zur Straße M1043.
Dieser folgen wir nach links und nun auch wieder etwas bergan in Richtung Talschluss. Der Bach Ribeira de Arronches, der dieses Tal prägt, verläuft rechts des Weges. Links und rechts sind kleine Bauernhöfe zu sehen. Terrassen an den Talrändern werden intensiv bewirtschaftet und sind mit Gemüse und Getreide bepflanzt. Auch Schafe und Ziegen grasen auf schmalen Wiesenstreifen. Wir bleiben ca. 1 km auf der M1043. Bei einer Häusergruppe in einem Straßenbogen (nach einer Rechts-links-Kurve) liegt rechter Hand

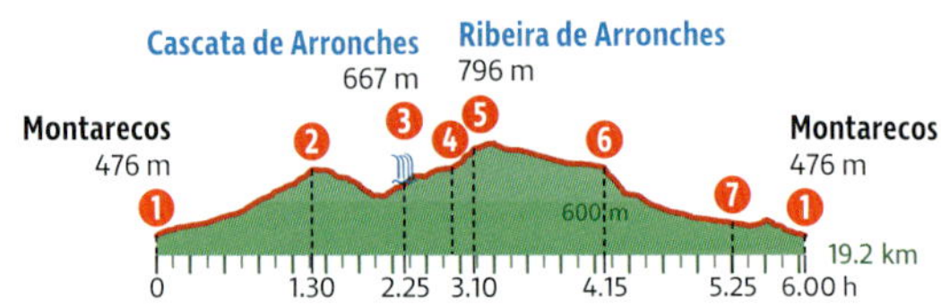

die **Cascata de Arronches** **3**, ein kleiner Wasserfall, der jedoch nur in Monaten mit viel Regen wirklich zu sehen ist.
Wenig später kommen wir zu einer Straßengabelung. Hier biegen wir von der M1043 nach rechts in die Zufahrtsstraße zu einigen höher gelegenen

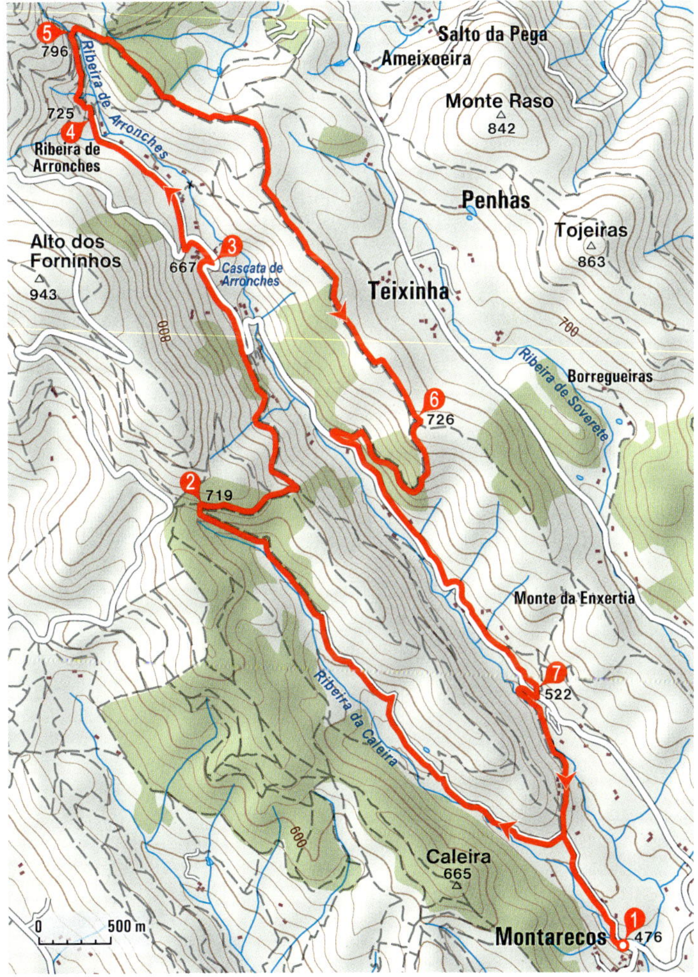

Bauernhöfen ein und erreichen nach rund 1 km die kleine Siedlung **Ribeira de Arronches** ④, die aus ein paar Bauernhöfen besteht. Bei einem Bauernhof endet die Straße an einer Gabelung. Hier gehen wir geradeaus (rechter Wegverlauf) weiter und bei der nächsten Weggabelung links. Wenig später queren wir den Fluss **Ribeira de Arronches** ⑤, der jedoch hier nur zeitweise Wasser führt. Auf der anderen Talseite verläuft der Weg zunächst am Rand eines Eukalyptuswaldes. Bei einer Weggabelung halten wir uns nach rechts und steigen weiterhin bergan, nun durch einen lichten Seekiefernwald. Wir erreichen eine Art Hochebene und wandern nun ca. 3,5 km auf einem breiten Erd-Steinweg am Rand und abschnittsweise durch einen lichten Seekiefernwald. Der Weg führt an einigen Stellen an interessanten Felsformationen vorbei. Informationstafeln weisen darauf hin, dass es sich hier um metamorphe Quarzite handelt.

Bei einer **Abzweigung** ⑥ verlassen wir den breiten Waldweg und biegen nach rechts auf einen schmäleren Weg ab, der in einigen engen Kurven in den Talgrund führt. Dort treffen wir wieder auf die M1043 und folgen ihr mehr als 2 km nach links. Dabei durchqueren wir die Streusiedlungen Montes und Vale Lourenço (nach Letzterer ist auch der Wanderweg benannt). Entlang der Straße gibt es auch einige markante Häuser, so etwa die Quinta do Marquês mit interessanten Kachelbildern an der Mauer (schon kurz nach dem wir die M1043 erreicht haben auf der rechten Seite). Danach

Terrassen im Hochtal von Arronches.

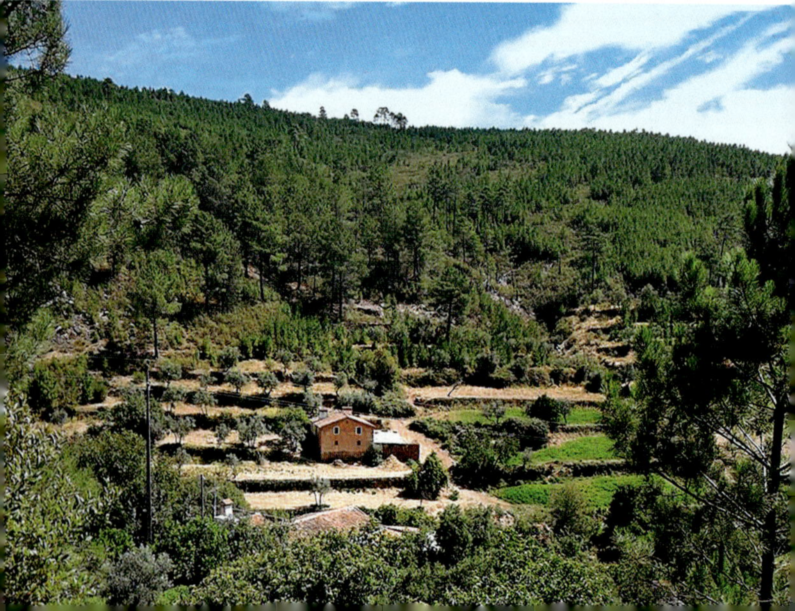

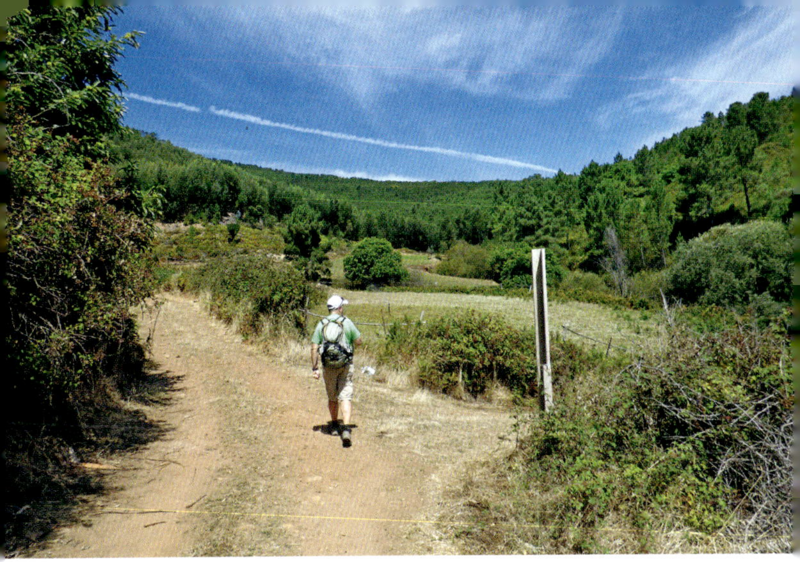

Wanderweg im Hochtal von Arronches, vor der Querung der Ribeira de Arronches.

beginnt ein Kastanienwald (auch rechts) und etwas später passieren wir einige Picknickplätze.

Schließlich zweigen wir bei einem **Wegpfeil** 7 scharf nach rechts ab, gehen kurz wieder in Richtung Talschluss und wandern dann in einer engen Linkskurve wieder in Fließrichtung des Arronches-Flusses, den wir wenig später auf Trittsteinen überqueren müssen. Der Weg führt am rechten Flussufer etwas bergan und mündet wenig später in einen breiten Erd-Steinweg, der am Hang entlang verläuft. Bald erreichen wir einen Eukalyptuswald und auch einige verlassene Häuser liegen am Wegesrand. Nachdem wir eine kleine Hügelkuppe passiert haben, wandern wir bergab zur schon bekannten Weggabelung bei dem Bauernhof. Ab hier gehen wir auf dem Hinweg zurück nach **Montarecos** 1.

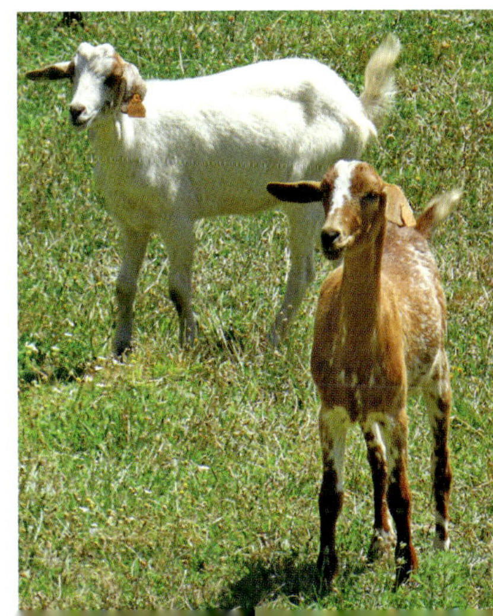

Ziegen am Wegesrand.

↗ 330 m | ↘ 330 m | 10.0 km

33 Zur Senhora da Lapa

3.00 h

Einsiedelei mit langer Geschichte im Tal des Soverete-Flusses

Das Ziel dieser Wanderung ist eine schön gelegene Kapelle im portugiesisch-spanischen Grenzgebiet, die von Menschen beider Länder gerne besucht wird. Mit etwas Glück bekommt man auch einige Gänsegeier zu Gesicht, die in der felsigen Landschaft des Flusstales ideale Brut- und Lebensbedingungen vorfinden.

Ausgangspunkt: Besteiros de Cima, 499 m, Rua da Pedreira/Abzweig Rua do Palmeiro bei der Informationstafel zum Wanderweg am nordöstlichen Rand der Streusiedlung. Anfahrt mit Pkw ab Portalegre auf der N246-2 und der M517 (20 km); Parken am Straßenrand möglich.
Anforderungen: Kurze und zumeist einfache Wanderung auf Erdwegen und Pfaden; ein sehr steiler und etwas rutschiger Abstieg erfordert erhöhte Aufmerksamkeit.
Markierung: Durchgehend gelb-rot; Wegbezeichnung: »Percurso da Senhora da Lapa« (PR1PTG).
Einkehr: Keine Einkehrmöglichkeit.
Tipp: Etwas nördlich von Besteiros liegt (abseits dieser Wanderroute) die Cascata de Rabaça, einer der schönsten Wasserfälle des Parque Natural da Serra de São Mamede. Bei viel Wasser zeigt der Rio Cabroeira schöne mehrstufige Kaskaden mit kleinen Wasserbecken dazwischen. Anfahrt ab Alegrete auf der M1044 in Richtung Spanien bis rund 1 km vor der portugiesisch-spanischen Grenze. Ab dort zu Fuß nach links in etwa 15–20 Minuten hinauf zum Wasserfall.

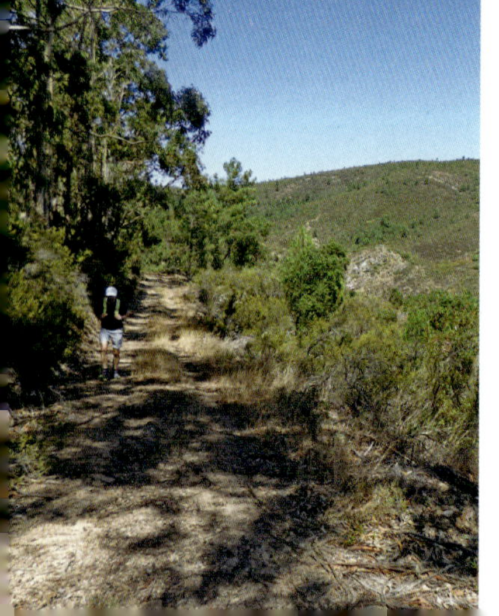

Von der Informationstafel zum Wanderweg bei **Besteiros de Cima** ❶ folgen wir der Rua do Palmeiro in Richtung Norden; nach rund 200 m geht sie in eine Erdstraße über. Wir passieren Häuser am Wegesrand (zumeist kleine Bauernhöfe), Weinberge und Gärten. Am Dorfrand erreichen wir Korkeichen (rechts) und einen Zaun (links des Weges), halten uns bei einer Weggabelung nach rechts und wandern nun etwas bergan. Rund 600 m nach der Gabelung zweigen wir scharf rechts ab und steigen kräftig bergan in Richtung der Hügelkuppe **Cabeço**

Wegverlauf bei Cabeço das Águas.

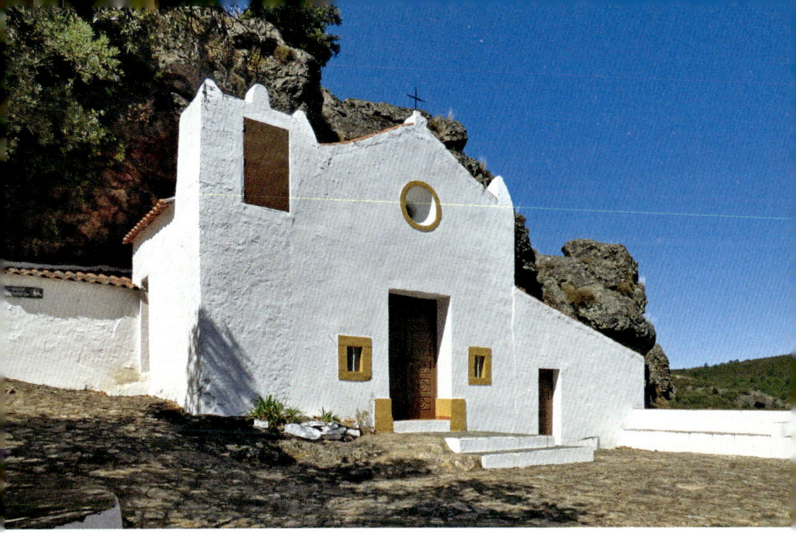

Das Santuário de Nossa Senhora da Lapa.

das Águas 2, 599 m, der höchsten Erhebung auf unserer Wanderung. Danach geht es im Seekiefern- und Eukalyptuswald zunächst gemächlich, später etwas steiler bergab und bald an einem Gegenhang wieder etwas bergauf. Auf der Hügelkuppe treffen wir auf eine **Wegkreuzung** 3. Hier gehen wir auf einem schmäleren Weg nach links bergab in Richtung Flusstal des Soverete. Unterwegs treffen wir bei einer Weggabelung auf eine Informationstafel zur Vogelwelt der Region. Von dort wandern wir in einem Rechtsbogen leicht bergan zum **Santuário de Nossa Senhora da Lapa** 4. Dieses liegt abgeschieden über dem Flusstal und ist in der Regel nur zu Messfeiern geöffnet. Ein schmaler Pfad führt zu einem Aussichtspunkt über der Kapelle.

Wir kehren auf demselben Weg zur Informationstafel zurück, zweigen nach links ab und wandern nun kontinuierlich auf einem Stein-Erdweg durch einen Seekiefern- und Eukalyptuswald bergan. Der Weg verläuft abschnittsweise hart an der Staatsgrenze zwischen Spanien und Portugal.

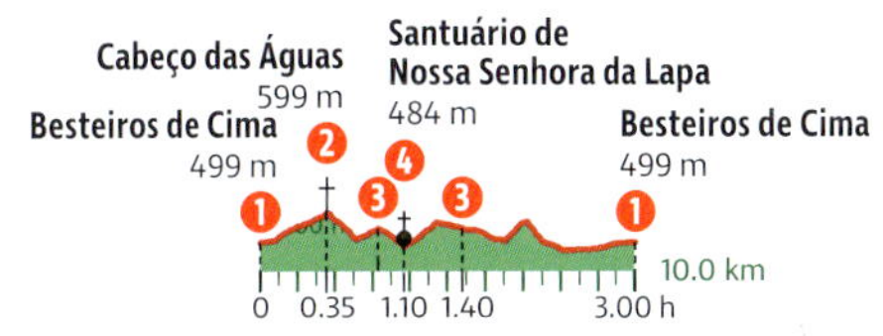

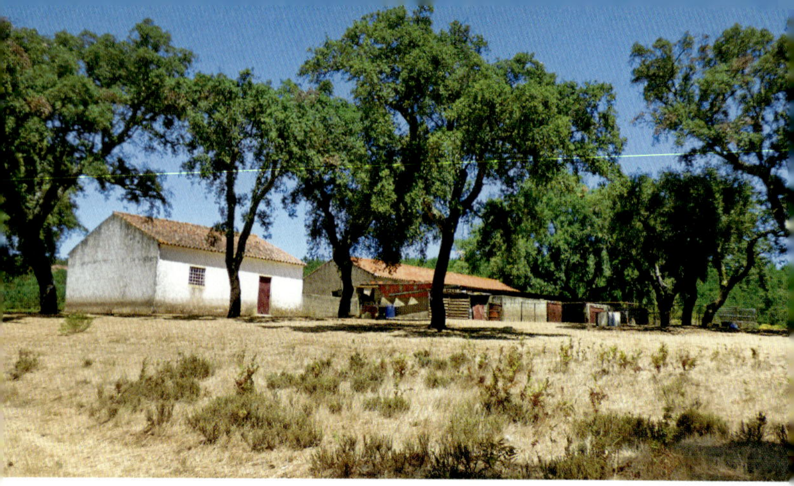

Wirtschaftsgebäude eines Bauernhofes bei Besteiros de Cima.

Grenzsteine mit dem Symbol »P« weisen darauf hin. Nachdem wir eine Anhöhe passiert haben, geht es am Rand eines Eukalyptuswaldes bergab zur **Wegkreuzung 3**.

Hier halten wir uns nach links, wenig später bleiben wir bei einer Weggabelung neuerlich auf dem linken Weg und wandern nun durch einen dichten Seekiefernwald. Im Abstieg treffen wir auf eine steile Kurve nach links (Vorsicht, auf die Ausschlussmarkierung achten!) und verlassen wenig später den Wald. Unser Weg passiert ein verlassenes Haus (links) und verläuft dann wieder in Richtung Waldrand (Eukalyptus), wo es nun steil bergan geht. Nach einer Waldschneise mit Schotterstraße geht es entlang eines Weidezaunes sehr steil bergab. Der Weg ist hier steinig und rutschig. An einer T-Kreuzung erreichen wir einen breiten Erdweg, dem wir nach rechts folgen. Nun geht es über ein Kuhgatter (Weidegebiet) und auf einem breiten Erdweg durch eine Landschaft von Korkeichen und Weiden. Auch einen Bauernhof passieren wir und kurze Zeit später tauchen schon die ersten Häuser der Streusiedlung **Besteiros de Cima 1** auf.

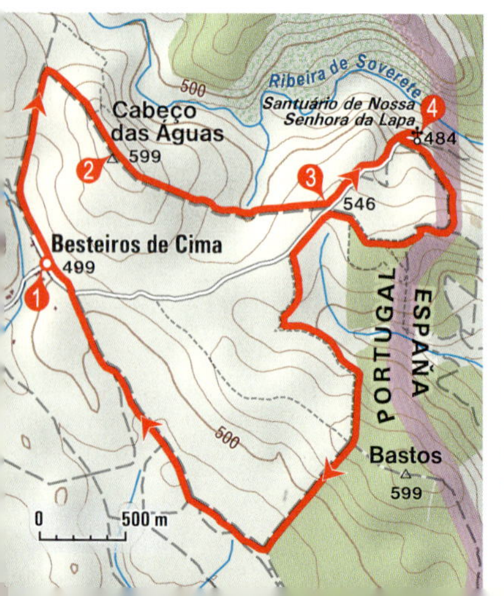

Der Wanderweg von Esperança

Obstgärten und Korkeichenwälder an der Grenze zu Spanien

In der Nähe von Esperança findet man viele Korkeichenwälder mit besonders alten Bäumen. Liebevoll spricht man hier von »grünen Kathedralen«, wenn man diese Landschaft beschreibt. Tatsächlich sind die ausladenden Bäume das ganze Jahr über grün und bieten im Sommer effizienten Schutz vor der Sonne für Mensch und Tier, während sie im Winter eine Art Regendach über die Landschaft breiten. Esperança selbst ist ein kleines abgelegenes Dorf an der Grenze zu Spanien, mit rekordverdächtigen Temperaturen im Sommer. So haben die Bewohner hier einen eigenen »Haustyp« entwickelt: kleine rechteckige Häuser, die sich scheinbar nahtlos in die Korkeichenwälder und Olivenhaine einfügen. Die weiß gekalkten Mauern sollen die extremen Temperaturen reflektieren, die bemalten Konturen von Fenster- und Türrahmen sind nicht nur ästhetisch, sondern sollen auch lästige Mücken fernhalten.

Ausgangspunkt: Esperança, 348 m, Igreja Nossa Senhora de Esperança am südöstlichen Ortsrand. Anfahrt mit Pkw ab Arronches auf der Rua de Arronches (10 km); ausreichend Parkmöglichkeiten vorhanden.
Anforderungen: Mittellange und einfache Rundwanderung auf Dorfstraßen, Erdwegen und Pfaden; keine nennenswerten An- und Abstiege.
Markierung: Durchgehend gelb-rot; Wegbezeichnung: »Percurso da Esperança« (PR1ARR).
Einkehr: In Esperança. Unterwegs gibt es die Möglichkeit zur Weinverkostung im Weingut Adega Vale de Junco.
Tipp: Das kleine Heimatmuseum (Centro Interpretativo da Identidade Local) in Esperança präsentiert die Besonderheiten der Lokalkultur (Rua Humberto Delgado, ganzjährig Di–So 10–13 und 14–18 Uhr).

Gänseschar auf der Quinta Monte Barba de Pode.

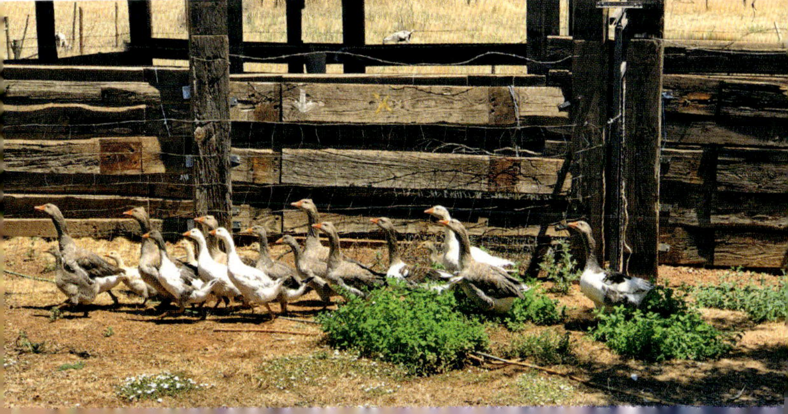

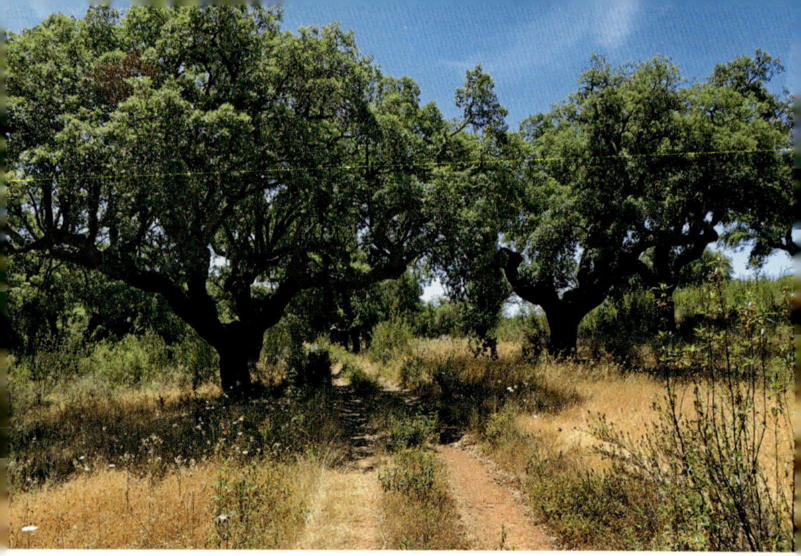

Montado in der Nähe von Hortas de Cima.

Mit Blick auf das Portal der Dorfkirche von **Esperança** ❶ am Largo da Igreja gehen wir geradeaus auf der Rua de Arronches weiter und zweigen bei erster Gelegenheit am Largo de Arronches vor dem Postamt nach links in die Rua da Restauração ab. In dieser nehmen wir die zweite Gasse nach rechts (Rua Humberto Delgado). Hier sieht man die typischen Häuser von Esperança besonders gut. Bei erster Gelegenheit (und nach einem kleinen Supermarkt auf der rechten Straßenseite) biegen wir nach rechts in die Rua das Pratas ein. Auf dieser (M1106) verlassen wir das Dorf und folgen ihr ca. 1,5 km. Wir wandern vorbei an kleinen Häusern und Bauernhöfen links und rechts der Straße. Nach einer Rechtskurve geht es etwas bergan in die nächste Streusiedlung Hortas de Cima.

Diese durchqueren wir noch auf der Straße; erst wenn diese eine Linkskurve beschreibt, folgen wir geradeaus (halb rechts) der Wegmarkierung in Richtung »Rabugem«. Noch sind wir auf einer asphaltierten Zufahrts-

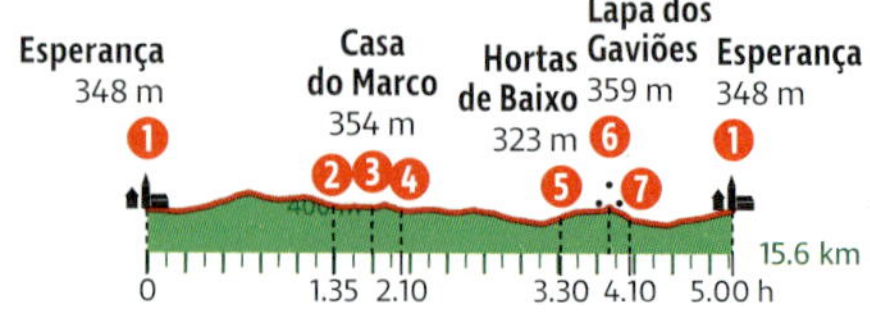

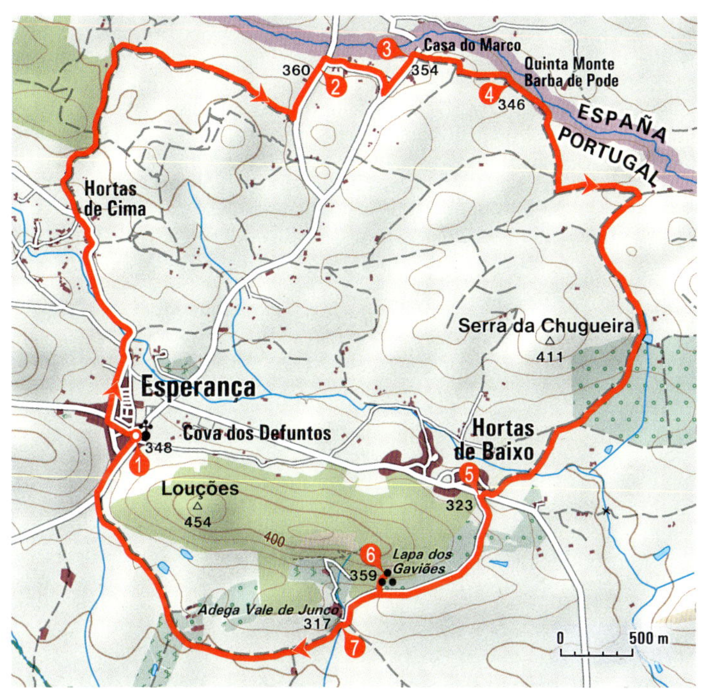

straße zu Häusern unterwegs. Erst nach einem weißen Haus (rechts des Weges) zweigen wir nach rechts auf einen Erd-Steinweg ab und wandern einen Hügel hoch. Links von uns sehen wir in einiger Entfernung einen lichten Seekiefernwald. Dann geht es wieder etwas bergab und wir biegen bei einem weiß-blauen Haus nach rechts auf einen etwas schmäleren Weg ab. Danach geht es über ein Weidegebiet und entlang von Weidezäunen weiter. Hinter diesen Zäunen sind neben Wiesen und Weidetieren Olivenbäume und Korkeichen zu sehen. Wir steigen ab in Richtung einer Straße (M1106-1) und folgen dieser links in Richtung der Grenze zu Spanien. Nach rund 400 m steht auf der rechten Straßenseite ein ehemaliger **Grenzposten** ❷, der heute außer Funktion ist. Etwa 100 m danach zweigen wir nach rechts auf eine schmale Wohnstraße ab. Entlang dieser finden sich viele typische Häuser der Region sowie Obst- und Gemüsegärten. Die schmale Straße mündet nach einer Rechtskurve im spitzen Winkel in eine weitere Straße ein, der wir etwa 400 m nach links (wieder in Richtung spanischer Grenze) folgen.

Vor der **Casa do Marco** 3, einer kleinen Pension, biegen wir nach rechts in einen Erd-Sandweg ein und wandern parallel zum Grenzverlauf in Richtung Quinta Monte Barba de Pode, wie auf Wegtafeln zu lesen ist. Bei erster Gelegenheit zweigen wir nach rechts ab (links ist eine Hauszufahrt) und gleich darauf bei einer Weggabelung nach links. Nach dem Passieren einiger Weidetore gehen wir geradeaus an der **Quinta Monte Barba de Pode** 4 vorbei. Schweine, Schafe und Gänse sind auf Koppeln und Weiden zu sehen. Nach der Quinta wird der Weg etwas schmäler, knickt nach rechts von der Grenze weg und führt nun durch eine Art Ribeira-Landschaft. Besonders im Frühling ist hier ein Blütenmeer zu sehen. Bemerkenswert sind aber die alten Korkeichenbäume, die man hier in großer Zahl antrifft. Unser Wanderweg stößt auf einen Querweg, dem wir nach links und in Richtung eines Bauernhofes folgen. Bevor wir diesen erreichen, gehen wir in einem engen Winkel nach rechts und wandern auf einem schmalen Erdweg am Weidezaun entlang. In der Folge werden die Korkeichen weniger und die Landschaft wird etwas kahler.
Wir wandern einen Hügel bergab und sehen links vor uns eine große Olivenplantage, die laut einer Aufschrift zum Gut Vale da Brava gehört, allerdings weitgehend vertrocknet ist. Bereits in Sichtweite ist auch das Dorf Hortas de Baixo. Nach der Olivenplantage passieren wir ein Weidetor und ein Kuhgatter. Bei der folgenden Gabelung halten wir uns nach rechts und bei der nächsten nach links. Nun müssen wir eine große Weide queren. Im

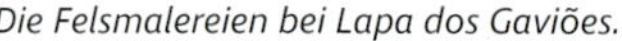

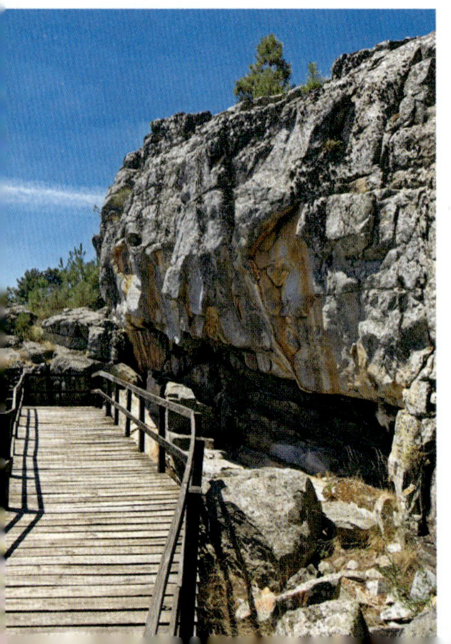

Holzstegweg zur Lapa dos Gaviões.

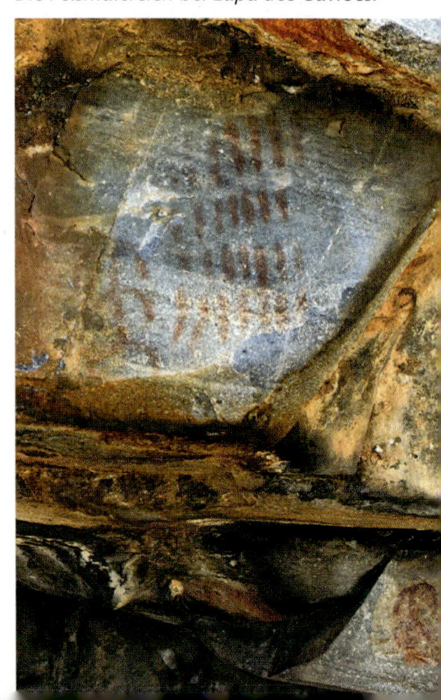

Die Felsmalereien bei Lapa dos Gaviões.

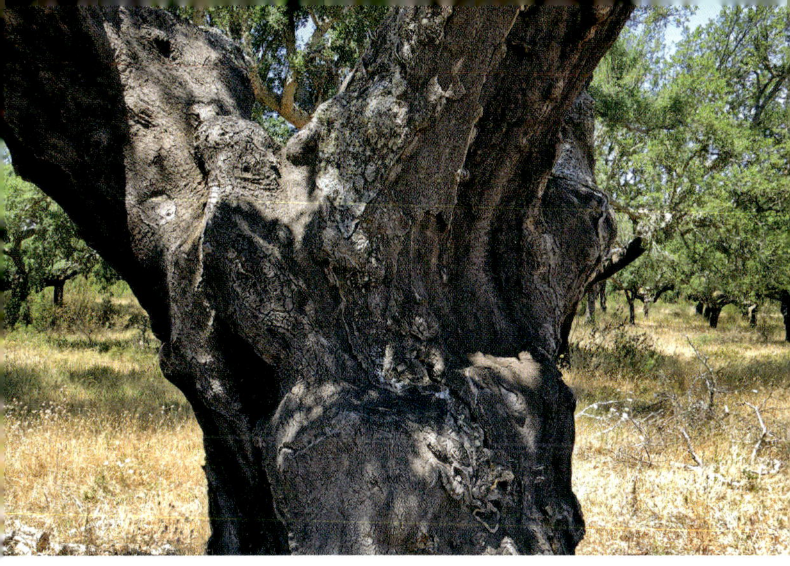

Ein alter Korkeichenbaum.

Anschluss geht es über einen kleinen Flusslauf (zumeist trocken gefallen) und hoch zur Straße (N516 und/oder M1158), die wir etwas östlich der Streusiedlung **Hortas de Baixo** ❺ erreichen. Wir queren die Straße und gehen nun auf der schmalen, asphaltierten Zufahrtsstraße zu einer archäologischen Stätte etwas mehr als 1 km (unbeschattet) leicht bergan. Bei einem Parkplatz (rechts der Straße) führt ein schmaler Pfad zur Felswand von **Lapa dos Gaviões** ❻ hoch. Hier sind etwa 5000 Jahre alte Felsmalereien zu sehen, die durch Überhänge gut geschützt sind. Darüber hinaus leben hier zwei Fledermausarten (Bechsteinfledermaus und Wimpernfledermaus), die mit etwas Glück auch bei Tageslicht beobachtet werden können.

Nach der Besichtigung kehren wir zum Parkplatz zurück und setzen den Weg nach rechts auf einer breiten Sand-Schotterpiste fort. Nach etwa 500 m liegt rechts das Weingut **Adega Vale de Junco** ❼, das auch Weinverkostungen anbietet. Dahinter erstrecken sich einige Weinberge.

Unser Wanderweg führt unterhalb des Weingutes und auch an Weinbergen vorbei. Wir queren auf dem breiten Weg ein großes (trockenes) Flusstal. Rechts von uns liegt ein Höhenrücken mit bizarren Felsen und einigen Korkeichen. Auf dem Weg passieren wir weitere Häuser, ein Landgut auf der rechten Seite, eine Villa links des Weges, später ein weiteres Haus mit Teich (rechts). Dann geht es etwas bergan und wir erreichen die Straße N516 Richtung Esperança. Wir folgen ihr rund 500 m nach rechts zurück nach **Esperança** ❶.

↗ 120 m | ↘ 120 m | 10.8 km

35 Die Kraniche beim Santuário Nossa Senhora da Enxara

3.00 h

Eine gelungene Mischung aus Kultur, Landschaft und Tierwelt

Ouguela ist eine ehemalige Grenzfestung zu Spanien. Burg und Siedlung liegen auf einem Hügel, von dem man die weite Ebene in Richtung Osten überblicken kann. Landschaftsprägend sind auch der Flusslauf des Xévora und sein Zulauf Abrilongo, die beide eine üppig bewachsene Ribeira entstehen ließen, entlang welcher ein guter Teil der Wanderung verläuft. Für Vogelbeobachter lohnt es sich (in den Monaten November bis Februar), in die Ebene südöstlich der Wallfahrtskirche Nossa Senhora da Enxara weiterzuwandern, weil dies einer der wenigen Plätze in Portugal ist, wo man Kraniche beobachten kann, die hier überwintern und in den offenen Korkeichenwäldern nach Nahrung suchen.

Ausgangspunkt: Ouguela, 253 m, Parkplatz zwischen der Neubausiedlung und der Burg. Anfahrt mit Pkw ab Campo Maior auf der N373 (9 km).
Anforderungen: Kurze und einfache Wanderung auf Dorfstraßen, Erdwegen und Pfaden; Schwierigkeiten können ein steiler Abstieg auf einem zum Teil rutschigen Weg sowie zwei Flussquerungen auf Trittsteinen bereiten.
Markierung: Durchgehend gelb-rot und Kombination von zwei Wegen. Wegbezeichnungen: »Percurso de Ouguela, sentinela da Raia« (PR1CMR) und »Percurso do grous« (PR2CMR); der zweite Weg wird nur zum Teil begangen.
Einkehr: Keine Einkehrmöglichkeit.
Tipp: Das Castelo de Ouguela ist eine eindrucksvolle Grenzburg, die man auch besichtigen sollte. Wann genau der Hügel erstmals besiedelt und befestigt wurde, ist nicht mit Sicherheit zu sagen. Relevant für die politischen Verhältnisse der Gegend war der Vertrag von Alcanices (1297), der festlegte, dass Ouguela und Umgebung an die portugiesische Krone gingen. Der damalige König D. Dinis ließ daraufhin die Burg über dem Abrilongo ausbauen. Der Großteil der heutigen Festungsanlage stammt jedoch aus dem 18. und 19. Jh. als Folge der Renovierungsarbeiten nach den Zerstörungen des Erdbebens von 1755. Seit 1943 ist die Burg ein Denkmal von öffentlichem Interesse.

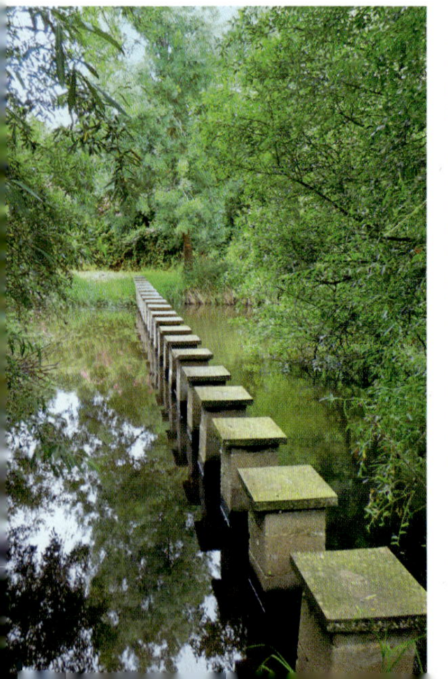

Betonierte Trittsteine über die Ribeira de Abrilongo.

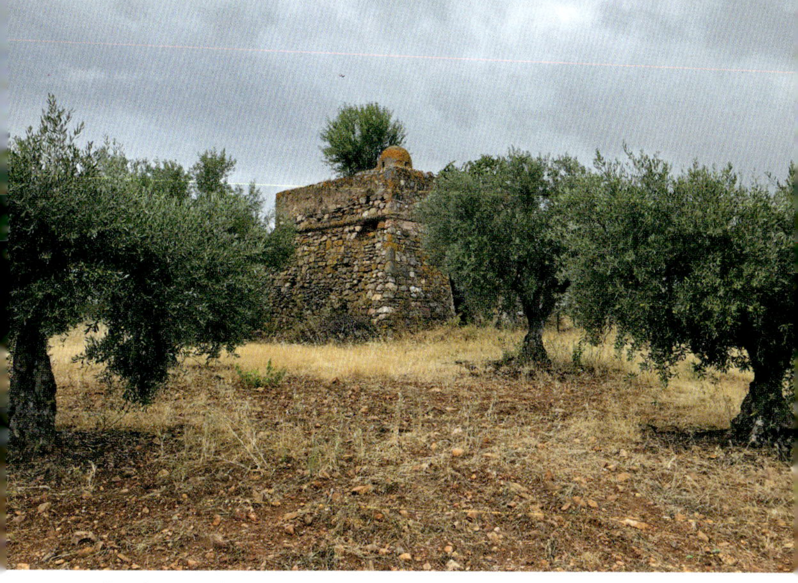

Der Atalaia de São Pedro in einem Olivenhain.

Vom Parkplatz zwischen der Neubausiedlung und der Burg von **Ouguela** ❶ gehen wir nach links hoch zur Burg. Wir gehen nach rechts durch das äußere Burgtor und dann nach links zwischen der inneren und der äußeren Burgmauer um die Burg herum, bis wir auf eine kleine Reihenhaussiedlung westlich der Burg stoßen. Davor gehen wir nach rechts leicht bergab und zweigen vor der Neubausiedlung nach links auf einen Erdweg ab. Dieser erste Wegabschnitt ist nicht sehr klar markiert. Auf dem Erdweg wandern wir nun aus der Siedlung hinaus und passieren unterwegs einige kleine Bauernhöfe mit Ställen und Reihen von Olivenbäumen. Nach dem letzten Haus knickt der Weg nach links, wenig später nach rechts und führt durch einen Olivenhain auf einen Wachturm zu. Der **Atalaia de São Pedro** ❷ (rechts des Weges) ist nicht besonders hoch und unter den Bäumen auch nicht deutlich zu erkennen. Nach dem Turm geht es auf einem rutschigen Weg durch einen Olivenhain steil bergab. Bei einem weiß-blauen Haus knickt der Weg nach rechts und führt als Wiesenpfad weiter. Wir passieren ein kleines Haus (mit Feigenbaum und Schirmpinie dahinter) und gehen geradeaus in Richtung **Ribeira de Abrilongo** ❸. Den Fluss müssen wir auf hoch betonierten Trittsteinen queren.

Gleich danach treffen wir an einer T-Kreuzung auf einen Wiesen-Erdweg, auf dem wir nach rechts gehen. Bei einem Schild mit der Aufschrift »Herdade da Lapagueira« erreichen wir die Straße M1109, der wir ein kurzes

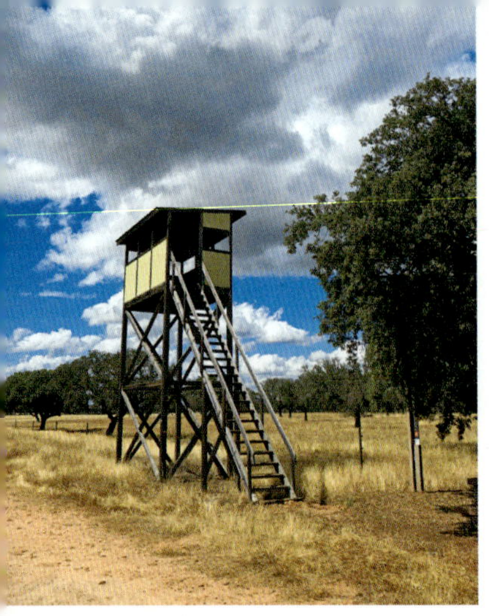

Aussichtsturm zur Beobachtung von Kranichen in der Nähe des Santuário Nossa Senhora da Enxara.

Stück nach rechts in Richtung Brücke folgen. Noch vor der Brücke zweigen wir jedoch nach links ab – Vorsicht, diese Stelle ist nicht gut markiert! – und wandern auf dem Weg in der Ribeira weiter. Kurz bevor der Abrilongo in den Rio Xévora einmündet, quert unser Weg den Fluss ein weiteres Mal auf betonierten Trittsteinen nach rechts. Danach geht es nach links auf einem schmalen Pfad weiter, bis dieser auf eine Straße trifft. Dieser folgen wir nach links, queren gleich darauf auf einer Brücke den Xévora-Fluss und wenig später ein weiteres, möglicherweise trocken gefallenes Flussbecken. Nach links blicken wir auf die spärlichen Überreste einer alten römischen Brücke. Die Straße führt uns zum **Santuário Nossa Senhora da Enxara** ❹. Neben der kleinen Wallfahrtskirche aus dem 18. Jh. liegt auch eine kleine Stierkampfarena.

Wir folgen der Straße, die südlich, d. h., flussseitig der Kirche weiterführt und in eine Erdstraße übergeht. Bei erster Gelegenheit zweigen wir nach links ab und wandern leicht bergan, umgeben von großen Feldern und Weiden. Bei der ersten Kreuzung nach rund 500 m biegen wir nach rechts ab und wandern nun auf einem breiten Erdweg durch einen typischen Montado: riesige Weiden mit Kork- und Steineichen in einer hier flachen Landschaft. Nach etwas mehr als 1 km gelangt der Weg zu einem kleinen **Aussichtsturm** ❺, der links des Weges für die Beobachtung von Kranichen

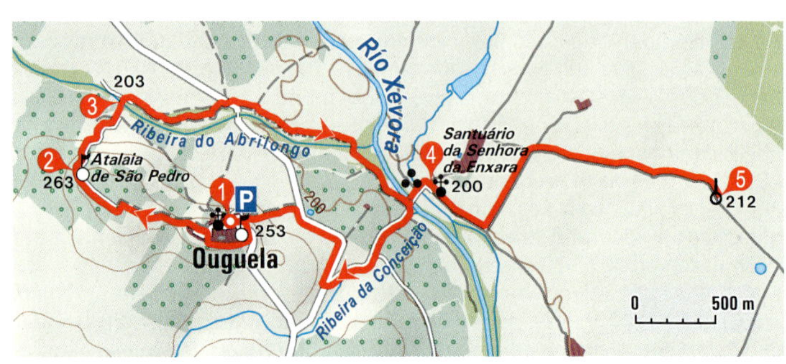

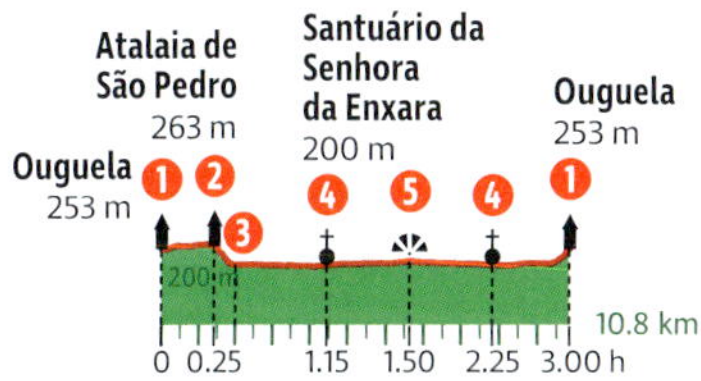

angelegt wurde. Diese sind hier in den Monaten November bis Februar als Wintergäste in großer Anzahl zu sehen.

Wir kehren auf demselben Weg zurück zum **Santuário Nossa Senhora da Enxara** 4 und passieren in der Folge auch wieder die Brücke über den Xévora-Fluss. Danach bleiben wir auf der Straße, die in Richtung Ouguela führt. Diese mündet nach etwas mehr als 500 m in die breitere Straße M1109 ein. Hier gehen wir nach rechts und passieren in einer Kurve einige Häuser (darunter das Centro Ambiental do Xévora mit Übernachtungsmöglichkeit im ehemaligen Posto Fiscal de Ouguela). Wir bleiben noch etwa 400 m auf der Straße und zweigen dann nach links auf einen schmäleren Erd-Steinweg ab, der in Richtung Dorf ansteigt. Wir queren eine Kuhweide und kommen am bunten Schul- und Kindergartengebäude vorbei zurück zum Parkplatz von **Ouguela** 1.

Panoramablick von Ouguela über die Landschaft.

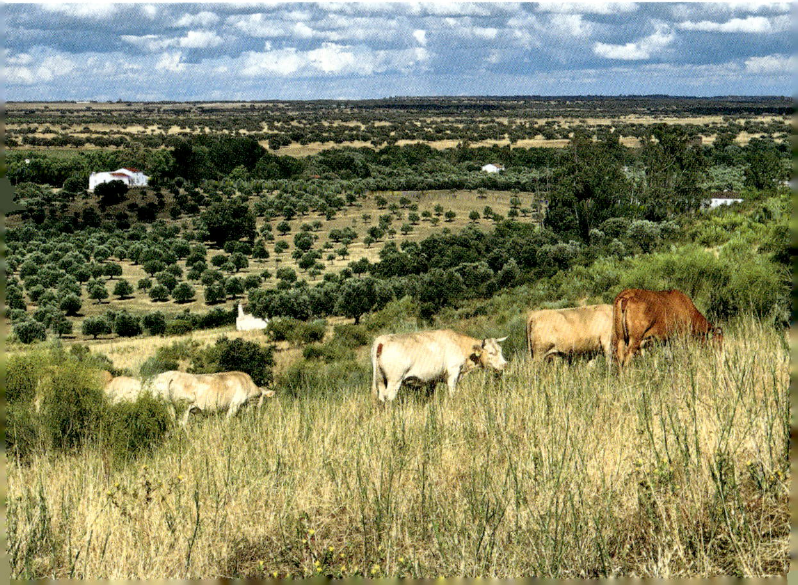

36 Große Rundwanderung um Monforte

2 Tage

Buntes Mosaik an Landschaften, Kulturen und Sehenswürdigkeiten

Aufgrund der Länge zerfällt die Tour in zwei Abschnitte. Nordwestlich von Monforte erstreckt sich eine ausgedehnte Montado-Landschaft, südlich von Vaiamonte sind riesige Olivenmonokulturen zu finden, während das Gebiet um die Stauseen (westlich von Monforte) Weidegebiet ist. So bekommt man beim Wandern auf den manchmal etwas monoton wirkenden Strecken ein wahres Potpourri an Eindrücken und Stimmungen vermittelt. Typisch für Portugal: Die Wanderwege werden an lokalen Sehenswürdigkeiten vorbeigeführt. So kann man in Torre de Palma die Überreste einer großen römischen Villa besuchen. Nebenan stehen die Ruinen einer frühchristlichen Basilika. Beides sind historische Plätze von großem Interesse.

Ausgangspunkt: Monforte, 236 m, Kreisverkehr (N369) am nordwestlichen Ortsrand. Die kleine Kreishauptstadt Monforte ist gut an das Verkehrsnetz angeschlossen und auch mit Bus erreichbar.
Anforderungen: Einfache Rundwanderung auf Dorfstraßen, Erdwegen und Pfaden. Wenige An- und Abstiege (insgesamt 320 m über knapp 32 km verteilt); zum Schluss der Wanderung ist eine etwas schwierigere Flussquerung zu bewältigen (Trekkingstöcke von Vorteil).
Markierung: Durchgehend weiß-rot; Wegbezeichnungen: »Grande Rota dos Montes de Monforte« (GR42).
Einkehr: In Monforte, Vaiamonte und im Hotel Torre de Palma.
Unterkuntft: In **Vaiamonte** (etwa auf halbem Weg) gibt es einige Anbieter von Privatzimmern. Direkt im Dorf die Casa dos Livres (Tel. +351 966 789 251) und etwas außerhalb die Quinta dos Amarelos (Tel. +351 968 685 099). Am Weg zwischen Vaiamonte und Monforte liegt zudem das **5-Sterne-Hotel Torre de Palma** (www.torredepalma.com).
Tipp: Die Villa Luistano Romano de Torre de Palma (kurz nach dem gleichnamigen Hotel) ist eine der größten Ausgrabungen dieser Art auf der Iberischen Halbinsel. Soweit man heute weiß, war sie das Zentrum eines Latifundiums, das im Besitz der Familie Basilli war. Im Zuge von Ausgrabungen wurden die Grundrisse eines ausgedehnten Wohnbereiches und daneben auch eine frühchristliche Basilika inklusive Baptisterium freigelegt. Die Integration von Heiligtümern in diese Form von Höfen war in der Spätantike in Lusitanien üblich. Zur Besuchsstätte gehört neben den Ausgrabungen auch ein kleines Museum. Besuchs- und Öffnungszeiten Mo–Sa 9.30–13 Uhr und 14–17.30 Uhr, So 10–13 Uhr.

1. Tag: Monforte – Vaiamonte, 4 Std., 16 km, 190 m Auf-, 130 m Abstieg: Vom Kreisverkehr am nordwestlichen Ortsrand von **Monforte** ❶ gehen wir (auf die Stadt schauend) nach links in Richtung einer großen Korkeiche und weiter zu einer Staumauer (links) und zur Ponte Romana; auf der sehr gut erhaltenen römischen Brücke queren wir die Ribeira Grande. Bei der folgenden Weggabelung geht es nach rechts auf einem Wiesen-Erdweg weiter, der zwischen zwei Weidezäunen verläuft. Etwa 1 km nach der römi-

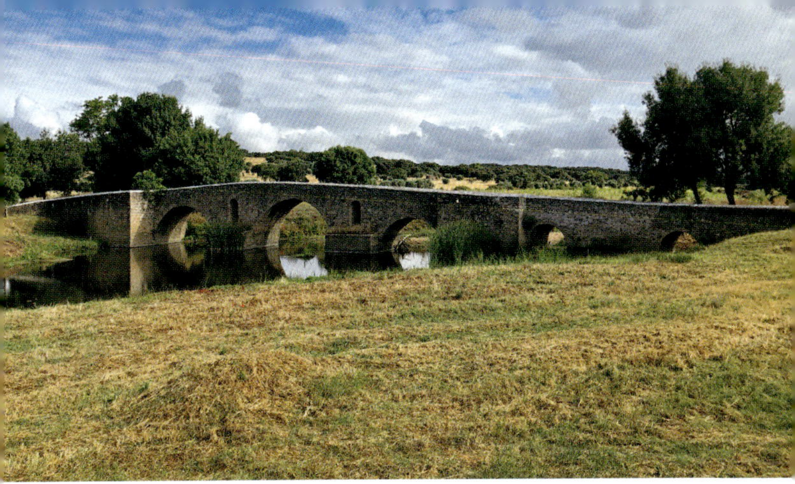

Die Ponte Romana bei Monforte.

schen Brücke treffen wir – etwas verborgen – auf eine zweite alte Brücke, die wir jedoch nicht überqueren. Bei einer darauf folgenden Weggabelung gehen wir nach rechts und durchwandern eine schöne Landschaft von Kork- und Steineichen sowie Granitfelsen. Danach queren wir einen Weidezaun durch ein Tor (links) und einige kleine Bachläufe, die nur zeitweise Wasser führen. In der Folge wandern wir ständig zwischen verschiedenen Weiden hin und her und es ist oft nicht erkennbar, ob wir gerade innerhalb oder außerhalb der Weide unterwegs sind. Etwa 2,5 km seit Wegbeginn knickt der Weg scharf nach rechts und steigt in einigem Abstand und mehr oder weniger parallel zur Straße N369 etwas bergan.

Nun wandern wir auf einem Wiesenweg, passieren ein weiteres Weidetor und sind in der Folge zwischen zwei Zäunen unterwegs. Nach Südosten bietet sich wenig später von einer Anhöhe aus ein schöner Blick auf Monforte. Danach knickt der Weg nach rechts und wir erreichen die nächste Weide, diesmal in einer großen Olivenplantage. Wir wandern geradeaus bergab, queren einen Bachlauf auf einer Brücke und wandern nun auf einem breiten Erdweg durch eine Montado-Landschaft leicht bergan. Bei einem weißen (unbewohnt wirkenden) Haus verlassen wir den Erdweg und zweigen nach rechts auf einen Wiesenpfad ab. Dieser verläuft entlang eines Weidezaunes. Nach einem Weidetor gehen wir über eine Wiese und Schafweide und neuerlich entlang eines Zaunes bis zu einem verlassenen Haus. Hinter diesem lassen wir (vorläufig) das Weidegebiet hinter uns und gehen nach links auf einem breiten Erdweg weiter. Wir wandern auf einen Bauernhof zu (Herdade do Santo Salvador, ein Produzent von Alentejaner Fleisch). Der Wanderweg führt gewissermaßen mitten durch den Hof (und

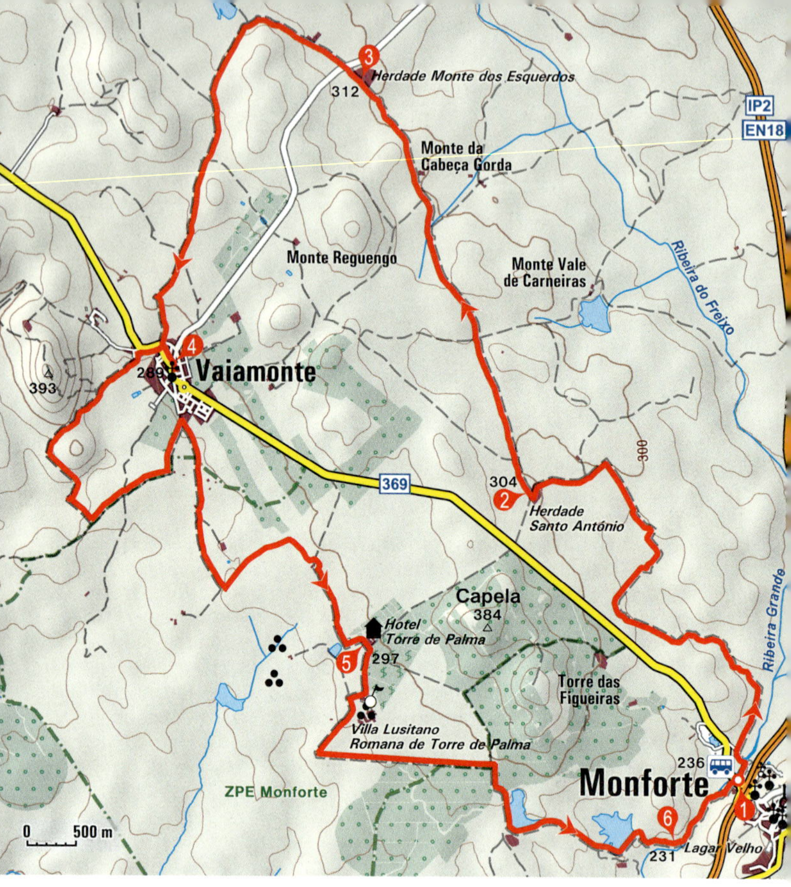

durch zwei Weidetore). Danach geht es auf der breiten Erdstraße weiter und auf die nächste Häusergruppe zu. Wieder ist es ein großer Bauernhof, die **Herdade Santo António** ❷.

Hier zweigen wir scharf nach rechts auf eine breite Erdstraße ab, auf der wir nun ca. 5 km wandern werden. Anfangs wird sie immer wieder von Weidezäunen und -toren unterbrochen, später wird sie kontinuierlich schmäler. Am Wegesrand sieht man beeindruckende Kork- und Steineichen und es bieten sich auch schöne Ausblicke in die hügelige Landschaft. Nach einem verlassenen Bauernhof (Gruppe von weißen Häusern, rechts etwas abseits des Wanderweges gelegen) wird der schmale Wiesenweg wieder

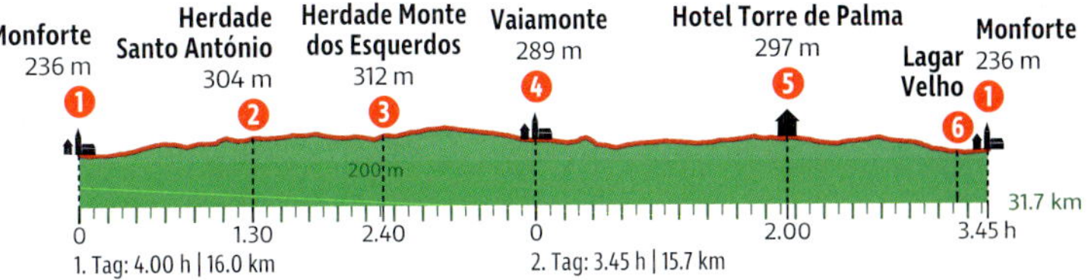

breiter und wir wandern auf einer Erdstraße auf die Häusergruppe **Herdade Monte dos Esquerdos** 3 zu. Dabei handelt es sich um einen international agierenden Saatgutbetrieb (Fertiprado).

Wir queren die Straße nach dem Landgut geradeaus und gehen auf einer breiten Erdstraße weiter. Laut Wegmarkierung sind es von hier 4 km bis Vaiamonte, tatsächlich sind es noch 5,5 km bis ins Ortszentrum. Nach einigen Betriebsgebäuden (Hallen und Plastiktunnel) von Fertiprado erreichen wir ein großes Weidegebiet und einen Montado. Bei einer Weggabelung unterhalb der Herdade do Tocos und eines größeren Teiches halten wir uns nach links und wandern in Richtung Monte dos Cantos. Wir passieren ein Weidetor und gehen auf einem Erd-Wiesenweg stetig bergan, zumeist entlang eines Weidezaunes. Neuerlich geht es durch ein Weidetor und danach etwa 1 km auf einer Art Hochfläche leicht bergab. Ginster, Disteln, Meerträubel und Jakobskreiskraut bilden hier die vielfältige Blütenlandschaft.

Der Weg mündet in einen Pfad, der zwischen zwei Weidezäunen bergab führt; er ist stark verwachsen, jedoch gut markiert. Wir queren einige Weidetore und kommen dann – etwas nördlich von Vaiamonte – in eine Landschaft von Wiesen und Äckern. Ab einem weiß-gelben Haus gehen wir auf einem breiteren Erdweg bis zur Straße N369. Auf dieser nach links gelangen wir nach ca. 250 m ins Zentrum von **Vaiamonte** 4.

2. Tag: Vaiamonte – Monforte, 3.45 Std., 15.7 km, 130 m Auf-, 190 m Abstieg:

Von der Kirche von **Vaiamonte** 4 gehen wir die Straße gut 500 m zurück. In einer Rechtskurve zweigen wir nach links in die Gasse Barrio das Freitas ein und verlassen auf der Erdstraße die Siedlung. Neuerlich durchwandern wir eine Weidelandschaft und Olivenplantagen. Etwa 500 m nach den Häusern von Vaiamonte queren wir einen kleinen Bachlauf auf Trittsteinen. Danach geht es bergan, über eine Hügelkuppe und auf ein Haus mit großer Weide und Teich zu. Vor dem Haus zweigen wir nach links auf einen schmalen Weg ab und wandern entlang eines Zaunes in Richtung eines kleinen Flusstales. Wir passieren ein Weidetor und gehen ein kurzes Stück nach rechts am Fluss entlang. Dann verlassen wir nach links das kleine Bachtal und queren im Anstieg eine Weide zwischen zwei Zäunen. Nach dem Weidetor treffen wir auf eine Wegkreuzung. Hier gehen wir nach links

auf einem sandigen Weg zurück in Richtung Vaiamonte. Nach rund 1 km treffen wir auf zwei Bauernhöfe (Courela dos Feixos und Quinta das Abelhas). Hier geht es nach links und zum südlichen Dorfrand von Vaiamonte, den wir in der Nähe der kleinen Stierkampfarena erreichen. Ab hier sind es noch rund 500 m geradeaus bis ins Dorfzentrum.
Um die Runde fortzusetzen, gehen wir im spitzen Winkel nach rechts in Richtung Süden und bleiben auf dem Sandweg. Südlich von Vaiamonte liegen große Felder, eine offene Landschaft und kaum Weiden. Kleine und größere Landgüter sind entlang des Weges zu sehen. Wir passieren ein kleines blau-weißes Haus mit großem Oleanderbusch davor (rechts des Weges) und kommen bei der Herdade do Outeirinho (Zugangstor zu einem anderen Landgut) zu einer Weggabelung. Hier verlassen wir – nach fast 2 km seit der Dorfgrenze von Vaiamonte – den breiten Sandweg und wandern nun an einem Ackerrain nach links weiter. Der Weg ist hier nicht erkennbar (Graspfad) und auf den Masten der Stromleitungen nur dürftig markiert und verläuft meist entlang oder zwischen Zäunen. So gelangen wir zu einem kleinen blau-weißen Haus hinter einem Zaun. Entlang einer Mauer erreichen wir einen breiteren Schotterweg und wandern auf diesem auf eine kleine Häusergruppe zu. Wir passieren ein Weidetor und danach einen großen Teich (rechts). Auf der Höhe des »Ostufers« wandern wir nach links, direkt auf das Weingut und **5-Sterne-Hotel Torre de Palma** **5** zu. Kurios sind die vielen Storchennester auf Holzplattformen.
Der Weg führt am Eingang des Hotels vorbei und halb rechts in Richtung der »Villa Lusitano-Romana de Torre de Palma«, einer Ausgrabungsstätte (inkl. Besucherzentrum) aus der Spätantike (römische Villa und paläochrist-

Blick auf Vaiamonte.

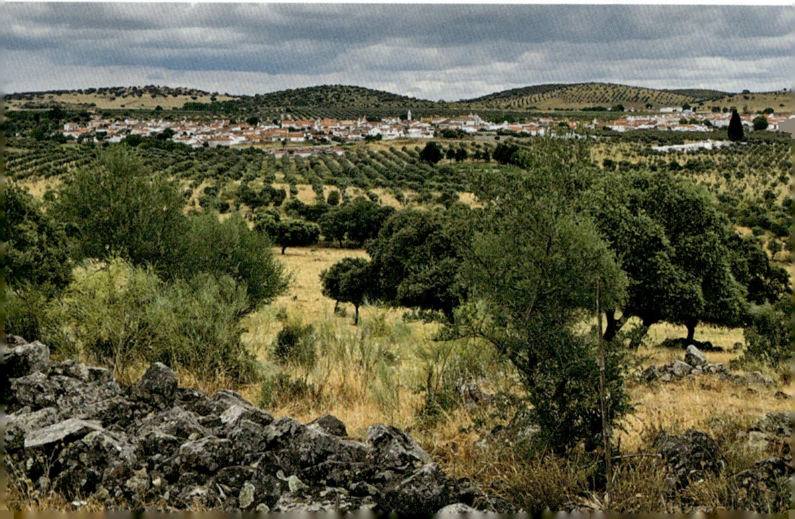

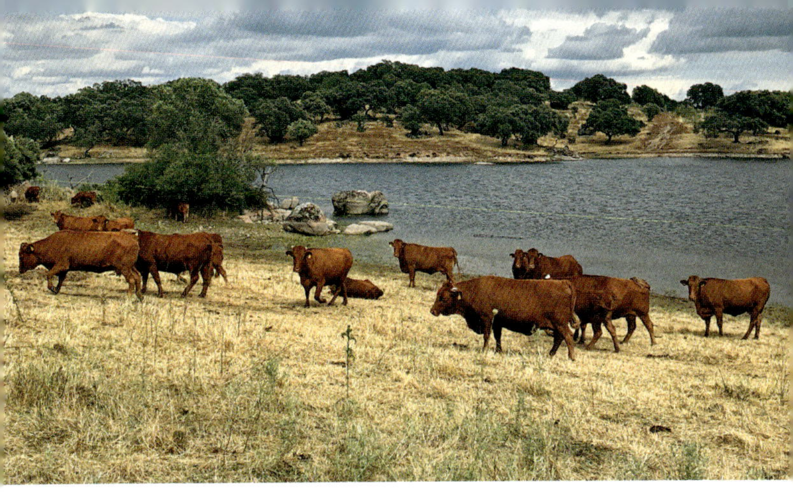

Rinderherde vor einem großen Teich mit Montado im Hintergrund.

liche Basilika). Der Wanderweg führt in einem Rechtsbogen um die Ausgrabungsstätte herum. Danach passieren wir einen verlassenen Bauernhof und wandern am Ackerrain (Zaun und Ackergrenze) auf einem stark verwachsenen Pfad weiter. Dieser knickt nach links und mündet in einen breiten Sand-Erdweg ein, dem wir nach links folgen. Nun geht es rund 2 km auf dieser breiten Piste durch riesige Felder von Monokulturen, anfangs Hirse, später Olivenplantagen. Auch große Bewässerungsanlagen sind zu sehen. Der Weg mündet an einer T-Kreuzung in einen Querweg ein. Wir zweigen nach rechts ab und gehen noch rund 200 m durch große Olivenplantagen und auf einen Bauernhof zu. An diesem geht es vorbei (Gebäude rechts des Weges) und entlang eines großen Teiches (links des Weges) auf einen weiteren Bauernhof zu (zahlreiche Sonnenkollektoren hinter dem Haus). Wir wandern am Südufer des Teiches entlang und nun durch große Rinderweiden. Dabei steigen wir etwas ab zum zweiten Teich. Dahinter sind bereits die Häuser von Monforte zu erkennen.

Den zweiten Teich erreichen wir an dessen Südwestufer. Danach geht es nach wie vor auf einem breiten Erd-Steinweg am Südostufer entlang. Am Ende des Weges steigen wir nach rechts auf einem kaum erkennbaren Pfad über eine Wiese steil bergab in Richtung Ribeira Grande. Bei der alten Olivenmühle **Lagar Velho** 6 queren wir den Fluss auf einer überspülten Mauer (Vorsicht, kann extrem rutschig sein; Trekkingstöcke sind hier von Vorteil). Danach geht es nach links auf einem schmalen Pfad weiter. Nachdem wir eine kleine Mauer (mithilfe von Trittstufen) überstiegen haben, wandern wir durch einen Obstgarten in Richtung Straße. An dieser geht es hoch zum Kreisverkehr am nordwestlichen Ortsrand von **Monforte** 1.

↗ 130 m | ↘ 130 m | 11.6 km

37 Der Weg »Água da Prata«

3.30 h

Ein besonderes Wandererlebnis bei Portugals größtem Aquädukt

Vorweg, dieser Aquädukt ist kein römisches Baudenkmal, sondern stammt aus dem 16. Jh. Der bekannte Festungsarchitekt Francisco de Arruda wurde 1532 von König João III. beauftragt, eine Wasserleitung für die königliche Stadt Évora zu bauen. Entstanden ist so eines der größten und eindrucksvollsten Bauwerke der Stadt. 1537 wurde die Wasserleitung im Beisein des Königs eröffnet. Damals wurden damit verschiedene Brunnen der Stadt mit Trinkwasser versorgt und es gab sogar ein Fecho Real do Aqueducto (»königlichen Abschluss«) der Wasserleitung am Franziskanerplatz von Évora. Viel vom einstigen Konzept des größten »hydraulischen Projektes« in Portugal aus dem frühen 16. Jh. ist heute verschwunden. Seit 1910 ist der »Aqueducto da Água da Prata« portugiesisches Nationaldenkmal. Die Wanderung zur »Wasserquelle« des Aquädukts verursacht Staunen über Umfang und Details dieses mächtigen Infrastrukturprojektes aus historischer Zeit.

Ausgangspunkt: Évora, 299 m, Hauptplatz Praça de Giraldo. Évora ist sehr gut an das Bahn- und Busnetz angeschlossen.
Endpunkt: Parkplatz an der CM1081-2 am Ende des Wanderwegs, 292 m. Rückkehr nach Évora entweder mit Taxi (Kosten ca. 15 €) oder zu Fuß auf dem Hinweg.
Anforderungen: Einfache Wanderung auf Straßen und auf einem schmalen Pfad mit einigen Stufen, Brücken und Durchgängen entlang des Aquädukts.
Markierungen: Es ist ein offizieller Wanderweg, der jedoch nicht immer markiert ist; aufgrund des Bauwerkes ist der Wegverlauf – mit wenigen Ausnahmen – klar ersichtlich. Wegbezeichnung: »Água da Prata« (PR1 Evora).
Einkehr: Nur in Évora.
Tipp: Évora zählt zu den schönsten Städten Portugals; das bezaubernde Stadtzentrum ist auch UNESCO-Weltkulturerbe. Das kurioseste Bauwerk ist die sogenannte Knochenkapelle (port. Capela dos Ossos). Sie wurde im 17. Jh. – auch unter dem Eindruck der Gegenreformation – errichtet. Der Eingang liegt rechts neben dem Portal der Franziskanerkirche. Nähere Informationen zu Besuchszeiten: igrejadesaofrancisco.pt.

An der Praça de Giraldo, dem Hauptplatz von **Évora** ❶, befand sich früher vor der Igreja de Santo Antão der Hauptbrunnen des Aqueducto da Água da Prata. Einzelne Bauteile der Wasserleitung sind beispielsweise noch in der Rua Nova und in der Rua do Salvador zu erkennen. Mit Blick auf das Portal der Kirche gehen wir direkt rechts daneben in die Rua João de Deus. In dieser belebten schmalen Einkaufsstraße gibt es zum Schutz vor der Sonne auch einen Arkadengang. Die Straße mündet in den Largo Luís de Camões ein. Wenn wir hier rechts blicken, dann können wir den Verlauf der Wasserleitung bei einem Torbogen erkennen. Wir folgen geradeaus der Rua José Elias Garcia und weiter der Rua Cândido do Reis bis zum ehemaligen Stadttor Porta Velha de Lagoa, heute eine offene Straße, die von zwei

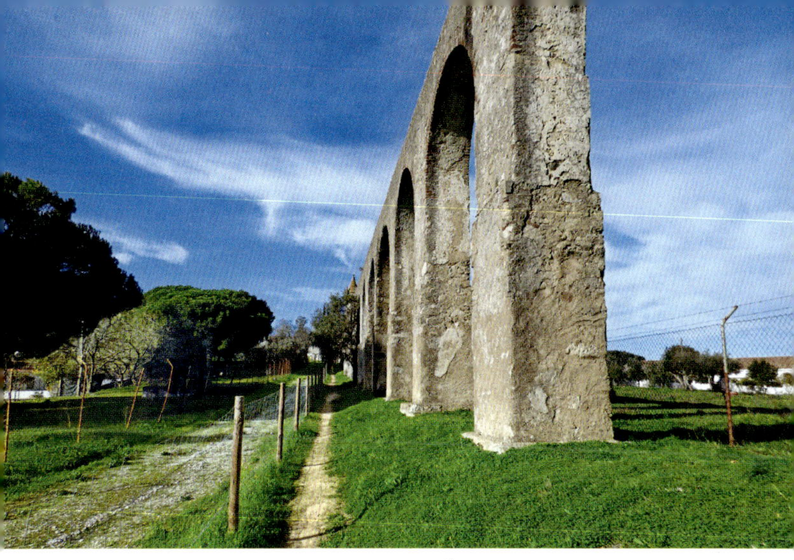

Die hohen Bögen des Aquädukts am Stadtrand von Évora.

Türmen der Stadtmauer flankiert wird. Wir queren geradeaus auf Fußgängerübergängen den Kreisverkehr. Nach rechts blickt man auf einen besonders eindrucksvollen und hohen Abschnitt des Aquädukts, unter dem auch die Ringstraße um die Altstadt von Évora hindurchführt. Der Wanderweg verläuft hier noch nicht am Aquädukt, sondern auf dem Gehsteig an der Avenida Condes de Vilalva; die Wasserleitung sehen wir rechts der Straße. Nach etwa 1 km quert der **Aqueducto da Água da Prata** ❷ die Straße. Hier verlassen wir die Straße nach links und folgen nun dem Aquädukt. Dieser macht zunächst einen leichten Rechts- und danach einen Linksknick. Er sinkt auch in der Höhe stark ab und verschwindet dann – auf der Höhe der Rua São Bento de Cástris – gänzlich im Untergrund. Wir erreichen die Straße M1086 und gehen auf ihr nach rechts bis zur Straße ER114-4. Dieser stark befahrenen Straße folgen wir gut 1 km nach links.

Die **Abzweigung** ❸ des Wanderweges von der Straße nach rechts ist schlecht markiert und schwer erkennbar. Man sieht nur einen Pfad (bei Korkeichen) hinter der Leitplanke verschwinden. Der Pfad führt etwas bergab und erreicht kurz darauf die klar erkennbare Wasserleitung, die ab nun links des Pfades verläuft. Wenig später passieren wir ein Holztor und wandern auf einem schmalen Pfad – links die Wasserleitung, rechts ein Zaun – in Richtung »Wasserquelle«. Dem Aquädukt folgend passieren wir einige Täler, die von ihm überspannt bzw. Hügel, die von ihm durchbrochen wurden. Unterwegs weisen zudem immer wieder Informationstafeln

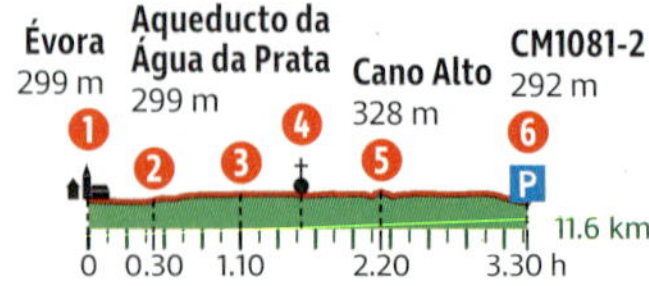

auf Besonderheiten hin. Eingebettet ist der Wanderweg in eine Landschaft mit kleinen Bauernhöfen sowie Korkeichen und Olivenbäumen. Rund 1 km nach Verlassen der M1086 kommt von links ein alternativer Einstieg in den Wanderweg. Wenig später passieren wir einen Brunnen (Fonte do Arcediago, rechts), danach die Quinta da Espada (links) und die kleine **Capela de São José do Cano** 4, die gegenüber einer mächtigen Korkeiche steht. Nach rechts hat man von hier einen schönen Ausblick auf Évora.

Danach überqueren wir einen Hügel und der Aquädukt führt in einem großen Linksbogen nahe an eine Straße (rechts) heran. Anschließend passieren wir die Quinta de São José (links). Etwa 500 m später knickt der Weg nach rechts und wir steigen direkt auf den Aquädukt hoch und nutzen ihn für ein kurzes Stück als Brücke bei **Cano Alto** 5. Dieser Abschnitt wurde im 19. Jh. ergänzt, um das Pombal-Tal zu überqueren. Kurz danach verlassen wir zunächst den Wasserleitungsweg und durchqueren auf einem Pfad zwischen zwei Zäunen und parallel zum Aquädukt eine Gartensiedlung. Danach übersteigen wir auf wackeligen Holzbrettern eine niedrige Mauer und kommen nach rechts wieder zurück auf den Pfad entlang der Wasserleitung. Wenig später knickt der Aquädukt nach links und führt fast 700 m geradewegs durch eine Weidelandschaft.

Danach »läuft« die Wasserleitung in einer Linkskurve aus. Wir halten uns in Richtung einer runden und flachen Betonkuppel (gefasste Quellen). Ab dort verläuft der Wanderweg am Rand der Weide (Markierung durch blau-weiße Dreiecke) zwischen zwei Zäunen und dann in einem Rechtsbogen und auf einem Erdweg zu einem Parkplatz am Beginn der Straße **CM1081-2** 6. Hier schließen wir den Weg ab. Für die Rückkehr nach Évora kann man entweder denselben Weg zurückwandern oder ein Taxi rufen.

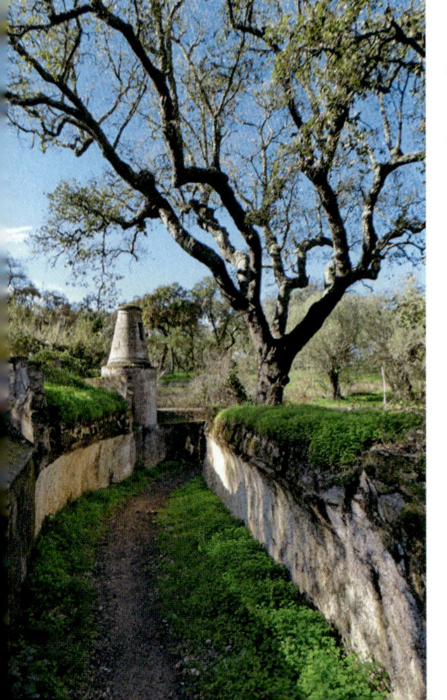

Wegverlauf am Aquädukt Água da Prata.

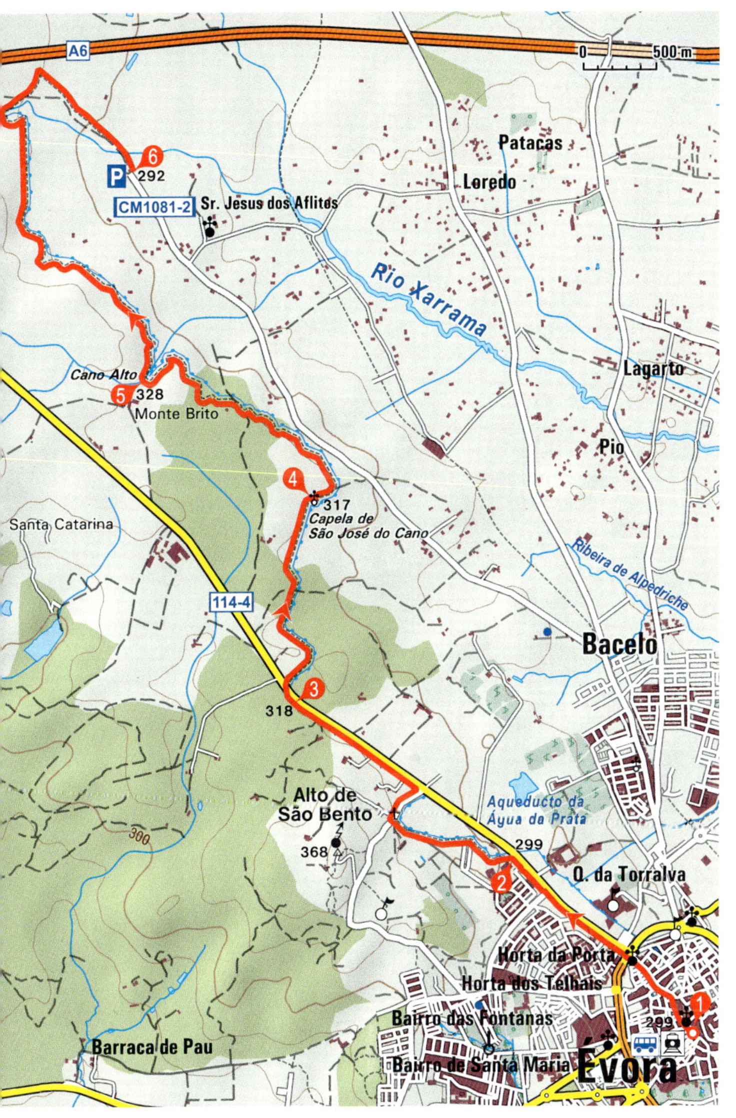

A6
0
500 m
Patacas
Loredo
6
P
292
CM1081-2
Sr. Jesus dos Aflitos
Rio Xarrama
Lagarto
Pio
Cano Alto
5
328
Monte Brito
4
317
Capela de São José do Cano
Santa Catarina
Ribeira de Alpedriche
114-4
Bacelo
3
318
Alto de São Bento
368
300
Aqueducto da Água da Prata
299
2
Q. da Torralva
Horta da Porta
Horta dos Telhais
1
299
Bairro das Fontanas
Barraca de Pau
Bairro de Santa Maria
Évora

↗ 400 m | ↘ 400 m | 11.1 km

38 Auf den Gipfel der Ossa, 653 m

4.00 h

Von Canal auf den höchsten Punkt der Serra d'Ossa

Die Serra d'Ossa, ein Gebirgszug zwischen Estremoz und Redondo, ist ein kleines Eldorado für Outdoor-Sportler (v. a. Wanderer und Radfahrer), was auch daran liegt, dass es in diesem Teil Portugals wenige Berge gibt. Das größere zusammenhängende Waldgebiet lockt zudem viele Gäste aus den heißen Städten zur Sommerfrische. Der Gipfel ist nicht hoch und wenig spektakulär, aber dennoch ein lohnendes Ziel.

Auf ihm steht die verfallene Ermida de São Gens. Früher beherbergte sie eine Statue des Hl. Cornelius, die bei den Hirten der Gegend eine besondere Verehrung genoss. Sie trafen sich vor der Kapelle zum gemeinsamen Festmahl und jeder brachte dem Heiligen als Dank für den Schutz der Herde ein kleines Geschenk mit. Eines Tages wollte ein junger Hirte erstmals Cornelius danken. Er betrat das Gotteshaus mit einem kleinen Zicklein, sprach ein stilles Gebet und wartete, dass der Heilige sein Geschenk annahm. Nachdem dieser keine Regung zeigte, beschloss der junge Mann, das Tier an den Fuß der Statue anzubinden und dann wieder seiner Wege zu gehen. Das Zicklein jedoch bekam Angst im Dunkel der Kirche, nahm Reißaus und lief seinem Hirten hinterher, die Statue des Heiligen mitziehend. Als der junge Mann das Schauspiel sah, rief er aus: »Haltet eure Krüge und Taschen fest, Cornelius kommt. Erst wollte er mein Opfer nicht und jetzt läuft er ihm hinterher.« Zicklein und Heiligenfigur beendeten ihren Lauf an einem Felsen, wo die Figur zerbrach. Angeblich hinterließen die Hirten an dieser Stelle bis in die 1970er-Jahre in Erinnerung an diese Geschichte kleine Opfergaben. Heute ist die Serra d'Ossa leider kein Weidegebiet mehr, sondern größtenteils von Eukalypten bepflanzt, weswegen auch solche »Plätze mit Geschichte« verloren gehen.

Ausgangspunkt: Canal, 309 m, Pelourinho (Pranger) do Canal. Anfahrt mit Pkw ab Estremoz auf der N381 (10 km).
Anforderungen: Rundwanderung auf Dorfstraßen und breiten Erdwegen; An- und Abstiege sind einfach, aber insgesamt rund 400 Höhenmeter.
Markierung: Durchgehend gelb-rot, allerdings sind die Wegmarkierungen stellenweise schon stark vergilbt; die Rundwanderung kombiniert zwei Wanderwege: »Rota do Canal« (PR2Estremoz) und »Rota de São Gens« (PR3Estremoz).
Einkehr: Keine Einkehrmöglichkeit.
Tipp: Canal ist ein weitgehend verlassener Weiler, der jedoch einen bemerkenswerten Pelourinho (Pranger) aus dem 15. Jh. besitzt, was darauf hinweist, dass die kleine Siedlung früher eine »Vila« (mit Gerichtsbarkeit) war.

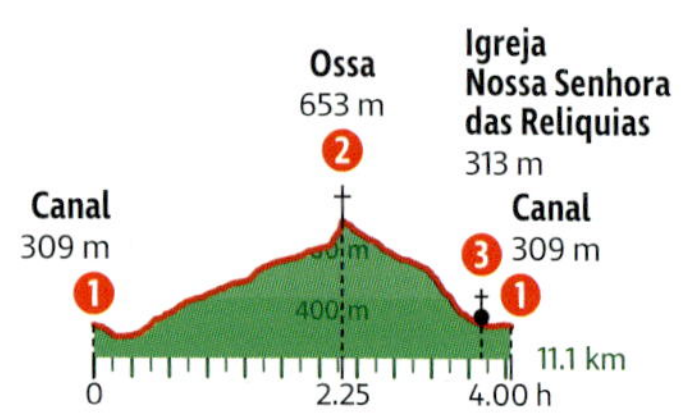

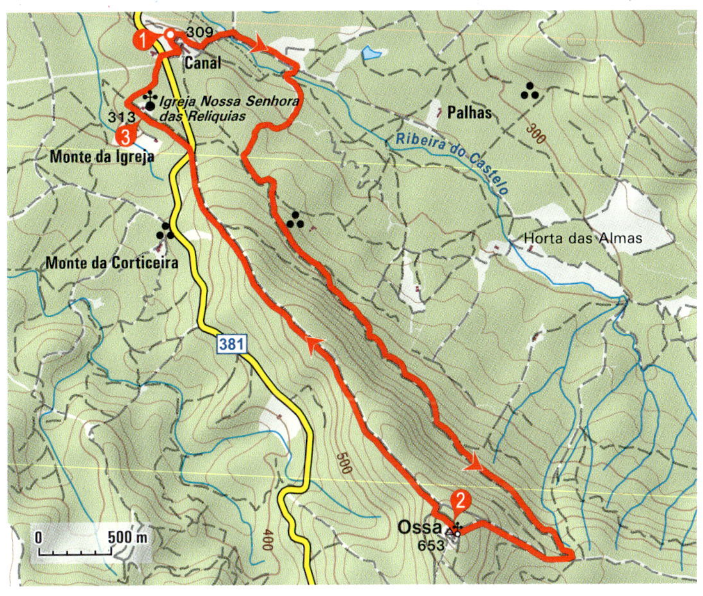

Vom Pelourinho in **Canal** ❶ gehen wir mit Blick in Richtung N381 nach links, zwischen den beiden Häusern hindurch und geradeaus leicht bergab, bis wir auf einen Wiesenweg treffen. Bei der gleich darauf folgenden Wegkreuzung gehen wir nach links und durchqueren bergab einen lichten Eukalyptuswald. Links ist bei einem Baum der Anta da Figueira zu sehen, ein Dolmen, der nur noch in Resten vorhanden ist. Gleich darauf queren wir vor einem Haus einen Bachlauf und erreichen einen breiten Erdweg, auf dem wir nach rechts und entlang des Bachlaufes weitergehen. Nach einem Bauernhof (links) und bei einem Olivenhain zweigen wir nach rechts ab und queren neuerlich den Bachlauf. Danach geht es auf dem markierten Weg einen Hügel hoch und in der Folge in einem Eukalyptuswald stetig bergan. Bei einer Wegkreuzung nehmen wir den Weg, der nach links und am steilsten bergan führt. Bei der nächsten Weggabelung nach ca. 300 m halten wir uns nach rechts und passieren einen schönen Waldabschnitt mit Korkeichen. Nach links sieht man im Tal einen Bauernhof.

Bei einer Lichtung erreichen wir eine Hangschulter und unser Weg mündet hier an einer T-Kreuzung in einen breiten Erdweg ein. Wir halten uns nach rechts. Nach weiteren rund 700 m erreichen wir eine Weggabelung. Hier zweigen wir nach links ab und steigen auf einem breiten Erdweg zum Gipfel der **Ossa** ❷, 653 m, hoch. Dort stehen ein trigonometrischer Vermes-

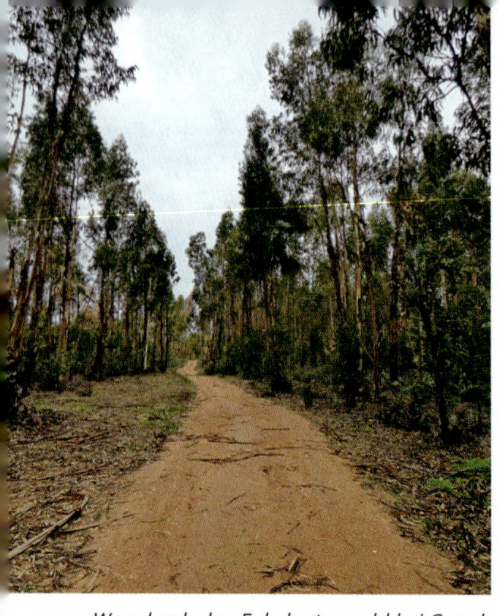

Weg durch den Eukalyptuswald bei Canal.

sungspunkt, daneben eine Antenne und eine Kapellenruine, die Ermida de São Gens.

Für den Abstieg gehen wir zunächst wenige Dutzend Meter denselben Weg vom Gipfel bergab, zweigen jedoch bei erster Gelegenheit nach links ab und wandern bis zu einer Wegkreuzung. Dort halten wir uns nach rechts und erreichen gleich darauf eine weitere Kreuzung mit dem Kammweg. Hier gehen wir nach links weiter und verbleiben ca. 3 km auf diesem breiten Weg, bis dieser in die N381 einmündet. Wir queren die Straße und wandern schräg gegenüber auf einem schmalen Weg durch den Wald weiter. Nach etwa 400 m erreichen wir eine Lichtung und die **Igreja Nossa Senhora das Reliquias** ❸. Die kleine Kirche ist heute im Verfall, aber ein sehr beschaulicher Ort. Bei der Wegkreuzung nach der Kirche zweigen wir nach rechts ab und queren ein kleines Stück Wald in Richtung N381. Diese erreichen wir bei zwei Häusern etwas unterhalb der Siedlung Canal. Wir queren die Straße und gehen in einem Linksbogen zurück nach **Canal** ❶.

Die Igreja Nossa Senhora das Reliquias.

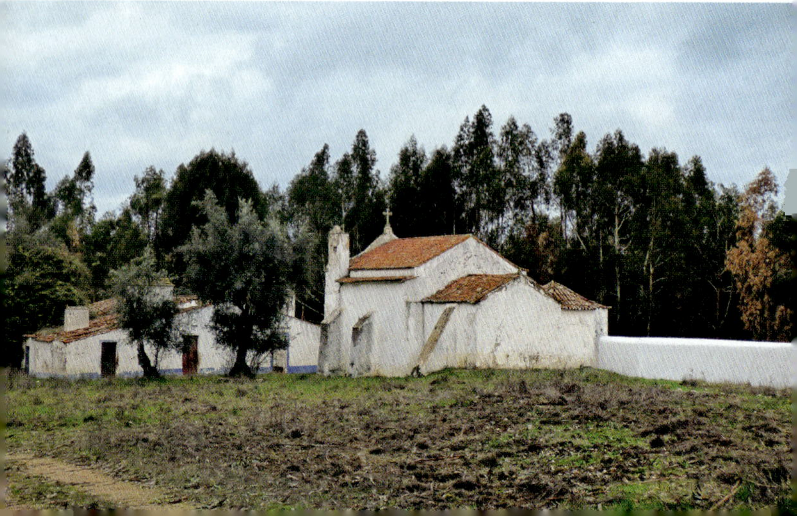

↗ 720 m | ↘ 720 m | 20.4 km

7.00 h Rundwanderung »Ermidas da Serra d'Ossa« 39

Christliche Traditionen und landschaftliche Schönheit kombiniert

Die Serra d'Ossa galt lange Zeit als abgeschieden und unzugänglich. Denkt man sich die moderne Waldbewirtschaftung weg und den ursprünglichen Wald (aus immergrünen Eichen und Schirmpinien) zurück, dann ist gut nachvollziehbar, dass der Gebirgszug den Menschen schon immer als besonderer Ort galt. Im Mittelalter wählten christliche Einsiedler und Mönche ihn als Refugium. Auf dieser großen Rundwanderung sind zumindest vier Zeugnisse davon zu sehen: ein Dolmen, der vielleicht als Unterschlupf für einen Einsiedler diente, eine kleine Wallfahrtskirche in einem »inneren Tal«, ein großes ehemaliges Kloster (heute ein Hotel) und eine Kapellenruine am höchsten Punkte der Serra d'Ossa (vgl. auch Tour 38).

Ausgangspunkt: Aldeia da Serra, 315 m, Dorfplatz an der N381. Anfahrt mit Pkw ab Redondo auf der N381 (9 km). Parkplatz am Straßenrand.
Anforderungen: Lange Rundwanderung auf Dorfstraßen, Erdwegen und Pfaden; einige kräftige An- und Abstiege (u. a. auf der Holztreppe zur Igreja do Monte da Virgem); aufgrund der Länge nur für konditionsstarke Wanderer geeignet.
Markierung: Durchgehend gelb-rot; Wegbezeichnung: »Ermidas da Serra d'Ossa« (PR4 Redondo); der Wegverlauf ist jedoch an einigen Stellen aufgrund von verwirrenden Markierungen unklar.
Einkehr: In Aldeia da Serra.

Tipp: Das wohl eindrucksvollste Bauwerk in der Serra d'Ossa ist der ehemalige Convento de São Paulo. Die Geschichte des Klosters lässt sich angeblich bis ins 6. Jh. zurückverfolgen. 1182 wurde mit dem Bau der heutigen Anlage begonnen, diese jedoch vor allem in der Barockzeit umgestaltet. Die unzähligen Fliesen (z. B. im Kreuzgang) und Brunnen aus Terrakotta sind besonders sehenswert. Das Kloster wurde im 19. Jh. aufgelöst und ist heute ein Luxushotel. Teile der Gebäude können auch von Nichtgästen besucht werden. Weitere Informationen: hotelconventosaopaulo.com.

Aldeia da Serra ❶ ist eine Art Straßendorf, alle Häuser stehen mehr oder weniger entlang der Straße (N381). Vom Dorfplatz gehen wir auf dem Gehsteig neben der N381 in Richtung Redondo (Blickrichtung Dorf und Gebirge nach rechts). Wir passieren die Schule und das Ortsschild und wandern ca. 1,3 km etwas bergab. Wenn die Straße eine leichte Rechtskurve startet, zweigen wir nach links auf die Zufahrtsstraße zu einigen Häusern und Bauernhöfen ab. Sie führt geradewegs auf eine Villa zu, knickt aber davor nach links und führt über einen schmalen Bach.
Bei nächster Gelegenheit (Informationstafel) zweigen wir nach rechts ab und gehen in einem Linksbogen einen Hügel hoch, um den **Anta da Candeeira** ❷ zu sehen. Dieser Dolmen aus der Jungsteinzeit besitzt ein kurioses Detail: ein kleines Fenster, das darauf schließen lässt, dass das Bauwerk eventuell später als Unterschlupf eines Einsiedlers benutzt wurde. Wir

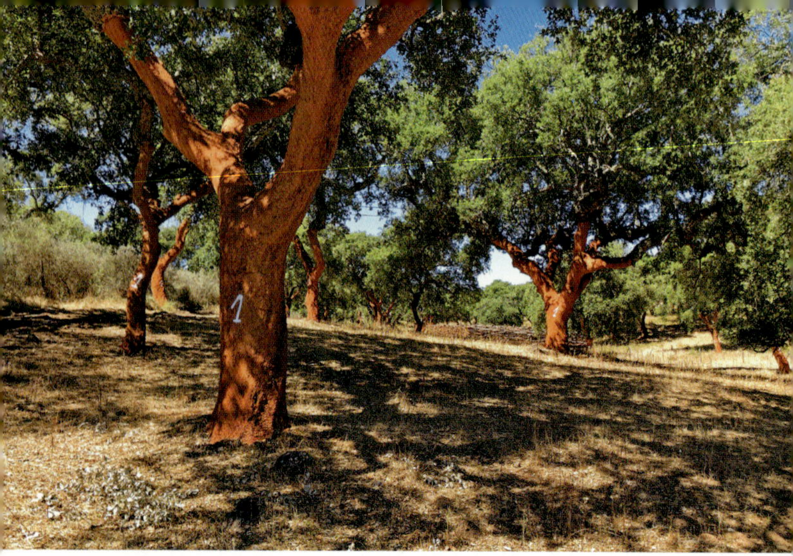

Durch den Montado in der Nähe von Aldeia da Serra.

kehren auf demselben Weg zur Zufahrtsstraße zurück und folgen dieser nach rechts. Vor uns liegt eine Häusergruppe (links), nach dieser geht unser Wanderweg in einen breiten Erd-Schotterweg über und führt bergan in einen lichten Wald. Auf diesem breiten Weg bleiben wir ca. 1 km. Bei einer Weggabelung vor einem Teich geht es nach links auf einem schmäleren Weg etwas steiler bergan. Wir durchwandern einen jungen Eukalyptuswald, wenig später werden wir auch Korkeichen und Schirmpinien sehen. Rechts (etwas abseits des Weges, aber in Blickentfernung) liegt eine Villa mit größerem Grundstück und Pool im Wald. Unser Weg mündet nach etwa 1,5 km in einen breiteren Weg ein, der in der Folge in einer T-Kreuzung auf einen Querweg trifft. Hier gehen wir nach rechts und bei der nächsten Weggabelung nach links. Gleich darauf passieren wir die **Monte da Quinta** ❸, ein verlassen wirkendes Haus (rechts des Wegs).

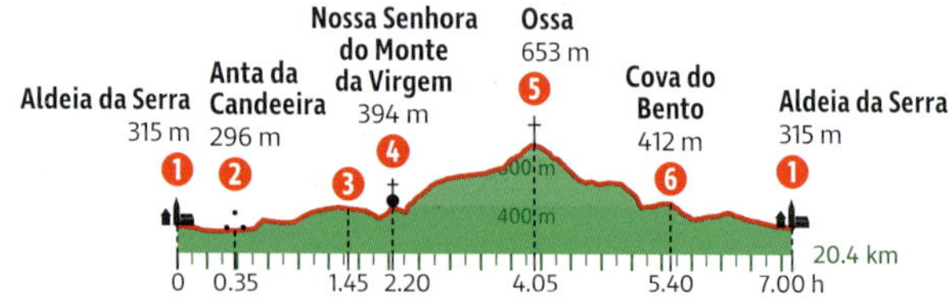

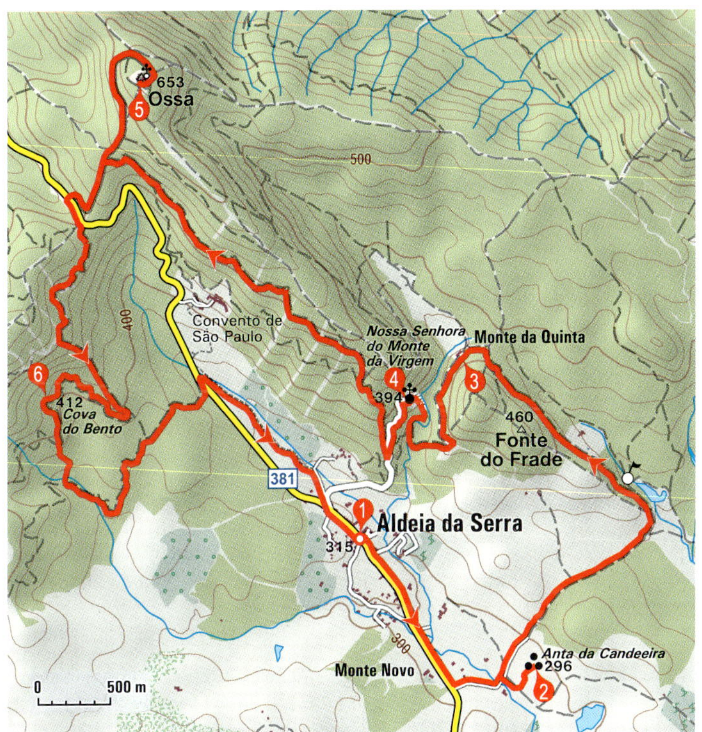

Danach verläuft der breite Erdweg etwas bergab. Nach rechts blicken wir auf ein Kirchengebäude am Hang, die Igreja do Monte da Virgem, unser nächstes Ziel. Wir steigen ab bis zu einem weißen Haus und wandern vor diesem in einem großen Rechtsbogen in ein kleines Flusstal hinab. Auf diesem Abschnitt sind die Wegmarkierungen schlecht oder dürftig angebracht bzw. manche Weg- und Besitzrechte scheinen ungeklärt. Nach einem Tor erreichen wir im Flusstal die Horta dos Ermidas, einen ehemaligen Klostergarten am Fuße der zuvor genannten Wallfahrtskirche. Diesen betreten wir durch ein weiteres niedriges Tor und erreichen wenig später Holztreppen, die bis zur Kirche hochführen. Diese Treppe mit Aussichtsplattformen wurde 2020 angelegt und überwindet etwa 60 Höhenmeter. Die heutige Wallfahrtskirche **Igreja do Monte da Virgem** **4** stammt in ihren Ursprüngen aus dem 15. Jh. Daneben liegt auch ein kleiner Friedhof. Der Ausblick von der Terrasse ist besonders lohnenswert.

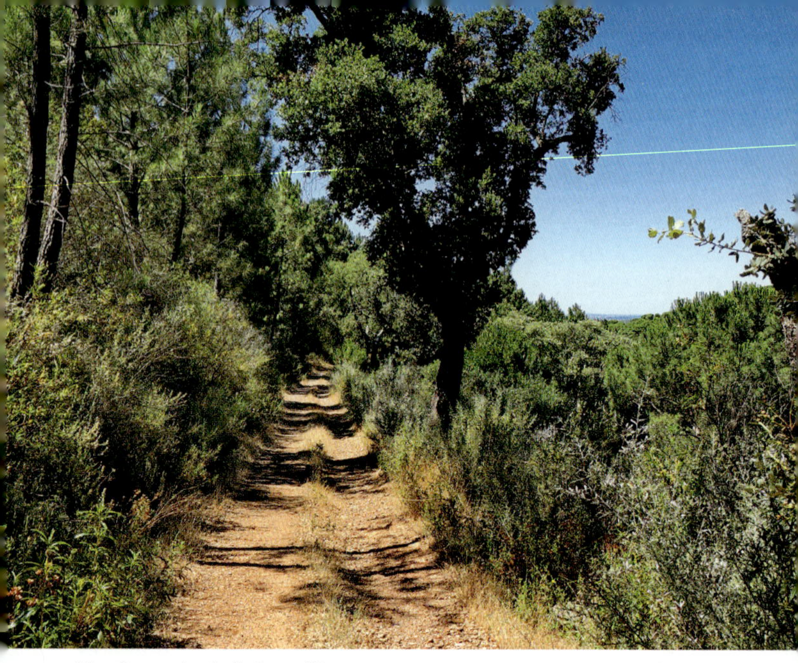

Wanderweg durch die Serra d'Ossa.

Wir wandern auf der Zufahrtsstraße zur Wallfahrtskirche ca. 400 m bergab zu einem Steinkreuz (links des Weges). Hier verlassen wir die Straße nach rechts (schräg gegenüber dem Kreuz) und steigen auf einem steinigen Pfad bergan, anfangs durch einen Wald von Schirmpinien, später dominieren Eukalypten. Insgesamt steigen wir auf einer Strecke von etwa 500 m rund 100 Höhenmeter auf, später flacht der Anstieg ab. Bei einer Weggabelung auf halbem Weg halten wir uns rechts, bei der folgenden Wegverzweigung (mit drei Optionen) bleiben wir ganz rechts, passieren wenig später eine Brandschneise und erreichen nun einen Terrassenweg, der hauptsächlich durch einen Seekiefernwald gemächlich bergan führt. Auf diesem Weg bleiben wir ca. 2 km. Dann mündet er nach einer leichten Linkskurve in eine breite Piste ein. Dieser folgen wir nach rechts oben, dann dreht sich der Weg »schneckenförmig« bis zum Gipfel der **Ossa** 5 hinauf. Dieser ist mit 653 m die höchste Erhebung der Serra d'Ossa. Hier stehen ein trigonometrischer Vermessungspunkt, daneben eine Antenne und eine Kapellenruine, die Ermida de São Gens.

Nach einem Rundblick steigen wir auf demselben Weg wieder ab und folgen der Piste bergab bis zur Straße N381. Diese queren wir und gehen rund

200 m nach links. Dort zweigt ein markierter Weg nach rechts in den Wald ab. Bei einer Weggabelung halten wir uns links und wandern nun auf einem Erdweg durch einen lichten Wald (Eukalyptus rechts, Kork- und Steineichen links) stetig bergab. Am Ende des Eukalyptuswaldes knickt der Weg nach links und führt weiterhin bergab. Etwa 1,5 km nach der Straße kommen wir zu einer Weggabelung. Hier zweigen wir im spitzen Winkel nach rechts ab und wandern nun leicht bergan zur **Cova do Bento** 6, einem kleinen bewachsenen Felsüberhang.

Ab dort geht es steiler bergab. Bei einer Weggabelung halten wir uns rechts und wandern in der Folge auf einen Teich zu. Danach geht es in einigen Kurven einen Hügel leicht bergan und wir blicken auf die Silhouette der Serra d'Ossa mit dem Convento de São Paulo davor. Bei einer Weggabelung halten wir uns nach links und wandern nun durch eine schöne Montado-Landschaft in Richtung der Straße N381. Auf halbem Weg – vor einem Hügel mit vielen Korkeichen – gehen wir rechts, d. h., mehr oder weniger geradeaus, und steigen zur N381 etwas auf. Bei einem Tor passieren wir einen Zaun und gehen unter der Straße hindurch. Danach geht es ein kleines Stück in Richtung Convento de São Paulo, den wir nur von der Ferne sehen, den Hang hinauf. Unterhalb einer Mauer folgen wir einem schmalen Pfad nach rechts, der leicht bergan in Richtung Aldeia da Serra führt und von einem Bach (links des Wanderweges) begleitet wird. Am Dorfrand passieren wir ein Weidetor und gehen auf einer kleinen Zufahrtsstraße zur Hauptstraße hinauf. Dieser folgen wir rund 200 m bis zum Dorfplatz von **Aldeia da Serra** 1.

Igreja do Monte da Virgem.

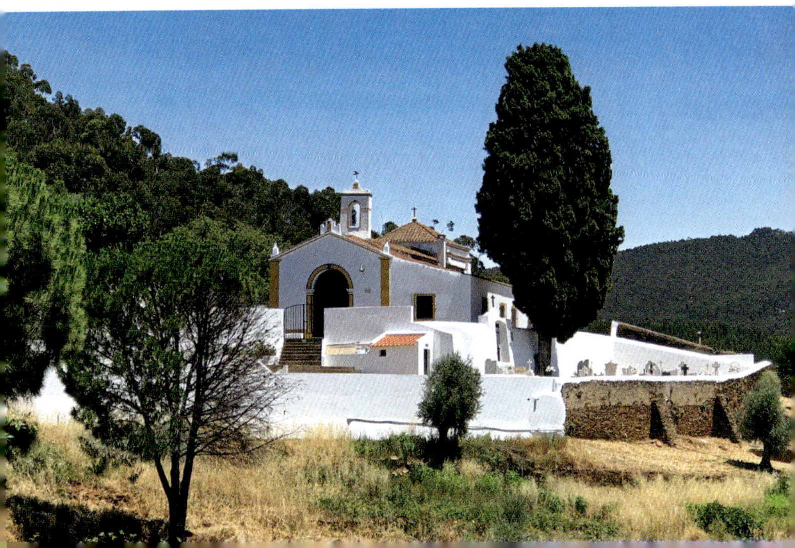

↗ 380 m | ↘ 380 m | 19.6 km

40 Durch den Montado von Freixo

5.15 h

Riesiges Kork- und Steineichengebiet am Südhang der Serra d'Ossa

Nördlich der kleinen Streusiedlung Freixo erstrecken sich ein ausgedehntes Weidegebiet und einer der größten Korkeichenwälder des Landes. Die Rundwanderung führt durch diesen großartigen Montado und vorbei an zahlreichen Gehegen von »glücklichen Schweinen«. In der Ferne sieht man die Erhebungen der Serra d'Ossa, deren Südausläufer von der Wanderung auch berührt werden.

Ausgangspunkt: Freixo, 267 m, Estrada do Freixo am nordöstlichen Ortsrand. Anfahrt mit Pkw ab Redondo auf der Estrada do Freixo (11 km).
Anforderungen: Lange Rundwanderung auf Dorfstraßen und breiten Erdwegen.
Markierung: Durchgehend gelb-rot; Wegbezeichnung: »Percurso do Montado« (PR3RED). Allerdings ist der Wanderweg nicht gut gepflegt und die Wegmarkierungen sind fallweise schon vergilbt und/oder verschwunden.
Einkehr: Nur in Freixo, unterwegs keine Möglichkeit.
Tipp: Vom Wanderweg aus sieht man in der Ferne auf den Hügel von Evoramonte. Tatsächlich lohnt sich ein Besuch wegen der schönen Aussicht, wegen der kuriosen Festung im Stil der italienischen Renaissance ist er jedoch ein Muss. Das in Portugal einzigartige Militärbauwerk hat einen quadratischen Grundriss, auf dessen vier Ecken mächtige Türme stehen, die mit manuelinischen Dekorelementen (Taue) verziert sind. Der zentrale Baukörper setzt sich aus drei Stockwerken zusammen, die Säle mit gotischen Kreuzrippengewölben enthalten (geöffnet tgl. 10–13 Uhr und 14–17 Uhr).

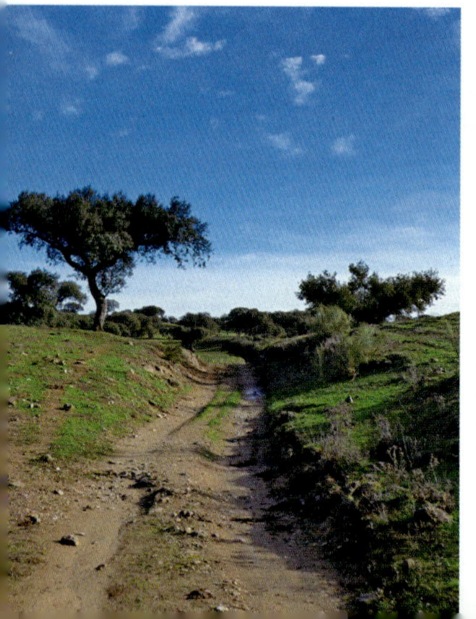

Mit Blick auf die Siedlung **Freixo** ❶ gehen wir die Estrada do Freixo nach links, passieren das Ortsschild und queren danach auf der Brücke die Ribeira do Freixo. Bei nächster Gelegenheit zweigen wir nach links auf einen Erd-Schotterweg ab. Auf diesem durchqueren wir rund 300 m später eine kleine Siedlung. Nach einem Tor wird der Weg schmäler und führt nahe an die Ribeiro do Freixo heran. Bei einem alten Auto (links) passieren wir einen Weidezaun und gleich darauf ein trocken gefallenes Bachbett. Danach kommen wir vorbei an einem Schweinegehege (mit

Wegverlauf in der Nähe von Freixo.

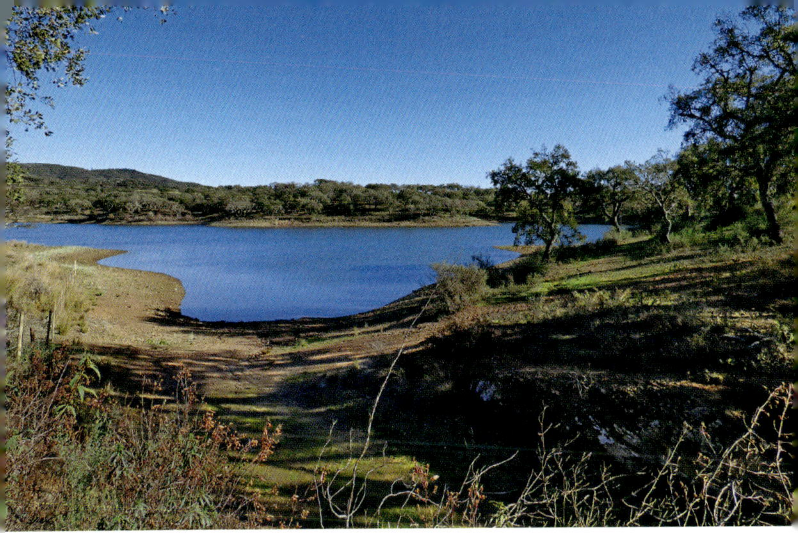

Die Albufeira das Fontes.

weit dahinter liegendem Bauernhof). Bei einer größeren Wegkreuzung halten wir uns links und steigen leicht bergan.

Bei der nächsten Weggabelung am kleinen Hügel **Colmoeiro** ❷ nehmen wir den rechten Weg und wandern entlang eines Weidezaunes (links des Weges). Dahinter sind frisch gepflanzte Korkeichen zu sehen. Schön ist auch der Blick nach links auf die weißen Häuser des Dorfes Freixo sowie auf die vor uns liegende Serra d'Ossa. Etwa 1 km nach dem Colmoeiro passieren wir einen Bauernhof (links) mit Olivenhain und großem Schweinefreilauf. Nach einem leichten Wegknick nach rechts sehen wir einen weiteren Bauernhof (links) und gehen geradeaus auf einem breiten Erdweg durch eine Weidelandschaft mit Korkeichen, zumeist leicht bergan.

Unterwegs müssen wir einige Male Weidetore passieren. Nach links sehen wir in einiger Entfernung einen verfallenen Bauernhof. Auf der anderen Wegseite liegt ebenfalls in einiger Entfernung ein Teich. Im Anstieg verändert sich die Landschaft etwas. Allmählich beginnen Pflanzungen von jungen Seekiefernwäldern. Danach knickt der Weg etwas nach rechts. Bei einer Weggabelung halten wir uns nach links und zweigen etwa 500 m später scharf nach rechts ab. Nun gehen wir auf das verlassene, auf einer Lichtung stehende Haus **Pato Crespo** ❸ zu und zweigen davor nach links ab. In einer Rechtskurve hinter dem Haus geht es kräftig bergan und danach nach links in den Wald hoch. Etwa 800 m nach dem Haus queren wir geradeaus eine Brandschneise, halten uns 250 m später bei einer Weggabelung rechts und treffen nach einigen Kurven auf eine weitere

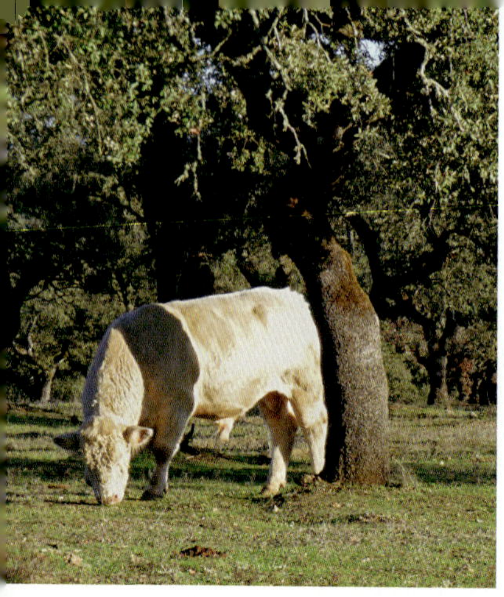

Der Montado von Freixo dient als Weidegebiet.

Brandschneise (breiter Erdweg). Hier gehen wir wenige Meter nach links und zweigen dann rechts ab in Richtung **Pia do Lobo** ❹, dem höchsten Punkt (545 m), der neben einem Gebäude liegt.

Wir bleiben auf dem Erdweg, der wieder in den breiteren Weg auf der Brandschneise einmündet. Diesem Kammweg folgen wir nach rechts. Dann treffen wir auf eine Weggabelung, wo wir rechts gehen; 300 m später halten wir uns bei der nächsten Weggabelung nach links. Wenig später liegt etwas rechts des Weges die Fonte da Bicha. Hier zweigen wir nach links ab und gehen nun zügig bergab. Der Weg verläuft entlang eines Zaunes und hält auf ein Haus zu (links des Weges). Nach diesem treffen wir auf eine Weggabelung; hier gehen wir nach rechts und treffen wenig später auf einen breiteren Zufahrtsweg zu Häusern, die weiter oben am Hang zu sehen sind (Monte do Alto). Hier halten wir uns nach links und wandern auf diesem Weg etwa 800 m bergab. Vor uns sehen wir bereits den Stausee, der unser nächstes Zwischenziel ist. Links des Weges liegt eine Villa (Sapatão) in exponierter Lage. Wir kommen neuerlich zu einer Weggabelung, knapp oberhalb des Stausees. Hier halten wir uns nach links und wandern in einigen Kurven bergab, mit Blick auf den Stausee nach links. Etwa 1 km nach der Weggabelung zweigen wir auf einen kleinen Weg nach links ab, der direkt auf den Stausee zuführt. Am Ufer halten wir uns nach rechts und wandern über die Staumauer des **Albufeira das Fontes** ❺. Am gegenüber liegenden Ufer sind einige Häuser zu erkennen.

Nach der Staumauer gehen wir zunächst geradeaus weiter. Unser Pfad mündet in einen Weg ein, dem wir nach rechts folgen. Nach gut 700 m erreichen wir wieder den breiten Erdweg, den wir kurz vor der Staumauer verlassen haben. Wir folgen ihm nach links und durchwandern nun die nächsten rund 5 km eine Montado-Landschaft, die auch als Rinderweide

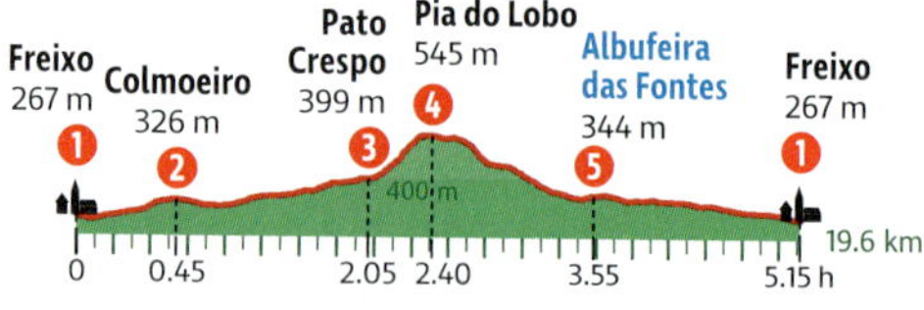

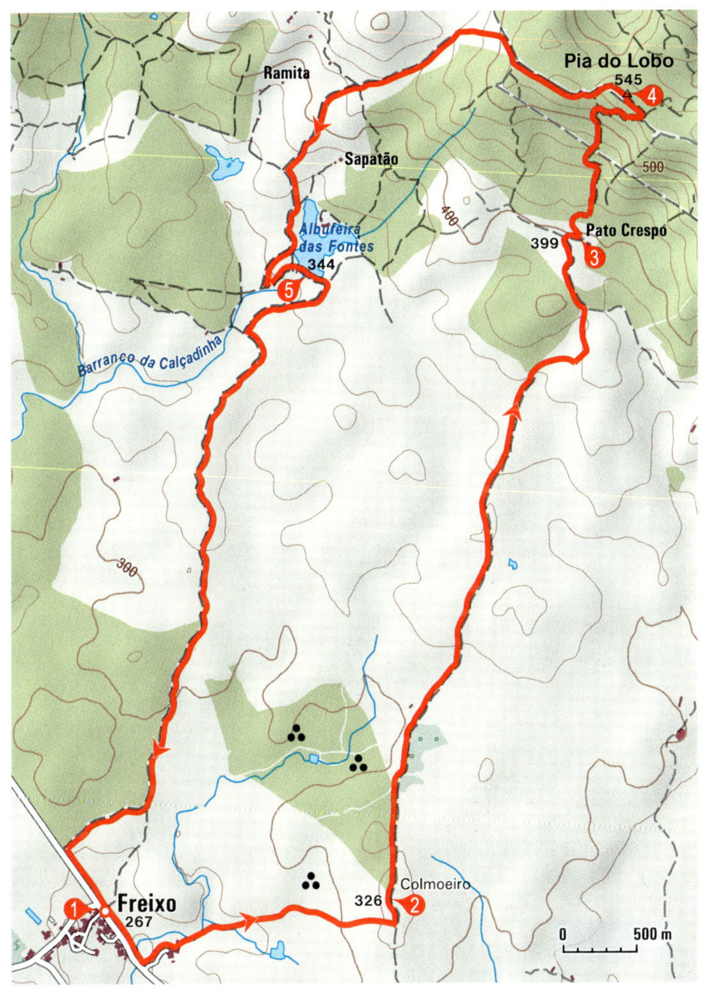

genutzt wird. Kurz bevor wir Freixo erreichen, knickt der Weg etwas nach rechts (bei einem großen Strohlagerplatz). Wenig später passieren wir einen Bauernhof (links des Weges) und erreichen gleich darauf die Estrada do Freixo, an der wir nach links zurück nach **Freixo** ❶ gehen.

↗ 150 m | ↘ 130 m | 11.8 km

41 Durch vielfältiges Kulturland um Terena

3.30 h

Historische Highlights, Montado und moderne Agrarwirtschaft

Terena ist ein kleines Burgstädtchen, das außerhalb Portugals kaum bekannt ist. Die mittelalterliche Festung ist weithin sichtbar, die winzige Altstadt ein architektonisches Kleinod. In der Umgebung gibt es ausgedehnte Korkeichenwälder und – fast obligatorisch für den Alentejo – auch einen größeren Stausee. So liegen hier zwei wichtige Kulturelemente der wirtschaftlichen Nutzung der Region eng beisammen: der traditionelle Montado, der für Weidewirtschaft und Korkproduktion steht, und der Stausee, der für die großen Plantagen die Bewässerung liefert. Folglich hatte die Tourismusbehörde die Idee, diese Wanderung als »Conquista de Terena«, »Eroberung von Terena«, im Sinne von wirtschaftlicher Erschließung zu benennen.

Ausgangspunkt: Terena, 225 m, Burg am Largo do Castelo. Anfahrt mit Pkw ab Alandroal auf der N255 (10 km).
Anforderungen: Mittellange Wanderung auf Dorfstraßen und Erdwegen; keine besonderen Schwierigkeiten.
Markierung: Durchgehend gelb-rot; Wegbezeichnung: »Conquista de Terena« (PR3ALD).
Einkehr: In Terena, unterwegs keine Einkehrmöglichkeit.
Tipp: Das interessanteste Bauwerk der Region ist das Santuário de Nossa Senhora da Boa Nova, etwas außerhalb von Terena gelegen. Die kleine Marienwallfahrtskirche ist eine der wenigen unversehrt erhalten gebliebenen Wehrkirchen aus dem 14. Jh. Der Kult der »Guten Nachricht« geht der Legende nach auf Maria von Portugal (1313–1357) zurück. Die Tochter von König Afonso IV. von Portugal war mit Alfons XI. von Kastilien verheiratet. Sie wurde von ihrem Gemahl als Botschafterin nach Portugal geschickt, um ihren Vater zu einem Bündnis gegen die Muslime in Südiberien zu bewegen. Angeblich hat sie die Zustimmung ihres Vaters zu dieser Allianz am Platz der Kapelle erhalten. Eine Innenbesichtigung außerhalb der Gottesdienstzeiten ist nur nach Anmeldung möglich: Tel. +351 962 919 425.

Vom Largo do Castelo, dem Burgplatz von **Terena** ❶, gehen wir die Rua Direita, die schöne Hauptstraße der Altstadt, in Richtung Igreja Matriz de São Pedro. Am Largo da Igreja zweigen wir noch vor der Kirche nach links ab und gehen einen gepflasterten Weg, begleitet von Orangenbäumen, bis zum Friedhof hinab. Bei einer Weggabelung am oberen Rand des Friedhofs zweigen wir nach rechts in die Estrada da Boa Nova ein. Diese mündet 200 m später in die Straße N255 ein. Hier gehen wir nach links und verlassen das Dorf Terena allmählich. Nach rund 300 m, wenn die Straße zu einer Linkskurve ansetzt, gehen wir geradeaus auf einem Erd-Schotterweg weiter. Wir passieren Häuser, Gärten und Weiden und wandern stetig bergan. Nach etwa 700 m treffen wir im spitzen Winkel auf einen schmäleren

Blick über die Altstadt von Terena.

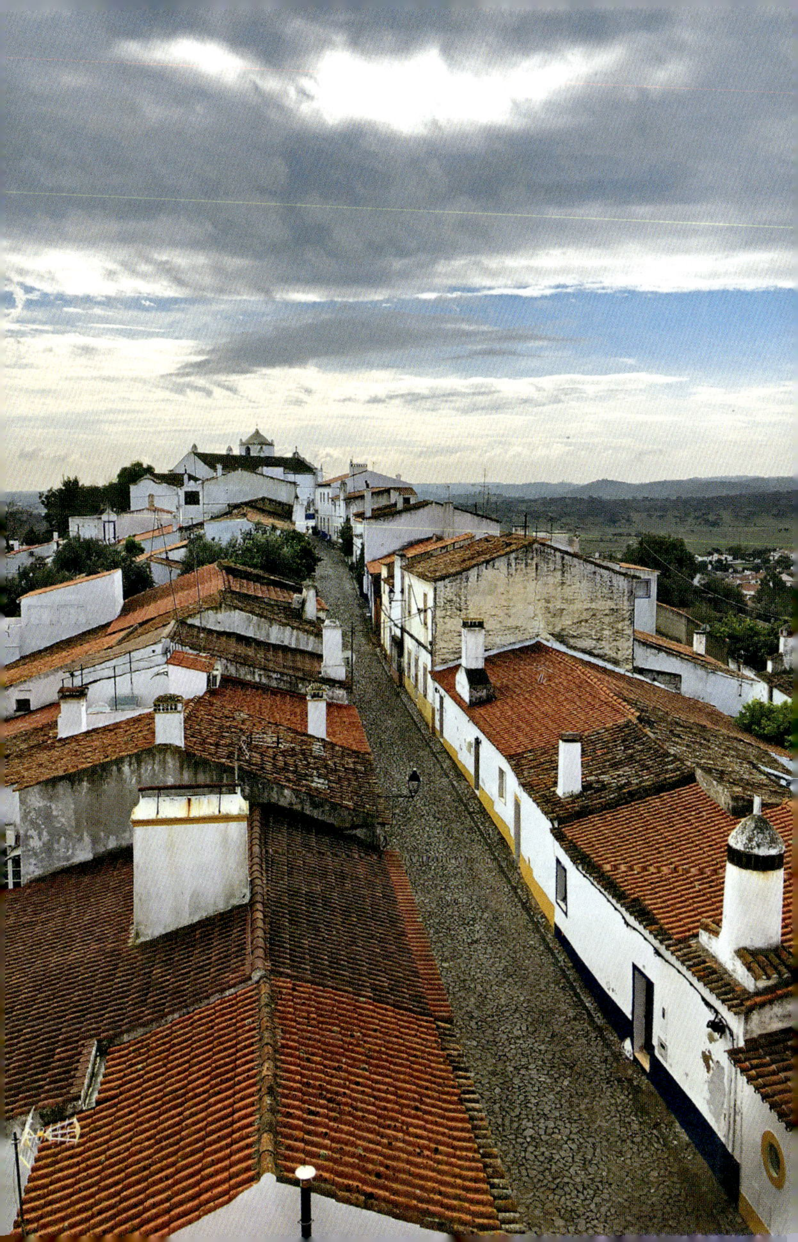

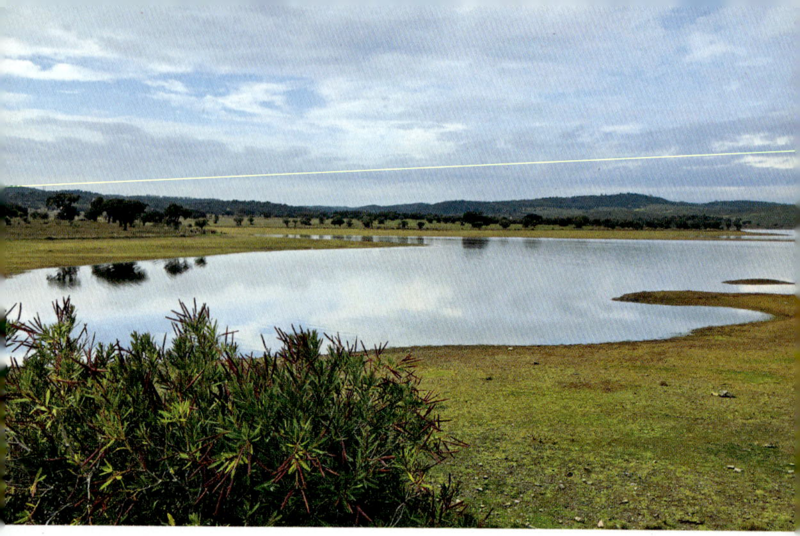

Die Albufeira de Lucefécit.

Querweg. Hier biegen wir nach rechts ab; ebenso nach rechts haben wir einen schönen Blick zurück auf die Burg von Terena.
Nun folgt ein schöner, auch gut markierter und zumeist leicht bergan verlaufender Wegabschnitt durch eine Montado-Landschaft. Auf den Weiden sind vor allem Schafe zu sehen. Nach etwa 1,5 km mündet unser Weg in eine Straße ein, der wir ca. 500 m nach links folgen und dann nach rechts in einen Erd-Steinweg einbiegen. Wieder wandern wir durch ein Weidegebiet mit Korkeichen, hier nun immer leicht bergab und die meiste Zeit wird der Weg von einer Steinmauer begleitet. Allmählich verschwinden die Eichenbäume und wir nähern uns dem Stausee. Bei einem Garten treffen wir auf eine Weggabelung. Hier geht es nach links und auf einem Kiesweg weiter. Bei der nächsten Kreuzung gehen wir geradeaus weiter, nun wieder auf einem schmalen Erdweg. Danach geht es etwas bergan und neuerlich durch eine Montado-Landschaft. Dieser Weg knickt nach rechts und mündet in einen betonierten Dammweg mit Blick auf den **Albufeira de Lucefécit** ❷ nach links.

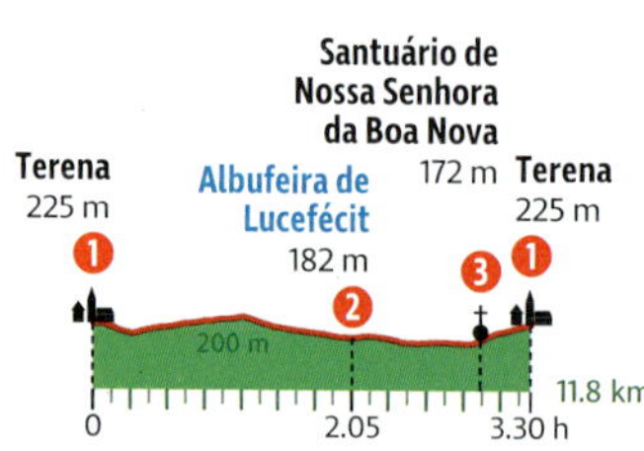

Wir bleiben auf diesem Weg, der bald wieder in einen breiten Erdweg durch einen Olivenhain übergeht. Dieser mündet neuerlich in einen betonierten Dammweg ein. Nach

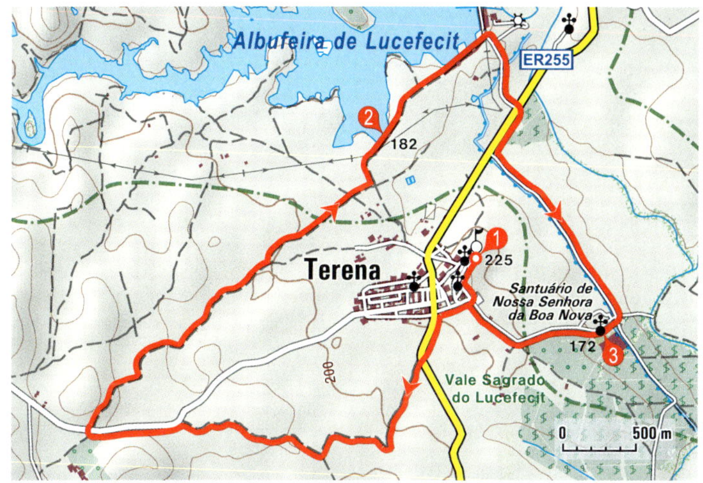

links blickt man von hier auf die Staumauer. Der Dammweg mündet in eine querverlaufende Fahrstraße ein, der wir nach rechts und leicht bergab folgen. Wir queren einen Kanal (eine Art Levada, Bewässerungskanal) und treffen auf die Straße E255. Dieser folgen wir ca. 350 m nach rechts und zweigen vor einer neuerlichen Querung des Kanals nach links auf einen schmalen – erst kürzlich angelegten – Fahrweg ab, der östlich von Terena direkt am Kanal entlang verläuft. Bei einer Wegkreuzung nach ca. 1,5 km gehen wir nach rechts und erreichen gleich darauf das **Santuário de Nossa Senhora da Boa Nova** ❸, das kunsthistorisch interessanteste Gebäude von Terena.

Wir gehen auf der Zufahrtsstraße bergan, die nach rechts knickt und in Richtung Friedhof führt. Ab dort gehen wir auf dem bekannten Weg hinauf zur Igreja Matriz de São Pedro und weiter durch die Rua Direita zum Largo do Castelo in **Terena** ❶.

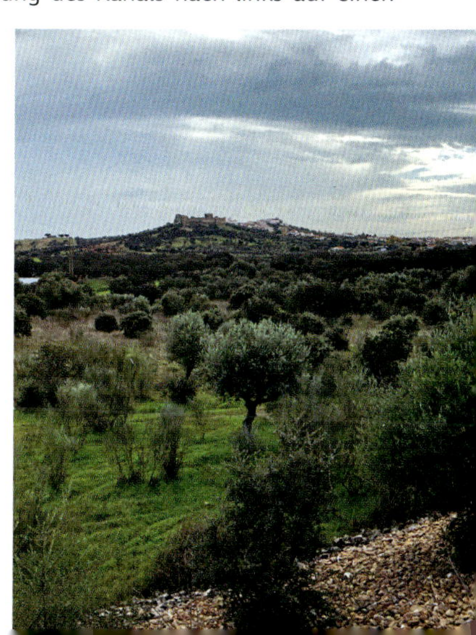

Das Kulturland von Terena mit dem Burghügel im Hintergrund.

TOP

42

Der Megalithenweg um Monsaraz

↗ 230 m | ↘ 230 m | 13.0 km

3.30 h

Ausblicke und Sehenswürdigkeiten auf Schritt und Tritt

Die kleine Burgstadt Monsaraz ist aufgrund ihrer Lage und Architektur eine der Top-Sehenswürdigkeiten im Alentejo. Wie alt und vielfältig der Kulturraum um den Felsen von Monsaraz ist, zeigt diese Rundwanderung, die vor allem einige der schönsten Menhire des Landes präsentiert. Seit 2002 hat sich die Landschaft um Monsaraz drastisch verändert: Damals wurde der große Stausee von Alqueva – angeblich der größte Europas – angelegt. Dieser unterstreicht die einzigartige Lage der kleinen Burgstadt am Berg noch mehr. Wenn man von Süden kommt und auf der N256 über die Brücke fährt, sieht man die Stadt gewissermaßen aus dem Wasser auftauchen.

Ausgangspunkt: Monsaraz, 309 m, Kapelle São João (kleines weißes rechteckiges Gebäude mit Kuppel) auf den östlichen unteren Basteien, etwas unterhalb der Altstadt. Ab der Kreishauptstadt Reguengos de Monsaraz 2x tgl. Bus Nr. 8930 (Fahrzeit ca. 1 Std.). Mit Pkw ab Reguengos de Monsaraz auf der M514 (15 km).
Anforderungen: Mittellange Rundwanderung auf Dorfstraßen und einfachen Erdwegen. Für den Ab- und Aufstieg von und nach Monsaraz müssen jeweils rund 100 Höhenmeter auf einfachen Wegen überwunden werden.
Markierung: Durchgehend gelb-rot; Wegbezeichnung: »Escritas de Pedra e Cal« (PR1RMZ).
Einkehr: In Monsaraz, Outeiro, Barrada und Telheiro.
Tipp: São Pedro do Corval (ein Nachbardorf von Monsaraz) gilt als das »Töpferdorf« des Alentejo (»O maior Centro Oleiro de Portugal«). Wer sich für dieses (Kunst)Handwerk interessiert, sollte sich Zeit nehmen und eines der zahllosen Keramikgeschäfte in São Pedro do Corval besuchen.

Von der Kapelle São João etwas östlich unterhalb der Altstadt von **Monsaraz** ❶ folgen wir der Rua São João in Richtung Norden. Auf der rechten Seite des Weges passieren wir die kleine Kirche São Bento und erreichen wenig später einen kleinen Dorfplatz. Dort halten wir uns nach links und gehen dann weiterhin in Richtung Norden leicht bergab. Einen nach links abzweigenden Weg ignorieren wir und wandern geradeaus auf einem gepflasterten Weg aus dem Dorf hinaus. Bei einer Weggabelung nehmen wir den rechten Weg, der weniger steil bergab führt, und sind nun auf einer »historischen Straße« unterwegs. Nach insgesamt etwa 1 km erreichen wir bei einem Kreisverkehr die kleine Siedlung Férragudo. Wir queren den Kreisverkehr geradeaus und gehen auf der Rua do Convento weiter. Wir passieren einen weißen Torbogen (die ehemalige Klosterpforte), zweigen aber noch vor dem Klostergebäude in die Straße nach rechts ab und wandern auf einem erhöhten Betonpfad in einer Rechtskurve zum **Cromeleque do Xerez** ❷, einem Steinkreis mit zentralem Menhir. Dieser wurde 2002 – in originalgetreuer Ausrichtung – an diese Stelle versetzt, weil sein ur-

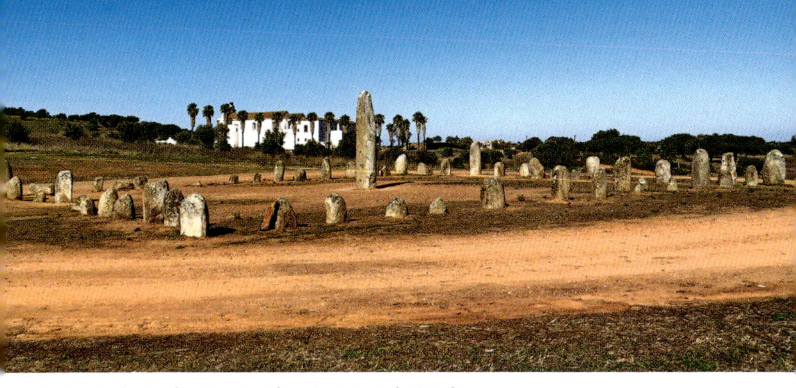

Der Cromeleque do Xerex vor dem Convento da Orada.

sprünglicher Standort durch den Alqueva-Stausee überflutet wurde. Auch wenn der landschaftliche Kontext der Anlage nun fehlt, so ist diese megalithische Kultstätte dennoch bemerkenswert.

Wir kehren zurück zum Platz vor dem **Convento da Orada** 3. Das Augustinerkloster aus dem späten 17. Jh. ist seit 1834 verlassen; Ende des 20. Jh. wurde es renoviert und sucht derzeit eine Funktion. Wir gehen am Kloster vorbei und nehmen dann den Pfad nach links, der parallel zur Straße an der Klostermauer entlang verläuft. Auf diesem Pfad erreichen wir nach knapp 500 m die mittelalterliche Brücke Ponte da Ribeira da Pêga. Gleich danach knickt unser Weg nach rechts und führt nun ca. 1 km an der Straße (Rua da Orada) in Richtung Outeiro. Am Dorfrand nehmen wir die erste Straße nach rechts (Rua da Esperança) und gehen dann nach links durch die Travessa das Flores zum Dorfplatz von **Outeiro** 4.

Ab hier folgen wir nach rechts der Hauptstraße Rua da Alegria. Diese mündet am nordwestlichen Dorfrand in die Rua de Santo António ein. Wir queren sie schräg nach links und folgen der Rua da Orada aus dem Dorf hinaus. Die Straße geht am Dorfrand in einen Erd-Steinweg über. Bei den zwei folgenden Weggabelungen gehen wir jeweils nach links (Markierung) und wandern alsbald auf einem schmalen Erdweg durch ein Gebiet mit Weiden und Olivenbäumen. Bei einer Wegkreuzung bleiben wir geradeaus und gehen nun auf einem etwas breiteren Erdweg auf den **Menir do Outeiro** 5 zu, der mit seinen 5,6 m der zweithöchste Menhir Portugals ist.

Wir bleiben auf dem breiten Erdweg und wandern durch einen großen Olivenhain. Nach links gibt es einen Blick auf den Hügel von Monsaraz. Etwa 1 km nach dem Menhir erreichen wir die kleine Siedlung **Barrada** 6. Wir queren bei der Kirche die Durchgangsstraße, gehen ein kleines Stück nach rechts und nach links in die Rua de Monsaraz, auf der wir das Dorf wieder verlassen.

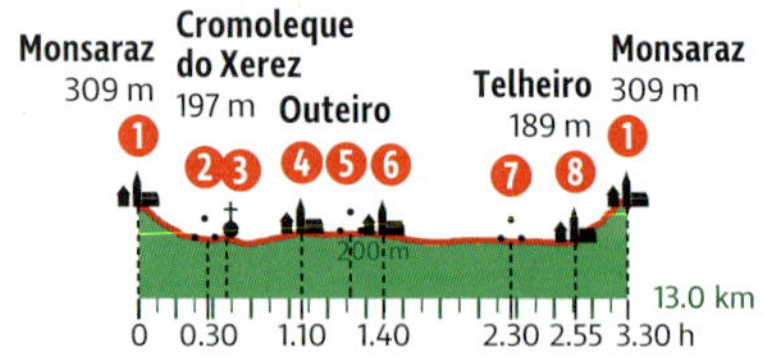

Nun geht es auf einem Erd-Steinweg durch einen weiteren Olivenhain. Nach knapp 600 m erreichen wir die kleine Siedlung Horta do Revoredos. Hier folgen wir zunächst der Straße nach rechts und zweigen bei erster Gelegenheit nach links ab. Auf einem Erd-Sandweg gehen wir auf ein Haus zu und biegen danach links ab. Nun wird der Weg schmäler und verläuft in einigen Kurven hinter der Siedlung weiter. Wir passieren kleine Olivenhaine und Gärten und haben nach rechts wieder einen schönen Ausblick auf Monsaraz. Nach den letzten Häusern der Siedlung (links) führt der Weg geradeaus durch eine neu angelegte große Olivenplantage. Danach kreuzen wir geradeaus einen Querweg. Zu dieser Kreuzung kehren wir später wieder zurück. Zuvor gehen wir bis zur Straße (M1125) weiter, folgen ihr rund 200 m nach links und zweigen nach links zum **Menir da Bulhoa** 7 ab. Dieser Menhir aus der Jungsteinzeit wurde erst 1966 wieder entdeckt, 1970 restauriert und hier aufgestellt. Nur der obere Teil ist original und mit Ritzungen versehen.

Danach kehren wir zur oben genannten Kreuzung zurück und gehen nun nach links auf einem breiten »historischen Erd-Sandweg« weiter, der sogenannte Estrada Real de Monsaraz. Auf dieser passieren wir eine eindrucksvolle Brücke und nicht minder sehenswerte alte Olivenbäume. Wir gelangen zur kleinen Siedlung **Telheiro** 8, die wir geradeaus auf der Rua da Barrada, der Rua das Flores und der Rua da Fonte queren. Das markanteste Bauwerk des Dorfes ist der große Dorfbrunnen (Chafariz e Fonte de Telheiro), ein hübsches weiß-blaues Bauwerk, links am Ende der Rua da Fonte. Bei der folgenden Kreuzung

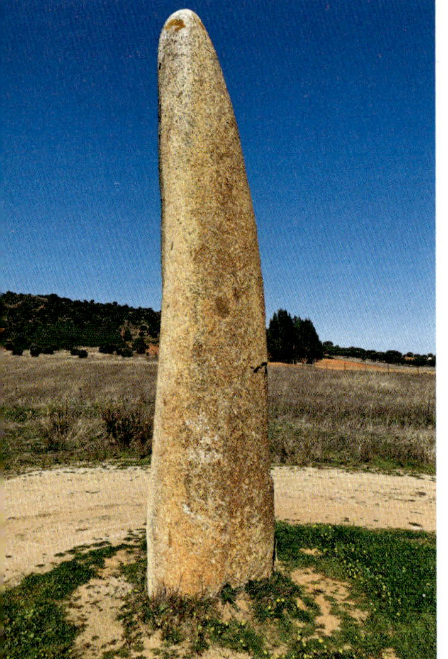

Der Menhir von Outeiro.

nehmen wir den rechten Weg (geradeaus) und wandern auf einem gepflasterten Weg bergan in Richtung Monsaraz. Dieser mündet in einen Querweg ein. Hier gehen wir knapp 50 m nach links und folgen dem ersten Weg nach rechts weiterhin bergan. Schon geht es auf die eindrucksvollen Stadtmauern von Monsaraz zu. Wir betreten die Burgstadt durch das Nordwesttor. Danach geht es über die Travessa do Balcão und die Travessa do Sonabre auf den Hauptplatz mit dem Pelourinho und der Igreja Nossa Senhora de Lagoa. Danach gehen wir die Gasse hinter dem Pelourinho nach links zur Stadtmauer und verlassen durch die Porta d'Alcoba die Kernburg. Im Anschluss halten wir uns nach links entlang der Mauer und erreichen nach knapp 200 m wieder den Ausgangspunkt in **Monsaraz** ❶.

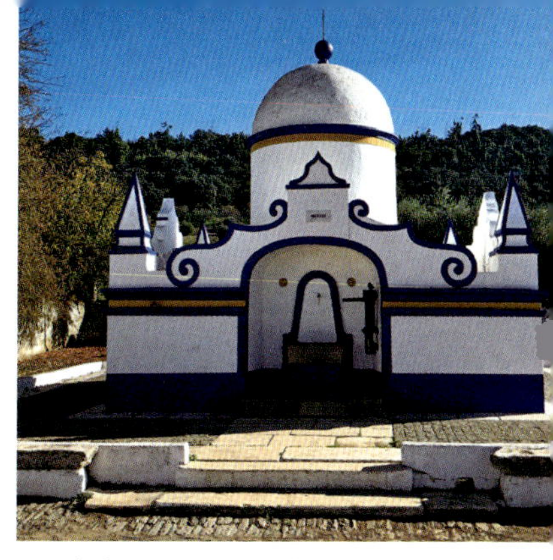

Der Chafariz e Fonte de Telheiro.

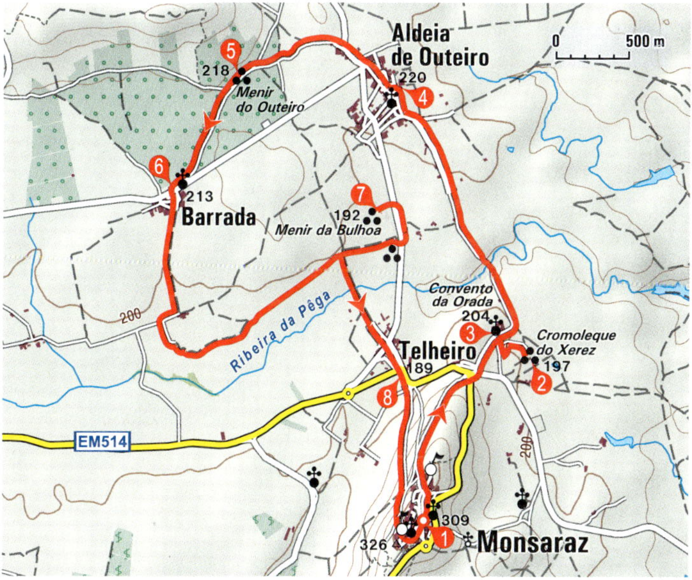

↗ 250 m | ↘ 240 m | 15.1 km

43 Von Amieira nach Alqueva

4.00 h

Den größten See Portugals zu Füßen

2002 wurde der Alqueva-Stausee erstmals gefüllt und damit eine durchschnittliche Fläche von 250 km² geflutet, wovon etwa 75 % auf portugiesischem Territorium liegen. Der Guadiana-Fluss ist die hauptsächliche Wasserquelle für dieses Binnenmeer. Auch wenn man solch gigantomanen Projekten kritisch gegenüberstehen kann, so geht von dieser großen Wassermasse in einem sonst sehr trockenen Landstrich eine gewisse Faszination aus. Tatsächlich dient der Stausee nicht nur zur Stromgewinnung, sondern ist eine wesentliche Quelle für die Bewässerung der Landwirtschaft. Nicht zuletzt möchte man den riesigen See auch touristisch nutzen. Zahlreiche kleine Anlegestellen für Boote wurden gebaut und Badebuchten angelegt. Für Wanderer gibt es bisher noch kaum Angebote. Der Weg von Amieira nach Alqueva (dem namensgebenden Dorf) ist eine der wenigen Wanderungen, die in der Nähe des Stausees verläuft.

Ausgangspunkt: Amieira, 180 m, Stierkampfarena am Südausgang des Dorfes an der N255. Anfahrt mit Pkw ab Portel auf der R384 und der N255 (20 km). Ausreichend Parkmöglichkeiten bei der Stierkampfarena.

Endpunkt: Alqueva, 190 m. Rückkehr mit Bus oder Taxi (siehe »Hinweis«).

Anforderungen: Einfache Streckenwanderung auf Dorfstraßen und breiten Erdwegen.

Markierung: Durchgehend gelb-rot;

Blick auf einen kleinen Nebenarm des Alqueva-Stausees.

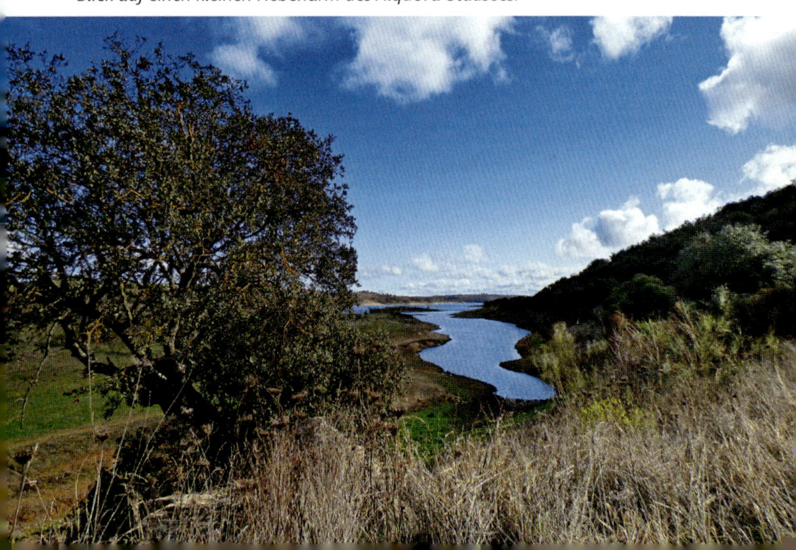

Wegbezeichnung: »Amieira a Alqueva – com o lago a seus pés« (PR1PRL); unser Weg startet etwas später und lässt den Abstecher zur Marina de Amieira aus.
Einkehr: In Amieira und in Alqueva.
Hinweis: Der Bus zwischen Alqueva und Amieira fährt einen großen Umweg und braucht sehr lange. Daher empfiehlt sich für die Rückfahrt das Taxi (Kosten ca. 20 €); Anbieter: Táxi Pimpão, Tel. +351 967 767 700; Táxi Thomás Rodrigues & Filha, Tel. +351 962 060 215. Zudem besteht auch die Möglichkeit, ein »Wassertaxi« zu nehmen. Einen regelmäßigen Bootsverkehr gibt es nicht, aber gegen Vorvereinbarung kann ein Shuttledienst zwischen der Praia Fluvial de Alqueva und der Marina Amieira organisiert werden; Informationen dazu bei Amieira Marina: amieiramarina.com.

Tipp: Um das Großprojekt Alqueva-Stausee in seiner ganzen Tragweite zu verstehen, empiehlt sich der Besuch des kleinen Dorfes Nova Luz de Alqueva (an der Ostseite des Sees, etwas südlich von Moura). Als in den frühen 1980er-Jahren die Planung des Projektes begann, wurde offensichtlich, dass einige Siedlungen von dem riesigen Stausee überschwemmt werden würden. Eines dieser Dörfer war Luz. In diesem Fall errichtete man das neue Dorf Nova Aldeia da Luz und bot den Bewohnern die Umsiedlung an, was in großer Zahl angenommen wurde. Besonders interessant ist der Besuch des Museu da Luz, das sich vor allem mit der Erinnerungskultur an das alte Dorf beschäftigt. Nähere Informationen zu Besuchszeiten: museudaluz.org.pt.

Bei der Stierkampfarena am Südausgang von **Amieira 1** queren wir geradeaus die N255 und den Kreisverkehr und folgen der Zufahrtsstraße zur Marina de Amieira leicht bergab. Nach etwa 500 m führt die Straße nach links in Richtung Marina, wir gehen jedoch geradeaus auf einem breiten Erd-Schotterweg weiter. Schon bald sehen wir zum ersten Mal einen Arm des Alqueva-Stausees. Wir wandern weiter bergab und erreichen das Ufer des Stausees, an dem nun der Wanderweg entlang führt. Nach links blickt man auf die Marina de Amieira jenseits des Wasserarms, wo in der Regel Boote verankert liegen. An den Hängen über dem Stausee sind Olivenbäume, Korkeichen und Eukalypten zu sehen.
Nachdem wir eine kleine Bucht ausgegangen sind, führt der Weg etwas vom Stausee weg und leicht bergan. Bei einer Weggabelung halten wir uns rechts (der Weg geradeaus endet am Seeufer) und wandern auf ein kleines Haus mit Garten und Orangenhain zu und daran vorbei. Nach zwei weiteren Häusern, die man in der Folge erreicht, knickt der Weg nach links und führt in Richtung Seeufer leicht bergab. Bei einer Wegkreuzung gehen wir geradeaus und auf dem schmalen Pfad bis zum Ende einer kleinen in den Stausee ragenden Halbinsel, um die **Antas da Torrejana 2**, zwei sehr schön gelegene Dolmen, zu sehen.
Danach kehren wir wieder zur oben genannten Wegkreuzung zurück und gehen nach links weiter. Nun wandern wir etwas bergan und an der Quinta de Torrejana (links) mit vielen Palmen und Tieren vorbei. Auf dem benachbarten Hügel liegt hingegen ein verlassener Bauernhof. In der Nähe des Ufers sieht man viele Felder, auf den Höhenrücken im Hinterland dagegen Wälder. Wir steigen wieder ab in Richtung Seeufer. Bei einem Teich knickt

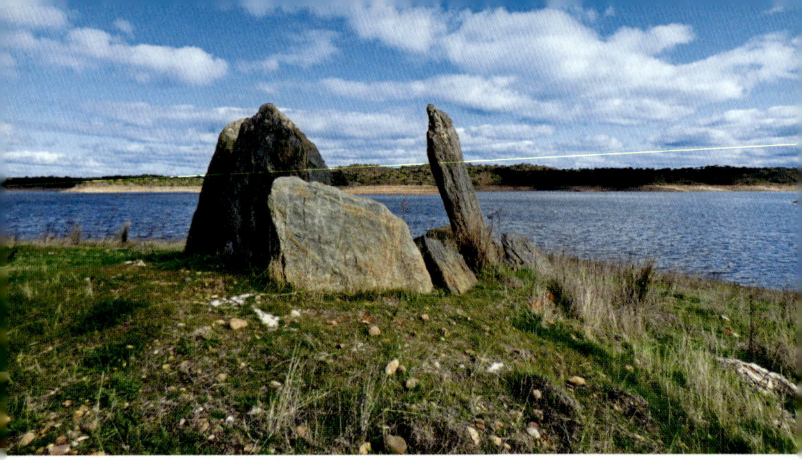

Einer der Dolmen von Torrejana.

der Weg nach rechts und führt am Rand eines kleinen Waldes entlang. Knapp 1 km nach dem Teich knickt der Weg hinter einer Hausruine nach rechts vom See weg und führt nun steil bergan. Wir steigen bis knapp über 200 m auf und blicken von der Anhöhe auf den See hinunter. Der Weg verläuft ein kleines Stück auf einer Hochebene. Bei einer Weggabelung gehen wir nach rechts und dann bergab.

Nun folgt der Weg ca. 3 km mit nur leichten An- und Abstiegen in großen Kurven den Buchten des Stausees. Danach entfernen wir uns etwas vom See und steigen einen Hügel hoch. Dort kreuzen wir einen Querweg und wandern im Anschluss bergab, bereits mit Blick auf das Dorf Alqueva. Links von uns erstrecken sich große Olivenplantagen. Rechts des Weges passieren wir die Zufahrt zur Herdade de Melanda mit einem besonders groß angelegten Einfahrtstor. Wir queren noch einen kleinen Hügel und wandern danach in einer Linkskurve bergab in Richtung der Brücke über die **Ribeira de Codes** ❸. Im Anschluss geht es auf der Straße etwa 1 km leicht bergan bis zum Dorfeingang von Alqueva. Dort nehmen wir bei der Weggabelung die linke Straße (Rua da Castela) und folgen dieser bis zum Largo da Igreja vor der Kirche São Lourenço in **Alqueva** ❹.

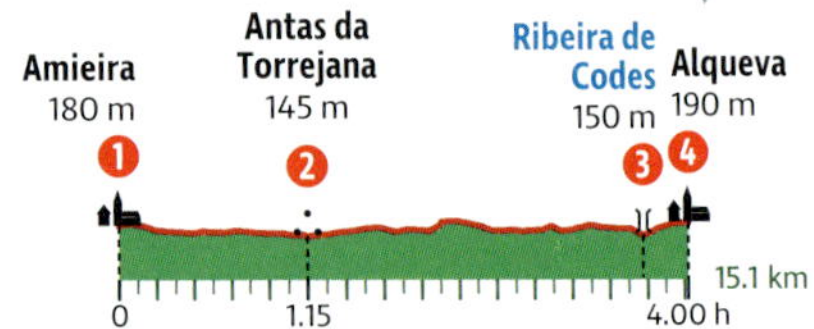

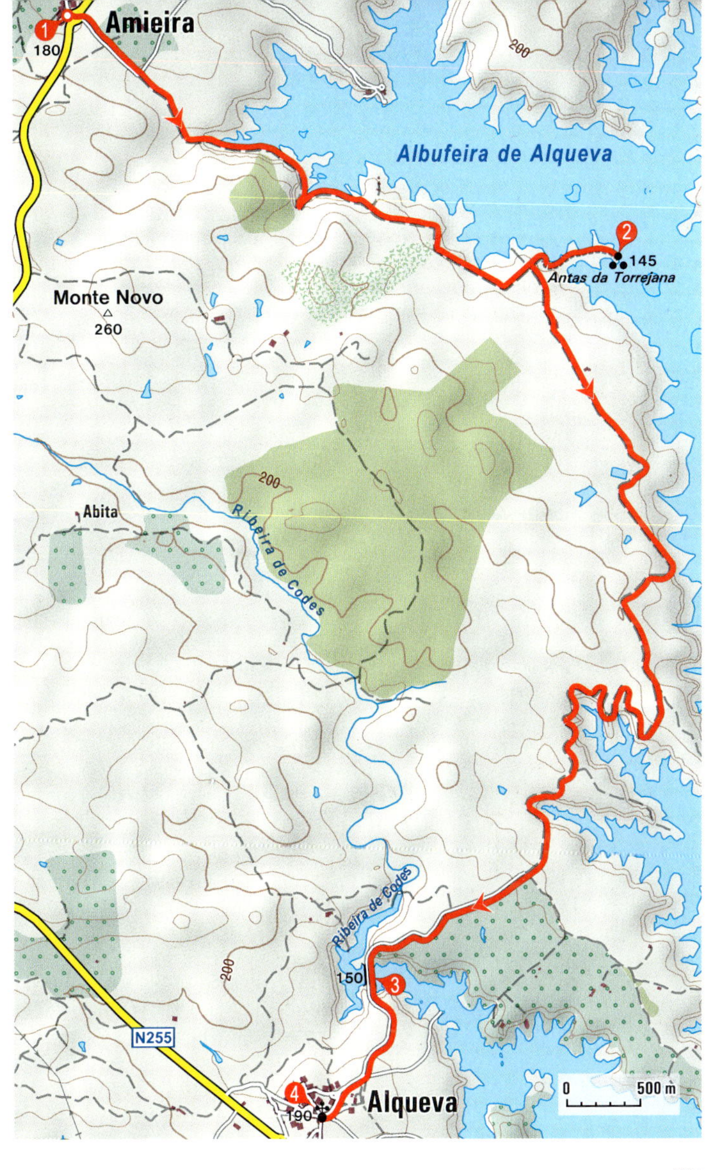
1
180
Amieira
200
Albufeira de Alqueva
2
145
Antas da Torrejana
Monte Novo
260
200
Abita
Ribeira de Codes
Ribeira de Codes
200
150
3
N255
4
190
Alqueva
0
500 m

↗ 240 m | ↘ 240 m | 17.6 km

44 Durch die Weinberge von São Cucufate

5.00 h

Große Rundwanderung um Vidigueira

Die kleine Kreisstadt Vidigueira – mehr oder weniger im Herzen des Alentejo gelegen – gilt als die Geburtsstadt des berühmten Seefahrers Vasco da Gama und ist bekannt für schmackhaftes Olivenöl sowie hervorragenden Rotwein. Wenig verwunderlich findet man in der Umgebung von Vidigueira viele und ausgedehnte Weingärten, die sich über eine hübsche hügelige Landschaft erstrecken. Ansonsten will dieser offizielle Wanderweg möglichst viele Sehenswürdigkeiten und Aussichtspunkte einschließen.

Ausgangspunkt: Vidigueira, 210 m, Praça da República vor dem Rathaus. Die Kreishauptstadt Vidigueira ist gut an das öffentliche Busnetz angeschlossen.
Anforderungen: Längere Rundwanderung auf Dorfstraßen und Erdwegen; lediglich für den Aufstieg zur Ermida de Santo António müssen einige Höhenmeter überwunden werden.

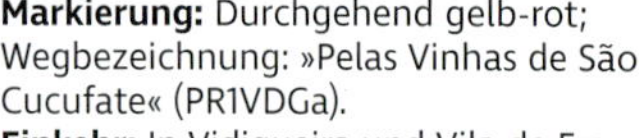

Markierung: Durchgehend gelb-rot; Wegbezeichnung: »Pelas Vinhas de São Cucufate« (PR1VDGa).
Einkehr: In Vidigueira und Vila de Frades.
Tipp: Die Ausgrabungsstätte von São Cucufate hat eine lange und abwechslungsreiche Geschichte. Im 1. Jh. n. Chr. wurde hier eine römische Villa errichtet und das umgebende Gebiet war Teil eines Latifundiums mit verschiedenen Bebauungsphasen. In der Spätantike (4. oder 5. Jh.) wurde die Villa verlassen. Im 9. Jh. siedelte sich eine Mönchsgemeinschaft (anfangs Augustiner, später Benediktiner) hier an und begann mit Umbauarbeiten. Mitte des 13. Jh. wurde das Kloster aufgegeben, danach wurden die Gebäude zeitweise noch von einem Eremiten bewohnt. Zu den Glanzpunkten der archäologischen Stätte gehören die deutlich erkennbaren Strukturen der römischen Villa, aber auch die bemerkenswerten (weil in Portugal seltenen) Fresken aus dem Hochmittelalter.

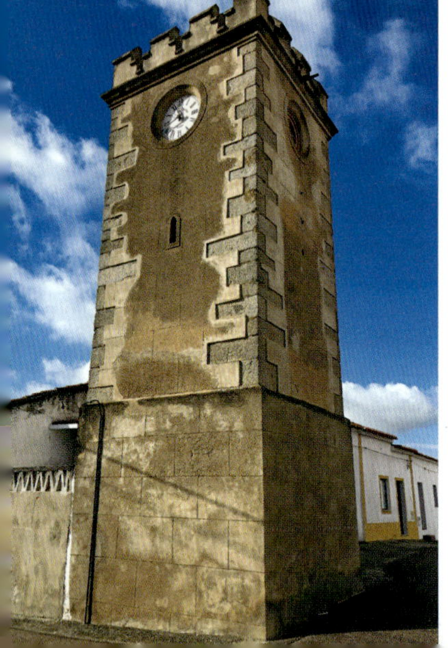

Von der Praça da República gehen wir mit Blick auf das Rathaus von **Vidigueira** ❶ links die Rua Miguel Bombarda hoch. In der ersten Gasse nach links bietet sich ein schöner Blick auf den Uhrturm der Stadt. Die

Der Uhrturm von Vila de Frades.

Straße mündet in den Largo 5 de Outubro, den wir geradeaus überqueren und der Rua de Santa Clara folgen. Dann biegen wir in die erste Gasse nach links (Rua Cisterna) ein und gelangen durch die nächste Gasse nach rechts zum **Castelo de Vidigueira** ❷. Von der ehemaligen Burganlage sind nur der Bergfried und ein paar Mauerreste übrig geblieben, jedoch auch ein sehenswertes Fenster. Wir kehren zur Rua de Santa Clara zurück und folgen ihr nach links. Wir queren die Rua do Dispensário und verlassen die Kreisstadt auf der geradeaus verlaufenden Straße. Nach etwa 400 m erreichen wir die sehenswerte **Ermida de Santa Clara** ❸, die ein schönes manuelinisches Portal besitzt.

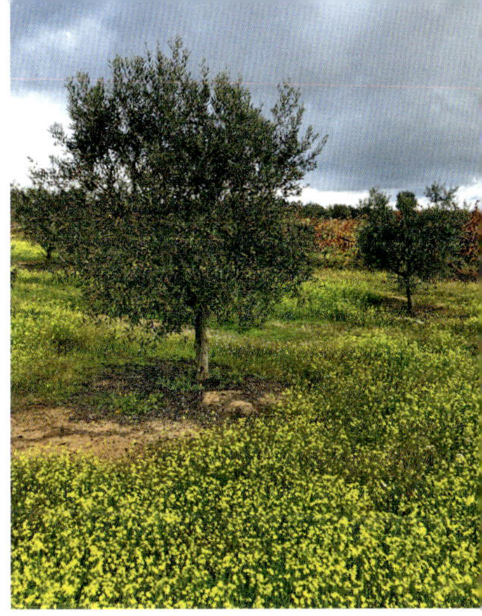

Olivenbäume, Weingärten und blühende Wiesen westlich von São Cucufate.

Wir folgen der Straße weitere 400 m und nehmen dann bei einer Wegverzweigung den Erdweg ganz links. Nun wandern wir an Olivenplantagen, Weingärten und Orangenbäumen vorbei mehr oder weniger auf das nächste Dorf zu, das wir schon aus der Ferne sehen können. Über die Rua Nova dos Capuchos und die Rua das Portas da Évora erreichen wir bei der Igreja de Misericórdia beim Largo Fialho da Almeida das Dorfzentrum von **Vila de Frades** ❹. Auf der linken Seite des Platzes liegt ein sehenswertes Haus. Wir gehen nach rechts über den Platz in die Rua Luís de Camões, auf der wir den hübschen Glockenturm (links) passieren. Am Ende der Straße erreichen wir den Largo do Pinheiro. Gleich am Beginn des Platzes links ist eines der interessantesten Häuser des Dorfes zu sehen: die Casa do Arco, zugleich das Dorfmuseum von Vila de Frades. Wir gehen geradeaus über den Platz und verlassen den Ort auf der Rua do Pinheiro. Nach etwa 800 m gehen wir nach rechts an der Straße N258 weiter. Nach etwa 200 m schlagen wir nach rechts einen Erdweg ein, der leicht ansteigt und von Olivenbäumen und Weingärten gesäumt wird. Nach etwa 1 km mündet unser Weg an einer T-Kreuzung in eine Straße. Hier gehen wir nach rechts bis zu einem Zaun; dahinter liegen die Ausgrabungen der **Villa Romana de São Cucufate** ❺. Der Eingang in das Besucherzentrum liegt gut 100 m weiter links.

Vom Eingang gehen wir auf der Zufahrtsstraße etwa 200 m bis zur Straße (N258). Dieser folgen wir knapp 200 m nach rechts und zweigen nach einem kleinen Haus nach links ab. Nun wandern wir wieder auf einem Erdweg durch Weingärten und Olivenhaine. Nach ca. 300 m treffen wir bei

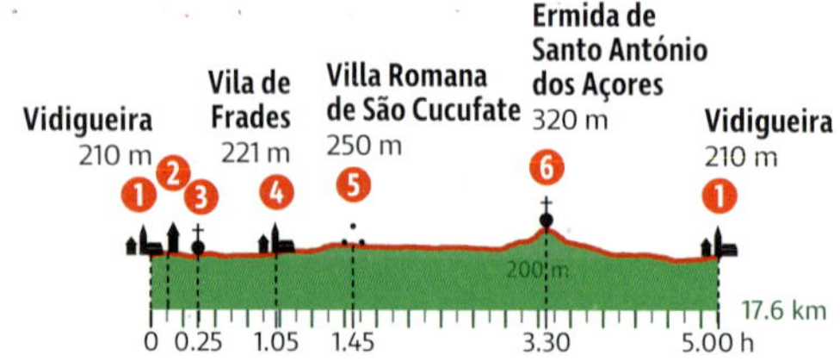

einem weißen Gartenhaus auf eine Weggabelung. Wir gehen nach rechts und sind nun etwas mehr als 500 m in den Weingärten von São Cucufate unterwegs. Bei einer Weggabelung vor einem Olivenhain zweigen wir nach links ab und treffen nach einer großen Rechtskurve einen breiten Sandweg. Wir biegen links ab und wandern in Richtung Vila de Frades zurück. Nach ca. 2 km mündet der Sandweg in die Straße N387 ein, der wir nach links folgen. Dabei passieren wir einen Friedhof (rechts der Straße) und treffen auf einen Kreisverkehr, wo wir die erste Straße (N258) nach rechts nehmen. Rund 200 m weiter zweigen wir nach rechts ab (Schild: »Ermida de Santo António dos Açores«) und wandern auf einer breiten Erd-Schotterstraße auf einen Aussichtsberg hoch.

Der gesamte Aufstieg ist ca. 1,5 km lang und überwindet 100 Höhenmeter. Der erste Abschnitt führt durch ein Gebiet mit Oliven- und Orangenbäumen und Wiesen. Nach einer Rechtskurve sind rechts des Weges Kork- und Steineichen und links Weiden zu finden. Auf dem 320 m hohen Gipfel befinden sich ein trigonometrischer Vermessungspunkt, Antennen und die verlassene **Ermida de Santo António dos Açores** 6 mit Resten von Wandmalereien. Der 360-Grad-Blick in die Umgebung ist lohnenswert.

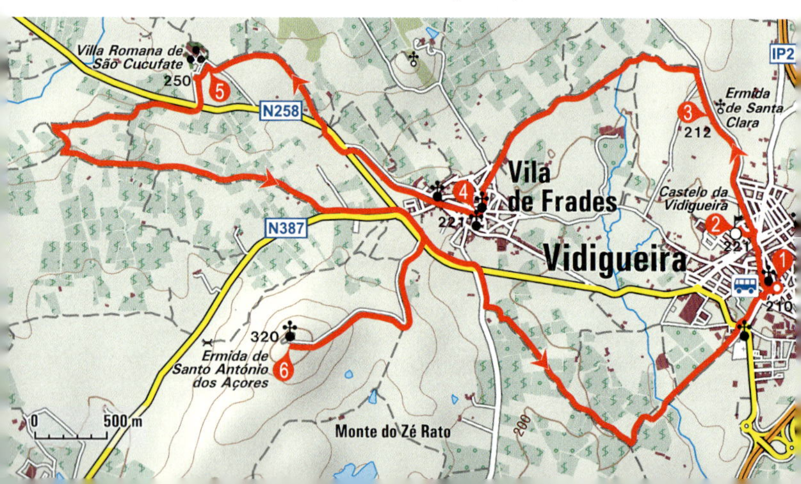

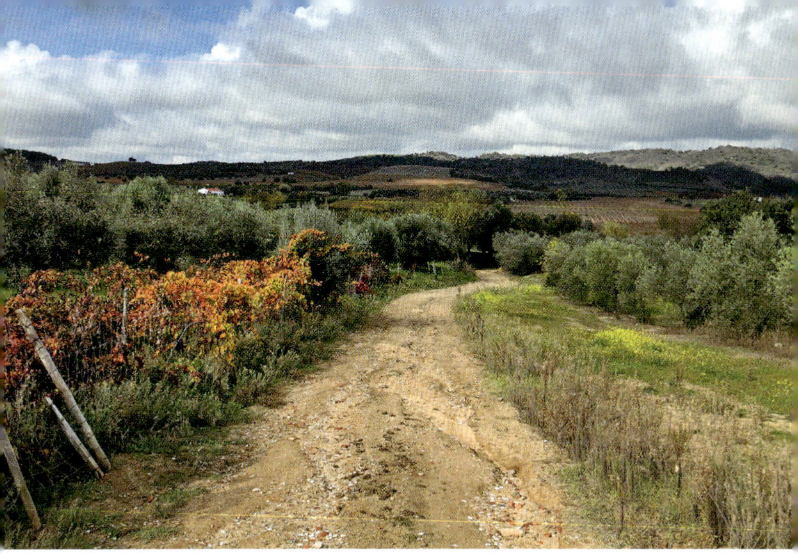

Der Wegverlauf zwischen den Dörfern Vila de Frades und Vidigueira.

Wir gehen auf demselben Weg zurück zur N258 und folgen ihr knapp 500 m nach rechts. Bei der ersten Straßenkreuzung biegen wir nach rechts in die Nebenstraße M1010 ein. Nach rund 200 m liegt rechts des Weges das Landgut Hortas do Choupanas, rund 100 m weiter zweigt nach links ein Erdweg ab, dem wir nun folgen. Wir umwandern ein Haus in einem Rechtsbogen und treffen hinter dem Haus auf einen breiteren Erdweg. Hier geht es nach links und an der ersten Abzweigung nach rechts.

Auf diesem Weg wandern wir gut 1 km durch Weingärten und Olivenhaine und vorbei an Äckern und Weiden. Danach kommen wir zu einer Wegkreuzung, an der wir nach links in Richtung eines großen Teiches und Vidigueira (im Hintergrund) wandern. Bei nächster Gelegenheit gehen wir nach rechts und wieder nach links (Markierungen) und umwandern auf diese Weise einen Olivenhain. Gleich danach passieren wir ein kleines Bächlein (Barranco do Freixo) und gehen auf einem breiten Erdweg (links von einer Thujenallee begleitet) bis an den Stadtrand von Vidigueira. Nach dem großen Friedhof und der dazu gehörigen Capela de São João Baptista (rechts) gelangen wir zum großen Kreisverkehr am Südrand der Siedlung. Wir queren ihn auf einem Fußgängerübergang und gehen danach durch die Rua Engenheiro Aires de Fonseca geradeaus in Richtung Zentrum. Am Ende der Straße halten wir uns nach rechts und zweigen bei erster Gelegenheit nach links in die Rua da Malheira ein, die uns zur Praça da República mit dem Rathaus von **Vidigueira** 1 führt.

↗ 300 m | ↘ 300 m | 16.6 km

45 Zu den Wassermühlen am Rio Guadiana bei Quintos

4.30 h

Abwechslungsreiche Rundwanderung im Guadiana-Tal

Der untere Alentejo zählt heute zu den landwirtschaftlich intensiv genutzten Gebieten Portugals. Die Region um Quintos ist die »Olivenprovinz« des Landes. Hier befinden sich riesige (bewässerte) Olivenplantagen und die großen Olivenmühlen Portugals. Ein Teil der Wanderung führt durch die unendlichen Monokulturen des Landgutes Monte da Gravia dos Pisões. Einen Gegensatz dazu stellen die kleinen ehemaligen Wassermühlen am Guadiana-Fluss dar, die von einer ehemals klein strukturierten Landwirtschaft in einem besonders schönen Abschnitt der Flussniederung zeugen.

Ausgangspunkt: Quintos, 100 m, Kinderspielplatz am Largo da Ponte am nordöstlichen Dorfrand; von Beja kommend bei der Ortseinfahrt rechts neben der Brücke über den Barranco de Quintos. Anfahrt mit Pkw ab Beja auf der M511 und N391 (ca. 18 km); ausreichend Parkmöglichkeiten vorhanden.
Anforderungen: Längere Wanderung auf Dorfstraßen, Erdwegen und Pfaden; die An- und Abstiege sind problemlos; Vorsicht ist geboten beim Wegabschnitt bei den Wassermühlen; die Steine sind uneben, wackelig und manchmal auch rutschig. Beide Flussquerungen des Barranco da Gravia können bei starken Niederschlägen schwierig sein (keine Brücke oder Trittsteine).
Markierung: Durchgehend gelb-rot; Wegbezeichnung: »Azenhas e fortins do Guadiana« (PR1 Beja).
Einkehr: In Quintos, unterwegs keine Einkehrmöglichkeit.
Tipp: Wer sich für portugiesische Geschichte und Politik der Salazar-Zeit interessiert, sollte das Dorf Baleizão (rund 6 km nördlich von Quintos) besuchen. Dort erinnert eine kleine Statue an Catarina Eufémia (1928–1954). Die junge Frau wurde am 19. Mai 1954 von der Guarda Nacional Republicana (GNR) erschossen, weil sie als Sprecherin einer Gruppe von Landarbeitern einen höheren Lohn forderte. Sie gilt seither als Widerstandskämpferin (besonders im Alentejo) und landete bei einer Wahl der »größten Portugiesen aller Zeiten« auf Platz 46.

Vom Kinderspielplatz am Largo da Ponte an der nördlichen Ortseinfahrt von **Quintos** ❶ gehen wir (Blickrichtung Fluss) nach rechts auf dem Gehsteig neben der Straße parallel zum Fluss. Links und rechts der Straße passieren wir noch einige Häuser, lassen aber bald das Dorf hinter uns und erreichen Bauernhöfe inmitten von Feldern und Weiden. Nach etwa 500 m wandern wir bereits auf einem Erd-Sandweg stetig bergan. Schließlich liegt links des Weges der Bauernhof Monte da Espargueira und auf der nächsten Anhöhe erreichen wir die **Quinta Monte da Gravia dos Pisões** ❷. Hier beginnt die Rundwanderung, die wir gegen den Uhrzeigersinn gehen werden. Zunächst wandern wir nach rechts auf dem breiten Erd-Sandweg an ausgedehnten Olivenplantagen und Feldern vorbei, beides mit Bewässerungssystemen versehen. Nach rund 1,3 km geht es bei einer Weggabelung nach

links weiter und auf den verfallenen Gutshof Herdade Gravia do Meio zu. Bei diesem verlassen wir den Weg nach rechts und gehen zwischen den Gebäuden hindurch. Danach geht es auf einem schmalen Erd-Wiesenweg zunächst zwischen Feldern auf der Hochebene weiter, dann steil bergab in ein Flusstal. Den **Barranco da Gravia** 3 queren wir in einer Linkskurve ohne Brücke und Trittsteine. Bei starken Niederschlägen (im Winter) kann diese Flussquerung schwierig sein.
Im Anschluss verläuft der Weg etwa 300 m am Fluss in Fließrichtung und am Schilfgürtel entlang, danach knickt er nach rechts vom Fluss weg. Wir gehen nun zwischen einem Olivenhain (rechts) und einem Montado (links) bergan, in Richtung eines weißen Hauses (Bauernhof und Werkstatt) und an diesem vorbei. Unser Erd-Steinweg trifft wenig später auf eine breite Schotterstraße, der wir nach links folgen. Auf dieser bleiben wir ca. 2,5 km, zumeist von einem lichten Wald von Seekiefern und Schirmpinien begleitet. Anfangs geht es etwas bergan, danach auf einer Art Hochebene weiter; hier liegt links die Zufahrt zum Landgut Herdade do Vau. Bald queren wir das breite Flusstal des Barranco do Rabaçal und zweigen etwa 1 km danach links auf einen schmäleren Weg ab (Wegpfeil in Richtung »Rio Guadiana«). Er verläuft zwischen Wald (links) und einer Olivenplantage (rechts) und mündet dann in einem spitzen Winkel in einen anderen Weg. Diesen verlassen wir gut 300 m später wieder nach rechts. Bevor wir den Fluss erreichen, passieren wir ein kleines weißes Haus (links) und eine Informationstafel zu den Mühlen und Festungen am Guadiana-Fluss in dieser Region. Nach links führt eine Art Uferweg am Fluss entlang, geradeaus steht am Flussufer bei einer kleinen Halbinsel und einer gegenüberliegenden Flussinsel die

Der Rio Guadiana bei Quintos.

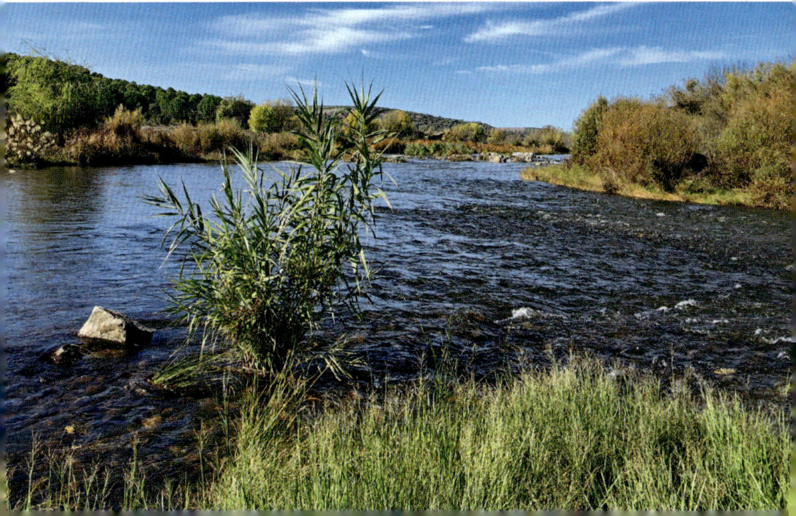

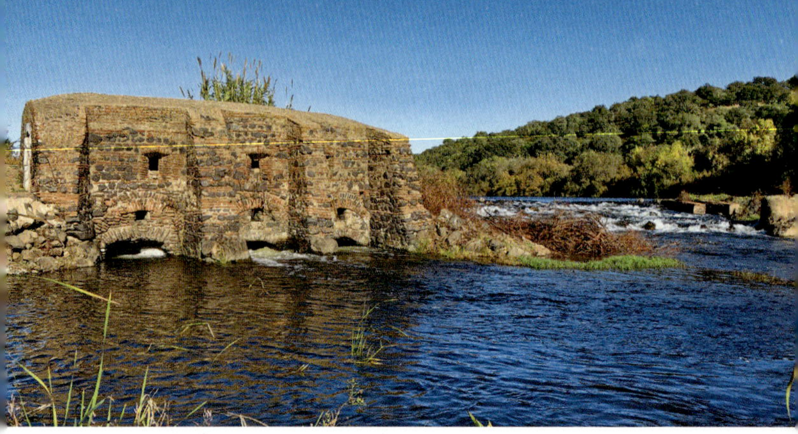

Die Azenha dos Machados am Rio Guadiana.

Azenha do Vau 4, die erste Wassermühle am Guadiana. Das Gebäude ist verfallen, der Weg dorthin uneben, aber lohnenswert.
Wir kehren zum Uferweg zurück und folgen diesem nach rechts. 300 m später sehen wir ein weiteres Steingebäude am Fluss, die kleine Befestigungsanlage Forte do Vau, die stark von Büschen zugewachsen ist. Etwa 500 m weiter auf dem Uferweg passieren wir den Barranco do Rabaçal, einen Zufluss zum Guadiana, den wir bereits im Oberlauf passiert haben. Gleich darauf liegt links des Weges ein weißes Haus (Monte Vau de Guadiana); hier zweigen wir neuerlich nach rechts in Richtung Flussufer ab, um die Wassermühle **Azenha de Quilos** 5 zu sehen. Auch dieser Zugang ist zwar beschwerlich und uneben, aber einladend.
Zurück auf dem Uferweg geht es nun etwas bergan zu einem Terrassenweg über dem Guadiana. Zwischen den Bäumen hat man einen schönen Blick auf den Flusslauf mit einer Reihe von kleinen Felsinseln. Danach führt der Weg etwas bergab und gelangt wieder in etwa auf Flussniveau. Wenig später passieren wir den Barranco da Gravia, den Zufluss zum Guadiana, den wir ebenfalls schon im Oberlauf gequert haben. Es gibt auch hier keine Brücke und keine Trittsteine, weswegen bei Regen und im Winter die Passage schwierig sein kann. In der Flussniederung (rechts des Weges) wurde

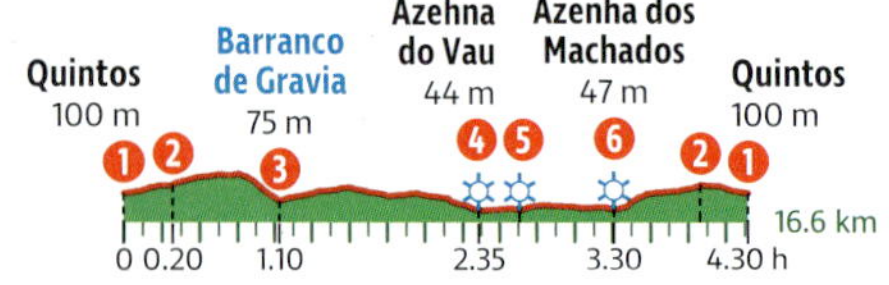

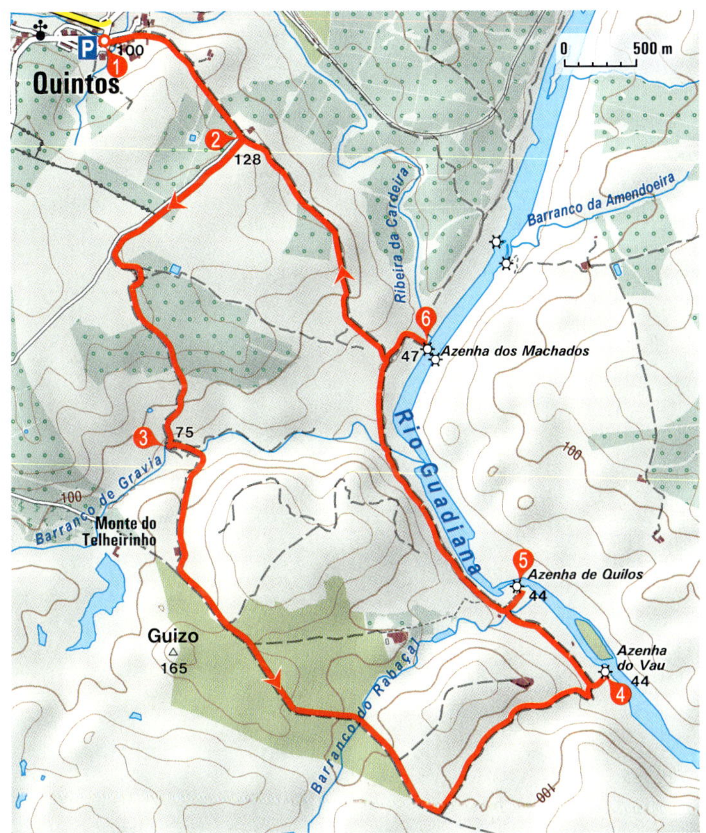

ein Picknickplatz angelegt. Wir folgen weiterhin dem Weg am Flussufer und wandern geradewegs auf die dritte Wassermühle zu. Zuvor passieren wir eine Weggabelung, die für den Weiterweg wichtig ist. Wir gehen zunächst jedoch geradeaus und dann in einer Rechtskurve zum Flussufer. Die **Azenha dos Machados** ❻ ist die am besten erhaltene und am schönsten gelegene Mühle am Guadiana in dieser Region.

Wir kehren zur Weggabelung zurück und folgen dem breiten Schotterweg nach rechts zügig bergan. Nach etwa 2 km und 80 Höhenmetern gelangen wir wieder zur **Quinta Monte da Gravia dos Pisões** ❷. Ab hier wandern wir auf dem bekannten Weg zurück nach **Quintos** ❶.

TOP

46

↗ 280 m | ↘ 280 m | 7.6 km

Das »Ende der Welt« beim Castelo de Noudar

2.00 h

Die schönste Rundwanderung im Parque de Natureza de Noudar

Der nordwestlich von Barrancos gelegene Noudar-Naturpark erstreckt sich über eines der unzugänglichsten Gebiete Portugals: Er liegt auf einer Hügelkette zwischen zwei tief eingeschnittenen Flusstälern (Rio Ardila im Norden und Ribeira de Murtega im Süden). Gewissermaßen am letzten Hügel wurde im Mittelalter das Castelo de Noudar als Grenzfestung errichtet. Seine Lage und Ausmaße sind beeindruckend, die umgebende Landschaft ist es auch.

Ausgangspunkt: Castelo de Noudar, 235 m, Parkplatz unterhalb der Burg. Anfahrt mit Pkw ab Barrancos in Richtung Parque de Natureza de Noudar; überwiegend auf einer Schotterstraße (13 km).
Anforderungen: Kurze Rundwanderung auf Erdwegen und Pfaden; der Abstieg in die Ribeira de Murtega ist steil und stellenweise rutschig, der Anstieg zurück ist mäßig anstrengend.
Markierung: Im Parque de Natureza de Noudar werden (bisher) Wegweiser und Pictogramme verwendet; die Tour kombiniert zwei Kurzwanderungen: »Volta do Mango« (PR4) und »Moinho de Água« (PR5).
Einkehr: Keine Einkehrmöglichkeit.
Tipp: Das Castelo de Noudar kann besucht werden. Die strategisch günstig gelegene Burg wurde 1308 fertiggestellt, jedoch in späteren Jahren um- und ausgebaut. Innerhalb der Burgmauern kann man eine Zisterne, einige Häuserruinen und die Kirche Nossa Senhora do Desterro (17. Jh.) sehen. Angeblich führen von der Burg unterirdische Gänge (»canhas«) zu den Ufern der Flüsse Murtega und Ardila. Seit 1910 ist das Castelo de Noudar portugiesisches Nationaldenkmal. Nähere Informationen zu Besuchszeiten: parquenoudar.com unter »Património Cultural – Castelo de Noudar«.

Die Azenha do Porto da Vinha am Rio Ardila.

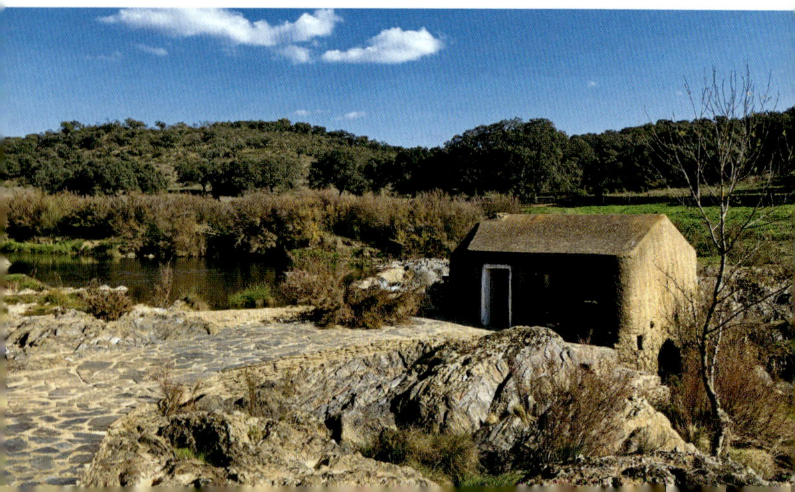

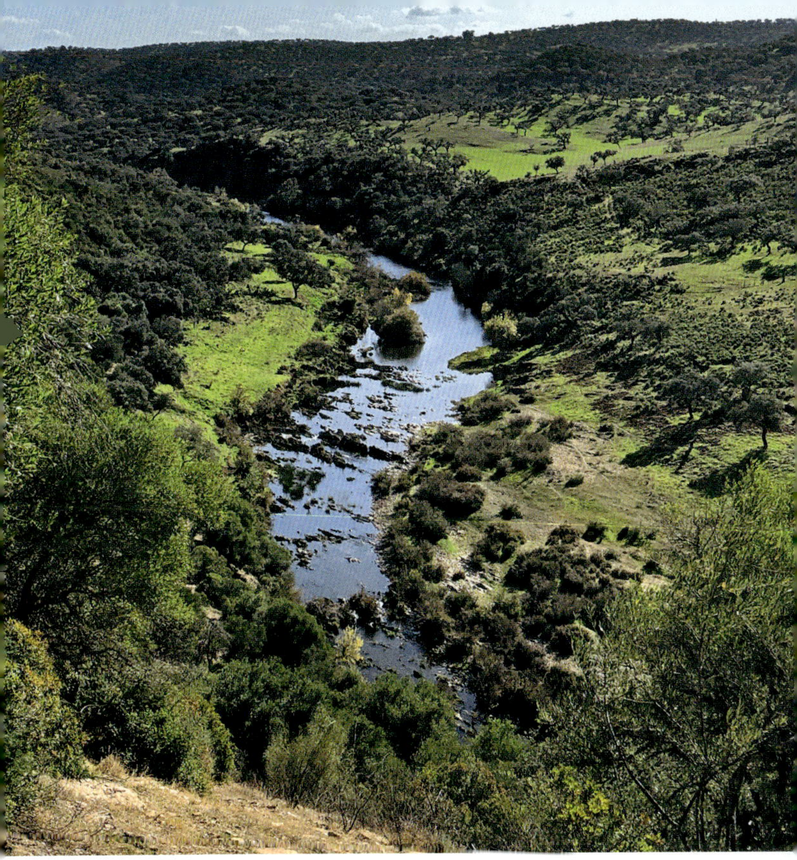

Blick auf den Rio Ardila.

Vom Parkplatz unterhalb des **Castelo de Noudar** ❶ gehen wir in Richtung Festung hoch und zweigen vor deren Eingang rechts bergab (Wegmarkierung). Wir wandern auf einem Erd-Steinweg bergab bis zu einem Weidetor. Dieses passieren wir und halten uns nach links; bei einer wenig später folgenden Weggabelung gehen wir halb rechts über eine Rinderweide bergab. Am Rand der Weide bietet sich vom Flussufer ein schöner Blick auf den **Rio Ardila** ❷, den Grenzfluss zwischen Portugal und Spanien. Mit Glück (und in der richtigen Wanderzeit) ist hier eine reichhaltige Vogelwelt zu beobachten, wobei vor allem die eher seltenen Schwarzstörche hervorzuheben sind.

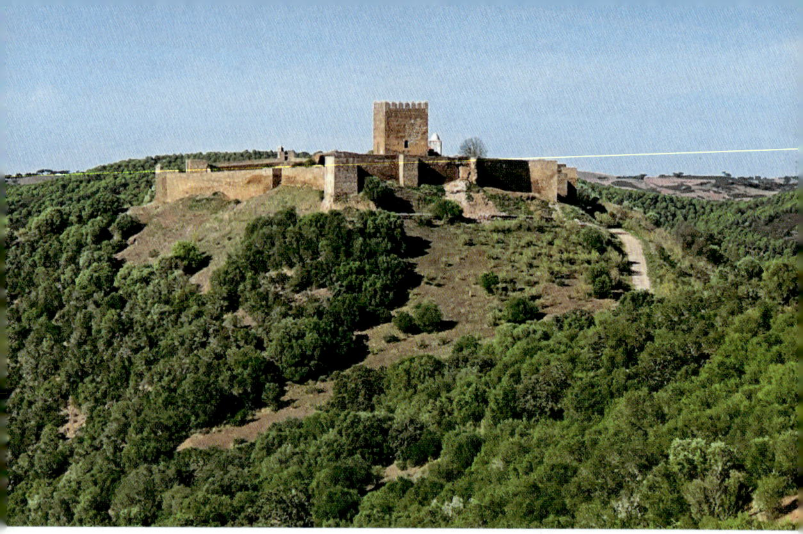

Das Castelo de Noudar.

Wir kehren auf demselben Weg zum Weidetor zurück. Dort gehen wir nun von Weidezäunen begleitet geradeaus weiter und wandern eine Flussschleife aus. Großartig ist der Blick nach links auf den Flusslauf und den darüber gelegenen Festungshügel. Etwa 1 km nach dem ersten Weidetor und kurz nach einem verfallenen Haus zweigen wir nach rechts ab und wandern auf einem schmalen Weg entlang eines Weidezaunes (links) bergan. Der Weg knickt in der Folge nach rechts und führt hoch bis zur geschotterten Zufahrtsstraße zum Castelo de Noudar. Diese gehen wir etwa 100 m nach links und biegen dann nach rechts auf einen

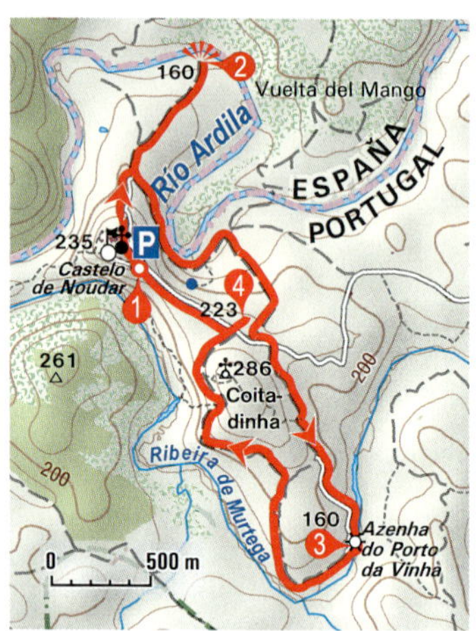

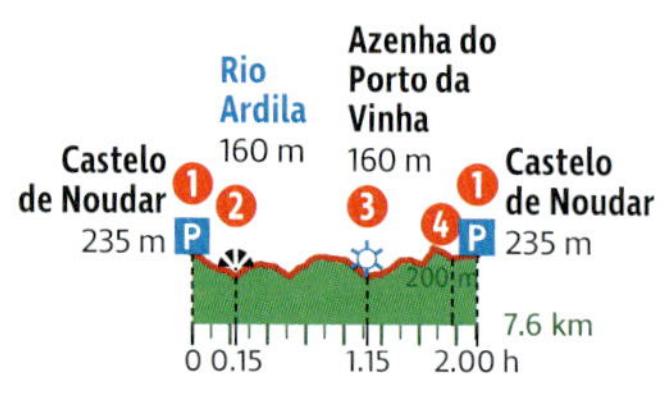

schmäleren Erd-Steinweg ab, der durch dichten Wald führt. Wir passieren nach rund 400 m ein Steinhaus (links des Weges) und zweigen nach weiteren 200 m auf einen schmalen Pfad nach links ab. Nun geht es steil und steinig in die Ribeira de Murtega hinab und an dieser nach rechts bis zur sehr idyllisch am Fluss gelegenen **Azenha do Porto da Vinha** 3. Ab hier wird der Weg wieder etwas breiter. Wir bleiben zunächst noch ein kurzes Stück am Flusslauf und wandern im Anschluss in einem Rechtsbogen durch eine Landschaft von Steineichen, Zistrosen und Stechginster bergan. In der Nähe eines Aussichtsturms zur Kontrolle von Waldbränden kommen wir zu einer Weggabelung. Hier gehen wir nach links weiter und folgen hoch über der Ribeira de Murtega dem Verlauf einer Flussschleife. Bald eröffnet sich ein prächtiger Ausblick auf das Castelo de Noudar, zunächst aus der Ferne und schrittweise näher kommend. Wir überqueren einen kleinen Höhenrücken (Ausläufer des Coitadinha-Hügels) und steigen das letzte Stück zur Schotterstraße ab.

Diese queren wir zunächst geradeaus und gelangen rund 100 m weiter zur **Choça do Castelo** 4, einem strohgedeckten Rundhaus aus Stein, das früher als Lagerhaus für Ernten verwendet wurde.

Wir kehren zurück zur Schotterstraße und gehen nach rechts zum Parkplatz unterhalb des **Castelo de Noudar** 1.

Die Choça do Castelo, ein strohgedecktes Rundhaus aus Stein.

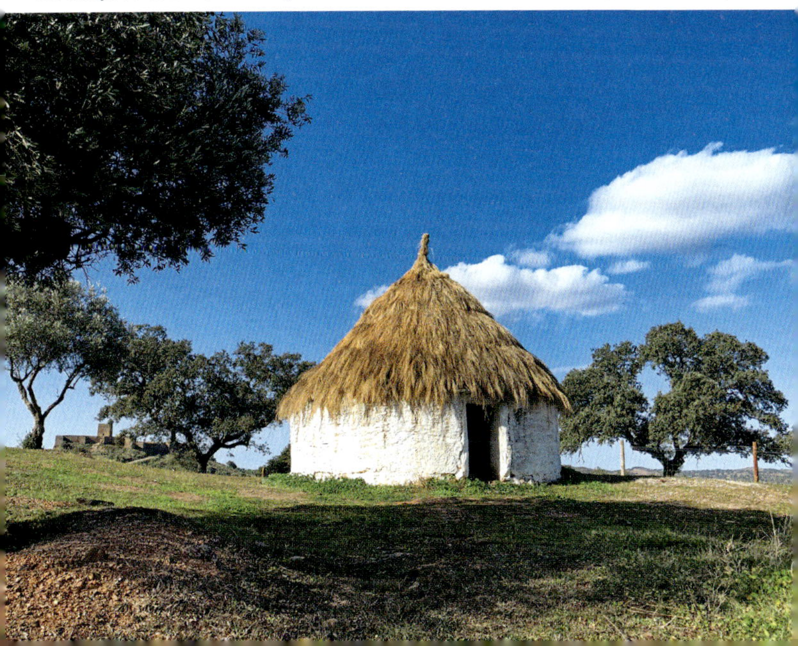

↗ 100 m | ↘ 100 m | 4.8 km

47 Abstieg in die Ribeira de Murtega

1.30 h

Spaziergang durch den Naturpark mit Chance auf Tierbeobachtung

Der Parque de Natureza de Noudar beherbergt eine vielfältige Flora und Fauna. Fast 20 Säugetierarten sollen hier wild leben, wobei der vom Aussterben bedrohte Pardelluchs oder Iberische Luchs besonders hervorzuheben ist. Vor rund zehn Jahren gab es nur noch knapp 200 Tiere (in Portugal und Spanien), heute ist der Bestand wieder auf über 1000 Luchse angewachsen. Der Naturpark nimmt am Programm IberLince (iberlince.eu) teil. Die Chance, einen Pardelluchs zu sehen, ist natürlich verschwindend gering, aber es gibt hier auch (unter anderem) Wildkatzen, Wildschweine, Dachse, Mangusten und Rotwild. In der Ribeira de Murtega kann man zudem Schwarzstörche beobachten oder – mit etwas Glück – Schildkröten (Europäische Sumpfschildkröten).

Ausgangspunkt: Monte da Coitadinha 213 m, Quinta, Hotel, Restaurant und Besucherzentrum. Anfahrt mit Pkw ab Barrancos in Richtung Parque de Natureza de Noudar; überwiegend auf einer Schotterstraße (12 km).
Anforderungen: Kurze und einfache Rundwanderung auf Erdwegen und Pfaden; Querung von Rinderweiden.
Markierung: Im Parque de Natureza de Noudar werden bisher Wegweiser und Piktogramme verwendet; die Tour kombiniert zwei Kurzwanderungen: »Monte de Coitadinha« (PR1) und »Porto Calçado« (PR2).
Einkehr: Nur am Ausgangspunkt.
Tipp: Der Parque de Natureza de Noudar war das erste »Dark Sky Reserve« in Portugal und ist einer der besten Plätze im Land zum Studium des Nachthimmels. Kein Wunder, es gibt in der Region kaum störende künstliche Lichtquellen.

Vom Parkplatz hinter dem Besucherzentrum und dem Hotel-Restaurant **Monte da Coitadinha** ❶ folgen wir einem breiten Sandweg bergab und passieren ein Holztor. Danach gehen wir nach rechts und bei einer großen Wegverzweigung halb rechts zu einer Art Plattform, die wir durch ein Tor betreten können: Die Eira Grande war früher eine große Tenne, die zum Trocknen und Dreschen von Getreide verwendet wurde. Danach gehen wir bergab und treffen auf einen breiten Erdweg, dem wir durch eine Montado-Landschaft folgen. Etwa 500 m nach der Tenne kommen wir zu einer Weggabelung. Nach links könnte man wieder zurück nach Monte da Coitadinha hochgehen (Kurzvariante des Weges). Wir wandern geradeaus weiter, passieren ein Weidetor (Rinderweide) und überqueren danach einen kleinen Hügel. Im Abstieg führt der Weg über ein Bachbett und steigt dann nach links bergan. Vor uns sehen wir die Ribeira de Murtega und steigen zu dieser ab. Danach entfernt sich der Weg nach links oben vom Flusslauf und führt einen kleinen Hügel hinauf. Oben treffen wir auf eine Weggabelung. Hier halten wir uns nach rechts und steigen neuerlich Richtung

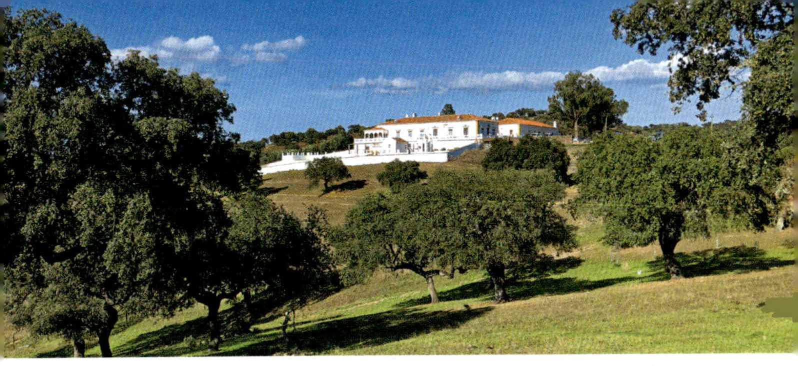

Das Landgut Monte da Coitadinha (heute ein Hotel und Informationszentrum).

Flusstal ab. Bevor wir dieses erreichen, wenden wir uns jedoch wieder nach links bergan und wandern nun ca. 300 m an einem Zaun (rechts von uns) entlang. Bei einer Weggabelung gehen wir nach rechts wieder in Richtung Fluss. Dann folgt der Weg dem Fluss etwa 300 m bis zu einem schönen Aussichtspunkt auf die **Ribeira de Murtega** 2 am Beginn einer Flussschleife. Auch eine Wassermühle ist am gegenüberliegenden Flussufer zu sehen. Danach verlassen wir den Fluss bergan auf einem schmalen Weg. Dieser wird abschnittsweise links vom engmaschigen Zaun eines Geheges begleitet, das im Rahmen der Auswilderung von Pardelluchsen eingerichtet wurde. In der Ferne kann man auch einen Torre de Vigia (Aussichtsturm für Kontrolle von Waldbränden) erkennen.

Im Anstieg wird der Weg breiter und wir erreichen ein Weidetor (links von uns, etwa 800 m nach dem Flussufer). Hier gehen wir nach links und queren eine Weide. Links des Weges liegen ein Teich und danach ein ummauerter Garten (Horta da Senhora). Dort gehen wir rechts bergan und nach ca. 200 m durch das Holztor zurück zum Ausgangspunkt am **Monte da Coitadinha** 1.

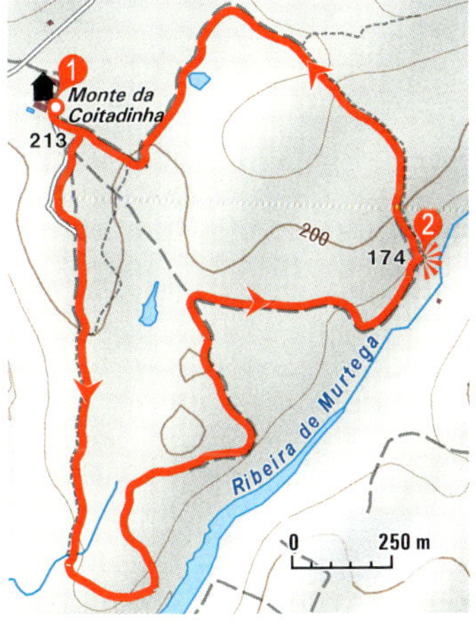

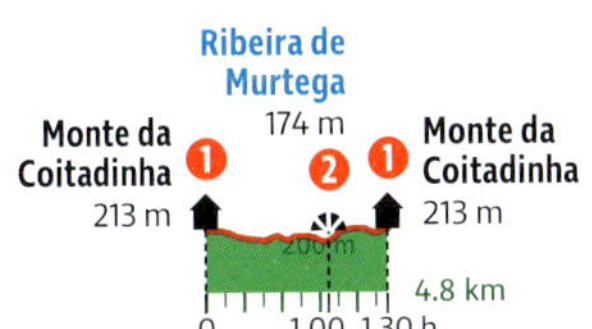

↗ 200 m | ↘ 200 m | 13.0 km

48 Am Rio Chança bei Vila Verde de Ficalho

4.00 h

Ein bezauberndes Flusstal an der Grenze zu Spanien

Vila Verde de Ficalho ist ein kleines Dorf an der portugiesisch-spanischen Grenze. Bekannt ist es für seinen Männerchor (Cante Alentejano), die Olivenölproduktion und den besonders schmackhaften Honig. Östlich des Dorfes erstrecken sich die weiten hügeligen Ausläufer der Sierra Morena mit einer geschlossenen Montado-Landschaft mit Rinder-, Schaf- und Schweineweiden. Der Höhepunkt dieser Wanderung ist jedoch der Abschnitt am Rio Chança, der die Grenze zwischen Portugal und Spanien markiert. Hier durchwandert man eine wunderschöne und gut erhaltene Tallandschaft, mit Chance auf Tierbeobachtung: Die Region liegt nämlich im »Revier« einer Kolonie von Gänsegeiern.

Ausgangspunkt: Vila Verde de Ficalho, 231 m, Igreja Matriz an der Praça Conde de Ficalho. Anfahrt mit Pkw ab Serpa auf der IP8 (28 km); ausreichend Parkmöglichkeiten am Hauptplatz.
Anforderungen: Mittellange Rundwanderung auf Dorfstraßen, Erdwegen und Uferpfaden am Chança-Fluss und seinen Zuflüssen. Keine starken An- und Abstiege; der Uferpfad ist auf einigen Abschnitten schwierig und felsig.
Markierung: Durchgehend gelb-rot; Wegbezeichnung: »Vila Verde de Ficalho« (PR3SRP).
Einkehr: Nur in Vila Verde de Ficalho.
Tipp: Diese Region des Alentejo ist besonders bekannt für den Cante Alentejano, ein traditioneller polyphoner (meist) Männergesang, der seit 2014 auf der Liste des immateriellen Weltkulturerbes der Menschheit der UNESCO steht. Wer sich dafür interessiert, sollte das Museu do Cante in der Kreishauptstadt Serpa besuchen. Nähere Informationen: visitserpa.pt unter »Serpa museu abierto« bzw. »Serpa open museum«.

Mit Blick auf das Kirchenportal der Igreja Matriz von **Vila Verde de Ficalho** ➊ überqueren wir die Praça Conde de Ficalho nach rechts. Danach geht es durch die Rua do Arouche zum Largo Amilcar Pinto. In der linken Ecke des Platzes folgen wir der Gasse Becos do Carril (mit schönen alten Häusern); in dieser zweigen wir in die zweite Gasse nach rechts ab und treffen auf die Rua do Calvário, auf der wir nach links das Dorf verlassen. Gleich nach dem Dorfrand zweigen wir von der Straße nach links auf einen Erd-Steinweg ab. Entlang des Weges gibt es noch Häuser und Gärten. 250 m später gehen wir an der Weggabelung nach rechts und folgen einem Hohlweg in ein kleines Tal. Im Talgrund queren wir auf einer Brücke einen Bach. An der Weggabelung gleich danach halten wir uns nach rechts.
Nun steigen wir einen Hang hinauf; unterwegs knickt der Weg nach links und führt über einen Hügel. Danach wandern wir nach rechts leicht bergab, immer an einem Weidezaun entlang. Der Weg verläuft hier durch eine Montado-Landschaft mit vielen Steineichen und Tierweiden. Bei einem

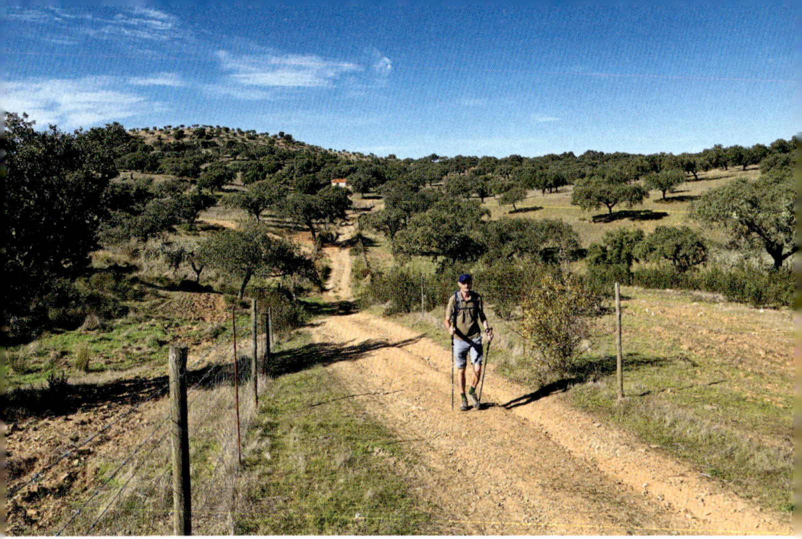

Wegverlauf durch den Montado bei Vila Verde de Ficalho.

Steinhaus (rechts des Weges) passieren wir einen Weidezaun und queren in der Folge ein paar niedere Hügel. Dann trifft unser Weg an einer T-Kreuzung auf einen Querweg. Hier geht es weiter nach links in Richtung Flusslauf und Grenze. Nach rechts blicken wir auf einen kleinen Bauernhof (Pereirinha), links liegt eine große Schweineweide. Nach einer leichten Rechtskurve treffen wir auf eine Weggabelung; hier nehmen wir den linken Weg, queren nochmals einen kleinen Hügel und steigen dann steil ab in Richtung Flusstal. Unterwegs passieren wir ein erstes Weidetor (das linke Tor nehmen) und kurz vor dem Flussufer ein zweites. Danach gehen wir zunächst nach rechts und gelangen etwa 200 m nach dem letzten Weidetor zu einer verfallenen Mühle am **Rio Chança** 2.
Wir kehren zurück zum Weidetor und folgen dem schmalen Pfad am Fluss entlang. Dieser Wegabschnitt ist nun etwas abenteuerlich. Wir treffen wenig später auf zwei Bäche, die von links kommend in den Chança einmünden. Zuvor müssen wir den Weidezaun überklettern (es ist der offizielle

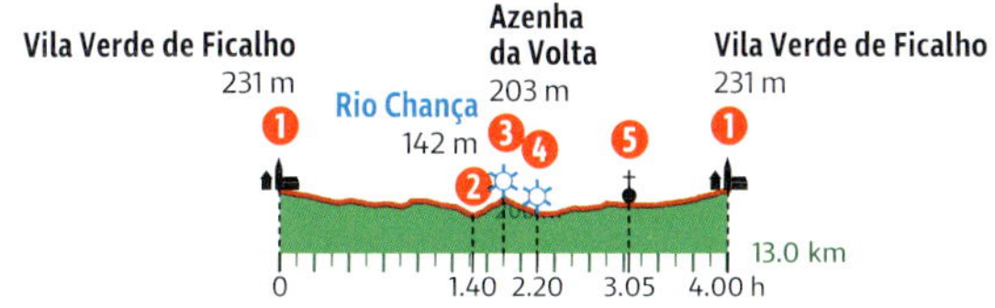

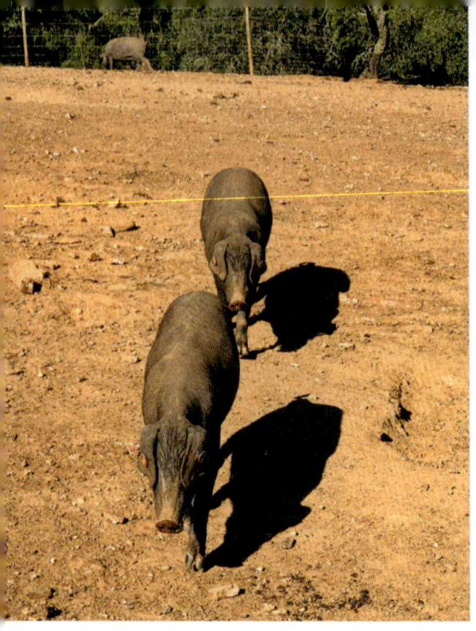

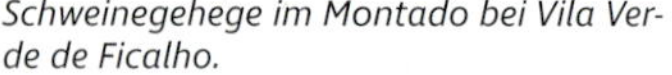

Schweinegehege im Montado bei Vila Verde de Ficalho.

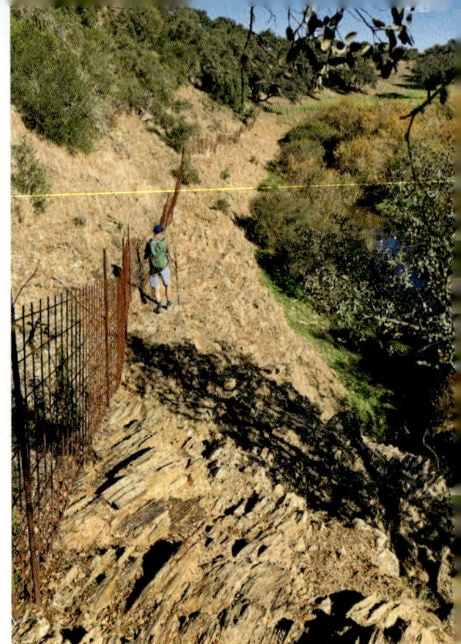

Steig über die Schieferfelsen in der Nähe des Rio Chança.

markierte Weg), danach führt der Weg ein kurzes Stück über die Weide und auf Trittsteinen über den Bach. Danach geht es innerhalb einer Schafweide einen Hang hinauf und einen steinigen Steig über einen Schieferfelsen, der zwischen den beiden Bachläufen liegt. Anschließend steigen wir wieder bis ans Ufer des Chança-Flusses ab und wandern auf einem schönen Uferpfad eine Flussschlinge aus. Bald treffen wir auf die **Azenha da Volta** ❸, eine verfallene Wassermühle. Mit etwas Glück kann man in diesem Abschnitt die Flugbahnen der Gänsegeierkolonie beobachten.

Ab hier wird der Weg etwas breiter, verläuft aber weiterhin parallel zum Flusslauf. Nach etwa 1 km (und nun schon in einer großen Rinderweide) treffen wir rechts des Weges auf die Überreste einer weiteren Mühle, **Azenha da Vargem** ❹. Wir bleiben auf dem Weg parallel zum Flusslauf und kommen bei einer Gruppe von Gebäuden (rechts) zu einer Weggabelung; hier folgen wir nach links einem breiten Erd-Schotterweg stetig bergan. Wir queren einen Hügel, steigen dann zu einem kleinen Flusstal ab und wandern nach dessen Querung (kann bei größeren Regenmengen im Winter etwas herausfordernd sein) wieder bergan. Nach einer Linkskurve trifft unser Wanderweg auf eine Zufahrtsstraße, auf der wir nach links hinauf zur **Ermida Nossa Senhora das Pazes** ❺ gehen. Bei der Kapelle gibt es einen Picknickplatz.

Anschließend wandern wir auf der Zufahrtsstraße in Richtung Vila Verde do Ficalho. Unterwegs passieren wir eine Reihe von kleinen Häusern und

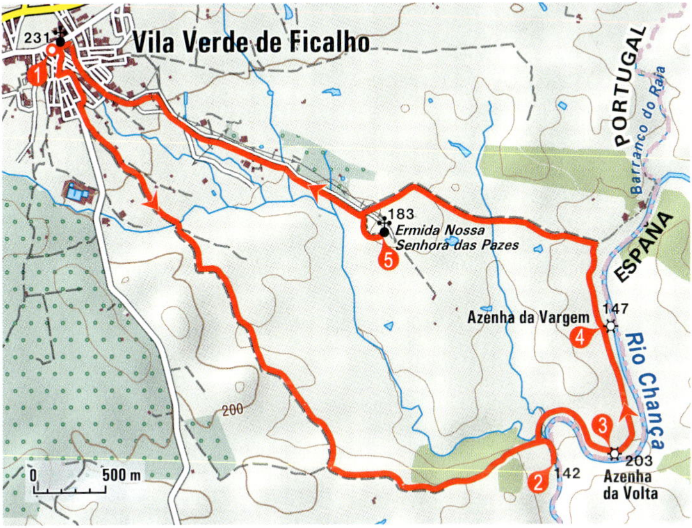

Gärten und am Dorfrand auch eine Ölmühle. Danach gehen wir die Rua dos Moinhos hinauf und zweigen bei der Straßengabelung rechts in die Travessa do Barranco ein. Auf dieser erreichen wir den Dorfpark (Jardim 25 do Abril). An dessen Ende gelangen wir nach links an der Rua das Forças Armadas zurück zur Igreja Matriz von **Vila Verde de Ficalho** ❶.

Wegverlauf am Rio Chança.

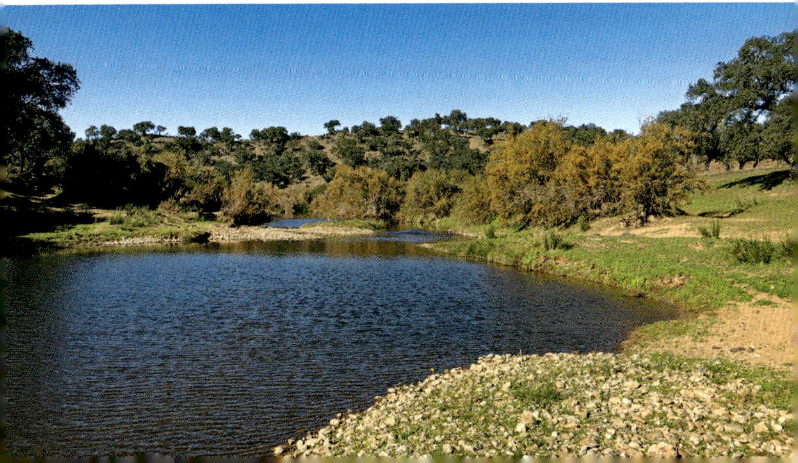

↗ 470 m | ↘ 470 m | 14.8 km

49 Ribeira de Limas bei Santa Iria

5.00 h

Fordernde Ribeira-Tour mit hohem Abenteuerpotenzial

Wandern abseits von markierten Wegen ist in Portugal kaum möglich; zugleich ist das Land aber ein Hotspot für Trail Running. Die Ribeira de Limas – südlich von Serpa – steht hierbei oft auf dem Veranstaltungsplan, weil die Region wichtige Voraussetzungen erfüllt: unberührte Landschaft, steile Hänge, Flüsse und Teiche. Der hier beschriebene Wanderweg folgt einem dieser Trails und empfiehlt sich nur für konditionsstarke Wanderer mit einem ausgeprägten Orientierungssinn. Wer sich auf dieses Wagnis einlässt, erlebt Portugals Naturlandschaft sehr intensiv.

Ausgangspunkt: Santa Iria, 147 m, Centro Cultural an der Ecke Rua das Piçarrinhas und Rua da Cultura. Anfahrt mit Pkw ab Serpa auf der N265 (10 km); ausreichend Parkplätze vorhanden.
Anforderungen: Lange Rundwanderung auf unmarkierten Wegen und Pfaden. Die An- und Abstiege sind steil und schwierig und ausschließlich mit viel Konzentration und Aufmerksamkeit zu begehen. Orientierungssinn notwendig (der Weg sollte nicht ohne Navigationsgerät mit GPS-Track der Tour begangen werden); steile und steinige An- und Abstiege, verwachsene Pfade (nur mit langen Hosenbeinen zu empfehlen), einige Flussquerungen. Die nach der ER265 kann bei Hochwasser beschwerlich bzw. sogar unmöglich sein; die Stelle kann nicht umgangen werden.
Markierungen: Keine.
Einkehr: Nur in Santa Iria.
Tipp: Gut 1 km südlich von Serpa liegt auf dem Hügel São Gens die Wallfahrtskapelle Nossa Senhora da Guadalupe. Die Aussicht von dort ist wirklich lohnend, besonders am Abend. Die schlichte Kapelle im gotisch-maurischen Stil stammt aus dem 16. Jh. Im Inneren ist ein einfacher Schnitzaltar zu sehen, auf dem ein Bildnis der Jungfrau Maria aus dem Spätmittelalter steht.

Vom Centro Cultural in **Santa Iria** ❶ gehen wir die Rua da Cultura leicht bergan und zweigen nach knapp 100 m nach links auf eine Erdstraße ab. Auf dieser gehen wir zwischen zwei Ställen und Gärten hindurch und wandern leicht ansteigend auf das Landgut Monte dos Velhaços zu. Vor dem Gut macht der breite Erdweg einen leichten Links-rechts-Schlenker und führt neben der Mauer mit dahinterstehenden Palmen bergan.
Wir erreichen den Wald (Schirmpinien) und steigen noch etwa 200 m bergan; danach zweigen wir scharf nach rechts auf einen schmalen Stein-

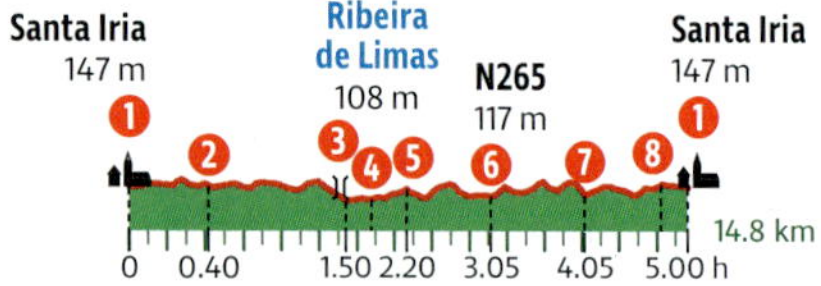

Erdpfad ab, der durch den Wald und ein großes Zistrosenfeld führt. Nach einem leichten Anstieg geht es steil bergab bis zum Waldrand mit Zaun. Hier gehen wir wieder nach links in den Wald und bergan. Zurück auf der Anhöhe queren wir geradeaus einen Weg und wandern weiterhin auf dem schmalen Pfad wieder steil bergab. Danach geht es über eine kleine Lichtung mit Wiese und über einen Hügel, vorbei an einem kleinen **Teich** ❷ für Weidetiere.

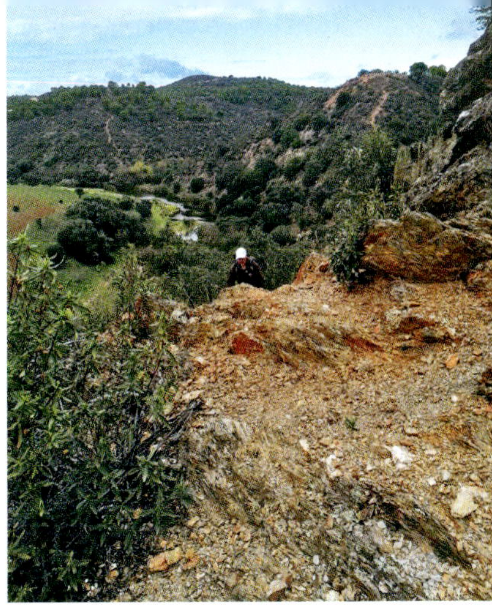

Felsiger Weg über dem Flusstal der Ribeira de Limas.

Wenig später erreichen wir einen Weidezaun. Hier knickt der Weg nach links und steigt parallel zum Weidezaun etwas bergan. Danach mündet der Pfad an einer Weggabelung in einen breiteren Weg ein, dem wir nach rechts folgen. Wir wandern auf dem Hauptweg einen Höhenkamm bergan, überqueren einen Hügel, steigen wieder etwas ab und zweigen bei einer Gruppe von Schirmpinien scharf nach links ab. Nun geht es auf einem schmalen Pfad durch einen Eukalyptuswald steil in einen Taleinschnitt hinab. Im Talgrund kreuzen wir einen breiteren Weg und steigen auf einem schmalen Pfad wieder steil bergan. Im Anstieg verlassen wir den Eukalyptuswald und treffen neuerlich auf Schirmpinien, Zistrosen und Stechginster, im obersten Bereich gibt es auch Kork- und Steineichen.

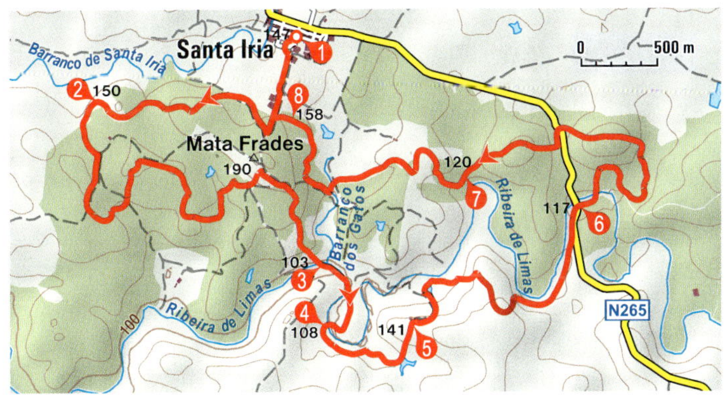

Der Pfad mündet in einen breiteren Weg ein, auf dem wir nach rechts nach rund 150 m zur nächsten Gabelung gelangen. Hier führt der breite Weg nach links bergab, wir jedoch gehen nach rechts auf einem schmäleren Weg weiter.

Nun wandern wir etwas bergan, queren eine Hügelkuppe und folgen danach einem Pfad, der im Abstieg kaum zu erkennen ist, steil bergab. Noch im Hang zweigen wir nach links ab und setzen auf dem neuen Pfad den Abstieg, nun durch einen Eukalyptuswald, fort. Es folgt neuerlich ein abrupter Richtungswechsel nach links, dann beginnt der Aufstieg durch den Eukalyptuswald. Im Anstieg ändert sich wieder die Vegetation und wir erreichen neuerlich auf der Anhöhe die »Zone der Schirmpinien«. Auf einem schmalen Pfad durchqueren wir ein Zistrosenfeld und erreichen an der Hügelkante einen breiten Erd-Schotterweg. Diesem folgen wir 150 m nach rechts, dann halten wir uns nach links und gehen auf einem schmäleren Weg kontinuierlich bergab mit Blick auf die Ribeira da Limas. Einen Zufluss, den **Barranco dos Gatos** ❸, überqueren wir auf einer behelfsmäßigen Brücke und folgen auf einem schmalen Pfad dem Flussufer des Limas. Dann dreht der Weg ein wenig nach links und vom Flusslauf weg. Wir überqueren den Grat eines Hügels – dieser Abschnitt ist felsig und schwieriger zu begehen – und steigen über einen Mäanderhügel in einer Linkskurve bis zum Flussufer ab. Wir überqueren die **Ribeira de Limas** ❹ bei einer Engstelle ohne Brücke auf Trittsteinen und folgen dem Flusslauf auf einem schmalen Hangpfad nach links. Dieser Wegabschnitt ist zwar eindrucksvoll, aber auch schwierig zu gehen, weil stark verwachsen und kaum erkennbar.

Der nächste Orientierungspunkt ist ein Teich, auf den wir zuhalten. Der Abstieg zu dem Teich ist sehr steil und rutschig. Danach geht es am linken Teichufer entlang und dann etwa 300 m neben einem Zaun steil bergan zu einer Hügelkuppe mit einem verlassen wirkenden **Haus** ❺. Ab hier folgen wir nach links einem breiten Erdweg, der begab zu einem weiteren Teich führt. Bei einer Hausruine zweigen wir nach rechts ab und gehen am linken Teichufer entlang. Dahinter treffen wir wieder einen breiteren Weg und steigen auf diesem ab bis in die Ribeira de Limas. Dort folgen wir dem breiten Erdweg nach rechts am Fluss entlang. Nach 200 m zweigen wir

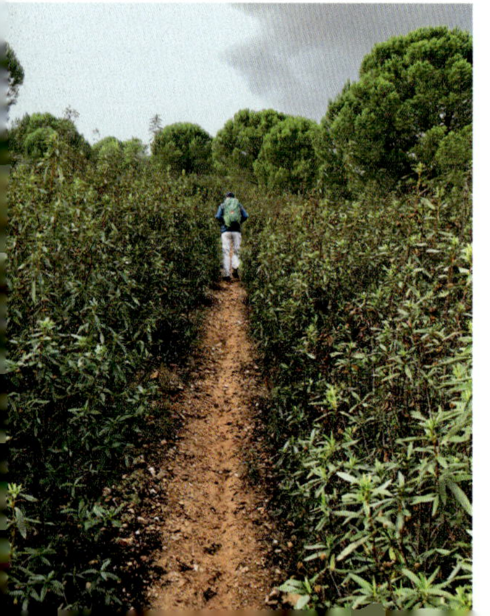

Schmaler Pfad durch eine Zistrosenhecke.

nach rechts ab und steigen einen schmalen steinigen Pfad (eigentlich ein Bachbett) hoch. Nach etwa 200 m biegen wir nach links ab und begehen einen Pfad, der in Richtung Hügelkamm führt und über felsiges Gelände verläuft.

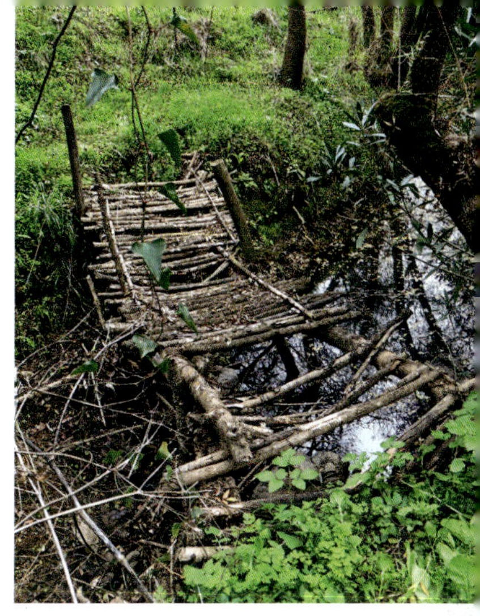

Behelfsmäßige Brücke über den Barranco dos Gatos.

Im Anschluss geht es an der Hügelkante entlang; der Weg ist kaum erkennbar, weil hier vor Kurzem gerodet wurde. In einer abrupten Abzweigung nach links steigen wir steil in Richtung Flusstal ab und erreichen wieder den Uferweg, den wir zuvor verlassen haben. Bei einer Weggabelung verlassen wir den breiten Erdweg und gehen geradeaus auf einem schmalen Pfad am Fluss und an einem Zaun (rechts) entlang weiter; links von uns liegen ein Schilfgürtel und dahinter der Limas-Fluss, vor/über uns führt eine Brücke über den Fluss (Straße N265). Wir unterqueren bei der Brücke die **N265** **6**, etwa 150 m später queren wir nach links den Fluss bei einer natürlichen Engstelle auf »Trittsteinen«; auch dieser Übergang kann bei Hochwasser beschwerlich bzw. sogar unmöglich sein. Im Anschluss steigen wir auf einem schmalen Pfad steil bergan und erreichen an einer T-Kreuzung einen etwas breiteren Weg, auf dem wir nach rechts bis zu einem verfallenen Haus gehen. Vor diesem zweigen wir nach rechts ab und steigen auf einem schmalen Pfad bis zu einem kleinen Zufluss zum Limas ab.

Der folgende Abschnitt durch die dicht bewachsene Ribeira ist besonders schwierig, weil der Pfad stark verwachsen und kaum erkennbar ist. Wir bleiben auf der linken Seite des kleinen Flusstals und wandern ca. 400 m an einer Flussschleife entlang, bis wir auf einen Zaun treffen. Hier steigen wir links des Zaunes etwa 60 Höhenmeter durch ein sehr steiles und steiniges Gelände bergan. Ein Wegverlauf ist kaum erkennbar, der Hang ist zudem mit Büschen und Zistrosen überwuchert. Oben treffen wir auf einen Aussichtsturm. Hier queren wir bei einem Tor den Zaun und wandern im Anschluss ein kurzes Stück auf einer Hochfläche. Danach geht es sehr steil bergab zur Straße (N265). An dieser gehen wir gut 100 m nach links und finden einen Abstieg (schmaler Pfad) nach rechts in eine kleine Ribeira. Nach deren Querung (einfach) geht es nach rechts und gleich darauf nach links auf einem schmalen Steinpfad bergan. Einen Erdweg queren wir im Anstieg geradeaus und erreichen an der Hügelkuppe eine Montado-Landschaft.

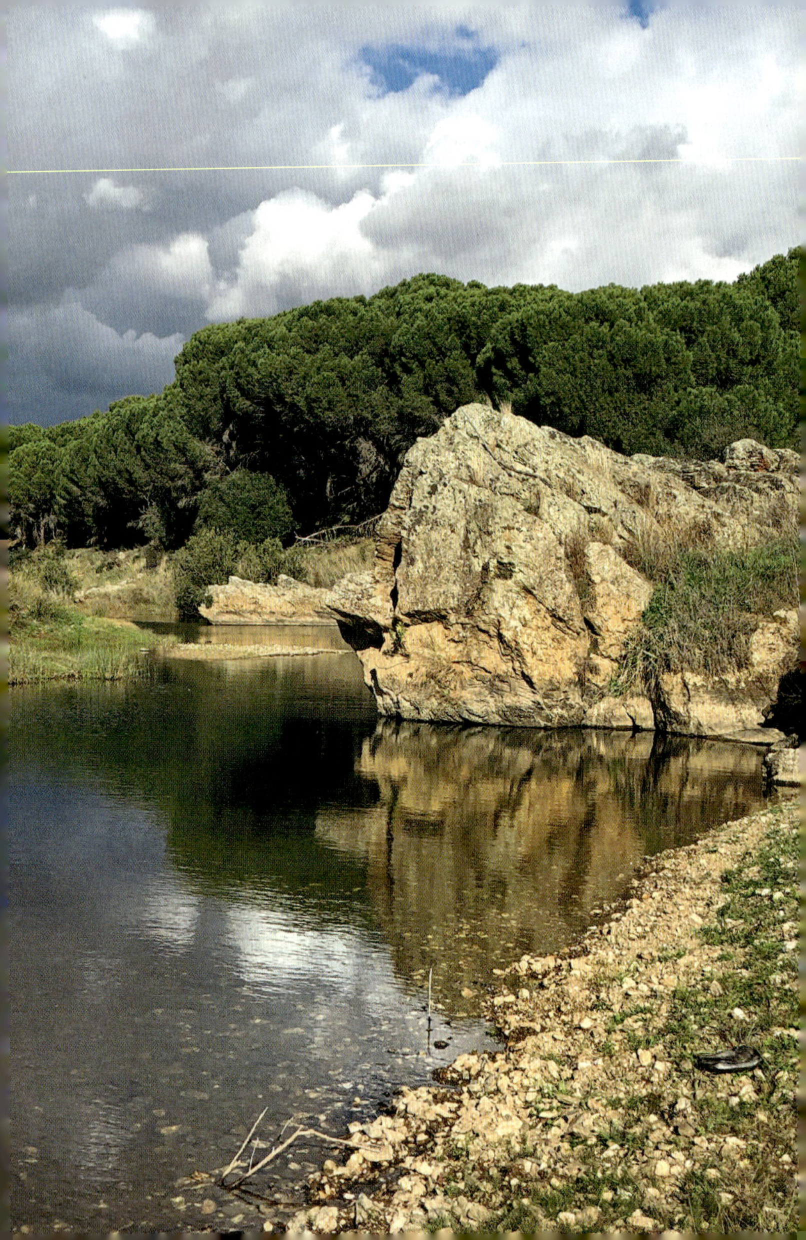

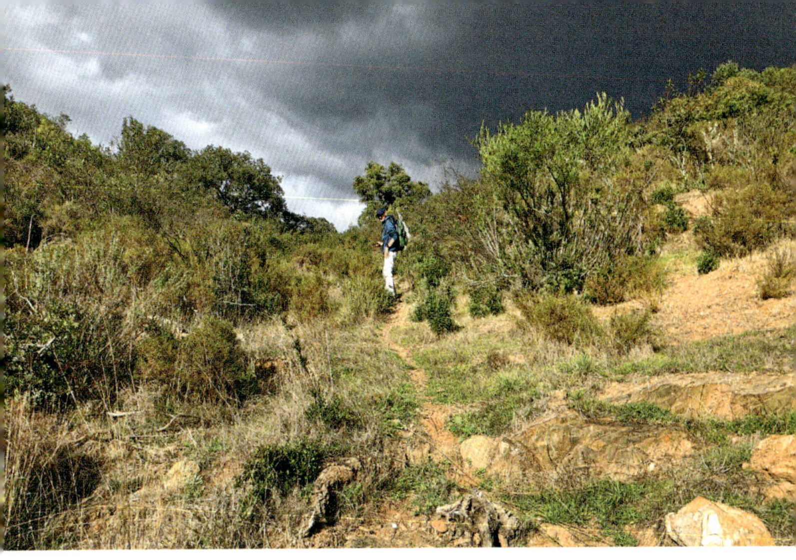

Aufstieg aus dem Flusstal der Ribeira de Limas.

Von hier blicken wir auf eine Flussschleife der Ribeira de Limas (links). Auf diese zu geht es nun wieder steil bergab. Wir queren einen kleinen **Bachlauf** 7, einen Zufluss zum Limas, und wandern in einem weiteren Seitental bergan. Auf der Anhöhe angekommen treffen wir auf einen breiteren Erdweg, dem wir nach links in Richtung eines Schirmpinienwaldes folgen. Vor dem Wald passieren wir einen Zaun und danach geht es auf einen Pfad nach links. Nun wandern wir zwischen Zaun und Waldrand leicht bergab, auf einem teilweise verwachsenen, aber einfach zu gehenden Wegverlauf für ca. 500 m. Danach münden wir in einen breiteren Erdweg ein, dem wir nur wenige Meter nach links folgen und von dem aus wir dann nach rechts auf einen schmalen Pfad durch eine Ribeira steigen.

Im Anschluss geht es wieder auf einem schmalen Pfad steil bergan. Bei einer Weggabelung am Hügel halten wir uns nach rechts und gleich darauf nach links. Nun wandern wir auf einem Pfad durch einen lichten Schirmpinienwald etwas bergab und nach einer Rechtskurve am Waldrand und an einem Weidezaun entlang wieder steiler bergan. Nach rechts blicken wir bereits auf das Dorf Santa Iria. Wir passieren das Zieltor des **Trail Races** 9 aus dem Jahr 2020. Gleich darauf mündet der Pfad in den breiten Erdweg oberhalb des Landgutes Monte dos Velhaços ein. Hier zweigen wir nach rechts ab und kehren auf dem Hinweg nach **Santa Iria** 1 zurück.

Der Limas-Fluss.

↗ 180 m | ↘ 180 m | 11.7 km

50 Aufstieg zur Ermida de São Pedro das Cabeças

3.30 h

Ein symbolträchtiger Platz

Die Schlacht von Ourique ist für die portugiesische Geschichtsschreibung von großer Bedeutung und steht mit der Gründung der Nation in Verbindung. Graf Afonso Henriques soll an einem nicht näher bekannten Ort in der Region im Sommer 1139 ein muslimisches Heer besiegt haben. Begeistert über diesen Erfolg und den Mut des jungen Grafen haben seine Mitstreiter ihn noch an Ort und Stelle zum König proklamiert. Dieses Ereignis ist mythenbesetzt. Ob sich alles so zugetragen hat, kann bezweifelt werden. Allerdings gibt es inzwischen viele Historiker, die den Cabeças-Hügel (»Kopfhügel«) – aufgrund verschiedener Indizien – als den Ort der Schlacht ausgeben.

Ausgangspunkt: Namorados, 221 m, Largo 1o de Maio am Südostrand des Dorfes. Anfahrt mit Pkw ab Castro Verde auf der N123 (11 km).
Anforderungen: Einfache Dorfstraßen und breite Erdwege; lediglich der Anstieg von 80 Höhenmetern auf den Cabeças-Hügel erfordert etwas Kondition.
Markierung: Durchgehend gelb-rot; Wegbezeichnung: »Uma viagem aos primórdios da nacionalidade« (PR1CVR).

Einkehr: Nur in Namorados.
Tipp: Thematisch passend zur Wanderung kann man im nahegelegenen Castro Verde die Igreja Nossa Senhora da Conceição besuchen. Die prächtige Barockkirche ist im Innenraum ganz mit Azulejos bedeckt und zeigt auf einer Bilderserie die Geschichte der Schlacht von Ourique (auf dem Cabeças-Hügel) und die Proklamation von Afonso Henriques zum ersten König Portugals.

Vom Largo 1o de Maio am südöstlichen Dorfrand von **Namorados** ❶ gehen wir mit Blick auf das Portal der kleinen Kapelle nach links die schmale Straße hinab und auf eine Gruppe von Eukalyptusbäumen zu. Dort liegt das öffentliche Waschhaus des Dorfes. Ab hier folgen wir 1,5 km einem breiten Erdweg, erst durch eine große Linkskurve, dann leicht bergan. In der Ferne kann man schon den Hügel mit der Kapelle São Pedro das Cabeças erkennen. Wir überqueren einen kleinen Hügel und blicken nach links auf das Dorf Namoradas. Danach geht es auf einen Bauernhof auf einem Hügel zu. Bevor wir diesen erreichen, zweigen wir jedoch bei einer Weide nach links ab. Bei der nächsten Weggabelung halten wir uns nach rechts und wandern auf den nächsten Bauernhof am nächsten Hügel zu. Unterwegs passieren wir einen alten Olivenhain (links des Weges), gehen etwas bergab und wieder leicht berg-

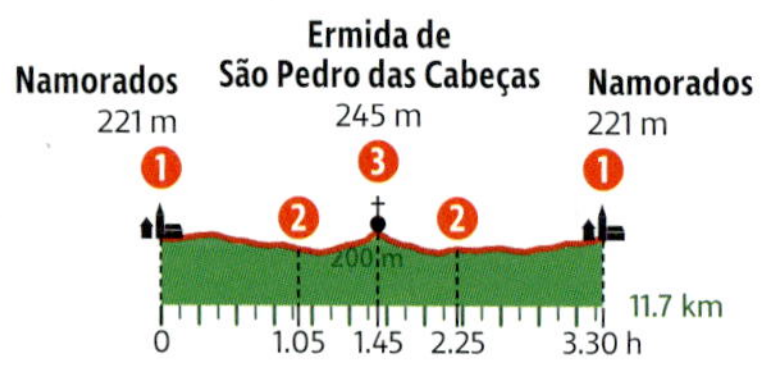

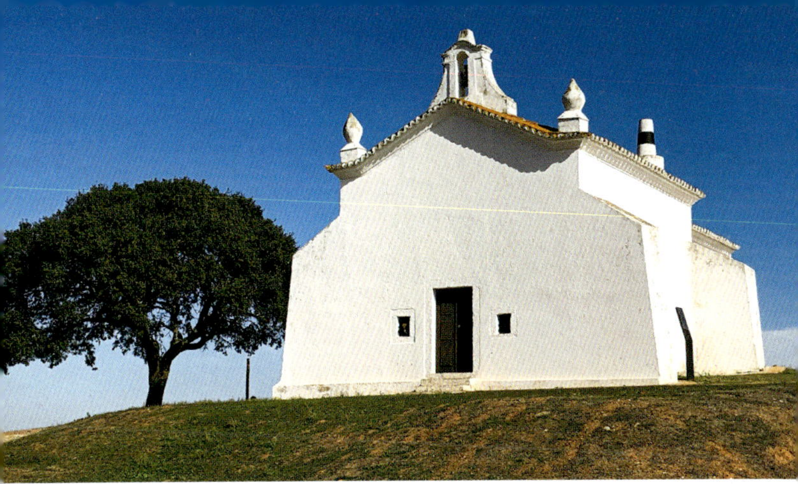

Die Ermida de São Pedro das Cabeças.

an. Der zweite Bauernhof liegt rechts des Weges, ist kleiner und wirkt verlassen. Gleich danach kommt eine Art Gabelung, an der man sich rechts auf dem Hauptweg hält. An der Weggabelung rund 100 m später gehen wir links und gelangen zu einer **Abzweigung** ❷ nach links. Hier gehen wir geradeaus weiter (auf dem Rückweg von der Kapelle kommend werden wir hier nach rechts abzweigen).

Wir passieren neuerlich einen kleinen Bauernhof (links) und steigen zur Ribeira de Cobres ab und queren sie auf einer Betonbrücke. Gleich danach mündet unser Weg an einer T-Kreuzung in eine Zufahrtsstraße ein. Hier gehen wir nach links und auf den nächsten Bauernhof zu. Vor diesem zweigen wir jedoch nach rechts auf einen schmäleren Erdweg ab und steigen zwischen zwei Zäunen einen Hügel hinauf und auf einen weiteren Bauernhof zu. Unterwegs müssen wir zweimal Weidetore passieren und treffen dann auf eine Schotterstraße.

Hier gehen wir nach links am Bauernhof vorbei in Richtung Cabeças-Hügel. Zuletzt steigen wir in einer großen Linkskurve zur **Ermida São Pedro das Cabeças** ❸ auf. Hier gibt es mehrere Sehenswürdigkeiten. Die heutige Kapelle wurde wahrscheinlich im späten 16. Jh. errichtet, möglicherweise stand hier bereits eine ältere Kapelle. Dahinter sind eingezäunte Mauerreste erkennbar, die angeblich aus der Spätantike stammen. Auch ein Denkmal (Säule, Gedicht, Flagge) und ein Wandgemälde (Schlachtenszene) zur Erinnerung an die Schlacht im Jahr 1139 wurden hier angelegt. Der Ausblick in die Umgebung (bis nach Castro Verde) ist sehr lohnend.

Wir kehren auf demselben Weg zurück zur **Abzweigung** ❷ und zweigen nun nach rechts auf einen etwas schmäleren Erd-Steinweg ab. In einer großen

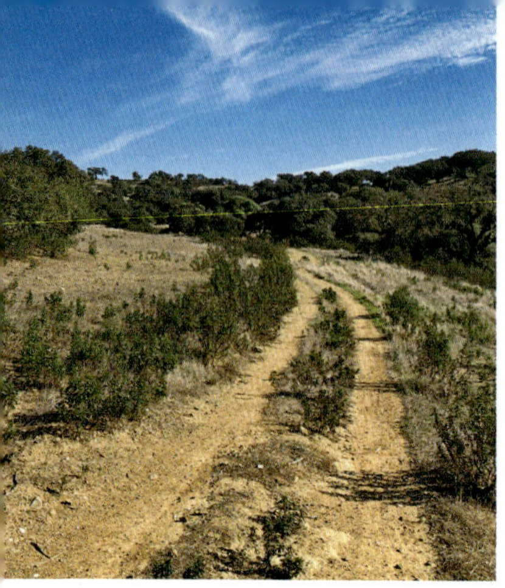

Zwischen Barranco do Monte Branco und Namorados.

Linkskurve umwandern wir einen Hügel und steigen in einer Rechtskurve auf einen Höhenrücken hoch. Nun durchwandern wir eine Montado-Landschaft, die von zwei Flussläufen umfasst wird, die Ribeira de Cobres (die wir zuvor schon gequert haben) und den Barranco do Monte Branco. Zunächst verläuft der Weg parallel zur Ribeira (rechts von uns). Bei einer Weggabelung zweigen wir scharf nach links ab und wandern links des Barranco do Monte Branco bergan. Bei einer Weggabelung bleiben wir rechts (geradeaus). Von hier sehen wir bereits Namoradas. In einer Rechts-links-Kurve queren wir ein kleines Tal und steigen bei einer ehemaligen Windmühle in das Dorf auf. Durch die Rua do Moinho und die Rua do Mercado erreichen wir wieder den kleinen Dorfplatz von **Namorados 1**.

São Pedro das Cabeças
245
3
Ermida de São Pedro das Cabeças
2
187
200
Monte do Serro
200
0
500 m
Namorados
221
1

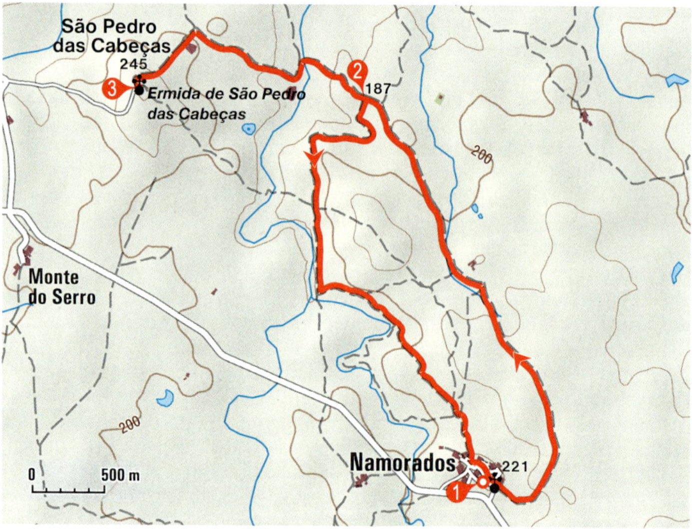

↗ 160 m | ↘ 160 m | 5.8 km

TOP

2.30 h

Zum Pulo do Lobo am Rio Guadiana

51

Der höchste Wasserfall des Alentejo

Der portugiesische Literaturnobelpreisträger José Saramago (1922–2010) beschreibt den Pulo do Lobo in »Die portugiesische Reise« überschwänglich so: »Der Fluss kocht zwischen den stahlharten Wänden, das Wasser faucht und tost und wirbelt und frisst einen Millimeter pro Jahrhundert, pro Jahrtausend, ein Nichts in der Ewigkeit«. Die Cascata de Pulo do Lobo am Guadiana-Fluss, zu Deutsch der Wasserfall des Wolfssprungs, wird offiziell mit 17 m angegeben. Seine Faszination wächst natürlich mit der Wassermenge, aber imposant ist das Naturschauspiel allemal, denn es ist nicht nur das Wasser, das den Reiz ausmacht, sondern auch die umgebende Felslandschaft. Der Name kommt übrigens von einer alten Geschichte: Ein Wolf soll den schmalen Spalt übersprungen und sich so vor seinen Jägern in Sicherheit gebracht haben.

Ausgangspunkt: Herdade Pulo do Lobo, 133 m, Parkplatz am Eingangstor. Anfahrt mit Pkw ab Mértola auf der IC27 und weiter auf der M510 (28 km).
Anforderungen: Kurze Rundwanderung auf Landstraßen, Erdwegen und auf einem schmalen Uferpfad. Die An- und Abstiege sind mäßig; der Uferpfad ist stellenweise sehr schwierig; nicht geeignet für unerfahrene Wanderer mit schlechter Ausrüstung. Gutes Schuhwerk wichtig, Wanderstöcke können hilfreich sein. Teilweise etwas Orientierungssinn gefragt.
Markierung: Gelb-rot, aber nicht immer eindeutig vorhanden; Wegbezeichnung: »Pulo do Lobo« (PR9MTL).

Einkehr: Keine Einkehrmöglichkeit.
Hinweise: 1. Das Gebiet der Herdade Pulo do Lobo ist Privatbesitz, der Durchgang zum Flussufer ist jedoch erlaubt. 2. Besucher, die nicht wandern möchten, sondern nur den Wasserfall sehen wollen, können mit dem Auto bis nahe an das Flussufer fahren, dort parken und nur wenige Meter zum Naturschauspiel gehen.
Tipp: Auch am Ostufer des Guadiana-Flusses gibt es eine Zufahrt zum Pulo do Lobo: ab Serpa auf der M514 bis Cortes Novas (18 km) und weiter auf der M1093 bis Pulo do Lobo. Dort wurden Aussichtsterrassen über dem Fluss angelegt.

Blick auf den Weiler Monte de Pias.

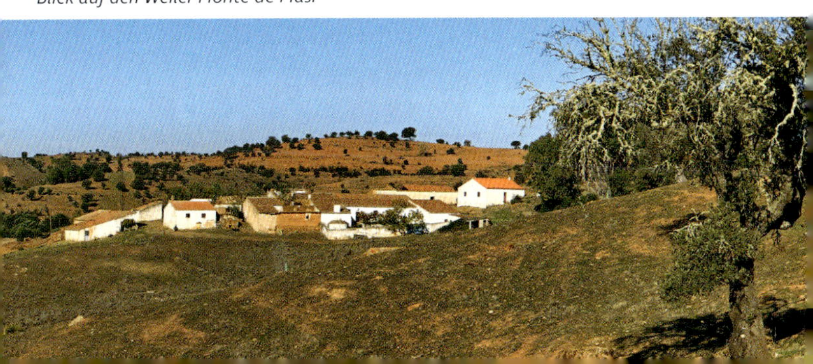

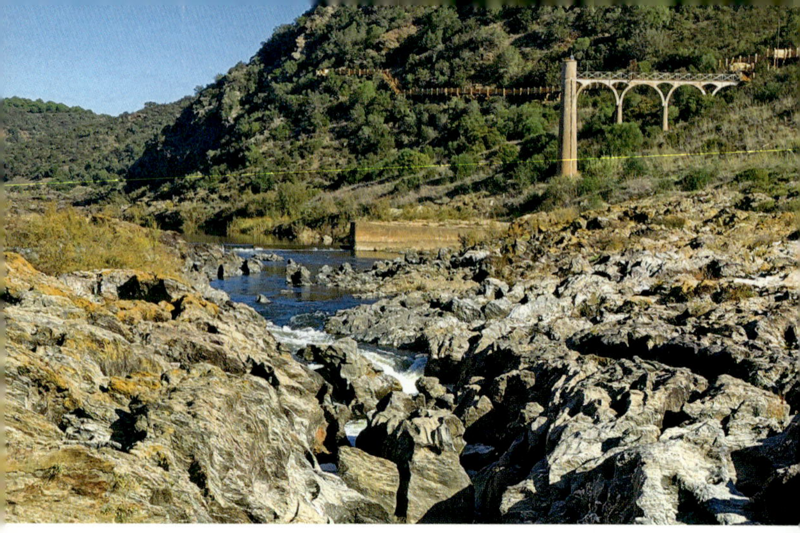

Der Rio Guadiana beim Pulo do Lobo.

Wir gehen vom Parkplatz durch das Eingangstor der **Herdade Pulo do Lobo** ❶. Nordwestlich des Parkplatzes liegt der kleine Weiler Monte de Pias. Eichen und Olivenbäume prägen die hügelige Landschaft. Zunächst wandern wir zwischen Weidezäunen auf einem breiten Erd-Steinweg. In einigen Kurven geht es bergab, kurz vor dem Flussufer wird der Weg steiler. Nach etwa 1,5 km (wie auch auf einer Hinweistafel am Beginn des Weges vermerkt) erreichen wir nach einer großen Linkskurve den Rio Guadiana, der sich hier tief in ein Schiefertal eingeschnitten hat. Ein betonierter Pfad bringt uns zum **Pulo do Lobo** ❷. Es gibt mehrere Alternativwege zu kleinen Aussichtspunkten, die schwierig und mit kleinen Klettereien verbunden sind. Auf der anderen Seite des Flussufers wurde in den Jahren 2020/2021 ein alternativer Zugang zum Pulo do Lobo mit Holzstegwegen und Aussichtsgalerien angelegt. Am Flussufer liegt ein Picknickplatz und von hier weg startet der Uferpfad unserer Rundwanderung, der etwa 10 bis 15 m über dem Flussniveau verläuft.
Der erste Abschnitt ist ein einfacher Wiesenpfad, der jedoch bald in einen schwierigen Steig übergeht. Ein Hinweisschild rät ungeübten Wanderern davon ab, den Weg zu gehen. Tatsächlich ist der Pfad schwierig und an einigen Stellen muss man über rutschige Felsen klettern. Zudem ist ein gewisser Orientierungssinn gefordert, um im Gelände den richtigen Wegverlauf zu finden. Markierungen sind vorhanden, aber nicht immer eindeutig. So schlängelt sich der Weg am Flusslauf entlang, durch eine stellenweise bizarre, aber immer eindrucksvolle Landschaft.

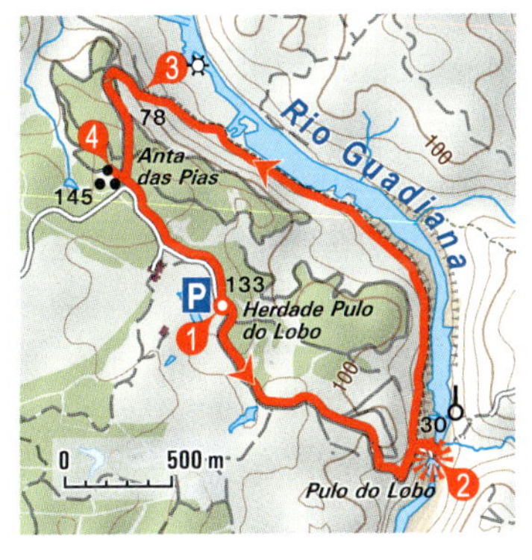

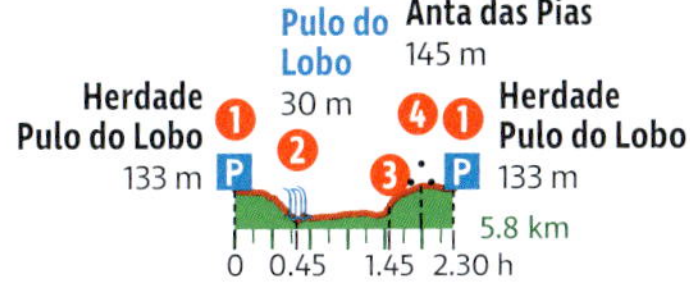

Nach etwa 2 km entfernt sich der Uferpfad vom Fluss und wir gehen auf ein Wäldchen aus Schirmpinien zu. Bevor wir dieses erreichen, queren wir einen Bachlauf und steigen nach links durch den Wald einen schmalen Pfad bis zur **Moinho do Escalda** 3 auf, einer verlassenen Mühle. Ab hier wandern wir auf dem linken Erd-Steinweg bergan. Der Blick zurück in das Guadiana-Flusstal lohnt sich. Unser Weg mündet in einen Querweg ein, dem wir nach links rund 500 m durch einen Schirmpinienwald folgen. Bevor wir in die Straße M510 einbiegen, gehen wir nach rechts hoch zum **Anta das Pias** 4, einem schön auf einem Hügel gelegenen Dolmen.

Wir kehren zurück zur Straße und folgen ihr geradeaus bis zum rund 800 m entfernten Parkplatz bei der **Herdade Pulo do Lobo** 1.

Wegverlauf am Rio Guadiana nördlich des Pulo do Lobo.

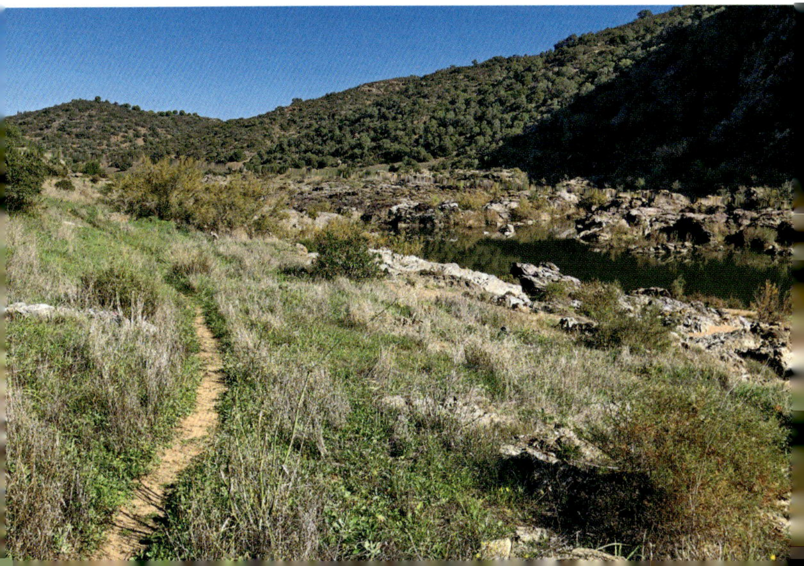

↗ 180 m | ↘ 180 m | 11.1 km

52 Moinho dos Canais und Rocha da Galé

3.00 h

Zu zwei berühmten Ausblicken in das Guadiana-Tal

Zwischen dem Pulo do Lobo und Mértola liegt der landschaftlich schönste Teil des Guadiana-Tals. Hier sind die Flusshänge besonders steil und es gibt nur wenige Zugänge und Zufahrten zum Ufer. Die umgebende Felslandschaft ist bizarr. Die berühmtesten Fotomotive des »wilden Guadiana-Tals« stammen von hier. Die Moinho dos Canais ist eine ehemalige Wassermühle, die auf einem sehr begrenzten Uferstück errichtet wurde. Der Rocha da Galé wird im Volksmund »der Galeerenfels« genannt, weil er die Form einer Galeere besitzt.

Ausgangspunkt: Corte Gafo de Baixo, 143 m, beim einzigen Café des Dorfes am Largo José Montes. Anfahrt mit Pkw ab Mértola auf der IC27 (14 km); ausreichend Parkplätze am Dorfplatz.
Anforderungen: Einfache Streckenwanderung, zumeist auf breitem Erdweg; der An- und Abstieg ist kontinuierlich.
Markierung: Durchgehend gelb-rot; Wegbezeichnung: »As orilhas da Guadiana« (PR3MTL); der kurze Abschnitt vom Aussichtspunkt bei der Moinho dos Canais zum Rocha da Galé ist nicht markiert.
Einkehr: Nur am Ausgangspunkt.
Tipp: In Corte da Velha (etwa 10 km nordwestlich von Mértola) liegt eine der bekanntesten Käsereien des Alentejo. Die Queijaria Vale do Guadiana stellt einen schmackhaften Schafs- und Ziegenkäse her. Die Käserei hat ein kleines Verkaufsgeschäft, Information auf Facebook unter »Queijaria Vale do Guadiana«.

Mit Blick auf das einzige Café von **Corte Gafo de Baixo ❶** am Largo José Montes gehen wir nach rechts und folgen der ersten Straße nach links (Rua do Monte da Brava). Auf dieser verlassen wir das Dorf und wandern schon bald auf einem breiten Erdweg (Zufahrt zu Bauernhöfen). Wir passieren ein Tor mit dem Hinweis, dass wir Privatbesitz betreten, der Weg zur Moinho dos Canais aber erlaubt sei.

Bei der ersten Weggabelung nach dem Tor halten wir uns nach rechts und wandern auf einem Erdweg zwischen zwei Weidezäunen. Dahinter sind – neben Weidetieren – auch Kork- und Steineichen sowie vereinzelt Olivenbäume zu sehen. Wir folgen dem markierten Hauptweg kontinuierlich bergab. Nach etwa 3 km verlassen wir das Weidegebiet, der Weg wird schmäler und verläuft nun hauptsächlich durch Zistrosenfelder. Es geht weiterhin etwas bergab, dazwischen überqueren wir eine Hügelkuppe. Danach geht es rund 1 km etwas steiler bergab, bis zu einem Aussichtspunkt auf die **Moinho dos Canais ❷**. In einiger Entfernung sieht man eine Engstelle des

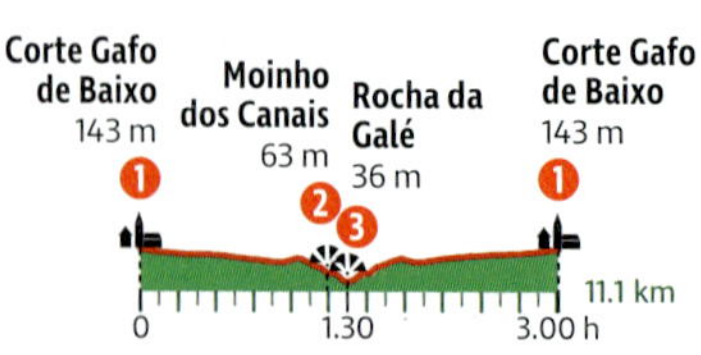

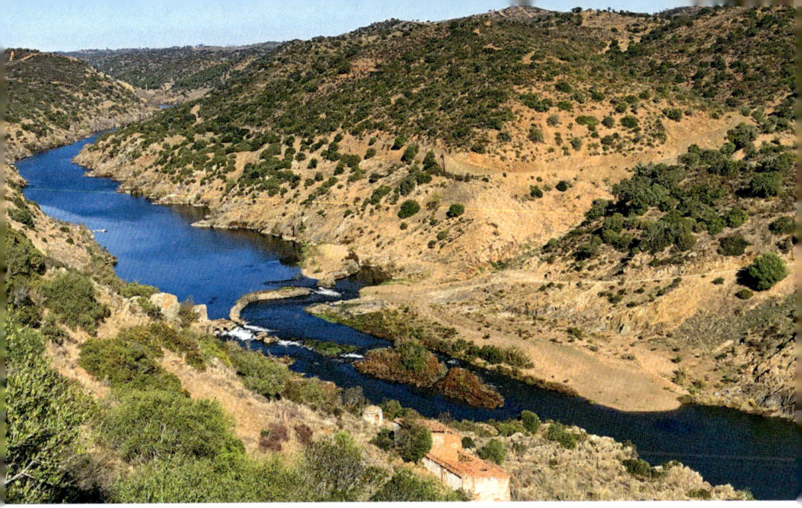

Das Guadiana-Tal bei Moinho do Canais.

Guadiana-Tals und Überreste von Wassermühlen. Auf einem schmalen Pfad könnte man ca. 70 Höhenmeter bis auf Flussniveau absteigen. Zudem gibt es die Möglichkeit, nach rechts einen Hang hochzugehen, um verschiedene Perspektiven auf das Flusstal zu erhalten. Dieser Pfad ist jedoch schmal, verwachsen und stellenweise auch rutschig. Der markierte Weg endet beim Aussichtspunkt.

Wir gehen jedoch den Weg durch das Tor weiter, um den zweiten, nicht offiziellen Aussichtspunkt auf den »Galeerenfelsen« zu besuchen. Dieser Weg führt über Privatland, ist aber, sofern man den Weg nicht verlässt, bis auf Weiteres erlaubt. Wir folgen ihm noch weitere 500 m leicht bergab und gelangen zu einem weiteren Ausblick auf das Flusstal mit dem **Rocha da Galé** ❸.

Wir kehren auf dem Hinweg nach **Corte Gafo de Baixo** ❶ zurück.

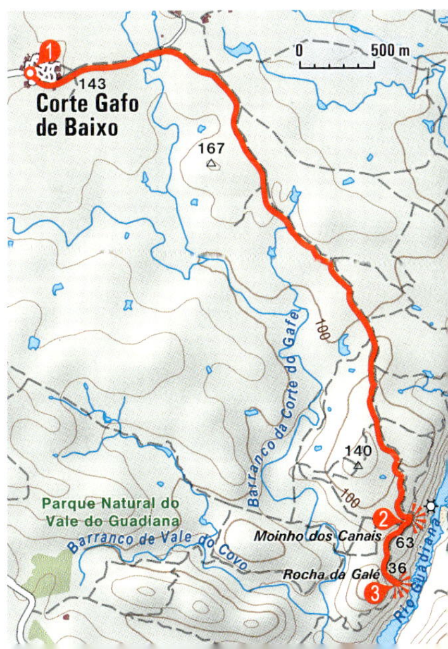

↗ 220 m | ↘ 220 m | 15.2 km

53 Der Minenweg von Mina de São Domingos

4.00 h

Ein Gedenkweg, der lange in Erinnerung bleibt

Mina de São Domingos war – wie der Name schon sagt – ehemals ein wohlhabender Bergbauort, der vom südiberischen Pyritgürtel profitierte. Aus Pyritgestein wurden verschiedene Mineralien gewonnen, v. a. Schwefel, Kupfer und Zink. Angeblich wurden die Minen schon in der Antike ausgebeutet und hier auch nach Gold und Silber geschürft. Seit 1858 wurde die Mine im großen Stil industriell betrieben. Die britische Firma Manson und Barry gründete die sogenannte Sabina Mining Company, die bis in die 1960er-Jahre im Tag- und Tiefbau (bis zu 400 m) angeblich 25 Mio. Tonnen Pyritgestein abbaute. 1966 wurde die Mine geschlossen, die lokale Bevölkerung wurde größtenteils arbeitslos, die Halden blieben ohne Sanierung zurück. Eine riesige Umweltkatastrophe begann sich abzuzeichnen: ungesicherte Bergbauabfälle, Grundwasserverschmutzung, Industrieruinen; alles denkbar ungünstige Voraussetzungen für einen Wanderweg. Dennoch wurde dieser Weg als eine Art »historische Route« und »Gedenkweg« angelegt, der tatsächlich sehr berühren kann.

Ausgangspunkt: Mina de São Domingos, 141 m, Oficinas (Ruinen der Fabrikhallen) in der alten Minenanlage südlich der Siedlung. Anfahrt mit Pkw ab Mértola auf der N265 (18 km); Parken auf dem Gelände der ehemaligen Minen möglich.
Anforderungen: Einfache Rundwanderung auf Dorfstraßen und breiten Erdwegen; beim Gang durch das Minengebiet (erster Teil der Wanderung) sollte der Wanderweg nicht verlassen werden.
Markierung: Durchgehend gelb-rot; Wegbezeichnung: »Rota do Minério« (PR10MTL); der Abschnitt bis Santana de Cambas ist Teil des Weitwanderweges GR15 und daher auch weiß-rot markiert.
Einkehr: In Mina de São Domingo und mit kurzem Abstecher in Santana de Cambas.
Tipp: In Mina de São Domingos wird von der Stiftung »Fundação Serrão Martins« die Casa do Mineiro betrieben. Das kleine Museum und Archiv hat die Vermittlung und Dokumentation der Geschichte des Minenortes zum Ziel. Dafür werden auch thematische Rundgänge durch den Ort angeboten. Weitere Informationen: fundacaoserraomartins.pt.

Von den Oficinas der alten Minenanlage von **Mina de São Domingos** ❶ folgen wir der gegenüberliegenden Erd-Schotterstraße. Nach rund 200 m biegen wir nach links ab und überqueren die alte Bahntrasse, die in der Folge links unterhalb des Weges verläuft. Am Höhepunkt des Abbaus wurde von dieser das Pyritgestein von den Abbaustätten in diesen Schmelzkomplex gebracht. Bald sehen wir links zwei Staubecken mit offensichtlich kontaminiertem Wasser und erreichen kurz darauf ein Flusstal (Barranco de Cabeça de Aires), das hier nach links abfließt und den großen Stausee (Barragem da Tapada Grande) nordwestlich von Mina de São Domingos bildet. Wir durchwandern auf dem breiten Erdweg eine ungewöhnliche Landschaft:

riesige Schutthalden einerseits, abgeschabte Hügel andererseits und dazwischen Bergbauruinen und Wasserstaubecken. Kurz nach dem Flusstal sieht man linker Hand (bei einem Schornstein) eine große freie Fläche. Hier befand sich die Verladestelle (Bahnhof) **Moitinha** ❷.

Wir folgen weiterhin dem Flusstal und erreichen etwa 1 km später die besonders imposante Ruine **Achada do Gamo** ❸, bestehend aus mehreren Türmen (Eingänge in Schächte) und dahinterliegenden Schmelzen. Danach führt der Weg zwischen zwei Schieferhügeln hindurch und wir erreichen einen Stausee in »schillernden Farben«. Die Hänge ringsum sind mit Eukalypten bepflanzt. Den Stausee queren wir auf einem Dammweg. Danach knickt der Weg etwas nach rechts und wir wandern auf einer Art Dammmauer über den Flusslauf, dem wir schon längere Zeit gefolgt sind. Wenig später erreichen wir neuerlich eine Brücke, diesmal über die Ribeira do Mosteirão, einen Zufluss.

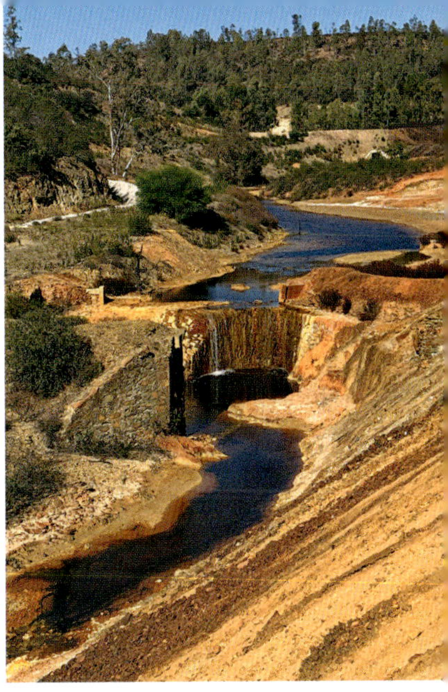

Blick auf den Barranco Cabeça de Aires südlich von Mina de São Domingos.

Hier verlassen wir gewissermaßen das Bergbaugebiet. Der Weg wird etwas schmäler und steiniger, wir passieren zwei weitere Brücken und wandern geradewegs auf eine Siedlung zu. Bei einer Weggabelung etwas unterhalb der Siedlung gehen wir nach links und steil bergan bis zu einem Querweg, auf dem wir nach links zum Dorfrand von **Santana de Cambas** ❹ gelangen. Ab hier folgen wir der Wegmarkierung in Richtung »Montes Altos« auf den ersten breiten Erd-Schotterweg nach links. Dieser führt zunächst in ein Tal hinab und steigt dann stetig bergan über eine kahle, praktisch vegetationslose Hügellandschaft. Im Anstieg queren wir noch einmal eine ehemalige Abbaustätte. Dieser gut 4,5 km lange Wegabschnitt zwischen Santana de Cambas und Montes Altos ist etwas monoton.

Die Siedlung Montes Altos liegt auf einem Hügel zwischen Mina de São Domingos und Santana de Cambas. Am Dorfeingang nehmen wir bei der Gabelung die erste Straße nach rechts (Rua do Posto), die zu einer kleinen Grünanlage am rechten Dorfrand von **Montes Altos** ❺ hochführt; hier wurde auch ein Picknickplatz angelegt. Im Anschluss wandern wir die Straße etwa 1 km bergab und zweigen rechts auf einen Erdweg ab, der die

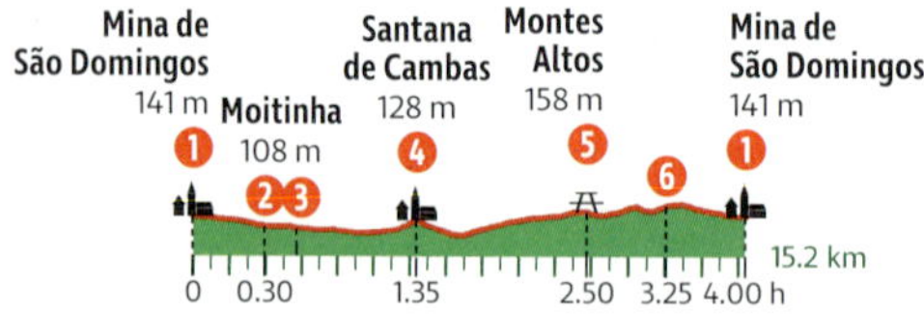

Straße kurz begleitet und dann scharf nach rechts abknickt. Links flankieren Schirmpinien und Seekiefern den ansteigenden Weg. Nach einem Zaun zweigen wir links ab und gehen schnurgerade einen Hügel bergab und einen weiteren Hügel mit Antenne (am Horizont) wieder hoch. Der Weg wird hier von einem Zaun und einer Baumreihe begleitet. Vor der **Antenne** 6 zweigen wir nach links ab, gehen durch ein Tor und auf eine zweite Sendeanlage zu.

Wir passieren sie links auf einem Erdweg und gehen bergab in Richtung Mina de São Domingos. An der Dorfstraße am Siedlungsrand halten wir uns nach links, bei der zweiten Straßengabelung gehen wir halb rechts und wandern am Rand eines großen Gewässers (Lagoa ácida) entlang. Bei

Abraumhalden des Bergbaugebietes von Mina de São Domingos.

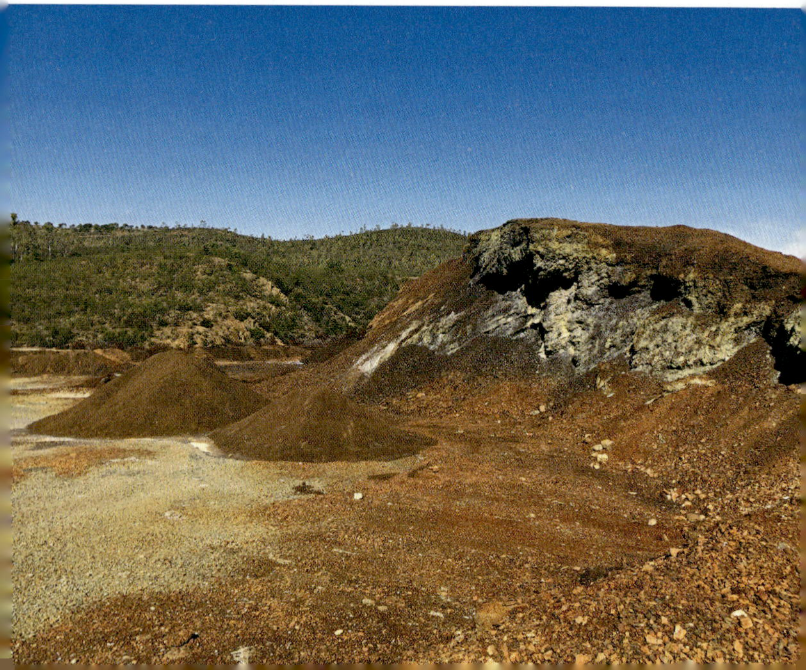

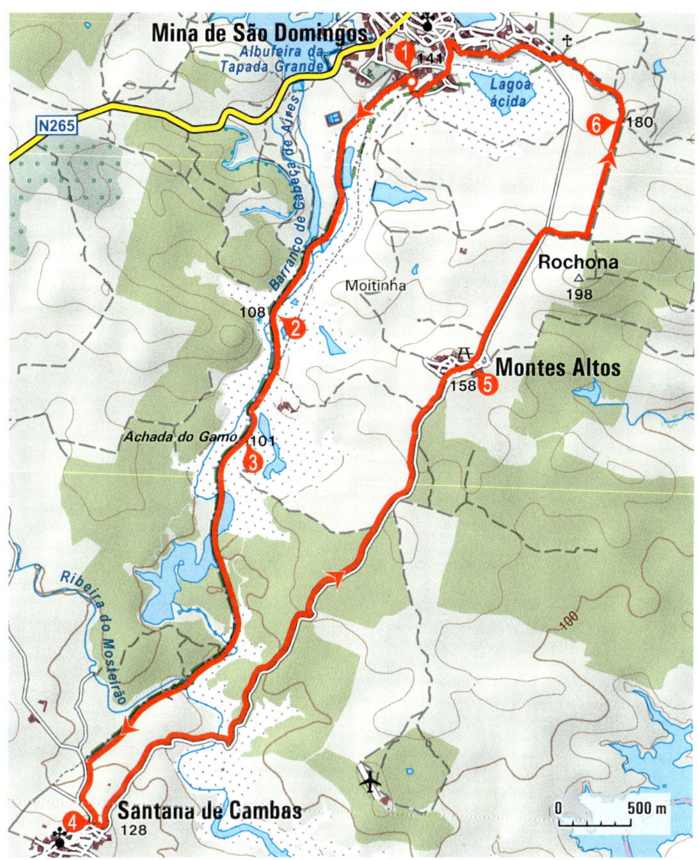

erster Gelegenheit zweigen wir von der Straße nach links auf einen Erdweg ab. Auf diesem passieren wir den Cemitério dos Ingleses (links des Weges). Hier befinden sich die Grabstätten von englischen Besitzern und Mitarbeitern der Mine. Dieser Weg mündet in die Rua de São Pedro ein. Von dieser zweigen wir bei erster Gelegenheit nach links in die Largo do Hospital ab, wandern an Fabrikhallen vorbei bergab und passieren eine Brücke. Rechts vor uns sehen wir schon die Oficinas. Auf einem Erdweg gehen wir an der Mauer der verfallenen Fabrikhalle entlang und zweigen dann nach rechts ab, um den Rundweg in **Mina de São Domingos 1** abzuschließen.

↗ 150 m | ↘ 150 m | 13.8 km

54 Der Montadoweg von Mina de São Domingos

3.45 h

Weites Weideland östlich des ehemaligen Bergbauortes

Mina de São Domingos ist ein sehr kontrastreicher Ort. Südlich davon liegen die alten Minengebiete (siehe Tour 53) und großflächig verseuchtes Land. In Richtung Nordwesten erstreckt sich der Stausee Tapada Grande und dahinter liegt die geradezu typische Montado-Landschaft des Alentejo: weite Ebenen mit sanften Hügeln, die hier mit Steineichen bestanden sind. Ein interessantes Detail: Eine kleine Kette von markanten Quarzithügeln (Guizo Grande und Guizo Pequeno) erstreckt sich entlang des Rückweges der Wanderung.

Ausgangspunkt: Mina de São Domingos, 140 m, Ortsschild an der N265 auf der Staumauer des Albufeira da Tapada Grande. Anfahrt mit Pkw ab Mértola auf der N265 (18 km); Parken entlang der Straße möglich.
Anforderungen: Einfache Rundwanderung auf Dorfstraßen und breiten Erdwegen ohne nennenswerte An- und Abstiege; abschnittsweise müssen Kuhweiden gequert werden.
Markierung: Durchgehend gelb-rot; Wegbezeichnung: »À volta do Montado« (PR4MTL).
Einkehr: Nur in Mina de São Domingos.
Tipp: Die markante Kirche von Mina

Die Albufeira da Tapada Grande bei Mina de São Domingos.

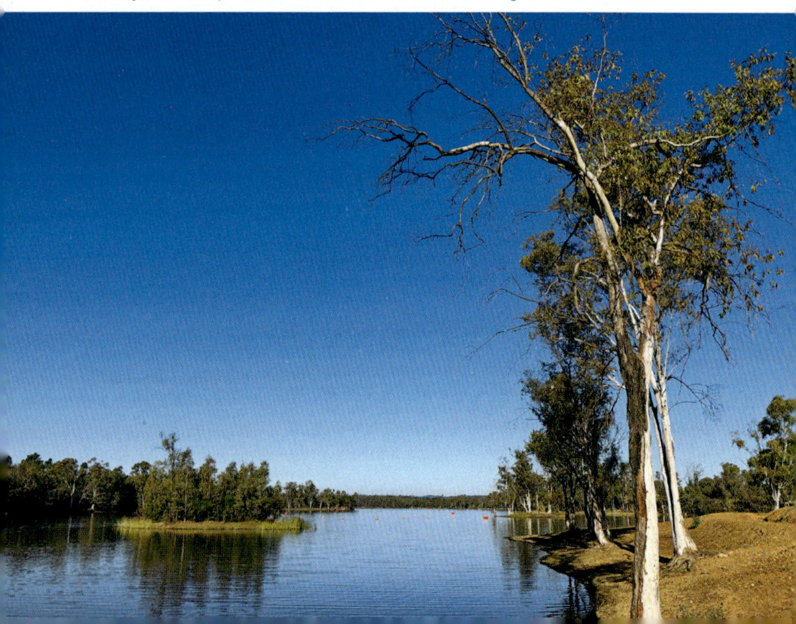

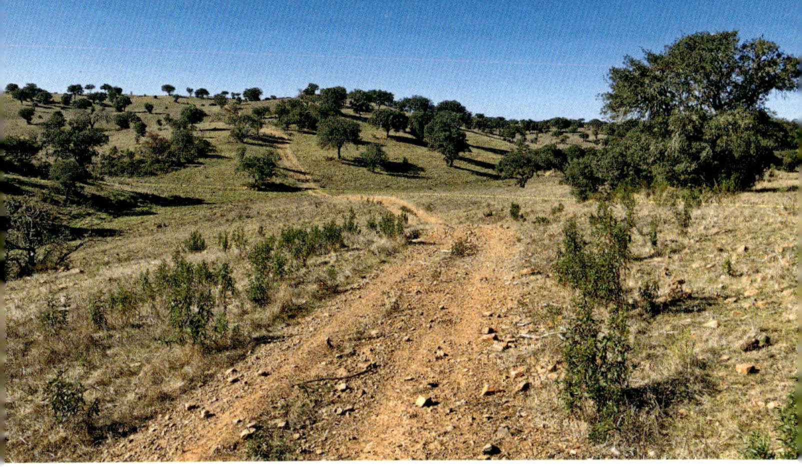

Der Weg durch den Montado westlich von Mina de São Domingos.

de São Domingos ist ein interessantes Denkmal der Geschichte und Entwicklung des Ortes und der Region. Ursprünglich stand hier nur eine kleine Kapelle. Mit der Intensivierung des Bergbaus und einem vermehrten Zuzug an Menschen wurde ab Mitte des 19. Jh. ein großer Neubau notwendig. Man orientierte sich dabei an der alten Igreja-Mesquita von Mértola. Mit der Schließung der Minen und der Abwanderung wirkt die Kirche heute etwas zu groß.

Vom östlichen Ende der Staumauer der Albufeira da Tapada Grande bei **Mina de São Domingos** ❶ nehmen wir nach links den Weg, der entlang des Stausees verläuft. Nach einer Rechtskurve in eine Seebucht blicken wir nach links auf den Praia Fluvial (Dorfstrand) und wandern in Richtung Dorfzentrum. Wir treffen auf die Rua Catarina Eufémia (die geradeaus zur Igreja de São Domingos führt) und zweigen hier direkt nach links in die Rua da Liberdade (erste Straße parallel zum Seeufer) ab. Die Straße mündet in die Rua Longa ein, auf der wir geradeaus das Dorf verlassen und auf einem breiten Erd-Schotterweg weitergehen.

Rechts passieren wir einen großen Parkplatz für Wohnmobile, danach einige Lagerhallen. Bei der Weggabelung nach den Lagehallen wandern wir geradeaus weiter, wenig später mündet unser Weg an einer T-Kreuzung in einen Querweg ein. Hier halten wir uns nach links und wandern bergab in ein kleines Flusstal. Wir queren einen ersten Zufluss zum Stausee und vor einer Häusergruppe am Hang, in einer Linkskurve, einen zweiten. Danach steigen wir wieder etwas an und passieren die Häusergruppe (die etwa 200 m rechts des Weges liegt).

Hier beginnt der Montado mit Steineichen, daneben sind auch Schirmpinien, Eukalypten und Zistrosenbüsche zu sehen. Links liegt der Stausee; un-

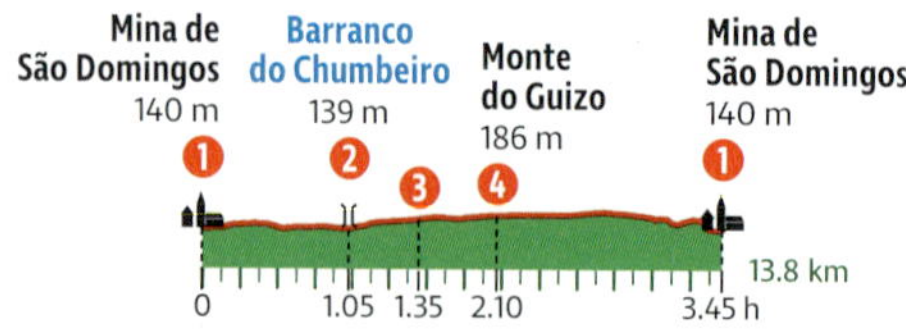

ser Weg nähert sich seinem nördlichsten Ende. Danach geht es ein kurzes Stück einen Flusslauf entlang, bevor wir den **Barranco do Chumbeiro** 2, den Hauptzufluss zum Stausee, nach links auf einer Brücke queren. Bei der Weggabelung nach einem Kuhgatter gehen wir nach rechts und wandern nun auf einer großen Rinderweide durch den Montado. Danach passieren wir neuerlich ein Kuhgatter und gehen auf einem etwas breiteren Erdweg zwischen zwei Weidezäunen weiter. Dieser Weg führt vorbei am alten und verlassenen Bauernhof **Vale Travesso** 3.

In der Folge überqueren wir einen kleinen Hügel und wandern danach bergab, vorbei an einem Teich (links) und auf einen großen Bauernhof zu. Vor diesem gehen wir auf einem schmalen Pfad nach rechts und weiter in die kleine Siedlung **Monte do Guizo** 4. Etwas südlich der Siedlung liegt eine markante Erhebung (Guizo Grande), ein Quarzithügel, den wir jedoch nur von der Ferne sehen.

Wir kehren zurück zum Bauernhof und wandern auf einem breiten Erdweg rechts an diesem vorbei in Richtung Mina de São Domingos. Der folgende, rund 4 km lange Wegabschnitt auf dem breiten Erdweg über die Hochebene ist etwas monoton. Der Montado ist hier kahlen Weiden gewichen, einzige Ausnahme von der Monotonie ist der Guizo Pequeno, ebenso ein kleiner Quarzithügel, der rechts unseres Wanderwegs liegt. Kurz danach passieren wir eine Johannisbrotbaumplantage; bei der folgenden Weggabelung – der Hauptweg führt in einer Rechtskurve in Richtung Straße – bleiben wir geradeaus auf unserem Weg und treffen in einem spitzen Winkel auf die Straße N265. Bevor wir diese berühren, gehen wir bei einer Weg-

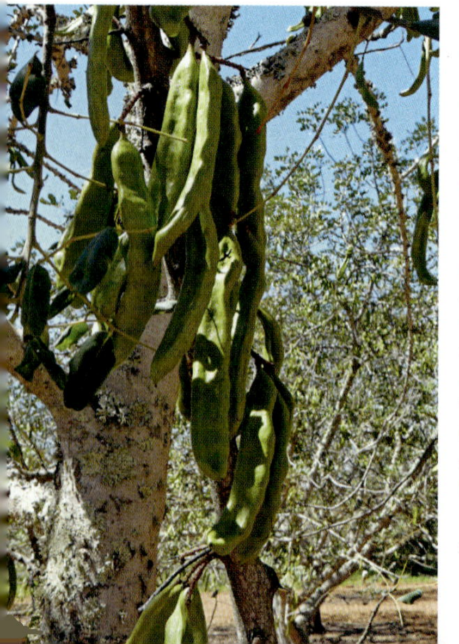

Eine Plantage von Johannisbrotbäumen.

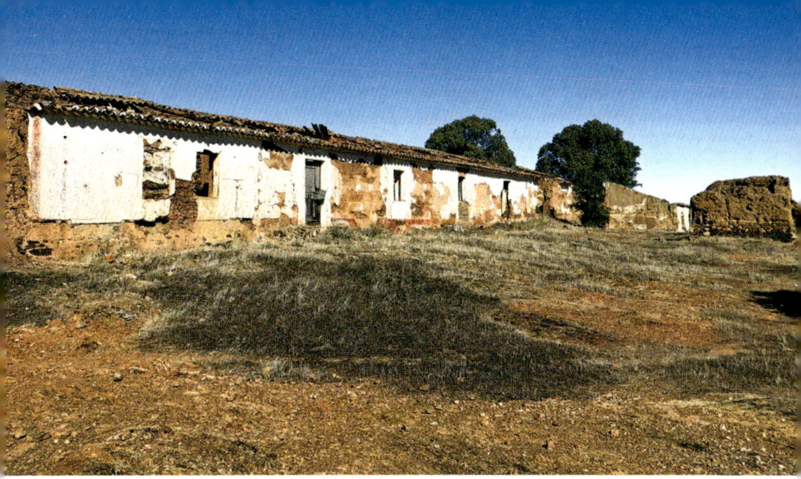

Der verlassene Bauernhof Vale Travesso.

verzweigung den äußersten rechten Weg (den der Straße am nächstgelegenen) und überqueren den kleinen Hügel vor uns. Im leichten Abstieg mündet unser Weg in einen anderen Weg ein und wir gehen bei erster Gelegenheit (Weggabelung) rechts und entlang von Eukalyptusbäumen (niederer Wald rechts von uns) bergab. Bei der nächsten Weggabelung gehen wir rechts, steigen nochmals auf einen Hügel auf und dann steil auf einem schmalen steinigen Pfad bis zur Staumauer ab. Auf dieser gehen wir zum Ausgangspunkt beim Ortsschild von **Mina de São Domingos 1**.

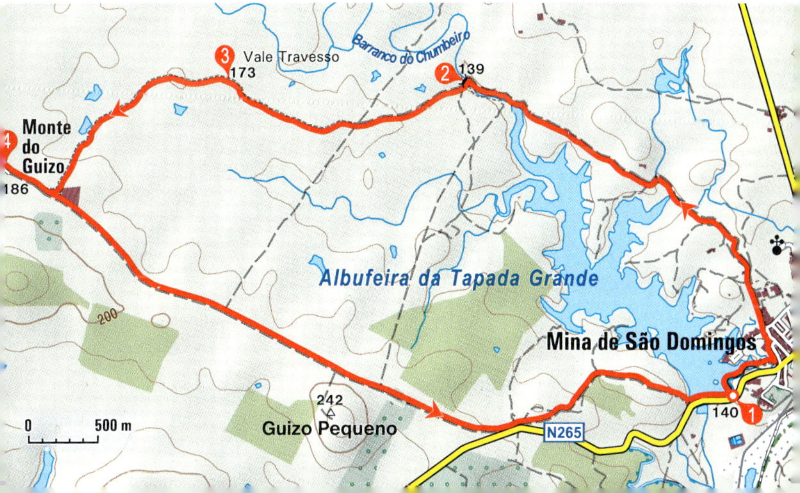

↗ 100 m | ↘ 100 m | 3.1 km

55 Aufstieg zur Capela de Nossa Senhora do Amparo

1.00 h

Aussichtspunkt und Kultplatz mit langer Tradition

Die Serra da Senhora do Amparo (264 m) überragt das umgebende Land deutlich. Folglich bietet sich von der Terrasse der Kapelle ein Rundblick über die hügelige Landschaft, die weiten Olivenplantagen und die Stauseen. Am schönsten ist der Blick in Richtung Westen, wo am Horizont die Silhouette von Mértola zu erkennen ist. Es verwundert also nicht, dass der Hügel ein traditioneller Kultplatz war und es irgendwie noch immer ist. Heute ist die kleine Kapelle der Senhora do Amparo geweiht. Angeblich bestand hier seit dem 7. Jh. eine Einsiedelei zu Ehren des heiligen Brissos. Dieser hatte in der Spätantike in Mértola gewirkt und soll im 4. Jh. von den Römern zu Tode gemartert worden sein. Die Kapelle am Hügel stammt wahrscheinlich aus dem 16. Jh. und spätestens seit dem 17. Jh. musste sich São Brissos den Kultplatz mit der Muttergottes teilen.

Ausgangspunkt: Straße EM514-1, 169 m, Informationstafel zwischen den Dörfern Corvos und Moreanes. Anfahrt mit Pkw ab Mértola auf der N265 (ca. 12 km).
Anforderungen: Leichte Wanderung auf einer breiten Erdstraße mit einem Anstieg von nur ca. 100 Hm.
Markierung: Durchgehend gelb-rot; Wegbezeichnung: »Subida à Senhora do Amparo« (PR7MTL).
Einkehr: Keine Einkehrmöglichkeit.

Tipp: Die Kreisstadt Mértola ist einer der wenigen Orte in Portugal, wo die jahrhundertelange Geschichte muslimischer Prägung auf der Iberischen Halbinsel auch noch architektonisch zu sehen und zu erahnen ist. Die Bewohner und Besucher von Mértola feiern diese Tradition jedes Jahr ausgiebig im Rahmen des »Festival Islâmico de Mértola«, das zumeist im Mai stattfindet. Informationen: festivalislamicodemertola.com.

Panoramablick von der Serra da Senhora do Amparo in Richtung Guadiana-Tal bei Mértola.

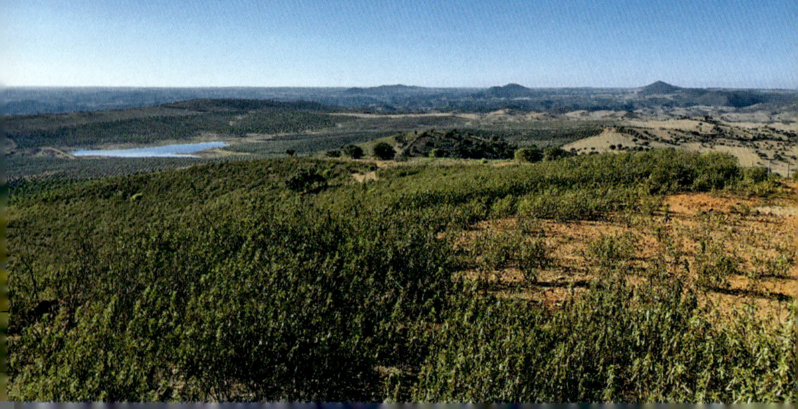

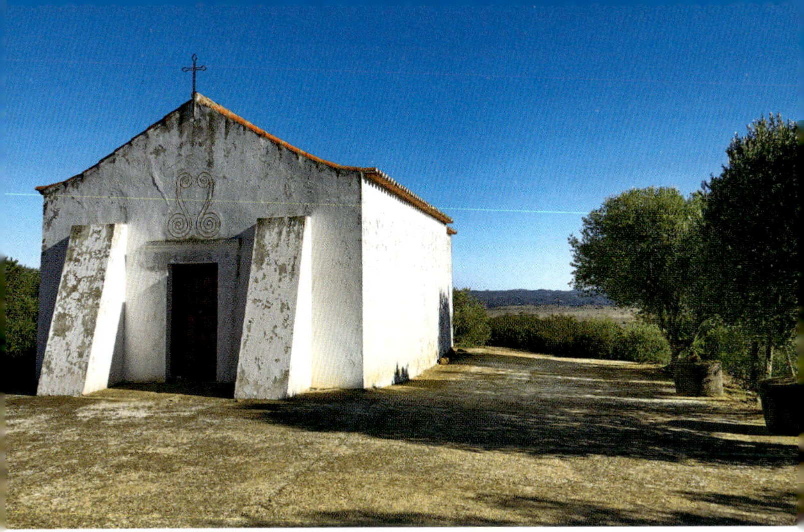

Die Capela de Nossa Senhora do Amparo.

Von der Informationstafel an der Straße **EM514-1** ① gehen wir auf einem breiten Erd-Schotterweg geradewegs auf den Hügel mit der Kapelle zu. Links von uns liegt eine große Olivenplantage, rechts eine Weide. Der Weg knickt leicht nach links und führt an einem eingezäunten Privatgrundstück vorbei (das große Haus kann man links hinter dem Zaun und hinter den Schirmpinien erkennen). Dann geht es nach einem Rechtsknick und zwischen zwei Hügeln etwas bergan. Am »Pass« zweigt der Weg nach rechts ab und führt geradewegs und nun etwas steiler bis zum Gipfel und zur **Capela de Nossa Senhora do Amparo** ② hinauf. Neben der Kapelle wurde ein Picknickplatz angelegt. Wir kehren auf demselben Weg zur **EM514-1** ① zurück.

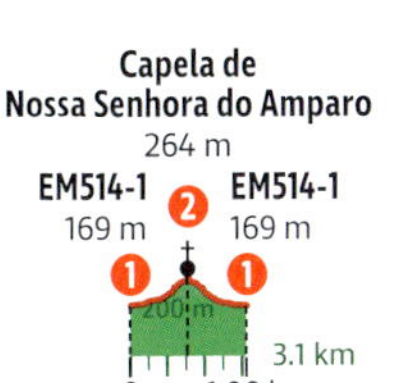

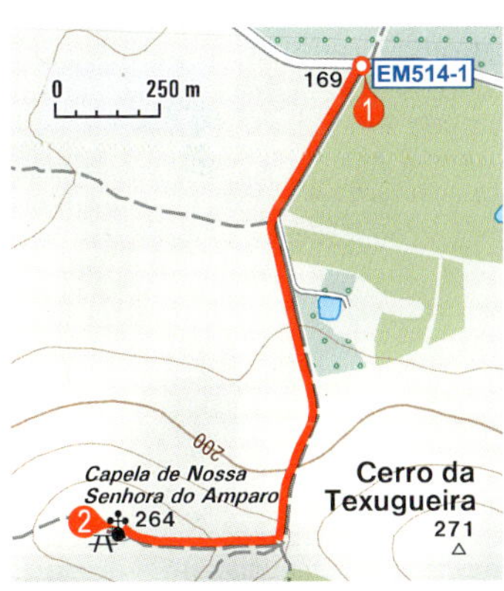

↗ 120 m | ↘ 120 m | 4.2 km

56 Panoramablick auf Mértola

1.30 h

Eine botanische Wunderwelt in der Flussniederung des Guadiana

Die kleine Kreisstadt Mértola zählt zu den am schönsten gelegenen Städten Portugals: Sie thront auf einem Felsen über dem Rio Guadiana und bietet von allen Himmelsrichtungen interessante Anblicke. Diese kurze Wanderung führt entlang des Flusses südlich der Stadt und präsentiert so einen der originellsten Ausblicke auf Mértola, vor allem einen, der nur zu Fuß erreicht werden kann. Zudem ist die Flussniederung (Gleithang) ein Eldorado für eine interessante Pflanzen- und Tierwelt.

Ausgangspunkt: Poço dos 2 Irmãos, 77 m, kleiner Brunnen südwestlich von Mértola. Anfahrt mit Pkw ab Mértola auf der IC27 (2 km); öffentlicher Parkplatz beim Brunnen.
Anforderungen: Leichte und kurze Wanderung auf einem breiten Erdweg; in der Flussniederung auf schmalen Pfaden, die stellenweise rutschig und steinig sein können.
Markierung: Die Tour kombiniert einen Teil einer Kurzwanderung (gelb-rot markiert) mit einem thematischen Weg in der Flussniederung (unmarkiert mit diversen Informationstafeln); Wegbezeichnung der Kurzwanderung: »Guadiana – O grande Rio do Sul« (PR1MTL).
Einkehr: Nur in Mértola.
Tipp: Ein Erlebnis – und eine interessante Ergänzung zum Wandern – ist eine Bootstour auf dem Rio Guadiana. In der Umgebung von Mértola ist das tief eingeschnittene Flusstal von Felswänden flankiert, was eine Fahrt auf dem Fluss nochmals interessanter macht, wobei auch in diesem Fall der Blick auf die hochgelegene Burgstadt besonders reizvoll ist. Verschiedene Angebote von Bootsausflügen sind hier zu finden auf beirarionautica.pt.

Vom **Poço dos 2 Irmãos** ❶ folgen wir weiter der Zufahrtsstraße, die zwischen zwei Häusern hindurchführt und gleich darauf zu einem breiten Erd-Steinweg wird. Abzweigungen links und rechts ignorieren wir. Zunächst steigt der Weg etwas an und quert einen Hügel, danach geht es kontinuierlich bergab in Richtung Flussufer. Nach etwa 1 km passieren wir in einer Linkskurve ein kleines Bachtal (Zufluss zum Guadiana). Danach geht es zügig bergab. Nach links blicken wir auf das Flusstal und auf ein weißes Haus, die Antiga Casa do Guarda Florestal, die wir später noch passieren werden.

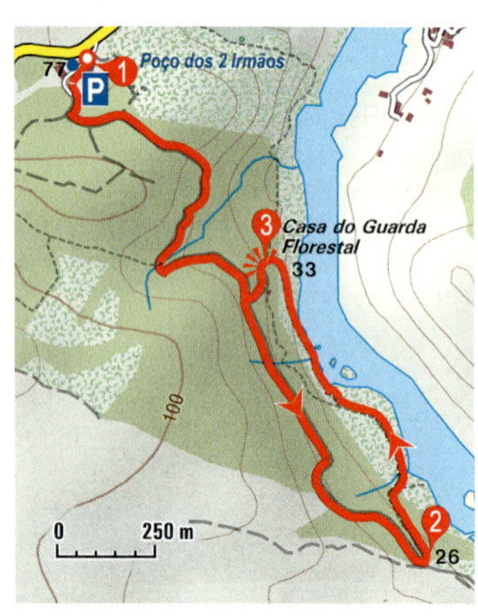

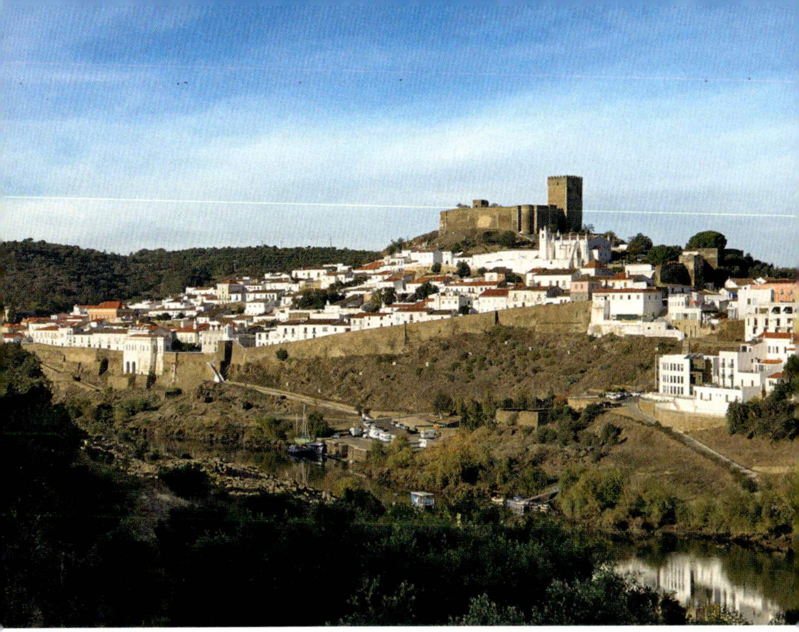

Blick auf die Burgstadt Mértola.

Nach insgesamt rund 2 km zweigen wir bei einer **Weggabelung** ❷ in einer engen Kurve nach links in Richtung Flussufer ab, während der Hauptweg geradeaus weiterführt.

Unser Weg verläuft ab hier auf einem schmäleren steinigen Pfad. In der Flussniederung (Gleithang) gibt es eine Reihe von Pfaden, eine Informationstafel kann als Anhaltspunkt genommen werden. Wir folgen zunächst dem Weg zum Flussufer und wandern dann auf einem schmalen Pfad parallel zum Fluss in Richtung Mértola. Dabei durchqueren wir eine reichhaltige Botanik mit interessanten Blütenpflanzen: Sonnenröschen, Schwertlilien, Zungenstendel, Knabenkraut, Bienenragwurz (letztere drei sind Orchideen), Zistrosen, blaugrüner Tabakbaum (eine invasive Art) und vieles mehr.

Wir folgen dem Uferpfad um den Prallhang herum bis unterhalb der **Casa do Guarda Florestal** ❸. An dieser Stelle hat man einen schönen Blick von Süden aus auf die Burgstadt Mértola sowie auf das ehemalige Franziskanerkloster. Wir steigen den Weg hoch zum breiten Erd-Steinweg und gehen auf diesem nach rechts zurück zum **Poço dos 2 Irmãos** ❶.

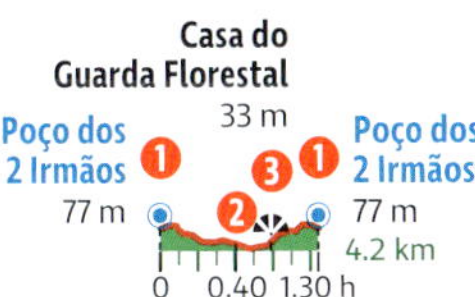

TOP

57

↗ 600 m | ↘ 600 m | 21.7 km

Am Rio Guadiana zwischen Mesquita und Alcoutim

6.15 h

Symbiose von zwei Weitwanderwegen zwischen Alentejo und Algarve

Das Flusstal des Vascão am Beginn und Ende der Wanderung ist einer der schönsten (und am wenigsten besuchten) Teile des Guadiana-Naturparks. Hier liegt ein unberührtes und schwer zugängliches Tal, das für Pflanzen und Tierwelt ein Refugium darstellt. Der Rio Vascão gilt auch als Grenzfluss zwischen Alentejo und Algarve. Der Höhepunkt dieses Weges ist jedoch sicher der lange Abschnitt entlang des Guadiana mit unvergesslichen Ausblicken auf das breite Flusstal. Der Rückweg führt über die Serra Algarvia, ein bewaldeter Höhenrücken, zugleich die erste Etappe der Via Algarviana.

Ausgangspunkt: Mesquita, 127 m, Weg-/Straßenkreuzung knapp 200 m außerhalb am südlichen Dorfrand (ein Orientierungspunkt ist ein gut platziertes originelles Auto). Anfahrt mit Pkw ab Mértola auf der IC27 und weiter auf einer Straße bis Mesquita (25 km); ausreichend Parkplätze am Dorfrand.
Anforderungen: Rundwanderung auf Dorfstraßen, Erdwegen und Pfaden; aufgrund der Weglänge und der Höhenmeter ist eine gute Kondition gefordert; schwierige Passagen sind zwei Flussquerungen auf rutschigen Trittsteinen (die über den Rio Vascão kann bei größeren Wassermengen unmöglich oder sehr schwierig sein) sowie einige steile Hänge mit rutschigen und felsigen Abschnitten.
Markierung: Die Tour ist nicht durchgehend als Rundtour markiert, verbindet aber Abschnitte von Weitwanderwegen: Zwischen Mesquita und Alcoutim verläuft sie auf dem Jakobsweg und dem GR15 (Guadiana-Weitwanderweg), zwischen Alcoutim und Cortes Pereiras auf der ersten Etappe der Via Algarviana (GR13). Das Wegstück zwischen Cortes Pereiras und dem Vascão-Tal ist unmarkiert. Die Weitwanderwege sind weiß-rot markiert, der Jakobsweg zudem mit der Jakobsmuschel und/oder mit gelben Pfeilen. Der erste Wegabschnitt ist Teil der Kurzwanderung »O Ritmo das Aguas de Vascão« (PR5MTL; gelb-rot markiert).
Einkehr: In Cortes Pereiras und Monte Vascão.
Tipp: Knapp 3 km nordwestlich von Cortes Pereiras (schon auf dem Gebiet der Algarve) gibt es im Tal von Lavajo die archäologische Stätte »Menires de Lavajo«. Sie besteht aus zwei Menhir-Feldern: Lavajo I umfasste ursprünglich drei Menhire; zwei sind vor Ort noch zu sehen, ein dritter Menhir befindet sich im Archäologischen Museum von Alcoutim. Lavajo II liegt etwa 250 m entfernt (jenseits des Tals auf einem Hügel). Hier standen ursprünglich vier Menhire, heute sind nur noch Torsos vorhanden. Aufgestellt wurden sie wahrscheinlich zwischen 3500 v. Chr. (Jungsteinzeit) und 2800 v. Chr. (Kupferzeit).

Von der Weg-Straßenkreuzung am südlichen Dorfrand von **Mesquita** ❶ gehen wir (mit Rücken zum Dorf) auf einem breiten Erd-Steinweg bergab in Richtung Ribeira do Vascão. Links finden sich abschnittsweise Steinmauern und Olivenbäume, die Hänge sind größtenteils von Zistrosenbüschen bestanden. Nach rund 800 m halten wir uns bei einer Weggabelung nach rechts (Markierung Jakobsweg und GR 15) und folgen einem schmalen

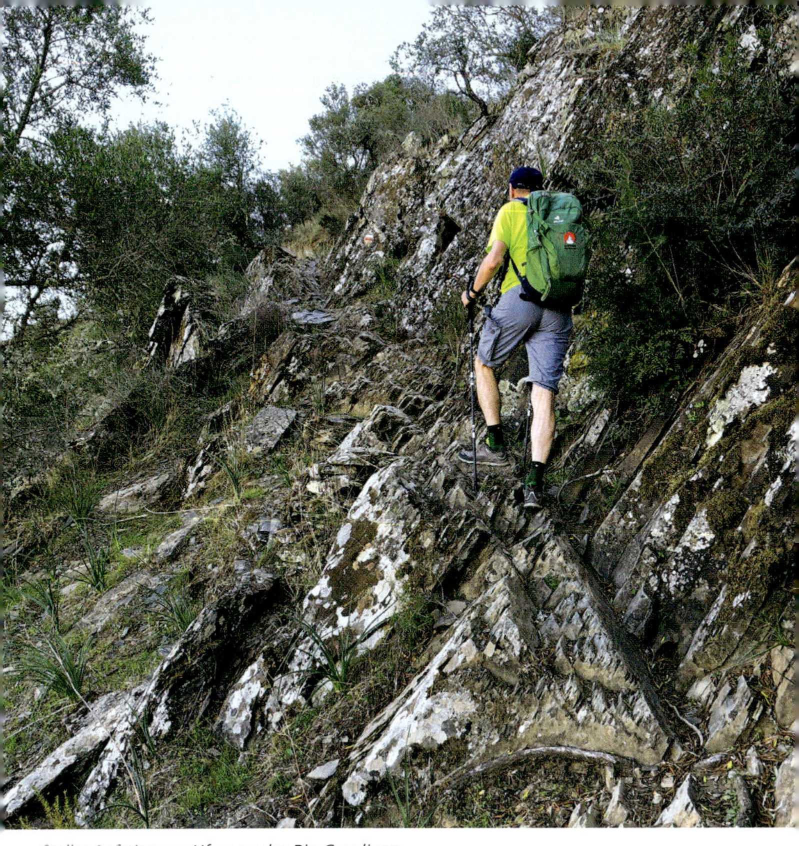

Steiler Aufstieg am Uferweg des Rio Guadiana.

Pfad, der über einen Hügelgrat (Hang eines trocken gefallenen Zufluss-Tales) steil in Richtung Ribeira do Vascão abfällt. Am Flussufer führt der Weg nach links zur Azenha da Astieira. Von der Wassermühle sind nur noch wenige Reste vorhanden. Hier queren wir den **Rio Vascão** ❷ auf Trittsteinen; die Querung kann im Winter und Frühling – bei größeren Wassermengen – unmöglich oder sehr schwierig sein (Hinweistafel).

Am anderen Ufer wandern wir nach links auf einem schmalen Pfad am Fluss entlang weiter. Bei einer Felsplatte umgehen wir nach rechts einen Schilfgürtel, bleiben aber auf dem Uferpfad. Wenig später steigt der Weg in einer Rechtskurve steil bergan – wir wandern eine kleine »Landzunge« aus – und wird zu einem breiten Erdweg. Nach links sehen wir die Mündung

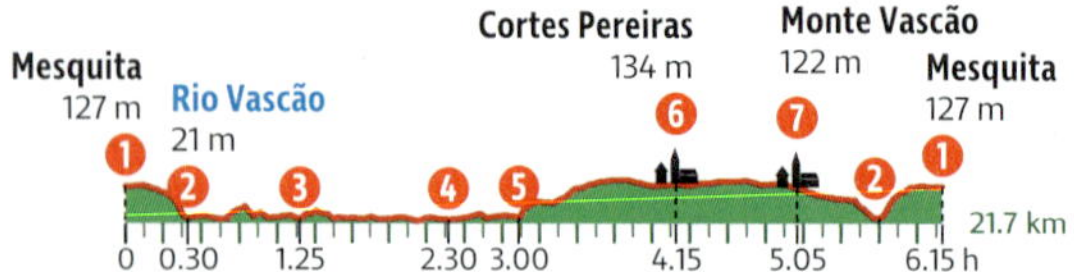

des Rio Vascão in den Guadiana und daneben, hoch über dieser Szenerie, die Quinta do Vascão. Nach etwa 50 Höhenmetern Aufstieg kommen wir zu einer Wegkreuzung. Hier nehmen wir nicht links die Zufahrt zur Quinta do Vascão, sondern gehen zunächst geradeaus weiter, zweigen bei der nächsten Gelegenheit nach links ab und gehen ca. 200 m bergab bis zur Quinta. Vor dieser biegen wir nach rechts in einen Erdweg ein und folgen der Wegmarkierung in Richtung »Alcoutim«. Danach geht es steil abwärts in Richtung Flussufer und an diesem auf einem breiten Erdweg weiter. Wir bleiben rund 1 km auf dem Uferweg, dieser wird jedoch zunehmend schmäler und nach einem **Taleinschnitt** ❸ ein schmaler Steig. Nun geht es einen felsigen Hang hoch (zum Teil mit Geländer und Seilen gesichert) und jenseits wieder etwas bergab. In diesem Gleithang des Flusses bietet sich – unterhalb eines weißen Hauses – ein schöner Blick auf Puerto de la Laja auf spanischer Seite mit seinem markanten Flusshafen, der im 19. Jh. für den Abtransport von Erzen angelegt wurde.

Danach steigen wir zu einem Uferpfad ab, der etwa 20–30 m über Flussniveau verläuft. Der Pfad mündet in einen etwas breiteren und sandigen Weg, der durch einen Olivenhain in der Flussniederung verläuft. Eine

Blick auf die spanische Stadt Puerto de la Laja.

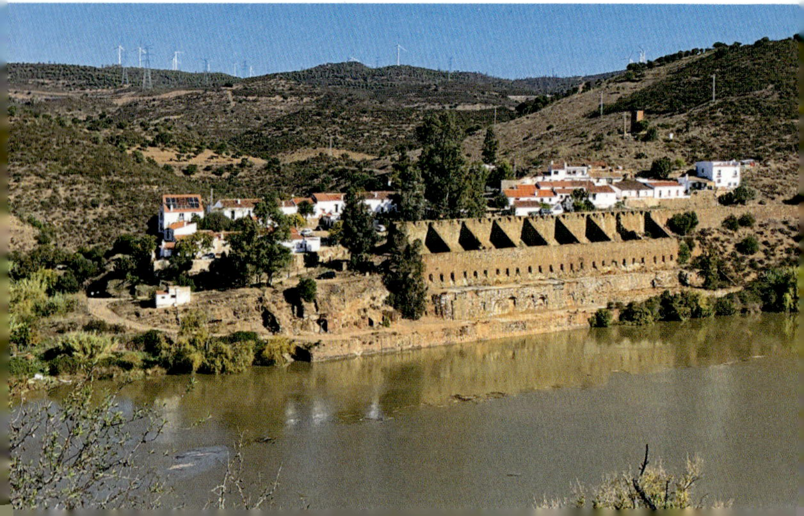

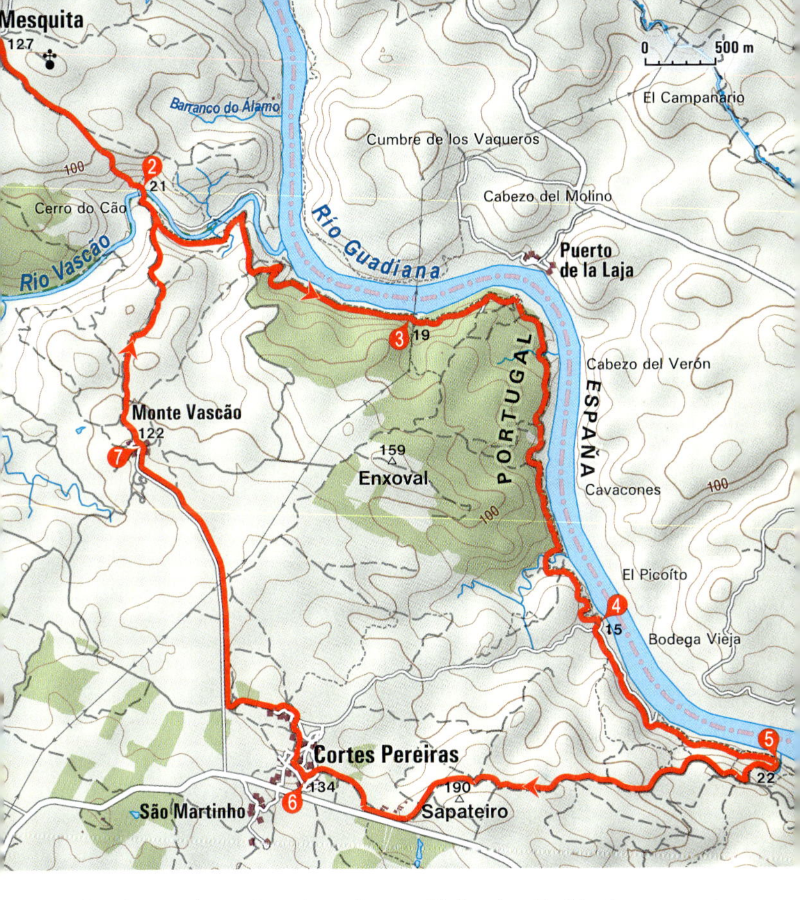

Schilfbank umgehen wir rechts, einen zufließenden Bachlauf queren wir auf einer Betonbrücke; etwas später geht es vorbei an Feigen- und Olivenbäumen und verlassenen Häusern. Nach einem weiteren Taleinschnitt zweigen wir vom nun breiten Weg auf einen schmalen Pfad am Hang ab. Dieser Wegabschnitt ist wieder etwas schwieriger, felsig und zum Teil rutschig. Wir passieren zwei Tore; dazwischen liegt ein Privatgrundstück mit Zugang zum Fluss. Hier ist der Hinweis angebracht, dass man den Weg nicht verlassen und den Privatbesitz respektieren sollte. Gleich danach dreht der Pfad ins Landesinnere und wir umgehen neuerlich ein Zufluss-Tal und ein Privatgrundstück. Den Zufluss queren wir auf einer Holzbrücke und

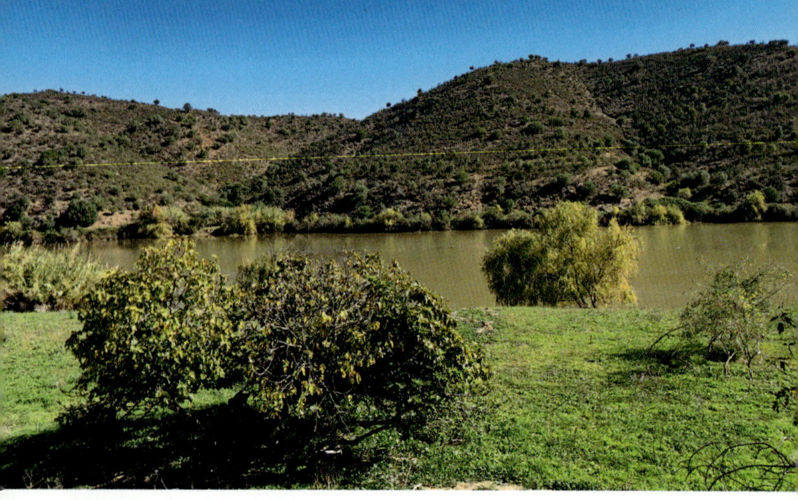

Das Flusstal des Rio Guadiana.

wandern zurück in Richtung Ufer des Guadiana. Wir halten nun auf die kleine **Gruppe von Häusern** ❹ vor uns zu. Bei den Häusern mündet der Pfad in die Zufahrtsstraße zu den Häusern. Diese steigt nach rechts bergan, wir jedoch gehen geradeaus weiter und bleiben ca. 800 m auf dieser Zufahrtsstraße zu weiteren Häusern am Flussufer. Wo die Straße in einer Linkskurve zu einer Bootsanlagestelle führt, zweigt unser Wanderweg rechts ab und wird zu einem schmalen Pfad. Nach ca. 1 km gelangen wir zu einer gut markierten **Wegkreuzung** ❺.

Wir folgen dem Weg nach rechts oben (Wegpfeil: »Percurso Pedestre da Lourinhã«; dieser Abschnitt ist der Verbindungweg zwischen dem Guadiana-Weiterwanderweg und der Via Algarviana) und steigen in einer großen S-Kurve den steilen Hang hinauf. Nach etwa 400 m erreichen wir einen breiten Querweg: Das ist bereits die Via Algarviana. Hier zweigen wir nach rechts ab und folgen dem Erd-Schotterweg durch einen Wald von Schirmpinien und Seekiefern, später werden wir auch einige Oliven- und Mandelbäume sehen. Nach rechts bietet sich noch einmal ein schöner Blick auf das Flusstal des Guadiana. Wir bleiben etwa 3 km auf diesem breiten und eindeutigen Weg und queren so den nordöstlichsten Teil der Serra Algarvia, immer auf einer Höhe von ca. 160 bis 170 m.

Bevor wir in Richtung Straße (M507) leicht absteigen, umwandern wir einen kleinen Hügel (Sapateiro), der die höchste Erhebung in der Region ist. Wir erreichen die M507 vor einem großen Bauernhof. Auf der Straße wandern wir etwa 200 m nach rechts und zweigen nach einer Steinmauer auf einen schmalen Erdweg nach rechts ab. Diesem folgen wir bis zu einem Tor (rechts des Weges) und gehen dann nach links auf einem breiteren Erd-Steinweg weiter. Bei einer Weggabelung halten wir uns nach rechts und passieren einen kleinen Wald von Schirmpinien; gleich darauf erreichen wir auf der Rua de Cortes Pereiras das Dorf **Cortes Pereiras** 6. Beim Café Tempero zweigen wir nach rechts ab und wandern in Richtung Dorfzentrum hoch. Dann biegen wir in die zweite Gasse nach rechts ein (nun wieder die Rua de Cortes Pereiras) und gehen geradeaus bergan – zwischendurch wird aus der Asphaltstraße ein Erd-Steinweg; an der T-Kreuzung links halten – zum Café O Cantinho. Hier gehen wir nach links, bei der nächsten Straßengabelung nochmals nach links und verlassen das Dorf auf einem Sand-Schotterweg. Nach etwa 400 m treffen wir auf die Straße M1054. Dieser folgen wir nach rechts ins ca. 2 km entfernte Dorf Monte Vascão. Ca. 200 m vor dem Dorf kommen wir an einem kleinen Café vorbei (links der Straße, Hill Top Café). In **Monte Vascão** 7 gehen wir am zentralen Dorfplatz nach links und verlassen die kleine Siedlung in einem steilen Abstieg auch schon wieder. Die Route ist ab hier bis in die Ribeira do Vascão unmarkiert, verläuft aber auf guten Erdwegen. Wir passieren einige Weggabelungen. Bei der ersten Weggabelung am Fuße des Dorfes halten wir uns nach links, gleich darauf nach rechts, dann wieder nach links und bei der letzten – etwa 600 m nach dem Dorf – wieder nach rechts. Nun verbleiben wir ca. 500 m auf diesem Weg, nehmen dann den Weg nach links und steigen schon bald steil zum **Rio Vascão** 2 ab, den wir wieder bei der Flussquerung bei der Moinha da Astieira erreichen. Ab hier folgen wir dem Hinweg zurück nach **Mesquita** 1.

Pfad am Rio Guadiana.

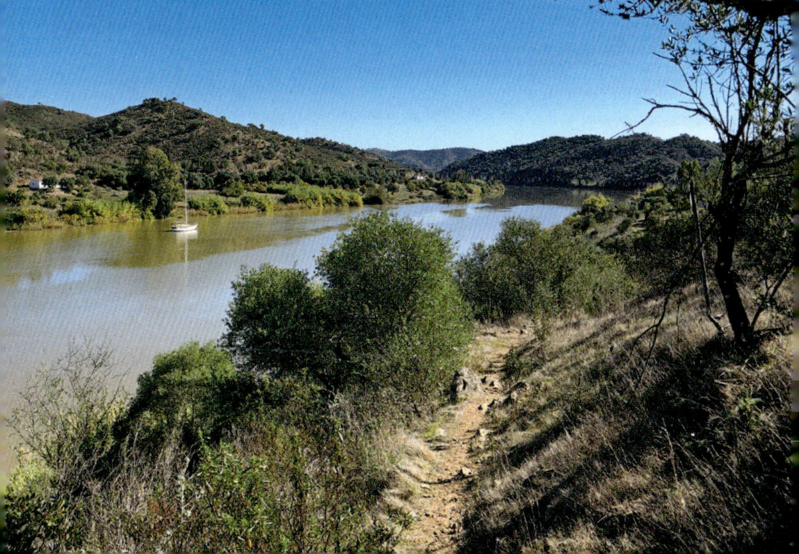

STICHWORTVERZEICHNIS

Umschlagbild: Korkeichen und Granitfelsen nördlich von Galegos (Tour 29).

Bild im Innentitel: Ausblick auf den Rio Guadiana (Tour 52).

Bild Seite 7: Blick über einen Olivenhain bei Castelo de Vide (Tour 28).

Bild Seite 50/51: Das Tal des Rio Guadiana bei Rocha da Galé (Tour 52).

Alle 217 Fotos von den Autoren.

Kartografie:
57 Wanderkärtchen im Maßstab 1:25.000 / 1:50.000 / 1:75.000
Geodaten © OpenStreetMap und Mitwirkende, kartografisches Design: Freytag & Berndt Prag, freytagberndt.cz
sowie 2 Übersichtskärtchen im Maßstab 1:2.500.000 und 1:3.000.000
© Freytag & Berndt, Wien

1. Auflage 2023

ISBN 978-3-7633-4610-3

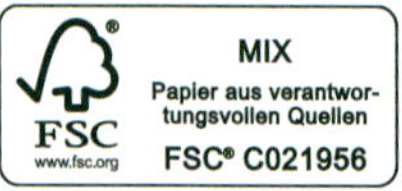

Wir freuen uns über jeden Korrekturhinweis zu diesem Wanderführer!
Bitte per E-Mail an: leserzuschrift@rother.de

ROTHER BERGVERLAG · Keltenring 17 · D-82041 Oberhaching
Tel. +49 89 608669-0 · rother.de